〔德〕艾密尔·路德维希 著

赵 倩 译

林肯传
Abraham Lincoln

团结出版社

图书在版编目（CIP）数据

　林肯传 /（德）艾密尔·路德维希著 ；赵倩译. --
北京 ：团结出版社，2020.3
　ISBN 978-7-5126-7551-3

　Ⅰ. ①林… Ⅱ. ①艾… ②赵… Ⅲ. ①林肯（
Lincoln, Abraham 1809-1865）－传记 Ⅳ.
①K837.127=41

　中国版本图书馆CIP 数据核字(2019)第 258455 号

出　　版：团结出版社
　　　　　（北京市东城区东皇城根南街 84 号　邮编：100006）
电　　话：(010) 65228880　65244790 （出版社）
　　　　　（010）65238766　85113874　65133603（发行部）
　　　　　（010）65133603（邮购）
网　　址：http://www.tjpress.com
E-mail：zb65244790@vip.163.com
　　　　　fx65133603@163.com（发行部邮购）
经　　销：全国新华书店
印　　装：三河市东方印刷有限公司

开　　本：170mm×240mm　　　16 开
印　　张：27
字　　数：411 千字
版　　次：2020 年 3 月　第 1 版
印　　次：2020 年 3 月　第 1 次印刷

书　　号：978-7-5126-7551-3
定　　价：68.00 元

目录
Contents

第四部 解放者（1861—1863）

第一部　雇工（1809—1836）

一、清贫之家

凛冽的寒风横扫过平原，一时间，参天大树的枝丫被吹得狂乱摇摆，嘎嘎作响。风，也无情地摇撼着一座低矮的小木屋，仿佛根本不把它放在眼里。冷风呼啸着钻进屋里，令人瑟瑟发抖。然而，这一家人对这一切却早已习惯，他们睡熟了，好像什么都没听到。工作了一天，他们实在太累了。

这时，只有那个四岁的小男孩被风惊醒，狂风掀下壁炉上的一块砖头，把它甩在墙上，男孩和姐姐恰恰就睡在那儿，他俩并排枕在一个装满树叶的口袋上；他靠墙睡，因为姐姐萨拉对寒冷更加敏感，如果冷风从墙缝吹进来，她会冻得哆嗦，而这男孩骨骼粗壮、结实，靠墙睡对他来说不成问题。不过姐姐总是把那张狐狸皮往她那边拽。这张狐狸皮是爸爸不久前打死一只狐狸得到的，盖在身上很暖和。熟睡中，姐姐使劲地揪住狐狸皮不放，他怎么也拉不过来。天冷极了。姐姐紧挨着他，他能看得到姐姐的手、耳朵和压乱了的头发。因为他俩的腿紧紧地裹在狐狸皮里，所以他还能触到姐姐的脚。壁炉里的炭火在小屋里泛出一线光亮，只有这丝光亮陪伴着醒来的男孩挨过寒夜。

黑暗中他看到，就在离自己很近的地方，有什么东西在发光，金光闪闪的，就像妈妈讲过的天堂里的宝贝一样。噢！男孩心想，是那只大大的铁皮桶吧，每晚，妈妈都要提着它到河边打上满满的一桶水。那边墙上还有个东西在闪闪发亮，嗯，那肯定是爸爸的斧头，这样东西孩子们是不准随便乱动的，因为大人们说它很锋利，一下子就能砍掉一根手指。就在那斧头的下面，爸爸紧挨着妈妈睡着，今天他又在很响地打着呼噜。

慢慢地，像做梦似的，男孩的思绪飞到了妈妈那里，一想到以前是自己睡在妈妈的身边，他的内心就泛起一丝渴望。要知道，睡在妈妈的身边，借着妈妈的体温是多么温暖啊！这让他明白了，他的确曾经拥有过美好的过去，但现在那已经过去了。这样想着想着，他感觉更冷了。可是爸爸说过，这种时候不能叫醒爸爸妈妈。他必须自己想办法暖和起来。于是他伸出小胳膊，去抓妈妈原本盖在姐姐身上的一条裙子，它现在从姐姐那边滑下去了，可是他怎么也够不着。他睡的那个地方，刺骨的寒风从墙缝吹进来，冷极了。这时，借着微弱的火光，他看到自己斜上方挂着一条围巾，于是他爬起来，踮起小脚，嗯，恰好能够得着围巾的角儿，他迅速地拽下围巾，紧紧地塞进墙缝。躺下后他又使劲地扯了扯狐狸皮，把自己身体盖住，哇！现在真是暖和多了，不一会儿，他便进入了甜美的梦乡。

待他一觉醒来，妈妈生起的炉火正旺，驱赶着从墙缝钻进屋来的灰蒙蒙的寒气，屋里暖洋洋的。萨拉还在睡着，妈妈站在炉火边，往牛奶锅里兑热水。男孩知道，原本家里的三头奶牛，如今死了一头，妈妈不得不这么做。爸爸这会儿肯定去了牛棚。这些事情男孩都清楚，因为他总是留意观察周围发生的一切。这会儿，他坐在那儿一言不发地看着妈妈，因为清晨在妈妈忙碌的时候，不管他提什么问题，都得不到回答。

小男孩慢吞吞地，玩耍似的套上皮裤子、夹克和鞋袜——他的这些衣服都是用生皮做的，那是爸爸从水牛身上扒下来的皮，由妈妈一针一线缝制起来的，他们一家人都穿这种衣服——啊！现在牛奶煮好了，喝下去一定很暖和！唉，如果他能拿那边的那个铁皮桶玩会儿就好了，可是这种铁制的东西是不能乱动的，爸爸要用一颗钉子把它做成筛子或锉床。人们用锉床磨树根。孩子们只能玩木头，因为妈妈说：这周围的树林一眼望不到边，木头应有尽有。

"妈妈，哪天是星期天？"男孩蹲在火边问道。妈妈笑了，她知道，小男孩是想吃白面面包了，因为只有在星期天她才会烤那种面包。她伸手从孩子们够不到的那块木板上拿下最后一块白面面包，切下一小片递给男孩。看着自己可爱的孩子端着小铁杯子蹲在那儿，把面包小心翼翼地放到牛奶里去，妈妈弯下腰怜爱地吻了吻他。男孩吃完后，又试探着把沾着面包渣的小手向妈妈伸过去，期待着妈妈能再给他一片。他打量着妈妈，心中暗自纳闷：为什么妈妈那么难过？他想问，却没有问出口，他仿佛知道那样做，妈妈会更受不了。

妈妈现在走到桌子那边去了。从桌子的下面能看出，这桌子是一截巨大的树干，桌表面还算光滑，可一不小心，就会有刺扎到手上，会流血的。那样，他们准会挨父亲的骂。

这时，姐姐也已经穿好衣服。两个孩子被打发到工具棚里拿木头。他们已经学会了如何区分新伐的木头和干木头，硬木头和软木头，而且能把不太粗的树枝掰断。他们来来回回几趟之后，就把一小堆木头搬了过来。这时，妈妈把一口大锅放在四角架上开始做饭。孩子们又穿梭于木屋和小院之间，抱来许多野草。当时的西部，盐是极缺的，但如果粥里不放任何调料的话还有谁愿意喝呢？在肯塔基州的中部，新大陆的一半地区都处于一种野蛮的蒙昧状态，就如同两千年前一样，为了能够种植玉米，猎捕野物，农场主们用他们的斧头砍伐着无边无际的森林。这里是最贫瘠的一块土地，人们甚至称它是荒原，连附近那个水源不久前也忽然消失得无影无踪了。

于是父亲改行成了猎人。时近中午，一听到狗叫声，孩子们就欢快地跑到门口去迎接，常会跟背着猎枪和野兔的父亲撞个满怀。父亲面色黝黑，留着胡子，身材高大，略胖。身上穿的都是他自己打猎得来的兽皮。他原本是个木匠，经常给周围的邻居们做些常用的家什。但比起干木匠活，他更喜欢打猎。看着他在炉边坐下，吃起妈妈做的饭菜，男孩忽然觉得：其实妈妈做家务活儿要比父亲外出打猎辛苦得多。

二、搬迁

由于父亲生性不安于现状，男孩五岁的时候，他们就举家迁到了美国东北部。那里植物繁茂，土地肥沃，他们的新房子就建在一条小河旁。一到夏天，他们的生活就显得特别美好。夜晚，他们不再会冻得发抖，而且因为附近的森林里有很多猎物，所以他们现在已经很少挨饿了。离木屋不远有一条马路，连接着路易斯维尔和纳什维尔两座城市。在这条马路上孩子们能看到很多风景。时光流逝，男孩渐渐懂得了许多事情。这条马路很热闹，有许多车子驶向日落的西方，有的车上还坐着拖家带口的人们；有时会有一些人骑马，驮着一袋袋自产的玉米而来，另一些人则带着神神秘秘的东西进城而去；偶尔也会有士兵路过，爸爸说他们大概刚刚打完仗要回家去。听妈妈说，一位穿着考究的先生曾经和父亲谈论起西边那片森林，还询问了它的价钱。

孩子们是不可以在马路上玩很长时间的，玩耍中妈妈常会喊他们回去，让他们到菜地里锄草，或是采些草莓和蘑菇什么的。妈妈会把这些东西晾干，以备冬天食用。男孩六七岁时，父亲就带他下地干活了，他再也不能一天到晚总是玩了，而必须认真地挽起袖子帮父亲播种。播种可是个辛苦活儿，必须一行播得深些，一行播得浅些。男孩很要强，他一定要把活干得更好，因为他愿意而且也有能力做到这一点。他在地里干活儿的时候，姐姐萨拉则待在家里，帮妈妈给奶牛挤奶，晚上再和妈妈一起纺线。到了星期天，他们全家就都坐到屋子前面，妈妈会用她婉转的歌喉给他们小声哼唱古老的歌谣，有时候还会讲一些《圣经》里的故事，她有着未受过教育的聪明人所特有的那种超凡的记忆力。在男孩的脑海里，《圣经》上的诗句总是和妈妈那温柔的声音联系在一起。每到这个时候，爸爸总是坐在一边，抽他的烟。此情此景，男孩常常下意识地拿爸爸和妈妈作比较，他不得不承认，自己更喜欢妈妈，虽然她实际年龄并不比爸爸小，但在孩子们心目中，妈妈更年轻，也更温柔，孩子们最喜欢她。当男孩暗自用审视的目光注视着妈妈时，总会被她那黯淡的、略带黄色的皮肤，那轮廓分明的面容、粗大的骨骼以及那灰暗的眼睛发散出来的奇怪又略显忧伤的目光深深地打动。他好像明白了，妈妈为什么总喜欢以一种舒缓的节奏给他们唱歌。

然而，一个星期天，当他们全家人去村子里看望朋友时，男孩却意外地发现，妈妈似乎比其他任何人都更快乐，她不停地跳舞，仿佛不知疲倦一样。男孩第一次目睹了一个人从忧伤到欢乐的奇特转变；在一种梦幻般的感觉中，男孩似乎悟出了什么，他猜想，平时沉默寡言的妈妈准是隐藏了自己的某些情感，想到这儿，男孩有点儿害怕。

妈妈偶尔会带他去附近的庄园，她在那里帮人做针线活。庄园主们往往拥有整整一幢楼房，单是楼下的厨房就比男孩家的整所房子都大，不仅如此，他们楼上的两个房间里还摆着真正讲究的床——那是男孩的爸爸做的。为什么爸爸要给他们做床？原因很简单，给他们干木工活、针线活有钱赚，把这些钱攒起来，爸爸妈妈就可以买一匹马。庄园主为什么那么有钱？噢，是因为他们富有。他们凭什么富有？……男孩百思不得其解。

怀着与日俱增的困惑，男孩观察着自己周围的人和物。不久后，他们的几个亲戚也搬到这里来了。其中，男孩最喜欢的要算是斯拜罗姨婆了，她是个十分开朗的人，做事麻利，头脑聪明，意志坚定，一头灰色的头发，看上去比妈妈还健康。因为她自小就远居他乡，见多识广，所以总能给孩子们讲点什么。她会读《圣经》，有时候还敢"大胆地"在纸上写字，就好像她的手从未摸过斧子似的，真让人羡慕！

有时孩子们会问起爸爸妈妈的童年是怎样度过的。妈妈说，她的外祖父生活在很远很远的地方，他虔诚而又心地善良，是一名贵格会①教徒。可是当男孩问到妈妈的妈妈，或者追问姨婆是从哪里来的时候，妈妈却总是支支吾吾地搪塞他。

爸爸则很乐于讲述自己的童年生活，对他来说，讲故事简直就像打猎一样有趣。那天爸爸讲的是印第安人的事。他说，从前他和家人从美丽的弗吉尼亚州迁到了肯塔基州这块贫瘠的土地上，他家跟孩子妈妈家一样来自北方，和南方没有一点关系。当时的印第安人已经开始秘密跟踪白人了，而且比今天还要大胆得多。是的，当父亲还和今天这个瞪大双眼、紧闭双唇仔细倾听的男孩差不多大的时候，一件可怕的事情发生了：一次，他正和自己的父亲、兄弟们在森林里的一所小茅屋附近干活，突然"砰"的一声枪响，父亲老亚伯拉罕应声倒下，哥哥们慌忙逃回小茅屋求援，只有他呆站在原地没动，眼睁睁地看着父亲咽了气。父亲是被一个躲在灌木丛里的印第安人开枪打死的。这个印第安人走过来想把站在原地吓呆了的他拽走，他大声呼救，反抗，不一会儿，哥哥们返回来，用自己的猎枪冲着印第安人射击，借着四周的混乱，他才奔回了小茅屋……

男孩带着惊惧听完了整个故事，原来自己的名字"亚伯拉罕"是从被印第安人杀害的祖父那儿承袭下来的。天知道，爸爸当时看到了多么可怕的场面！可对此爸爸仿佛满不在乎，只是大笑着说：现在已经是另一个时代了！

爸爸讲的故事是多么奇妙动人啊！可他目不识丁，而且当妈妈提出让

---

① 贵格会：（the Quaker）又称教友派，十七世纪中期出现的激进宗教团体，认为人可以直接感知上帝的存在及其意志。

他读书识字时，他也总是冷嘲热讽，不屑一顾。他总觉得，既然自己已经会做家具、会种地、会伐木、又会打猎，还学读书写字那些干吗！男孩却暗自琢磨着：如果自己能识字就好了！如果自己还能像姨婆那样会写字就更棒了！经过父母反复地商议和争论，最后，男孩终于可以去上学了。只是那学校离他们家足有四英里远，若是碰上雨天，走在路上，就像光脚走路一样难受。而所谓的学校其实就是一座木头房子，比男孩的家大不了多少，只是多了两扇砂纸窗户和一个比家里大得多的壁炉。老师是一位牧师，他让孩子们传着看课本，学字母、读音，还让孩子们一个接一个地反复练习。这可不是读书识字，男孩心里想：又不是听故事，要像姨婆那样熟练地写字，就更是差着十万八千里了！

当然，除了上学读书之外，这一年，男孩家里还发生了其他新鲜事。比如，父亲当上了街道管理员。如果有机会跟他一起去城里，男孩就会竖起耳朵仔细听那里的人们说话，听他们讲关于印第安纳那块神奇土地上的故事。他在街上经常看到一些向西部迁徙的过路人。听大人们说，他们是要到那块流淌着俄亥俄河的富饶土地——印第安纳去。

没过多久，爸爸又当上了小城的警察，他很乐意干这份差事，觉得那比待在家里当木匠有趣得多；他到处溜达，所到之处都会引来很多人，因为人们爱听他讲故事。每一次，男孩都非常认真地跟大家一起听，他对这些故事太熟悉了，以至于他能够察觉爸爸对故事情节的细微改动。然而，让男孩迷惑不解的是：爸爸看到黑人时，总要拦住他们，让他们出示一种许可证，证明他们有权在这里居住和工作。男孩问爸爸为什么要这样，爸爸回答说："你这小不点！说了你也不懂！"

在霍金威尔，一次，爸爸奉命去巡视犯人，男孩问："什么是犯人？""犯人就是监狱里戴着脚镣的坏蛋。"他拿着生锈的钥匙打开一间间牢房时，迎接他们的是犯人们愤怒的目光；当爸爸又把牢门锁上时，那些所谓的坏蛋又都漠然地退了回去。满心恐惧的男孩目睹了这一切。检查完了，他随爸爸回家，心却留在了那些戴着脚镣的犯人身上：世界上原来还有这样一些人，戴着镣铐，被剥夺了所有权力，过着和那些富人们有着天壤之别的悲惨生活。尽管为了生计，爸爸妈妈不得不辛辛苦苦地为富人们做家具，做衣服，但毕竟是有报酬的。

在这个夏天，男孩可长了不少见识，爸爸用那把锃明瓦亮、锋利无比的斧子齐根砍断了几棵参天大树。男孩问："我们已经有了一所房子，为什么还要伐树？"父亲回答说："用树可以做木筏。"男孩接着问："木筏是什么？""木筏就是像船一样的东西，我们可以坐着它从小河漂到大海上去。""大海在哪儿？""在南方。"现在，男孩已经能够抓紧绳子，帮着父亲推木筏了，父亲把树干绑在一起，然后又把整个木筏推进了那条据说是流入俄亥俄河的小河里。然后他又滚来了十个装满了威士忌的大酒桶。在这些日子里，妈妈则经常莫名其妙地叹息。最后，孩子们终于知道了其中的原因。原来，父亲把他们的木屋和周围的土地都卖掉了，他要到印第安纳去，因为听说那里的土地更肥沃，能收获更多的粮食，而这正是父亲的愿望。他用这块土地换回了二十美元和十桶威士忌。实际上，他们现在的前途可谓是吉凶未卜，谁也无法预料在西部等待他们的将是什么？

一切准备就绪后，父亲出发了，母亲和孩子们站在岸边，向他挥手告别。父亲划着崭新的桨，慢慢远去，一会儿就不见了踪影。时隔不久，他就回来了，他拍着母亲的肩膀有说有笑，看上去信心百倍。无疑，在他看来印第安纳就是个天堂。当母子三人将瓶瓶罐罐，工具毛皮和衣物打成包裹，准备出发的时候，已经是烟雨迷蒙的秋天了。就这样，一家四口骑着两匹马，妈妈和姐姐骑一匹，男孩则坐在爸爸的前面骑着另一匹，踏上了许多人都曾走过的那条路，开始了向西部的长途跋涉。夜晚，母子三人睡在树林中搭起的帐篷里，父亲则在一旁守夜；既要防御野兽，又要防备坏人。五天以后，一家人终于到达了目的地。

三、新生活

他们建在鸽子河畔的新房子叫鸽子屋，虽是父亲和亲戚们用很短的时间盖起来的，却比他们在肯塔基州的小木屋敞亮多了，盖房子的时候，大家都挤在别人家里过夜。不久，男孩的叔叔婶婶也带着孩子来到了这块众人向往的土地上。父亲终于如愿以偿了，现在，他总显得心情愉快，仿佛已经看到了自己即将获得的财富。这里有许多猎物，他可以整天，甚至整个星期在外打猎，也从不会空手而归。在一座小山上，他们还有一块属于自己的土地，周围有绿油油的田地和茂密的灌木丛，只是离河边远了一些，孩子们得花上一刻钟的时间才能挑一趟水回来。这个时候，年满八岁的男孩得搬到阁楼上睡了。父亲在木头墙壁上给他钉上了几根小木棍，每天晚上，他都踩着它们爬上床去睡觉，一点儿也不觉得麻烦，反倒觉得新鲜有趣。只是阁楼上漆黑一片，看不到炉火，更没有窗户带进来晨曦；尽管丝丝冷风还是能从墙缝里透进来，冷飕飕的，但是因为屋顶很低，木头之间黏合得也很好，透不下雨水，所以冬天在上面睡觉还是挺舒服的。只是到了夏天，上面就会透不过气来，闷热得受不了。

男孩周围发生了很大的变化，他的外祖父外祖母也迁到了印第安纳，他们也姓斯拜罗。跟他们一起来的还有他们的养子，丹尼斯·汉克斯，他年仅十八岁。对于小亚伯拉罕来说，这几个人都和善可亲，很容易接近。

在这个地方，人们必须得团结一致，拧成一股绳才能生存下去，因为这儿还只是一片荒野，野兽经常出没，大人们说，他们的一个朋友就是被熊咬死的。男孩家的小屋门口总是燃着一堆火，既为了驱赶野兽，也为了净化周围的空气，因为周围弥漫着浓浓的沼气，空气中沼气含量过高，对人畜的健康都会造成伤害。此外，孩子们还必须吃草药防疟疾，难闻的草药汤影响了人们、特别是孩子们的好心情，甚至还引起了他们对草原的恐惧，这种恐惧使他们更愿意到森林中，开垦土地，种植玉米和其他作物。干这些活时，孩子们，尤其是这个壮实的男孩也得帮忙。他春天帮着播种，秋天帮着收割，而后还要用斧头背儿在空的树墩里给谷子去糠；平时，他还得帮妈妈喂猪、挤牛奶、劈柴、挑水。生活就这样周而复始。一天天，一年年，时间很快地溜走了。冬天的漫漫寒夜，全家大都是聚集在火炉旁边度过的。有时，邻居们也会过来作客。大家一边喝酒，一边抽烟，或者吸鼻烟，就连女人们也如此，人们还会互相讲一些恐怖故事。总之，日子过得还算有滋有味。

可是，当秋色染红了八月的印第安纳，在旷野上放养的牛群却不知是误食了什么东西，还是不习惯这里的潮湿环境，突然发起病来。很快，周围所有的牲畜都被传染了，马匹倒下了，羊群倒下了，牛奶不得不全部倒掉，最后，灾难也降临到了人们身上。他们也被传染了，呻吟着躺靠在装满树叶的袋子上。住在离这里三十五英里的一位医生成了他们能够找到的唯一救星。每次他来给病人看病，都会忙得不可开交，可就算这样，情况也丝毫没有好转，焦虑与绝望折磨着每一个人。看着这满目凄凉的景象，男孩的父亲已经无心过问其他事情了。至于留在家里做饭，照管孩子，喂养牲畜，磨斧子，晒柴火，缝兽皮等，这些活无疑都落在了妈妈一个人身上。终于，她累倒了，长久以来积聚的辛劳仿佛一下子都爆发了出来，她的病情逐渐恶化。

死神夺走了几个邻居的性命，也带走了男孩的外祖父、外祖母，现在它又来到了他妈妈的身边。她一直营养不良，骨瘦如柴，又缺乏生存的愿望，因此一得上肺结核这种致命的疾病，她的身体就迅速垮掉了。不满十岁的男孩，站在沉默、苍白的母亲面前无能为力。他静静地看着平时十分坚强的父亲，看着泪水打湿了他蓬乱的胡须。开始，男孩的心里只是充满了一种恐惧和新鲜感混淆在一起的复杂感觉，"死亡"的含义他并不清楚。

自从第一位邻居死后，父亲就开始叮叮当当地做棺材了。钉棺材的声音让所有人——病人和健康人，都感到刺耳和心酸。而年幼的男孩对此却浑然不觉。

这会儿，父亲又开始给刚刚断气的妻子做棺材。"妈妈真的很高大"，男孩凑上去看着母亲已失去活力的身体，心里想着。他仔细地观察着父亲是如何不用铁钉就把大木板固定在一起，他还很乖地帮着父亲做这做那。母亲死后的第一天就这样忙忙碌碌地过去了，他仿佛根本没有意识到发生了什么。

然而，当母亲入了殓，下了葬，大家回到家，看到妈妈的床上空荡荡的时候，男孩的心才突然被一种巨大的孤独感攫住。这时他感觉自己好像一点儿都不喜欢父亲，他想起了父亲说过的粗话，想起了他的大巴掌，直到这会儿他才醒悟到，自己所有美好的生活经历都来自亲爱的妈妈：妈妈从来没打过他，而且总是为他辛勤地操劳着；每当伤心的时候，妈妈总会低下头凝视着这个跟她越长越像的男孩，这时，便会有一种从未倾吐的亲切感和暖心的感觉在男孩的心头萦绕。这种感觉让林肯整整一生都无法释怀。在对母亲的回忆中，沉默寡言的他对那些失去的以及可望而不可即的事物的渴望更加强烈，较之以前，他显得更忧郁了。

　　一年以后的一天，父亲要出远门，他要进城去，说是不会很快回来。听说他要给孩子们带回一个新妈妈，这可能是他亲口说的，也可能是表兄从别人那里偷听来的。总之，听了这消息，男孩在整整两周里都坐立不安。作为一个十一岁、头脑聪明的孩子，对继母们的凶恶，他肯定是早有耳闻的。终于，在十二月的一个傍晚，父亲突然回来了，他驾着马车，带着几个人从肯塔基州回到了西部的这片土地上，车上每个人都容光焕发，而且那辆马车也棒极了。但两个孩子的心里却惴惴不安：继母到底会怎么对待他们呢？他们正揣摩时，一个高大挺拔，面色红润而又活泼开朗的女人走下车来，男孩和姐姐扒在门前的栅栏上张望着：那女人一头卷发，举止端庄。她身后的车里还有几个小孩在不好意思地眨着眼睛。当然，最难为情的要属他们的那位父亲了。他把自己的孩子带到另外三个孩子跟前，给他们介绍道："我女儿叫萨拉。"又指着男孩说："我的儿子叫林肯。"反过来，父亲又介绍说："这三个孩子是约翰、马蒂尔德和萨拉。""又是一个萨拉！"孩子们想。可是不容他多想，父亲就开始把车上的那些箱子和大筐卸下来，那车上装着各种家什，包括一个抛过光的衣橱和几张像样的床。

　　过了不一会儿，林肯和那个叫约翰·约翰斯顿的新兄弟就一起躺在顶楼一张真正的床上了。约翰告诉林肯说，自己和亲生父亲同名，他也是在林肯失去妈妈的那个秋天去世的。显然，父亲很早就认识这位新妈妈。他们到底认识多久了呢？林肯琢磨着，企图揭开其中的秘密。自新妈妈搬来以后，小屋里就热闹起来了，毕竟加上林肯的叔叔，现在这里住着三大五小一共八口人。在开始的日子里，第一次见面时迟疑的握手使握手成为了林肯姐弟与新妈妈之间特殊的游戏。当父亲叫新妈妈名字的时候，他俩都竖起耳朵听，结果，你猜怎么着：这位新妈妈也叫萨拉。在意识到自己和林肯姐弟之间的尴尬关系后，新妈妈马上开始着手改善这种境况，缩小他们之间的隔阂。

　　林肯的新妈妈是否识字，现在不得而知，但人们却知道，她尊重知识，

11

坚持让所有的孩子都去那所离家不远的木房子学校读书，因此她也很快赢得了林肯的好感。长久以来，无法从书籍里获得神秘知识宝藏的缺憾一直困扰着林肯，让他的内心不能平静。特别是当他听到神父、土地测量员和旅行至此的律师谈话的时候，这种感觉就越发强烈。可父亲却一心想把他培养成木匠。每当新妈妈说起读书学习的事，父亲总是一笑了之，他说，他自己没读过什么书，不也照样过得好好的吗？他不明白，是他的幽默开朗的性格使他总是乐观自信。每到星期天，他们就去教堂。说那是教堂，其实那只不过是一座空荡荡的木房子，总是有人在台上诵读，但读的是什么孩子们根本听不懂，关于语言规范的知识他们尚需积累。这段日子林肯很快学会了写字。他的堂兄曾经说过，林肯特别聪明，在学校里学习成绩比其他学生都好。

遗憾的是，那时候纸张少而且昂贵，林肯不能常用纸和笔练字，就在家里自己把削尖了的木柴熏黑，先在箱子盖上练习，等练得差不多了，才小心翼翼地拿出一张宝贵的纸，想出最重要的内容，然后把它尽可能简练地写在纸上。这样学着练着，林肯的字越写越好，而他也已经长成一个十四岁的大男孩了。但他写字的手指却不够灵活，因为自小他一直用那双手推拉装卸。到了冬天，孩子们的手经常冻僵，大人们就把烤热了的土豆塞到他们手里，这样，他们到了学校的时候，手指就不至于冻得麻木而写不好字了。学习期间，一旦家里缺钱用或者需要帮手，林肯就得旷课回家，对他来说，家里的生活和生炉子用的柴火比上学更重要。一头牛犊能卖八美元，书本能值多少钱？尤其对荒凉的美国西部来说，学会使用斧头可远比学会用笔重要得多。

他已经开始使用斧头了。早在他十一岁的时候，由于在同龄孩子们中，他显得又高大又结实，所以父亲就让他干重活儿了。现在他也被带去打猎，父亲给他演示了如何使用猎枪，而后就把枪递给他，让他射击。当时，有几只山鹑正在离他们不远的地方，他们慢慢移过去，发现那儿还有一只火鸡，于是他就瞄准了那只火鸡，一声枪响，火鸡应声落地。父子二人赶紧跑过去想取回猎物，可就在这时，林肯生平第一次感觉到一种危险的力量控制了自己，这种力量自命不凡，自认为凌驾于其他生灵之上，它会让人面对被自己杀死的猎物洋洋自得。当意识到这一点时，林肯作为胜利者的喜悦便一股脑消失得无影无踪。要知道，以前每当星期日家里熏烤父亲猎获的野味时，他的内心总是充溢着快乐，可是今天，除了恐惧以外，他没有任何其他感觉。他把猎枪还给沉默的父亲，扭头走了。在这一枪之后，亚伯拉罕·林肯一生中再也没有开过第二枪。倘若父亲知道，自己枪法这么准的儿子以后竟然拒绝射击的话，或许会十分遗憾的。要知道，像他这样一个草原上的年轻人，既高大又敏捷，会成为一个多么好的猎手啊！或许当时的情景让林肯想起了以前看到的那些罪犯，他正将自己的行为与那些罪犯做着某种比较，内心生出了诸多的怅惘，这才导致他下定决心。

四、成长（一）

对林肯来说，这段时间最有趣的事情要算是骑马去新磨坊了：那里总是有很多人排队，所有人都显得很清闲，他们漫不经心地等待着前面的人把玉米磨完，然后把自己骑来的马套在磨前，拴在横木上，让它们拉磨磨面。排队的那些人都很健谈，林肯可以学到很多知识，还能听到不少新闻。他们谈论新总统，预测大选的结果，有时他们的谈话还围绕着奴隶制这个主题，人们会讨论到底是奴隶制还是别的什么制度最终会取得胜利。这些事情，林肯以前在教堂里也听说过。这时，当他再次向父亲问及此事时，父亲说，他认为那些希望废除奴隶制的卫理公会①教徒们的观点是正确的。因为随心所欲地给其他人套上枷锁，鞭笞他们，奴役他们，是不符合宗教教义的。

林肯时常观察父亲如何说话、行事，如何与继母相处，以及如何对待自己的工作，等等。事实上，他们父子二人并不算很投机，父亲心里更喜欢他轻浮的继子约翰斯顿。林肯经常看到父亲骑马去法庭，回来后便咒骂某某邻居干了什么缺德事，或是诅咒政府向他乱征土地税。他常说，没有

---

① 卫理公会：基督教新教卫斯理宗教会。美国独立后，美国卫斯理派教徒脱离圣公会而组成独立的教会，该会后来陆续分裂，1939 年又合并为卫理公会。

他长年兢兢业业地在这块土地上开垦劳作，这块土地怎么会像今天这么肥沃？现在国家却要征收什么该死的土地税，就好像他是个奴隶，以前的活儿都白干了。在林肯眼里，父亲的做法并不明智，况且他不会读书也不会写字，有时实在很没用。但父亲有一点很让林肯喜欢：有时他宁可不去工作，也愿意留在家里眉飞色舞地给他们讲故事。要知道，这里方圆几里都没有人烟，没有任何东西可以调动林肯的情绪，生活实在太乏味单调了。他常想，如果将来自己也像父亲一样必须常年待在这空旷的原野上会是什么样子呢？他无法想象：在自己的祖父——被印第安人开枪杀害的老亚伯拉罕带着家人迁入森林以后，他们便世代以伐木和打猎为生，往往一连几个星期都见不到一个外人。恐怕他必须开始学会忍受草原上的寂寞了。

林肯听说，父亲的兄弟们日子都过得不错，很富有，拥有很大的宅院，但他们却从不跟父亲来往。林肯每次和高大幽默的表兄丹尼斯聊天，总能了解一些诸如此类的事情。而后他便会跑回家，爬上顶楼，呆呆地坐在黑暗中思考，理出这些事情的前因后果。新近他又听说，父亲刚刚娶了自己主人的外甥女，难道以前父亲做过谁的仆人吗？他还听说父亲当年就想娶她，但被她拒绝了，因为她选择了阔家之子约翰斯顿；后来父亲便娶了林肯的妈妈。两人原来的配偶都过世以后，去年，主人家的外甥女才成了父亲的妻子。

林肯那幼稚的头脑里涌起一股惊诧和不安。难道自己亲生母亲并不是父亲真心爱着的女人吗？或许就是这个原因才使母亲时常显得那样悲伤？但尽管如此，他却始终对继母恨不起来，因为继母对所有孩子都一视同仁地付出爱心。林肯矛盾极了，以至于和异父异母的约翰斯顿同床共眠总让他感觉很不舒服。

这一大家子的人实在太多了，不是每个人都能吃饱。有一次，父亲在餐桌前做午餐祷告时，面前只摆着一点土豆的林肯脱口喊道："哎！爸爸，今天可真没什么值得感谢的！"事实上，他的调侃不仅仅针对宗教，他已经开始以特有的方式讽刺生活了。

一次，在磨坊里，马刚拉完一圈，他就喊："走哇，老路德！"并用鞭子抽了它一下。当他第二次挥鞭打马并喊："走哇！"的时候，那匹马突然抬起前蹄，一脚踢在他前额上，于是，他便不省人事地被抬走了。第二天早上，他一醒过来，嘴里就吐出后面的几个字："你个老路德！"当时，所有为他担心的人都忍俊不禁。而直到几十年后他还念念不忘这段往事。这起码证明了一点：他永远都不会停止反省，并且总能从中得到启示。

平时，他一点儿也不喜欢干体力活，"学习"才是他真正的心愿。他并非想精通什么学问，而只是想对某些事情有所了解，然后再和其他事情加以比较，以便了解人性，认识自己。他阅读了所有能找到的书籍，尽管他能找到的书并不多，而且每天他可以用于看书的时间也很有限。晚上，家里很黑，没有什么光亮，但每一本书他都认真读过。夏天的傍晚，趁天还没黑下来，他就抽空在雨篷下看书，晚上他就凑近火堆，借火光看书。如果没注意火灭了，他便会小心翼翼地再生起尽可能小的一堆火，只要光亮足够他看书就行了。妈妈用肥皂做的灯芯不多，很珍贵，平时是不能随便用的，全家人只在星期五才能点起它，况且别人也都认为，这个毛头小子支着脑袋趴在那儿，绝不会是在读什么有用的东西。

偶尔，一些新鲜事物传到了西部，就如门外吹来的劲风，为男孩敞开了知识的大门。《朝圣者的进步》使他第一次进行了自省；鲁滨逊在他的印象中只不过是个被夸大其词了的开拓者；而《圣经》却像一首优美的歌飞入他儿时的记忆。此后又有两本书分别从一位旅行者和一位神父手里传进了这所房子，一本是《伊索寓言》，在这本书里林肯第一次看到了智者对人类弱点的讽刺。在阅读时，他的思想得到了启迪，他对书中的内容深有同感；另一本则是《华盛顿和富兰克林的一生》，主人公的一些战争经历使他逐渐淡忘了父亲经常讲的那些笑话，而记住了这些符合史实且更有意义的故事。一次，一位亲戚给他带来了一本厚厚的书，十五岁的林肯逐字逐句地读了它，自始至终都读得津津有味。对他来说，这是个多么珍贵的知识宝库啊！此外，他还得到了一本让自己为之振奋的教科书：W.斯戈特写的《演讲课程》。这是一本相当规范，能引导人们运用不同风格的语言进行演讲的书。它告诉人们应当如何表达自己，并为此援引了许多实例，有伟大人物的经历，有德莽斯的演讲生涯，有莎士比亚戏剧的片段，还有一些具体的演讲技巧。此外，他还读了《肯塔基教师》，这本书将勇气、

林肯自小便随家人西迁，成为了西部拓荒者的一员。十几岁的时候已经成为出色的伐木能手。此图描绘了他在印第安纳的垦荒区内劈砍用于扎篱笆和烧火用的木头时的情景。多年以后，当他竞选共和党总统候选人的时候，选民们即亲切地称他为"劈栅栏木条的候选人"。他亦因此声名大振。据美国小说家梅尔维利（Herman Melville，1819—1891）所言，林肯在握手时……就"好像在锯一块巨大的木头"。

义务、自由、奴役思想、女性问题与杰斐逊的就职演说融为一体，是本相当不错的教材，书里的思想如湍流一般涌进了这个男孩正在启蒙的头脑。每拿到一本书，他都认真地读啊读，因为没有更多的书可看，他便把现有的书翻阅好多遍。偶尔有谁从城里买来用报纸包装的什么东西，他便迫不及待地凑上前去把包装纸要来仔细阅读，于是他常常能告诉大人们，关于他们谈论的话题，报上究竟是怎么说的。

如果有机会和别人一同骑马进城，比如去根垂维尔，林肯就会从商店的桌子上拿起一份报纸，读那些关于选举的最新消息。他发现人们都十分拥戴杰斐逊这个人民代表，反感来自南部的贵族奴隶主们。

在默默地倾听别人谈话时，在意外读到的报纸残片上，他都不断地接触到南部的奴隶制问题，而且在那座新建的小教堂里，人们的议论也常常围绕这个话题。当他不能完全理解其中的道理时，他就会独坐沉思，从别人的谈话中理出自己的观点。

冬天的教堂里，牧师借着炉火的光亮朗读《圣经》，人们齐唱《旧约》里的赞美诗，家里也有人不断地祈祷。但对林肯来说，这一切都远不如利用这些时间研究探索人类的内心世界更有意义，更有吸引力。如果这时有一位谙识世事而又有远见卓识的人认识林肯的话，他准会认为这个男孩将来会成为一名诗人。这个预言不无道理，因为林肯确实在学写诗，并且经常把诗读给朋友们听。他既勤奋又聪明，所以凡他读过、听过和看过的东西都会在他的脑海中留下深刻的印象。"我们当时是通过一切感官来学习的。"后来他的表哥这样描述道："我们长时间地交谈，直到无话可说才肯罢休。"

虽然囿于家中的客观环境，林肯的视野没有机会扩大，但日积月累，他的知识面也越来越广了。现在他也能骑马去俄亥俄河了，许多人爱在那里聚会，因此那里总是停靠着船只，而且时常会有住家的船只和龙骨式小艇从旁边开过。船夫们十分优美地划着大木筏，满载着猪和面粉，沿河而下。而新型的蒸汽船开到这里时，总会抛锚，船夫们就会蹲下来，叮叮当当地敲打那些生锈的机器。小船和木筏比那些巨大的机器更吸引林肯，因为他熟悉前者的材料，从父亲那儿他学会了怎样伐树，再怎样把它们绑成木筏。

据说，所有这些船只都要到千里以外的南方去，再由密西西比河驶向大海。所有想要卖出自家产品的农场主都得去那儿，因为那里的人们需要那些产品。南方的大部分土地种植着棉花。"那里的人很有钱，有成群的奴隶为他们工作。"林肯的思想总是不知不觉就跑到南方问题上去了，他发现所有人都怀着一种近乎恐惧的心情，有的甚至是以一种内疚的口吻在议论着南方。他坐在沙滩上，观察着，一旦发现谁阅历丰富，就会立刻跑上前去把自己不明白的事情向他问个清楚。

五、成长（二）

十六岁时，林肯就长得很壮实了，人们甚至把他称作"最棒的伐木者"。十七岁时，他身高就已经有六英尺四英寸了。在就读的第三所学校里他只学习了几个月，学了一些旧式的礼仪。屈指算来，林肯所有上学的时间加在一起还不足一年。由于他长期干重活，用刨子，用锯子，拉犁，拉缰绳，当然最多的还是使用斧头，他的手变得粗糙笨拙，但写起字来却既快又漂亮。

村子里若是有人想伐倒一棵参天大树，准会喊林肯来帮忙，因为他们都知道，林肯一斧子砍下去比其他任何人砍得都深。他力气很大，能把一整窝鸡扛在肩头。父亲经常让他帮别人干活，并嘱咐他一天收取二十美分作为报酬。在做这种交易时，林肯都在想些什么呢？他是否又想起了自己那位虽然有家，却不得不为了生计而给别人做针线活的母亲呢？或许他还想起了那些被锁进牢门的犯人们，父亲不是就曾经说过，强迫别人做苦工而后再付钱给他们，其实就是对别人的一种奴役吗？

他对思考的兴趣与日俱增，有时会长时间地靠着墙坐在地上，把腿跷得和肩一般高。对他来说，坐着、躺着思考问题要比走路骑马舒服得多；干体力活则更是不能与之相提并论，不停地忙碌简直让他无法思考。几年来，可恶的疟疾、少得可怜的食物和艰苦的体力劳动使他那修长的身材更显单薄，他甚至有些含胸，而且母亲也把她枯黄的面容遗传给了他。姑娘们或许会说，"亚伯拉罕长得真寒碜！"不过这是因为她们根本不了解他那饱满的额头里所蕴藏着的个性与智慧，因为她们无法看出那棱角分明的鼻子所表现出的勇气与胆识，她们更无法理解他那薄薄的嘴唇为什么总是严肃地紧闭着，那双灰色的略带忧郁的眼睛为什么总那样冷静地观察着事物的本质；她们看到的只是他皮肤的粗糙和他的不修边幅。她们认为林肯那位当木匠的父亲说得十分在理，后者曾这样形容林肯："他看上去就像刚用斧子砍下来，还没有经过任何雕琢的一块粗木头。"

林肯的脾气也着实古怪，别人都笑他是个怪人。有时候他会忽然把铁锹扔在一边，一屁股坐在地里，拿出书来，撅起下嘴唇大声朗读，这或许是为了让所有正在劳作的同伴们都能听到他读的内容吧。有时，他竟会号召大家停工休息，自己则坐在栅栏或石头上跟大伙儿聊天。起初大家对他的举动十分惊讶，不知道他小小年纪究竟能聊出些什么。后来人们就渐渐发现，林肯的脑袋里还真装了不少东西，诸如大河、选举，以及过去发生的一些大事，等等。不过听完这些话题以后还是会有人取笑林肯，认为他讲的无非是些故事，一些从他父亲那儿或者从伊索那儿学来的故事。可不管别人怎么说，林肯依然我行我素。他有时很喜欢模仿牧师的样子讲话，常会惹得大伙儿哈哈大笑。他以为这就是"演讲"。他知道自己需要练习，需要听众，不管他们是谁，或者他们为什么来听，他只希望有人在场。一天，他正在演说时被父亲撞上了，父亲一把将他拽过来大骂了一顿，说他懒惰，不务正业。父亲哪里知道，这才是林肯真正的爱好呢。

有一次，一群孩子正在折磨一只乌龟，他们在乌龟的壳上点火，被林肯看到了，他一气之下赶走了那群残忍的小家伙，跑回家去写下一篇抨击虐待动物者的文章。这可能是林肯第一次尝试写作。在此后的一段时间里他又写了几篇反对酗酒的文章。有人把他的文章拿给德高望重的长者看，大家都意识到，这个古怪的年轻人很希望自己能成为对他人和动物有益的人：他曾经救过一只被追打的狗；在某人被多人围攻时，他总是挺身而出救助弱者。所有人都不愿成为他的敌人，因为无论是跑还是跳，长着两条长腿的他总是赢家；摔跤时，他身高力大也总能占上风。而若是谁家要杀猪宰牛也准会喊他来帮忙。虽然他从未追赶猎捕过一只野兔，但却懂得如何给动物致命的一击，然后将它肢解，他，俨然就是一个职业猎手。这样干一天活他能多赚三十美分。所有人都很佩服他。更令他们惊讶的是，恰恰就是这个体力活干得干净利索的年轻人还能替他们写信。信封上的字写得别提有多体面了。

林肯还有个怪毛病：有时候他会莫名其妙地突然走神或者无缘无故地笑出声来，除了他继母以外，没有人能真正理解这究竟是怎么回事。那个睿智的女人还曾说过，林肯从不撒谎，而这的确也是事实。在过去的十七年当中，他经历过一些不公平的事。当然，就一个一贫如洗的年轻人来说，他已经习惯的生活往往是不公平的，所以他留意观察，只要哪里有人也遭受了不公平的待遇，他都会倾尽全力帮助他们。每当邻村大房子里的流动法庭开庭时，他都会去仔细旁听，比如出于对被驱逐和被压迫的印第安人与生俱来的同情，他会看看法官会不会给一个杀死印第安人的罪犯判处绞刑。他知道他必须要用自己的头脑反思，这种自发的同情到底是对还是错，他要听听自己的心灵在说些什么，一个旁观者的经验又在说些什么。一个偶然机会，他听到了一位著名律师的慷慨陈词。自此他便下定决心自己以后也要这样演讲——也要博得观众这般的赞许。当他向这位演说完毕的律师伸出手时，这位文质彬彬的先生表现得很热情，而且满怀感激地望了望灰头土脸的林肯。他叫布莱克维治，谁能想到三十五年以后，林肯和这个人又会重逢呢？就在听完这位律师的演讲之后，林肯借来了印第安纳州的法典，生平第一次了解了这个国家的法制。

他试图多赚些钱来给自己争取一定程度的舒适和自由，但当时他用得更多的是自己结实的臂膀而不是会写字的手。在俄亥俄河畔，只有像他这样强壮而且富有经验的年轻人才能赚到钱。一次，他迅速地把两位旅行者和他们的行李从河边送到轮船上，得到了一枚银币作为报酬，这可是半个美元呀！以前他连做梦也想不到，自己居然能在一个小时里就赚到半个美元。这次经历给年轻的林肯留下了很深的印象，让他久久不能忘怀。

林肯十七岁的时候，萨拉十九岁，已然到了谈婚论嫁的年龄了。一有空，林肯就愿意找出自己家里的证件来看，他一贯喜欢把问题弄个水落石出，研究出个所以然来。现在的他渴望对自己的身世有更多了解，以前他就曾跟堂兄弟们议论过自己的祖辈，议论的结果是：他发现了一个无法解释的疑点，是的，他得弄明白，为什么在这些证件里他和姐姐萨拉已故的生母叫南希·汉克斯，而他们的外祖父却姓斯拜罗，在林肯询问姨婆时，他清楚地觉察到了姨婆的慌张，而堂兄弟们那含混不清的回答令他更加疑惑了，最后他终于知道了大人们想要对孩子们隐瞒的一个秘密：原来，外祖母事实上只是母亲的姨妈；而现在那个已经年龄很大、健康又精力充沛、写得一手好字的姨婆才是他真正的外祖母。为什么大人们要瞒着孩子呢？究竟发生过什么事情？这个年轻人越发好奇了，终于他获悉了这样一件往事：

那有着令林肯羡慕的惊人记忆力的亲生母亲是林肯亲生外祖母和一名叫汉克斯的男人的私生女！出了这个丑闻后，外祖母被她正统的父母赶出了家门。而外祖母的姐姐当时婚后膝下尚无子女，便收养了那个没有父亲的女孩，把她抚养成人，而且没有给她改姓，她就是林肯的母亲。后来，林肯亲生的外祖母又嫁给了一个姓斯拜罗的丈夫，又生了几个孩子。

那么他亲生的外祖父是何许人呢？年轻的林肯又开始沉思了。继续追查后他发现，这位从弗吉尼亚来的母亲的"姨妈"在战争结束时还很年轻。在《华盛顿的一生》这本书里，他曾读到过那时候的士兵们和冒险家们是如何在南方游荡，在当时那种情况下，一个热情活泼的女孩怀了孕简直不足为奇，在邻居家他也曾目睹过类似的事情发生，其结果往往是女孩成了那个男人的妻子，一切也就随之变得合情合理了。

对于自己的那个"外祖父"，林肯几乎一无所知。当然，他无法了解到所有关于外祖母的事情，但是有一点他可以肯定：使外祖母怀上母亲的那个男人一定是个南方人。他会是什么样子呢？是一个军官吗？有可能。或者是位绅士？也有可能。也或许，是个奴隶主。

迷惘和不知所措攫住了这个满心疑问的年轻人。问题接踵而来，仿佛没有穷尽。在很久以后，他才把这些心里话向一位好友倾吐出来。他认为自己特别的性格和禀赋都源于那个弗吉尼亚的陌生人，也就是他的亲生外祖父。他觉得世界上没有什么是确定不变的。一种深深的受挫感加剧了他那与生俱来的忧郁和孤独，这种感情一度长期令他郁郁寡欢。现在家里的新妈妈虽然很可亲，但毕竟不是自己的亲生母亲；外祖母也不是自己真正的外祖母；而父亲年轻时也没能娶上自己真正渴望得到的女人……看上去生活真像是一团乱麻！

现在萨拉就要嫁到格里斯贝家去了，林肯也跟着忙前忙后，并为他们的婚礼创作新婚颂。接触中他感觉到，那家人虽然富有，并且自以为高贵知礼，却是以一种居高临下的姿态对待未来的儿媳，也就是林肯的姐姐萨拉的。

姐姐婚后不久，林肯就看到，那家人是怎样让新婚的少妇辛苦操劳的。结果第二年林肯的姐姐便死于产房；据说是因为平日的艰辛劳动让她的身体羸弱不堪导致的。为此，十九岁的林肯满心怨恨，母亲死了，如今姐姐也死了，父亲是不会有什么改变了，而自己和许多亲戚的关系也因为一个谎言而被搞得不明不白，渐渐生疏起来。这一切到底是怎么回事？有钱人就可以随心所欲地虐待穷人，让穷人给他们干活，给他们伐木；有钱人就可以欺侮自己的儿媳，把她当女佣一样使唤，最后让她劳累而死；有钱人喜欢谁家姑娘便可以虚情假意地引诱她，然后再像对一个黑奴那样不负责任地将她一脚踹开吗？

一段日子以后，姐夫一家可谓双喜临门，他们要同时举办两个婚礼。似乎是要在全村人面前让林肯这个小舅子下不来台，他们甚至没有邀请林肯去参加婚宴。一股无名之火生平第一次在亚伯拉罕·林肯的心中燃烧，一个报复计划油然而生。他是怎么做的呢？他以一种特有的方式导演了一出小闹剧，这是他根据本地农民常玩的小把戏想出来的办法。在朋友的帮助下，在两对新人入洞房前，他成功地把嫂子和弟妹调换了位置。酒宴结束后，两位新娘被领进错位的新房，宾客逐个告辞以后，恍然大悟的婆婆方才神情紧张地冲进了小儿子的新房，大声喊道："噢！鲁奔！你和你的嫂子上了床！"

第二天一早，这件事就满城风雨了，每个人都在笑话这家的双喜婚礼，林肯事后则写了一篇匿名的小品文并把它传开，有意让这家人能够发现它。这篇文章的名字叫《关于鲁奔的故事》。在文章中他模仿了圣经的风格，用辛辣的词句叙述着他创造的荒诞内容，许多年后，人们还会提起那篇文章。在印第安纳州，这个故事比《圣经》传得还广："那时候我们就看出来了，亚伯拉罕的确是个人才！"

对于林肯这样积极处世又有巨大能量和良好天赋的人来说，促使他写匿名文章的情绪原本可以在他内心深处迸发出更为强烈的报复和反抗。然而他却是个理性的人，他更想了解一切而不是操纵他人，他更喜欢演讲，而不善于干预。因此，从他青年时代这些苦涩的情怀中偶尔才会滋生出些许嘲弄他人的想法，但与此同时，他却会更多地表现出同情心。他帮助被压迫者的愿望甚至高于惩处压迫者的决心。处理问题时，他在头脑里构出了自己的一套关于人的权力与尊严的思想。当看到他人忍受屈辱时，他总能设身处地地把这种情况和自己内心受辱时的情形联系起来，从而出手相助。

六、震撼

光明似乎又在向他招手了。一天，在乡间泥泞的大路上，一辆车子散了架，人们帮着把它连拖带拽地送到林肯家的作坊前，让林肯的父亲修理。一位女士带着她的女儿们从车上下来，走进了木屋，随后就打开行李开始做饭。看上去，他们是要在这里住些日子了。母女几人还带着书，后来林肯和她们比较熟悉了，就高声为大家朗读书上的内容。林肯曾说过这样一番话："我很喜欢那些女孩中的一个，那以后的一些日子里我总会不时地想起她。一天我躺在阳光下吟诵了一首献给她的即兴诗。在这首诗里，我骑上了父亲的马，追上她，她惊讶不已。我跟她攀谈，并最终说服她与我双双私奔。夜里，我紧紧地拥着她骑上我的马，在草原上策马飞驰。几小时以后我们来到了一个村庄，却发现，它原来就是我们刚刚离开的那个村子。于是我们就在那里过了夜。第二天夜里，马又驮着我们回到了出发之地。这种情形重复出现了好几遍。最后我才领悟到，逃跑是没有用的，我说服了女孩的父亲，让他把女儿嫁给了我……我一直想把这首诗记下来，可后来意识到，记下来也无济于事，于是干脆放弃了。"

这个小插曲展示了林肯的诗人天赋以及他那种能凭借梦幻超越现实的力量，这种诗人的天性已经慢慢潜入了这个年轻人的内心。现实中，他比周围任何一个人都更加敏感更加惧怕女性。虽然后来，这个地区的人都能讲出几个关于他的故事，但却没有一个故事涉及女孩子。是女孩子们对他过于粗鲁了吗？或许吧。有一次，他身边的一个女孩爱上了他，偷偷尾随他进了树林，瞅准时机就像个印第安人那样突然跳到他的背上，哎呀！她这一跃却不料被林肯背在身后的斧子弄伤了脚。事情发生以后，林肯只是细心地给她包扎好，然后就送她回了家。

这两个小插曲可能就是这个高大的年轻农民在很多年里爱情生活的唯一内容。由于他害怕接近女孩，所以他愿意写一些曲折的同时也比较荒诞的故事来弥补这种空白。但是因为他从未经历过故事中男女之间的那种情感，所以他讲起来仍不失正派，以至于他在晚上给朋友们讲些粗俗的笑话时，也不会有人认为他本性放荡。即便有时在梦里想到要诱骗一个风度气质都让他动心着迷的女孩，他也会拘谨地赶快放弃，并选择一种合法的途径尝试着去得到她，当然这样一来，贫穷的他肯定不会成功。他便以这种方式理智地从充满诱惑和尴尬的现实生活中逃避到风花雪月的诗歌世界中去，并把现实生活中的世俗现象加以改编后带入到另一个世界。在那里，旅行车里的富家小姐和贫穷的木匠之子夜里在原野上策马飞奔，却永远也无法到达目的地。沮丧、疲乏、思念和对现实的惧怕绞在一起，织成了一张梦幻之网，融为了诗歌，不过很可惜它们没有被记录下来。

外面的世界精彩纷呈，它总是吸引着那些有追求的人出去看看。年轻的林肯凭借他强健的体魄和在大河里娴熟的劳作技巧，证明自己是个百里挑一的好水手。现在有一个庄园主想要雇佣他，让他运一船货物到新奥尔良去。这意味着他终于可以走出树林和村庄，去看看密西西比河，然后再去饱览海上的风光！这可是一次难得的机会啊！林肯马上就同意了。于是他和庄园主的儿子一道捆起木筏，用结实的肩膀把玉米和喂肥了的家禽背到河边，装上了船。他们得把这些货物送到南方去卖掉，在回来的路上再购买一些棉花、烟草和糖。

当十九岁的林肯第一次见到新奥尔良港并被那里繁忙的壮观景象所深深震撼时，他真正打开了自己的眼界。于是在一个万物复苏的春季，他离家远行，永远地告别了自己的农民生涯。

一路上，林肯异常兴奋，就如同刘姥姥进了大观园，眼前的情景令他精神振奋。在俄亥俄河汇入"群河之父"密西西比河口时，浑黄的河水一泻千里，简直看不到边，着实令人叹为观止。沿途，他们看到了陌生的人群和土地以及以前从未见过的各种树木和鸟类；当然途中他们也经历了风暴和危险，看到过沙坝，遇到过湍流；后来，他们又出乎意料地领教了一群黑人的劫掠行径：那天傍晚，他们在一个大农场里借宿，夜里来了一群四处抢劫的黑人，企图抢走他们的木筏和货物。林肯被惊醒之后，顺手操起一块大圆木飞身冲向他们，当那群黑人看到他高大的体格和生猛的面相时，吓得慌忙潜入水中，拼命游向对岸，而这时被袭击的林肯早已怒不可遏，哪肯罢休，在后面紧追不舍，直到最后，他满身血迹斑斑地回到自己的木筏上。这就是林肯和黑人的第一次相遇。

　　木筏再往前走，河面变得越来越宽，天气越来越热，而夜色也越来越深了。这个有诗人气质的年轻船夫无声地问自己：这就是生活的全部吗？当然，有好多场面他还没见过呢！他们在新奥尔良靠岸之后，他们生平第一次看到了一幅似乎永不停息的劳动画面：成千上万的木筏堵在出口处，还有他们在印第安纳州从未见过的河船和海船也相继在这里抛了锚，停泊在一边。巨大的仓库里堆积着大大小小装满面粉的口袋，它们都是从北方运来的。一切事物都被烟雾笼罩着，鸣笛声此起彼伏，遥相呼应，发出尖锐刺耳的声响；轮船上高大的烟囱仿佛延伸到了陆地上；岸上修起了第一条铁路。路边那些沿码头堆放的东西是什么呀？足有上千袋吧？这边或那边的口袋有的裂开了，露出了一片雪白的轻飘飘的絮状物。噢！林肯终于认出来了，这陌生的东西就是他们向往已久的棉花！是整个国家都为之旋转不停的棉花！很久以来林肯只有一条布裤子和一件棉质上衣，他宝贝得不得了，只在进城时才舍得穿它们。可当他由棉花又想到了所有与此相关的问题，想到了奴隶制和总统大选时，却又不得不放弃了对棉花袋子的兴趣。

　　等他们卸掉木筏上的货物，来到城里以后，他更是大开眼界。街道上白人、黑人和混血来来往往、川流不

这幅版画绘于十九世纪，描绘了奴隶市场拍卖奴隶的情景。年轻的黑奴像牲畜一样被选购和拍卖，而旁边自由的黑人则看得流泪。年轻的林肯正是被这样一幅幅非人道的买卖场景所震撼，走上了彻底反对奴隶制之路并因此献出了伟大的一生。

息；一些穿戴得花花绿绿的欧洲人乘坐着豪华的小马车优雅地穿过街道；妇女们头戴大帽子，嬉笑着手执扇子招摇过市。所有人都显得极其愉快、忙忙碌碌、自由自在，所有人都在追求着享受。可是，奴隶们在哪儿呢？他们是怎样生活的呢？那边，一张刺眼的广告上堂而皇之地写着"本人愿意随时以高价购买各类黑奴，可以亲自参加拍卖购买！有为奴隶特设的房舍"！下一个拐角处又是一张广告，写着："谁能为我抓回逃走的混血奴隶，赏金一百美元！他的名字叫萨姆，浅色头发，蓝眼睛，微红的浅色皮肤，人们常会把他误当成白种人。"

这就是那些被剥夺了权利的人！年轻的船夫林肯暗想：人们简直像猎捕值钱的小狗一样抓捕他们，像买卖骡马一样拍卖他们，而后又像对罪犯一样把他们关押起来。过去他在家里听到的、父亲讲述的、牧师谈论的、报纸上登载的一切，今天都得到了证实。看到这些，林肯内心的恐惧油然而生，而一股强烈的好奇心却又促使他参加了一次拍卖，走进了一座铁皮屋顶的大厅，那里，灯光刺眼，人头攒动。在那里他看到了奴隶们被展示被拍卖的惨状。

这幅画反映了 1779 年运奴船的情形。奴隶们就像货物一样被塞在船中的每一个角落。这幅画的作者曾在画中某处写道："无助的非洲人被捆上这样的船，就和被活埋没什么两样！"

他旁边站着的是几个西装革履的绅士，脚蹬漂亮的长筒靴，头戴讲究的礼帽。从他们那褐色的皮肤可以看出，他们是从乡村来的，想要在这里进行一番交易。那几位不愁吃穿的绅士们享受着这里绝好的港口气氛，手举威士忌，相互碰杯，会意地眨着眼睛，不时发出狂笑；其他大多数人则很注意自己的身份和仪表，安静地坐在一边记着笔记。他们都是南方的贵族，林肯经常在报纸上读到他们的行为，有的粗野，有的高雅，有的吵闹喧哗，也有的温文尔雅。他在西部看到的那些有钱人的特点，也就是所谓的绅士风度和这群南方贵族身上的特点有所不同，因为后者大多是从自己的父辈那里继承到了土地和财产，无需自己劳动，此外，在拿人做交易的时候，他们也丝毫不感觉愧疚。

在他们面前站着一个夸夸其谈、穿戴显眼的卖主，他手持一根皮鞭，指着一个个奴隶大声叫卖着，那些奴隶赤身裸体，慢慢地绕着圈子走。所有奴隶都戴着脚镣，如果有谁胆敢停下来，或是走得速度不合适，马上就会招来卖主和他手下人的一顿皮鞭。在这群奴隶中间还有一个几乎是一丝不挂的混血女奴，她显然还是个处女，既温柔又羞涩，所以引起了那群绅士们的特别注意，她按照代理人的示意，戴着脚镣走出行列，代理人一边对着众人鼓舌如簧，一边让她在这群围观的绅士面前走来走去，展示她的健康与青春。卖主还大声炫耀地嚷嚷着："各位绅士们也该享受享受了，哈哈哈！"而这显然也正合很多买主的心思，于是这个女奴的价格就一抬再抬，最后终于高价成交。

林肯的心颤抖起来。倘如他不是个血气方刚的年轻男儿，他不会心怀不安地去观察这个美好的生气勃勃的胴体；倘如他不是个有正义感的白人农民，他也不会感到如此气愤。作为一个有天赋的诗人和不懂得女人、正派而又未婚的年轻人，面前的这一切都让他感到十分难受。由于过去遭受的痛苦，以及他对父母命运的思索，他的头脑中不断出现那个他未曾谋面的外祖父。可能他也是个所谓的绅士，就像这帮残忍的大老爷们一样……他那颗探求自己身世的心灵在这苦恼的思考中颤抖着。所有同情都汇集在那群赤裸的、带着枷锁的黑奴们身上；所有怀疑都投向那些穿着讲究、貌似高贵的买主们。他仿佛受了伤似的匆匆逃离了这个吃人的地方！

几天之后，木筏逆流返航了。三个月后的一天，他们重新回到家乡时，林肯不仅积累了很多见识和经验，还赚到了二十四美元。

七、远行

他发现，家里发生了很大的变化。远在西部居住的亲戚们说：伊利诺伊那儿才是真正的天堂，那里土地肥沃，如果有人想发财，到那儿去准行。或许他们是为了能够结成更大的集体来改善自己的生活处境，因而有些夸大其词了；但有一点是肯定的，那就是印第安纳许多失望的垦荒者们相信了这样的话，因为一下子就有三个家庭打点行装，踏上了通往迪凯特地区的路。

父亲托马斯·林肯在那边有亲戚，而且他又总是不停地在寻找着发财致富的机会，不停地寻觅着能带来好运的时机。像他那样既不安分又好奇心强的人，对这里乡村的发展速度之慢早就感到很窝火了，所以他根本不听村里人对这种西部热发出的警告，毅然决然地以一百二十五美元的价格变卖掉田产，而他的妻子也把她前夫的田产以一百二十三美元的价格卖掉，整理好所有的家当整装出发了，就如同十几年前他们离开肯塔基州时一样。只不过现在，这个家庭是两大四小六口人。而且他们要带走的东西也比以前多得多：十四口牲畜被赶了出来，他们足足需要两辆马车，其中一辆归亚伯拉罕来驾驶，因为所有人都知道他有力气。这时的林肯也变得更现实些了：他拿着自己所有的积蓄，三十多美元，到城里的商店买了些东西，什么纽扣、成套的刀具、长袜松紧带以及针头线脑等日用品，他知道这些东西在西部都是奇缺的。

他们总共跋涉了整整十五天。晚上冷极了，但当有一次他们家的狗留在河那边不肯过河时，亚伯拉罕还是毫不犹豫地挽起裤腿趟回对岸把狗接了过来。最后，他们终于到达了目的地——到达了迪凯特这座新兴的小城；这里的亲戚很友好地接待了他们，并让他们暂时在家里住下。不久，草原上下了一场鹅毛大雪，一连几天时间，除了拿木头生火以外，没有人敢从房间里出来。这一阵子，亚拉伯罕的心情很畅快，因为沿途他把自己买来的零散的商品全部转卖了出去，并且收回了两倍还多的钱。另外，他发现，这里的人个个精力充沛，对未来满怀着憧憬，认定自己必将会有所获得。等到这一家子有了自己的木屋以后，似乎一切就会进入正轨了。

天气渐渐转暖，已满二十一岁的大个子林肯开始伐木，准备在这块新的土地上建新房。晚上，他用绳子把伐好的木头驾在耕牛背上，把它们拖回来；而后又在一个合适的地方用斧子把它们一个个劈成木材。像燕子筑巢似的。一天又一天的苦干，全都落在了这个年轻人肩上，要知道，这时的他能力已经远远超过了父亲。就这样，他像个建筑师似的计算并计划着每一块木料的尺寸和用场，以及用料的数量。这段时间，家里的其他人都一门心思只想着盖木屋，住新房，这似乎是他们唯一的目标，只有年轻的伐木者林肯除外。他把自己那些微妙的想法：比如爱情、自由、教育、奴隶制以及大选等，都编成寓言故事讲来消遣。虽然他早已习惯了利用自己坚实的臂膀进行劳作，但事实证明，他其实并不真正喜欢这些。当房子最终在他的指挥和苦干之下矗立在人们面前时，大家异常高兴，生活终于可以正常地继续了，就像他们之前刚到印第安纳州时一样。而后林肯又和表兄约翰·汉克斯一起动手开垦出了十五亩田地，并且把木头劈好，做成栅栏，保护房屋不受狼群和坏人的威胁。

什么是故乡？像他这样一个在二十年中为生活所迫而不得不跟随父亲几次三番离乡背井的年轻人，肯塔基州、印第安纳州和伊利诺伊州在他眼前都如同过眼云烟，他从哪里会产生一种故乡的感觉呢？我们只能说，他的故乡是美国！

来到伊利诺伊州以后，林肯赚钱的机会多了，因为附近到处都需要最强壮的帮手，而人家都喜欢喊他来帮忙。来这里的第一个星期他就在比赛中击败了此地最强壮的人，树立了自己的威望。一次，一艘小船翻了，没有人知道如何营救小船上的船夫，正当大家一筹莫展之际，只见林肯把一根粗树干的一头结实地固定在岸边，自己敏捷地攀着树干进入河中心，抓住两个船夫把他们拉到岸上。这种机智的举动让他的名声渐渐传遍了这个新的居住区。在这个地区没有第二个人能给人们留下这样集强壮和智慧于一身的印象。这个地区的一切都尚未成型，人们正在寻找这样一位出类拔萃的人物，林肯的能力得到了大家的认可。

这里住着一位独立战争时的老少校，林肯为他修筑了十分坚固的栅栏，却只得到几条蓝裤子作为报酬；事实上据林肯所说，这圈栅栏中每一米距离所用的木料都得劈上四百次呢。可是这位军官能给他书看，对书林肯总是如饥似渴。

寒冷的冬天，一次他在河里用船运货，不慎翻了船，他游泳游了很长时间，而后又跑了一大段距离，终于来到过去曾当过法官的一位农场主家。而这时，他的脚已经冻坏了，不得不在这个好人家里待了几个星期。这几个星期里，他有时帮着搬搬柴火，有时往桶里加加水，干些力所能及的家务活，做这些事儿他已经习惯了，空下来的时间他便读了伊利诺伊州的法典，这是他阅读的第二部法典。

附近的查尔斯顿有一个小印刷厂，定期印制一些有关法律和民生问题的小册子。那儿如果有个像林肯这样的聪明人把报纸和传单上的评论、邻居们的起诉、流动法庭上的判决和他读过的两部法典中相应的法规放在一起，综合比较，一定会成为那些印刷品的中心内容，并为它增色不少。在这个地方，私有财产概念是法律观念的基础，偷窃行为十分少见，可能要比扭打当中的误杀行为还要少见，而且人们也似乎认为偷窃比杀人更为卑劣。从小林肯就习惯于自己帮助自己，他从自己的失误中学到的比从长辈的指导中学到的东西多得多，从过去那个男孩成长为今天这个青年，他首先是从自己身上，而后才是从父母和姐姐那里认识到，依附于他人必将承受痛苦。他必须在这片崭新的土地上凭借自己的力量站稳脚跟。而事实上，借助种种机遇，他最终也的确做到了这一点，并且完全有能力借助法律条文分析现实生活中的问题。过去的那个男孩不是一直抱着追求正义的诉求吗？他不就曾经谴责过动物和人们遭受的苦难吗？现在这个年轻的伐木人林肯发现了国家的有关保护条款，并且十分迅速地理解了这些条款的意义。

令人高兴和惊讶的是，喜欢讲故事的林肯开始在邻居们中间公开演说了。他目前做这些仅仅是为了让自己把东西记得更深刻，就像当年他总是大声朗读一样。这时正值乡镇大会将要对一项改善河流的决议表决。林肯了解这条河，他曾在河上翻过船，也救过人，而且顺流而下航行了几千里直至大海；他深知这条河必须治理。于是一天晚上，他随表兄弟一起去参加了一次不拘形式的农民聚会，并即兴在会上对反对意见进行了驳斥。当时，这个高大的年轻人站到了一个大箱子上开始了他的演说，并很快驳倒了对手。这个从小爱讲故事的青年人已经成长为一名演说者了，当然讲故事仍将是他一生的钟爱。他站在那个大箱子上进行的第一次演讲肯定相当成功。差不多同时期，他从报纸上的文章以及竞选演讲中得到启发，写下一篇关于美国国家形势以及反对酗酒的文章；神父和律师看过之后，把它推荐给了一份小报，不久后这篇文章就被刊登出来了。

不过他强壮的身体还是比他的学识更加声名远扬。加之他曾经对遇险的路人伸出援手，热情助人，双手灵活、头脑聪明，一位名叫奥弗特的农场主挑中了他，派他和表兄汉克斯一同再一次驾船往南方运送比上次更多的货物，为此他每月将获得十六美元的酬劳。林肯的父亲徒劳地劝说着他这个最强壮也是最廉价的劳动力留下来帮他，但林肯毫无疑问是更希望到外面闯荡，去见世面的。于是这一次，他们绑起了一个长八十英尺，宽十八英尺的大木筏，整装出发了。出发那天林肯穿戴整齐：他穿上了一条像样的裤子和马甲，还戴了顶帽子，挥手南下。

在他眼前，自己亲手建起的那座木屋渐渐消失了；那是他一生中住过的最后一座木屋……从此之后，他很少回父亲住的这个村子。

这时正值万物复苏的春季，年仅二十一岁的林肯踏上旅程，永远告别了他的农民生涯。

八、觉醒

林肯等人乘船出发不久，河上就出现了危险：因为在河流大转弯处有一段狭窄的水道，宽大的木筏一下子被卡在当中。水流湍急，木筏开始迅速往下沉，不一会儿，木筏的一半就沉到水下了，眼看人货难保。附近村子里的居民都跑过来，大声喊着什么，手忙脚乱地比画，慌作一团，但谁也帮不上忙。这时，只见林肯不知从什么地方拖来一条小船，把木筏上的口袋和箱子都搬到这条小船上，而后又在木筏撞到岸边的那端凿了一个小洞，让水流过去，终于让情况转危为安。没过多久，这艘来自他乡的木筏如何遇到麻烦，又如何化险为夷的故事就被传开了，林肯因此在这个名叫纽萨勒姆的村子里树立起他传奇般的名声，而他对此却浑然不知，更无法预料这件事对他今后的生活会有多么大的影响。在这之后，林肯二人小心翼翼地驾着木筏继续南下，又一次来到了新奥尔良。这次他们在那儿停留了整整一个月，工作之余还抽空四处逛了逛。再度停泊新奥尔良让他有机会用心地观察了南部的社会体制，也就是在这一个月里，他将自己耳闻目睹的情况进行了一番思考，发现了南部主要问题的症结，总结出了自己的独到见解。当然，这也是他平时日积月累细心观察生活的结果。他那谨慎隐忍的天性，那种在困苦和劳动中千锤百炼的坚定意志，他物质上的贫乏，地位上的卑微以及作为一个几乎无家可归的年轻人所具备的俭朴的生活作风，让他自觉地抵御住了来自南部那些暴发户的诱惑。当然他也很清楚，在这个重要的港口城市，恰恰是那些暴发户占据着上风。只有他们才能在这里过上富足的生活。

在这儿，他经常会看到自己可怜的同胞们，也经常会想起那个混血女奴，那一幕给他留下的印象太深刻了，以至于他一生都难以忘怀。这一切都促使他竭尽所能地去观察和了解奴隶们的悲惨遭遇以及奴隶主们的荒淫无度。他这时的思想毫无疑问已经走出了乡村的小天地。他亲眼看到了另一个世界，看到了异样的饮食和装束如何在异地他乡打造出一个陌生的生活环境，也看到了这种骄奢淫逸的生活环境如何使一些卑鄙的人背弃了道义。

从一开始就有一种现象引起了他的注意：这个地方几乎没有白人服务员，即使有，也少得可怜。而黑人——当然他们的皮肤并非都是纯黑的，有时人们很难将一些所谓的"黑人"跟那些长期从事户外劳动，皮肤被晒成棕色的白人区分开来——他们在这里安分守己地劳动着，没有愤怒，没有怨言。除了奴隶住们，还有其他人能用道义作幌子从上帝的"福音"里捞到更多的好处吗？奴隶主们为了维护自己的利益，想出各种各样的理由来证明奴隶制的合理性。这群所谓"上帝的使者们"，还能拿出什么其他更冠冕堂皇的理由来解释黑人们的悲惨命运吗？他们说黑人们都来自埃藻这块已经变卖了自己主权的土地，上百万的非洲黑人在美国艰苦劳动，只是在为那个巴勒斯坦的犹太牧人赎罪。

听听奴隶主们是怎样说的吧：对黑人们来说，这样活着不是比流离失所好得多吗？"我们的体制（为了避免提到声名狼藉的"奴隶制"，他们这样称呼它）是最自然而然的，奴隶们的自由才是令人费解的麻烦事。"他们认为：让奴隶们获得自由才会真的让天下大乱。为什么那些来自北方的白人虽然没那么身强力壮，却偏要愁眉苦脸地在地里耕种，或者操作机器，或者在办公室里不断地计算书写，在树林里劈柴伐木或追捕野兽？怎么才能让他们理解，几世纪以来他们从祖辈那里继承的是什么样的身份，为了共同的幸福他们又应该建立什么制度？当然，只有奴隶制才是最明智的选择。事实上，如果没有黑人种植和收获的棉花，美利坚合众国怎么能有今天的繁荣景象？如果不能向英国的工厂输送原材料，那些道貌岸然的大爷们在英国又能得到什么权力？难道那些满肚子委屈的基督教徒愿意起早贪黑地在大太阳底下种植他们既爱吃又可以出口到欧洲去的麦子吗？热带的植物需要热带人来种植，能干的黑人在英明的主人那里干活，还可以获得比别的奴隶更美丽的锁链，那锁链比他们的父辈们在原始森林能够想象的更加美丽；此外，他们还能喝到威士忌，能享受在神圣的教堂里洗礼，从而被允许希望死后进入极乐天堂。

当林肯在奴隶市场听到奴隶主们厚颜无耻地讲述这些理由时，他在想些什么？他可能会想：这些话里有几句是真的呢？但无论怎样，林肯在这儿都必须保持沉默，因为这里不允许任何人反对"我们的体制"。无论从北方还是从西部来的人在这里都不被信任，有的甚至还会被当成奴隶们的朋友，换句话说也就是整个南方的敌人。当时，关于奴隶问题，社会上已经提出了普遍的质疑，奴隶主们之所以觉察到了这种质疑，是否是因为他们良心发现了呢？或者只是因为恐惧，害怕有朝一日黑奴这种"商品"会突然意识到自己生命价值的存在？可怕的圣多明哥起义仿佛提醒着奴隶主们，应该时刻注意防范，不能被奴隶们表面的顺从迷惑。

在这个地方，没有林肯在肯塔基州、印第安纳州和伊利诺伊州所熟悉的农民，只有金匠和黑人栅栏工。在一座小山上，林肯看到了一个奴隶主的庄园——一座城堡，坚实的殖民式塔楼的周围环绕着一个旧式花园，里面摆着硕大华丽的餐桌，用北方的精制面粉加工成的面包摆放在桌上，还有香喷喷的烤乳牛和烤鹅，此外还能看到欧洲的上等葡萄酒。少爷们每次出去打猎，都会这样铺张地大摆宴席，有时还会在宴席间为漂亮的女奴争吵不休。小姐们则郁郁寡欢地学习着英国贵族式的礼仪，百无聊赖地度日。寻常百姓的孩子会和黑奴的孩子一起玩耍，却都不愿意靠近奴隶主的孩子们，在这里，奴隶主们已经被民众排除在外了，就像老鸨和刽子手一样，在任何时候，社会都需要他们，但同时也鄙视他们。

奴隶主们是靠什么维持自己的地位呢？首先是靠出口棉花和稻谷，种植这些作物他们无需付出工资，当然实际上这其中也潜藏着巨大的资本。他们有时会埋怨说：这帮黑鬼简直太可恶了，有的寿命太短；有的身体太弱，以至于用鞭子抽他们也丝毫不起作用；有的女奴生不出更多的孩子；有的甚至还总想着逃跑。这里的上万个庄园主中只有三个拥有十万名奴隶：劳动力实在不够用，必须得从弗吉尼亚和南卡罗来纳不断地补充黑奴。自从美国在二十多年前出于人道主义原因禁止进口奴隶起，黑人们就在那里繁衍开来了，这里的奴隶贸易欣欣向荣，有人甚至会把自己父亲和黑女奴生育的同胞兄弟当作奴隶卖掉，而且这种事情屡见不鲜。

在南方，出租奴隶也成了一样最赚钱的买卖：能干的青年奴隶可以做工匠，面容姣好的女奴可以被包做妓女。这样，奴隶主每年可以赚回百分之二三十的成本，差不多三四年就能通过奴隶自身的劳动，把他们的身价成本赚回来。

当这个年轻的旅行者林肯在种植园里骑马走过时，他洞悉了这一切。若是有机会和牧师、教师或者法官交谈，并绕着圈子通过提出不同的问题说到这个体制时，他总能听到大同小异的刻薄的回答："奴隶们来自一个相互残杀的世界，他们就像野兽一样在原始森林里屠杀自己的兄弟同胞。是我们拯救了他们的生命，照管他们，在他们年老的时候给他们吃的，病了的时候给他们药品，让他们过上合乎伦理的生活。而即便这样，他们当中的散漫者还是会犯下最不可饶恕的罪过，那时候我们当然不得不鞭打他们。如果只有当他们偷了东西之后我们才把他们关起来以示惩罚的话，那他们生就的懒惰本性一定会变本加厉！其实，你们的人在北方又做了些什么呢？他们派自己的儿子或者其他代理人，带着自己承袭下来的奴隶来到南方，在这儿小住一阵儿，而后把奴隶们高价卖给我们，自己却假装成虔诚的基督徒带着鼓鼓的钱袋满载而归。自由！他们嘲弄自由！在南方，当一个老奴要被释放，被归还自由的时候，你猜他会做些什么？他会苦苦哀求，因为在这里他能够吃到鱼，吃到肉，喝到糖汁和朗姆酒，要是换了别处，那根本就是异想天开！……"

林肯疑惑地倾听着南方人对南部体制的辩护。他自问：作如此言论的白人们是否依赖于那些富有的奴隶主呢？于是，带着这个问题他要去亲眼看一看，那些所谓的"商品"生活得怎样？平原上，低矮的黏土茅舍一间挨着一间，就像空壳一样。门前的小火炉旁，年纪大了的女奴们正在用破旧的锅热着玉米糊糊，有的人还在里面加上了豆子，但这和奴隶主们吹嘘的那些美食佳肴显然有着天壤之别。当然，他也听说，有的乖巧的奴隶拼命加班后也会赚到几美元，买些自己渴望已久的白酒，但这种情况少之又少。有的奴隶在自己住的房舍后边种了点蔬菜，据说，他们被允许用蔬菜从商贩那里换回一点糖或者咖啡，而成功地换回糖或咖啡的日子简直就像过节一样。

所有黑奴都在地里干活，年轻的林肯则在一旁观察着他们。这些赤裸的，大多用锁链拴着的奴隶们夏天必须干足十四个小时，在毒太阳无情的照射下，拖着沉重的步伐忙碌，收割，捆绑或者拖、拉、背、扛；就连在风雪交加、寒冷刺骨的冬天，他们至少也得干十个小时。中午他们只有一次时间很短的休息。在他们和马匹之间站着一个手持鞭子的监工，不时地大声吆喝着什么。如果哪个黑奴实在累了站住休息一会儿，长长的鞭子马上就会落在他的身上，而这个奴隶顿时就会大声惨叫，痛苦地蜷缩起来。而即便是这样的鞭笞也是监工在外人面前才会表现出的难得的仁慈。

日暮时分，奴隶们带着沉重的锁链一个跟着一个，疲惫不堪地收工了。但在回驻地之前，他们必须先跟着监工到奴隶们的茅舍和奴隶主的城堡之间的院子那儿。年轻的，年老的，正在哺乳婴儿的母亲们和骨瘦如柴的孩子们在院子里站成一个半圆，那个冷酷的魔鬼监工会喊出几个人的名字，命令他们到体罚场上来，看样子，今天这几个人准是触犯了什么规矩。残酷的监工像保护艺术品那样躲避着奴隶们的脑袋，用皮鞭疯狂地抽打他们裸露的脊梁。这狠心的监工已经在屋里的假人身上练习过数百遍了。也只有长时间的练习才会使他们有今天这样熟练、准确的技术，既能找准地方，把奴隶打得皮开肉绽疼痛难忍，又不会伤及他们的骨头。绝对不能把主人的奴隶打得爬不起来，或者几天不能干活，那样的话，监工可就会被奴隶主炒鱿鱼了，因此经他打过的奴隶一般第二天都能照常上工。

之后，所有奴隶都神情沮丧地回到各自的茅屋，在那里玉米糊糊正在等着他们"享用"呢。屋里的灯不允许亮到很晚；如果哪个黑奴胆敢在夜里和不属于他的女奴偷情，那么原本美好的夜晚之后他就有罪可受了。若是有谁胆敢逃走，他必须得先想好，监工里可是有专门为追捕奴隶受过训练的成员。他们会像围捕野兽那样把逃跑的黑奴围起来，把他逼到泥泞的地方，让他饱受痛苦之后再把他杀掉。

夜晚，林肯心情沉重地返回住处，食不知味，寝不安席。透过游艺俱乐部敞开的窗子，他默默地看着几个男人如何为打牌而争得面红耳赤。这时，站在一边的看门黑奴低声告诉他，昨天晚上，这几个强壮的男人中有一个在打牌时输掉了自己两个黑皮肤的亲生儿子。后来，林肯的表兄汉克斯回忆说："那一刻，林肯的脸色难看极了，仿佛他的心都在流血。他没说什么，一直沉默不语。我知道，在这次旅行中，他形成了自己对奴隶制度的观点。他曾颇有感触地告诉我说，'我不想成为奴隶，但我更不想做奴隶主'！"

九、在纽萨勒姆村（一）

不久后，林肯又随一艘轮船沿着密西西比河逆流而上，这次他做的是锅炉工。六月的一个炎热的夜晚，他从锅炉旁边沿着楼梯上去，看到甲板上的人们在喝酒谈笑，他那善于比较的脑袋又一次开始思考，开始分析不同阶级的权力以及奴隶制度和其他制度的区别。出于对林肯工作的满意，奥弗特决定让林肯经营自己即将在纽萨勒姆开业的一家商店，并把他派到了那里。这次，林肯在父亲那里作了短暂停留之后，便永远地跨出了家门，此后再也没有回去过。因为他既没有马匹也没有船只，所以，夏日炎炎里他就那样徒步穿过了广阔的草地，一步一步走向了他崭新的家园。

到达目的地之后，起初他没找到奥弗特，也没看到什么商店。在这一个陌生的小镇子上他该怎么办呢？他没有任何计划，更没料到他将会在这个美丽的小镇度过六个年头。他先是在那里认识了一些人，而后就开始找活儿干。一个书记员搬走了，林肯暂时接替了他的工作，在此之后，他又慢慢关心起了地方政治。不久后，奥弗特终于来了，但商店却还是连个影子也没有。于是，林肯必须得先从干木匠活开始，为商店开张做准备：盖房子、做家具，诸如此类。好在他早已干惯了这些活，所以很快便完成了这些工作。最后，他又扛回来一捆捆，一包包的各种商品，摆上货架。一切都准备妥当了，两人就在门面上挂出了一块招牌，上面写着："顿唐·奥弗特"。从此，这个店铺里就总有一个高大的年轻人，每天忙忙碌碌，把商品销售给这里的居民。

一段时间之后，这里几乎所有人都认识了他，一个重要的原因是，他的店主奥弗特常在众人面前夸他。可在林肯听来，奥弗特的口气和当年奴隶贩子夸奖混血女奴的口气大同小异，颇有些刺耳："他非常强壮，完全能够打败这里最棒的拳击手……"于是，没过多久就有人向他发出挑战，一场比赛拉开了帷幕。在这个小地方，什么摔跤比赛、斗鸡或者决斗可以算是最流行、最激动人心的娱乐活动了，所以这场比赛吸引了好多人。林肯见到了这里最棒的拳击手，那是个极其强壮、结实又富有经验的老手，不过林肯胸有成竹。比赛开始后不久，他便巧妙地把对手打倒了。这时，掌声和抱怨声同时响起。对手的朋友们大声骂着，指责这个获得了胜利的新面孔，这个被他们称作"长腿"的家伙没按比赛规则出手。可被打倒的那个人却输得心服口服，他站起来，向胜利者伸出手去并强调说，一切都符合规则，此后，他们二人便成了好朋友，而且这段友谊一直保持了很久。是的，有时命运会给人带来美好的瞬间，一个人的彬彬有礼和真诚待人，会引起别人的好感，也能使自己渡过难关。

林肯在商店里工作的日子着实不错。整个店铺被他收拾得窗明几净，货架上的货物：衣、帽、布料、油、盐、酱、醋、咖啡、糖都摆放得整整齐齐。箱子和木桶里装满了人们需要的日常用品，地上还摆放着盆盆罐罐和各种酒类。夜里，林肯和另一个帮手在店铺后面的小棚子里睡觉，那里有一张很像样的床。一百年前，在偌大的西部，没有几个人能拥有和享受到一张真正像样的床！他们当时所在的那个地区是刚刚开发的，零零星星地只住着不到两百人，所以很多东西在那儿都买不到，这些都得靠老板奥弗特和他的年轻伙计林肯动脑筋才行。

在商店里林肯有充足的时间看书，只是对他的一双大长腿来说，狭窄的店房略显局促。于是他想了个办法：他在柜台的一端放了一卷花布当枕头，自己平躺在长长的柜台上看书，这还真是蛮舒服的。他总觉得看书时若是读出声来就可以同时通过视觉、听觉的双重感官达到加深记忆的双重功效，因此总会大声地读出声来，当然这样，也就让一下子撞进来看到这幅情景的顾客们感受到了双倍的惊奇。不过久而久之，他们彼此熟悉了，见到这个场面顾客们只会哑然失笑，不会有人大惊小怪或抱怨什么，而林肯也会立刻进入工作状态，翻身跳下柜台，绕到柜台后面，拿出顾客想要的东西；如果顾客得花上一段时间认真地挑选商品，那么当他选好想买的东西时，准会发现这位店伙计先生又已经坐到小板凳上专心致志地大声念起书来了。

显然，没有人会责怪这个既强壮又聪明的店伙计。有时他会当着顾客的面一个人把整整一桶威士忌酒搬到桌子上，让顾客目瞪口呆，有时也会躺在柜台上把一杯水搁在放平了的靴子底上，用牙齿把它叼起来，却不让一滴水洒出来，而且他似乎总显得心情愉快，所以若是他不来上个诸如此类的小把戏，顾客往往都不会轻易离开。此外，他还热心地替每一个需要他帮忙的人写信，并因此吸引了这里的每一个人。哪个店主能找到比他更好的店伙计呢？他不吃零食，烟酒不沾，虽然算得上本地最强壮的青年，却从不滋事打架，宁愿坐在地上跟孩子们玩耍。孩子们可以围着他转，可以跟他打闹，开他的玩笑，他从不发火。最主要的是，他为人诚实可靠，人们完全可以信赖他，因此，不久后，他的名字就自然而然地传开了，大伙都亲热地称他为"真诚的亚伯拉罕"。

当然有时候他也会情绪低落，但这不会影响任何其他人，他从不会把自己的坏心情转嫁给别人，无论何时何地总是待人友善温和。反过来，大家对他也一直很友好。如果有人笑他的话，那么他们只是善意地笑他那奇特的举止言谈罢了，比如他有时会捧着一本书在马路上走走停停并大声朗诵，有时会大声对人们宣布："只有等到我彻底转变了对现在北方、南方、东部和西部的看法时，我才会感觉比较舒服！"在这种时候，大家虽然会笑他，却绝对不会有恶意。

一次，一位顾客告诉林肯，他家里有一本英语语法书，还附着练习；林肯马上就赶了一里多路借回了那本书，并且生平第一次正经八百地学习了自己母语的语法。

另一个人送给他一本吉本 ①的《罗马帝国衰亡史》，神父也给了他一本历史书。此外，他有空还会到本地的学校里去，在那他也能学到很多东西。他还时常在别人那里打破砂锅问到底；会从进口包装盒子的图案上学点地理知识。他觉得从任何人那里都能学到些东西，即使是最愚蠢的人也懂得点有用的事情，而自己最应该懂得的道理是如何取人之长，补己之短。

由于他读了很多书，所以每逢村里集会，人们就会请他上去讲话。他也毫不推辞，三步两步便蹦上讲台，滔滔不绝地谈论起诸如修建公路和建设铁路等问题；讲述作为船夫，他曾游历到多远的地方，曾经历过什么样的困境。他还会谈到自己主张建立一个州立银行，因为那样，货币可能会更加稳定。不久后，一位朋友向他建议说，他应该到州议会去毛遂自荐，在那个小圈子里，眼下实在没有几个能人。对此林肯虽然有些犹豫，也没抱任何幻想，但还是决定去尝试一次，结果却因为成绩不佳被淘汰了。

那个劝林肯从政的人叫若特雷治，他是这个地区的第一个移民，正是他建立了纽萨勒姆村。他拥有一座让奥弗特先生赞不绝口的磨坊，还经营着一家客栈。年轻的店伙计林肯中午常到那去坐坐，有时候晚上也会去。这其中的奥妙可能就在于若特雷治有个女儿。她肤白如雪，身材修长，红色的头发泛着光泽，她总是坐在那里刺绣。只可惜这个十八岁的女孩已经名花有主了；可或许就是这种遗憾，这种心驰神往、有危无险，吸引着林肯这个在女孩面前总是惶恐不安的年轻人：深深地扎根于内心的憧憬和希

---

① 吉本（Gibbon）（1737—1794）：英国历史学家、作家。于1776—1788年完成《罗马帝国衰亡史》，蜚声欧洲文史界。

冀让他总有一种恍如梦境的感觉，而同时这样美好的情感又绝对不会被严酷的现实破坏，因为它根本就不真实。

像他这样一个贫穷的追求者是没法和女孩那富有的未婚夫相比的。尤其，女孩的父亲若特雷治也拥有很多的土地和金钱，他是绝对不会轻易把女儿嫁人的。他未来的女婿麦克·纳莫非常富有，还从岳父那里购买了许多土地，有人说，因为他在这边有几个重要的亲戚，所以他在这儿已经做了两千美元的投资了。假使奥弗特不那么轻浮也不那么倒霉的话，那么，喜欢独处、惧怕女孩的林肯或许还会继续终日用怜爱的目光追随着若特雷治的漂亮女儿。

然而，开张还不满一年，也就是第二年的三月，奥弗特的店铺就倒闭了，他的竞争对手赫恩顿出了一点钱接管了破产后的店铺。可即使是精明的赫恩顿也难以保证林肯在这儿的生计。

幸亏这时候，河上出现了一艘蒸汽船，为了驶过湍流，它需要一名领航员，最后，船长看中了林肯。这份领航的工作让林肯赚回了四十美元，足以维持一段日子了。

不久，林肯的人生似乎又面临着新的转折：这时的他既可以作船夫、也可以继续当店伙计，或进入政界或去当兵，他可以在这四种职业中进行选择。事情是这样的，当时有一个印第安酋长举兵威胁边疆，年轻人纷纷应征入伍。林肯也有心在不同的环境中做些不一样的尝试，为自己积累资历，以便将来有朝一日能进入州议会，所以他也报名参了军。

在竞选的过程中，他简单的身世让他利弊兼得。大部分人都认识他，甚至看到他来了大家还会暗暗高兴，因为他们正期待着一个好听的故事呢。林肯就这样树立起了自己的威望，并赢得了博学的名声。

当时竞选的形式相当简单。开始时，这个二十三岁的农民、船夫兼店伙计完全有机会表现自己。在那个小小的选区，根本没有宣传员，他必须自己介绍自己，自己展示自己。当他骑马在路上溜达，时不时帮助一下地里劳作的农民时，他的举止都自然而然恰到好处，他和被帮助的人都不会以为他是在刻意表现什么。晚上，大家都来到酒馆，在那儿，人们会举行各种比赛，比如掰手腕或者喝威士忌酒什么，比赛休息时，年轻的候选人林肯便会不失时机地登上桌子，来段演讲。

他身强力壮却从不欺侮别人，有求必应乐于助人，又从不虐待动物，这样的一个年轻人怎么会不受到拥戴呢？这里，在所有有头脑的农民看来，林肯的品德、能力和所作所为比那些被惯坏了的城市佬强百倍。选民们对他的这种好感使得林肯在竞选中成为一名实力强劲的候选人。人们看到，他还是一如既往地一得空就捧起书朗读，人们也照常能听到他讲的故事，而且比其他任何一个人讲得都动听。当然，他的外表装束也的确是有些奇怪，裤子似乎总是短上五六英寸，上衣的袖子会突然不知从哪儿"刺啦"一下子被扯开；另外，他的那套黑色燕尾服更是小得他几乎穿不进去。

林肯倒背双手站住不动时，加上那张粗线条的、显得不太年轻的面孔，就像是一座木制雕像一样；而当他开始活动，满怀激情地把长长的胳膊抬起又放下，沉思着走近桌边时，所有听众就会忘记了他演讲的内容，而去观察他的动作。他平时的声音并不动听，声调略高，听起来很严厉，但只要他开始演说并进入状态，他的声音就会逐渐变得悦耳起来。在演讲结束之前，他总会讲几个故事作结尾，因为大家都盼着听这些故事呢，他懂得如何充分利用这种容易让人们接受的形式，来把自己的观点阐述得清楚明白。大家都知道，虽然他语言表达能力很强，天生的一副好口才，但绝不会成为一个光芒四射的煽动家；因为他更多的是斟酌着转述，而不是灌输；他更喜欢以理服人，却不愿蛊惑人心。但就算如此，他也比那些舞台上的演员们更能给人留下深刻的印象。

西部的小酒馆里，人们经常也会谈论国家大事，在这种谈话中，林肯总是默不作声，他只限于谈论那些他理解又涉及当地民生的事情，比如河流治理和道路改善的问题。而且，他总是待在他原来待过，或是将要进入的圈子里，仔细倾听，观察着那些听众。一次，一个粗野的家伙在大厅里揪住了林肯的一个朋友，林肯便马上从讲台上跳下来，抓住那个家伙的衣领和皮带，把他扔出老远，而后转身返回讲台，整理了一下衣服，继续演讲，直至结束。其实，他这样做只是出于救助弱者的习惯，但人们却因此对他更加敬仰。他讲过的故事在那个地方起码还要流传一代人那么久。

至于他加入哪个党派，当时还不太重要。起初，他算是个民主派人士，就像父亲和表兄弟一样；但辉格党①的首脑亨利·克莱演讲时洋溢的激情，以及丹尼尔·韦伯斯特②讲话中缜密的逻辑深深地吸引了他。这个党派的纲领别人无法正确阐述，总的说来，它倾向于接纳受过高等教育的人，他们与民主党派的区别主要是主观问题而不是客观问题。这个党派的唯一特点是：他们更加坚定地拥护宪法，而这正中青年林肯的心思。他的人生经历促使他去尊重国家的创建者和父辈们，并维护自由平等的思想。自这个时期起，林肯便开始了他追求独立自由，坚决维护公民的平等地位，坚决反对以任何形式动摇这一立国之本的漫长的奋斗历程，他的一生都将为此而奋斗。1830年，欧洲的特权思想曾一度卷土重来，但在美国，人们起码仍在反抗着奴隶制。因此，林肯一生都怀着无比敬仰的心情谈论着他的父辈，追求着自由，维护着国家秩序，并且英明地将无数年轻的爱国者吸引到一起来。

二十三岁的林肯以这样几句言简意赅的话结束了他生平的第一篇严肃的竞选讲稿："我心目中的政治就像一位老者的舞蹈那样短暂而精彩。我主张创建州立银行，征收保护税。如果我能当选，我将衷心感谢大家；如果我未能当选，其实也不太坏。"说完这席话，他就跳下讲台，坐到了听众当中。多么令人诧异的结尾啊！它表现出林肯性格中的第二个特点。他懂得，放弃会使他免受野心的尘染；他居安思危，知道如何客观地看待事情的结果。他的这些优点都来自于他贫穷、艰苦的童年时代，同时也决定了他坚定不移，颇有主见的性格。

他这样结束自己的演讲并非出于一时冲动，因为听众在大厅里听到的那个结尾，也以书面形式写在了通告里。这篇讲稿是由林肯自己撰写的，但由于他对自己的拼写没有信心，所以他又把讲稿交给一位受过教育的朋友修改整理。在他的讲稿中，人们看到这样一句话："我出生成长在一个并不富裕的家庭里，我没有富有或显赫的亲戚朋友可以推荐我，自由的选

---

① 辉格党（the Whigs）：1820年以后，美国当时的共和党分裂为民主党和辉格党。后来辉格党衰落下去，很多辉格党员加入了1854年重新成立的民主党。

② 丹尼尔·韦伯斯特（Daniel Webster，1782—1852）：美国政治家、演说家，辉格党领袖。

民们必须不受其他因素的影响自己做出选择。如果我当选了，我将会尽职尽责回报大家对我的厚爱。如果我亲爱的乡亲们出于更加明智的考虑选择了别人，那也没有关系，我对于失望和悲伤已经习以为常了……"这里表现出来的放弃充满了讽刺意味，其中明显流露出林肯对自己卑微出身的不卑不亢。为这段话执笔的人感觉到，这个普普通通的年轻人将来肯定会大有作为，因此他在文章中着重强调了那种一切依靠自己，白手起家的贫穷奋斗者的尊严。

十、在纽萨勒姆村（二）

当时，印第安人的首领"黑色苍鹰"跟白人发生了摩擦。他想收回以前让白人夺去的土地，于是发动了战争，战火也蔓延到了相邻的州。这一消息引起了包括纽萨勒姆地区在内的全国上下的震惊。当时的林肯，店铺关了门，新的工作还没找到，而竞选结果也杳无音信。他想，自己若是再这样游荡下去，到了夏天，一旦落选，便连这次战争提供的机会都错过了；况且等到竞选结果揭晓尚需一些时日，如果外面的战斗比这里竞选早一步结束，他还可以利用自己的战绩来促进竞选。于是，他加入到了一千六百名志愿兵的行列中，并在自己的中队里被大家选为上尉，这是他第一次在民主选举中当选，他永远都不会忘记。军队里的装备和伙食都很差，士兵们终日在泥泞的道路上徒步行走，他们蹚过河流，穿越草原，向西行进。艰苦的条件没有把林肯压垮，不过因为他们很少遭遇敌军，所以一个月以后中队便自行解散了。

然而在短短的一个月里，他却有了一次宝贵的经历：他生平第一次被击败了。尽管很早他就学会了放弃，从不奢求什么，但他自始至终都对自己的实力充满了信心。一天，一个叫汤普森的士兵在摔跤比赛里猛地一下子把他摔了出去。从这次众目睽睽之下的失败中，年轻的林肯学会了承受更大的打击。在那之后，他又向汤普森发出挑战并两次把对手摔倒在地。但紧接着他又败在了少尉安德森的手下。三十年后这两个对手还会戏剧性地相遇。

其实，战争中他又能做什么呢？他既不喜欢迫害他人，也不喜欢打斗，屠杀对他来说更是大逆不道。他之所以报名入伍，是出于一种责任感，而并非是要去追求什么刺激，他甚至不知道应该如何下命令。一次，队伍必须穿过田野，走过一道大门，到了该下命令的时候，他先是苦苦地想了半天，而后突然冒出一句："中队暂时解散，两分钟后在大门的那边集合！"

还有一天，军队行进至一座孤零零的军营。在那里，他看到了成堆的尸体。多年以后，他像位艺术家一样冷静而清晰地描述了当时的那幅景象："一座小山前，毁掉的兵营笼罩在晨曦中。尸体冲着我们平躺在地上，每个脑袋上都有一个美元硬币大小的洞，恐怖而带着一抹荒诞的色彩。红色的晨曦给一切都涂上了一抹血色。"他停顿了一下继续说道，"一个男人身上还穿着一条皮裤子。"这就是目光锐利的林肯当时所看到的一切，他自小就不得不看清事物并快速做出反应，否则便会遭遇危险或是加倍的劳动。在林肯眼中，荒诞即为可怖，在他的一生中，他总能在严重的问题中发现它的怪异。

林肯并没有成为战斗英雄；他曾从自己人手中放走了一个印第安老人，士兵们原本想把他绞死的，尽管他已经出示了通行证。林肯从未杀死过一个敌人，只会在战友的屠刀下解救他们。所以在这次战争中，心地善良的他只留下了上面这唯一一件令人难忘的"事迹"。

最后，他们终于踏上了归途，先步行，再乘坐自制的木筏，而后再步行，既没有带回鲜花也没有带回奖章。战争期间，他的竞选对手们都纷纷加大了宣传力度，从战争结束到竞选结果揭晓留给他的就只有两个星期的时间了。短短两周内他根本无法进入新的党派，于是，他的第一次竞选计划就这样夭折了。但尽管如此，他自己村里的乡亲们，甚至还包括一些民主党派的追随者都投了他的票。在八月大选的日子里，纽萨勒姆地区共有二百零八人选了林肯，只有三个人选了他的对手。面对这样的成绩，林肯其实应该心满意足了。

可他必须得有份工作才行，于是他和另一个人合伙借了钱，买下了他当时工作过的奥弗特的店铺，重新写了一块招牌，开始经营。这样他便成为了"白瑞·林肯公司"的股东之一了。可惜这两个人都不善于经商，而且因为白瑞是个酒鬼，所以生意的担子全压在了林肯一个人的肩上。林肯的性格已经决定了他不可能是块做生意的料，对他来说，这副担子可比满满一桶威士忌要重得多了。在他这儿买进和卖出都可以赊账，根本没法看出生意的好坏和收益的高低。而且让林肯感兴趣的往往不是顾客的钱袋，而是他们的言谈举止，如果"真诚的亚伯拉罕"身着蓝衬衫灰上衣和一条总是显得太短的裤子站在柜台后面的话，即使你没钱付账，也甭愁得不到你所需要的东西。只可惜，这种经营方式很快就使商店不得不时常关门了。人们常常会在酒馆里看到一个店主喝得酩酊大醉，而另一个店主则骑着马在街上游荡，这个时候林肯已经成了当地的邮政局局长。

这份工作显然已经成了他维持生计的主要收入来源。他当了四年邮政局局长，从中可谓受益匪浅。人们是出于对他的信任，当然也由于他会读书写字，才选他来干这个差使的。这样一来，他能够最先阅读到邮车送来的各类报纸，这是西部邮政局局长的一个传统特权，因为订报人总是期待着邮政局局长能够给他们简单介绍报刊的内容。有谁收到信都可以让林肯帮他读，即便收信人自己识字，他们也会把信的内容给林肯讲讲，因为他们信得过他。会讲故事，善于思考，头脑又很聪明的林肯很喜欢这份工作，当他把信放在帽子里去送给收信人时，在路上他还能认识更多的人，这对他无疑是个广交朋友的好机会。

因为邮车经常要在他这里过夜，于是他在自己的店里又摆上了一个柜台，专门为长途邮差们服务。花二十五美分就能吃到一个面包，一百二十五美分可以在这住一宿，给马在马厩里找个歇脚的地方，一夜也只需要花二十一美分。在他和过往客人的接触交谈中，他了解了普通老百姓们的愿望和想法。后来几年，他把在这个地方耳闻目睹的事情都记录下来，他十分珍视这些笔记，因为这是他即使在高等学府里也学不来的宝贵知识。与此同时，他仍旧不断地阅读书籍，他读了邮局送来的所有报纸杂志，旅客们借给他的书报以及当时流行的通俗短篇小说。一个偶然事件改变了他的生活。一次，一位旅客行李太多，林肯出于好心买下了他的一个破箱子。几天以后，他打开箱子，在一堆铁皮盒子和工具当中惊喜地发现了一本残缺不全的书：那是布莱克·斯通对英国法律的评论，是当时一本很著名的法学书籍。从这本书里，他汲取了很多法律知识，后来当他知道，自己能从法官和律师那儿搞到其他法学书籍时，他马上跑到他们那里把书借来，从此便开始离群索居，在家里闭门享受读书的乐趣。后来，又有一位博学的医生来到这个地方，林肯经常和他交谈，视野不断扩大。听说一位流浪艺术家虽然终日无所事事，只爱钓鱼，但能背诵莎士比亚和伯恩①整段整段的剧本台词，年轻的邮政局局长也乐意去找他聊天，从他那借几本文学书，让自己走进另外一个更美好的世界。此外，林肯还特别留意找一些故事书来读。从书里他了解到，父辈们曾经积极地反对过奴隶制，像华盛顿、约翰·亚当斯、杰斐逊、麦迪逊，富兰克林和汉密尔顿。这些美国的精英人物都曾以不同的方式试图推翻奴隶制。他们当中也不乏过去曾拥有过奴隶，最后却坚决反对奴隶制继续蔓延的奴隶主。最让林肯难以忘怀的是，华盛顿曾禁止追捕逃跑的奴隶，并且不管他们愿不愿意再回来，都给他们自由。

读书虽好却没法赚来面包，但去做违背自己意愿的事情又确实太令人心烦。林肯的店铺垮了，不管由谁负债都必须更卖力的赚钱以便弥补亏空。然而这时的林肯已经无心再在这个行业里谋求什么发展了。

几天后，警察来到了他们的店铺，查封了仓库。这会儿林肯的合伙人早就溜之大吉了，林肯只得独自承担起所有的债务：总共一千一百美元。当然他的生活不成问题，因为他又像以前在家乡那样，干起了伐木的活，这样赚来的报酬足以养活他自己。许多年以后，林肯曾这样描述他那段时间的生活，每天工作结束，他便搬着板凳，跷起大长腿坐在壁炉前给自己讲各种各样的故事打发时间。此外，作为邮政局局长他还有一些薪水，但毕竟，把这些收入加在一起也少得可怜，他什么时候才能还清那笔巨额债务呀？

很久以前，一位做土地测量员的朋友曾说过，像林肯这么聪明的人，在其他地方一定能赚到更多的钱。所以这会儿，他把林肯带到了附近最大的一座城市，斯普林菲尔德，让他在那里的一所学校学了一些诸如数学和

　　① 伯恩（Bum）：美国小说家。

如何使用仪器的知识。在那儿，林肯还遇到了以前部队里的一位少校斯图尔特，这个少校曾让他吃过不少苦头；可现在他却借给林肯很多法律方面的书；几年后，他将给予林肯更大的帮助。六个星期后，林肯作为土地测量员又被派回了纽萨勒姆村。这份工作让他很忙碌，因为，土地买卖十分盛行，测量一条街道林肯就可以在五天内赚到十五美元，绘制出图表，又可以拿到两个半美元。有时他可以双管齐下，在测量某处的土地时，顺便把那里的邮件带过去，送给收信人。有时林肯甚至偶尔会由自己的工作联想到华盛顿，华盛顿就曾在他这个年龄当过土地测量员，当然那是八十多年前的事情了。而且早在当年，华盛顿的薪水就是林肯现在的三倍。唉！毕竟，并不是每个人都能成为华盛顿的，想到这里，小伙子的脸上绽放出笑容，情不自禁地吹起了口哨。

如果没有债务缠身，这种生活应该算是蛮不错了。可惜好景不长，不久后，由于那笔债务，他的马被当成抵押品拖走了。没有了这匹马，他还怎么在这里自由地来来往往呢？之后，他的马鞍和仪器也相继被没收了。朋友们合计着要把他的马赎回来，想带他一起去拍卖现场，被他婉言拒绝了：因为他实在不忍心看着陪伴自己多年的那匹老马被人拍卖，这会让他难受。朋友们把他这种奇怪的想法嘲笑了一番后，去给他把马赎了回来。这段时间里，他真是穷困潦倒。每当无所事事的时候，他就会去一位叫阿姆斯特朗的朋友那儿，帮他劈柴浇花，哄孩子，讲故事，摇摇篮，而后在那吃饭，过夜。

安娜·若特雷治经常来询问自己的信件。据说，她的未婚夫去了纽约，要在那儿整顿他的产业，然后回来跟她结婚。然而他却很久不写信回来，偶尔写一封，内容也糟糕不堪，他说他的父亲死了，他还需要更多的时间留在纽约，处理事务。不久后就有人风传，这位富有的先生把美丽的安娜甩了。人们纷纷劝说安娜忘记那个负心人，再找一个厚道的男友。就在这时，第二个追求安娜的人出现了，他就是黑尔，林肯的一个朋友。

这时的林肯心潮澎湃。他面对女性的害羞感不知怎么的与日俱增，他甚至不愿意在店铺里接待女性顾客。一次，一位女士带着她的三个女儿在他的店里住了几个星期，在此期间，他竭力躲着这一家子，就连跟她们坐在一张桌子前吃饭也觉得别扭。他面对女性的害羞渐渐变成了对婚姻的恐惧。这到底是与生俱来的，还是以前的艰难岁月带给他的忧郁造成的呢？总而言之，他的这种情绪由于内心深处的本能冲动而日益明显。一个好友曾以林肯的口吻写过这样一段话："在大家有说有笑时，我也总是侃侃而谈；但当我一个人静下来的时候，我便会有那么强烈的受挫感和自卑感，在这种时候我甚至不敢随身带刀子。"

内心充满了抑郁伤感，充满了神秘的渴望和希冀，他的头脑完全陷入了混乱当中；他爱的女孩自由了，现在他应该希望女孩违心地来选择他吗？命运之母难道要让母亲的故事在他身上重演吗？他可能只会成为那个薄情人的替代品。现在他难道不应该满足吗？他不是已经比安娜待嫁时感觉幸福了许多吗？可他又怎么能容忍自己败在黑尔手下？除了比自己富有之外，黑尔可以说一无是处。于是林肯搬进了旅馆，紧挨着美丽的安娜租了一套房子。自此，他脑子里魂牵梦绕的全都是心上人的倩影。

然而他却没有发起任何攻势去赢得安娜。这时，外面传言说，安娜的未婚夫用的是假名，他是个地道的骗子，这个消息对黑尔十分有利。其实，林肯对此早有耳闻。早在那个骗子临行之前，他就曾请林肯测量过一块土地，而后便又一次更换了姓名溜之大吉了，但对这件事，林肯一直守口如瓶，直到人们准备起诉这个骗子时，出于对安娜的关心，他才把事情告诉了她。听了这些，安娜因为自己被骗受辱伤心不已，这突如其来的刺激让她一筹莫展。她的父亲原本想用女儿拴住那个富有的外乡人，不料却赔了夫人又折兵，不但赔上家底，自己沦为佃户，就连女儿从此以后也不得不充任旅店里的婢女，擦桌刷碗，洗衣磨面，干些体力活。但尽管如此，安娜的身后还是一直跟随着富有却轻浮的追求者黑尔，而贫穷沉默的林肯也始终都用他那关切的目光关注着她。

十一、当选州议员

州议会的选举每两年举行一次，不久后，新一轮的竞选又拉开了帷幕，林肯再度参选。当时，曾有一些清教徒指责他是个无神论者，于是他这样总结了自己的信仰：友善待人，乐于扶弱，关爱儿童，保护动物。他的生活中还有两大要素：写作和演讲。经过了一番起起落落，这一次他终于当选了。两年后他又再度当选，连续八年，也就是从二十六岁到三十四岁，林肯一直都是伊利诺伊州州议会的议员。在这几年当中，他并未染指政党内的阴谋诡计和明争暗斗，而是集中精力着手解决了伊利诺伊州的几个重大问题，从而创立了本党派的办事原则并奠定了它的思想基础。那时他们的领袖是克莱，他的偶像是杰斐逊[①]。

善于比较，头脑冷静的林肯十分钦佩亨利·克莱这位当时最有经验的政治家。后者最善于将千头万绪交织在一起的难题综合起来考虑，而后一网打尽。对林肯而言，年近六旬，曾与父辈们并肩战斗过的克莱毫无疑问是美国伟大传统的维护者，他的忠诚与执着理应得到众人的尊重。克莱出生于美国独立之后，在林肯刚出生时，他就已经是州议员了；他曾亲自参与过与英国缔结和平协约的谈判工作；竭尽毕生精力维护着国内的和平自由；主张征收保护税以抵制来自英国的竞争，主张发展贸易，开办企业，总之他对包括奴隶问题在内的所有问题的处理，都是遵循这样一个原则，那就是：保证美国的繁荣和富强。就如同这个国家的创建者一样，在这片土地上，他看到了自由的源泉和独立的意志。而当时的强大对手欧洲却只能坐视自己的国家土崩瓦解而不知所措。克莱是杰斐逊的拥护者，是一个地地道道的共和派人士。虽然当杰斐逊逝世的噩耗传遍全国时，林肯年仅十六岁，但这并不影响林肯同样成为杰斐逊的崇拜者。

事实上，在天性和思想上林肯更接近的并不是华盛顿[②]，而是杰斐逊，他时常会感受到杰斐逊对他的巨大吸引力。杰斐逊并不是英雄，但他有着放眼全社会福利的视野，有着从本质上改善人与人之间关系的愿望，他更像是一个精巧的机械师而不是设计者。比较起国际局势来，他更了解自己人民的想法和心愿；而且在解决希腊问题时他还十分民主。这一时期，林肯一定是仔细研读过杰斐逊的论著，因为此后他经常引用杰斐逊的话和

---

① 杰斐逊（Thomas Jefferson，1743—1826）：美国第三任总统（1801—1809），《独立宣言》的起草者之一。

② 华盛顿（George Washington，1732—1799）：美国第一任总统（1789—1797）。

观点。让我们来看看这样一段经典的文字："我们相信，世界上存在着这样一条真理，即所有的人生来平等，上帝赋予每个人无可争议的同等权力：生存的权力，自由的权力以及追求幸福的权力，等等，为了保障这些权力，人们建立了政府，政府只有得到人民的许可之后才能行使它的职权。"

并不奇怪，还是这个杰斐逊，以强有力的推理揭示了奴隶制暗淡的前途。他，身为奴隶主曾这样写道："奴隶主与奴隶的关系永远都是惊涛的巅峰：这边是丧心病狂的暴虐和专制，那边是逆来顺受的放弃与臣服。那些容忍这种情况存在下去，容忍他的一半公民将另一半公民的权力践踏于脚下，并毫无伦理道义可言地把他们彻底毁掉的国家领袖，理应受到诅咒！此外，这种状况还会慢慢葬送贸易和企业给我们的经济带来的繁荣。一个人只要拥有了哪怕是一个奴隶，就绝不会再心甘情愿地在炎热的天气里俯身劳作。谁打破了自然界的规律，谁就会得到报应。为了我们整个国家的利益，我要大声疾呼，每当我们想到黑人，就让我们想想上帝赋予全部人类的同等权力吧！"

这就是早在启蒙运动之前出生于南部的杰斐逊说过的话。几十年后生长在北部，终年艰苦劳动的林肯是怎样看待这种先进思想的呢？他当然马上站到了奴隶解放者的这边。他与志同道合的同仁们一起在这位精神领袖的指引下，在北部开展起一场轰轰烈烈的反对奴隶制的运动。然而，诗人所特有的气质和他锐利的眼光也促使他同时去仔细倾听反对和维护奴隶制两派人的声音，并加以分析比较。杰斐逊和克莱的治国理论中所提到的国家统一，正在他的头脑中上升为一种希望全人类独立和自由的思想。

奴隶制问题越来越明显地成为关系到美国国计民生的大问题，南部体制一次又一次地面临崩溃。关于这个问题，林肯研读了很多历史方面的书籍，他了解到，当年的"五月花"号轮船是如何载着十九个黑人漂流到这里，他们是如何满怀着喜悦和担忧，希冀和恐惧在美洲登陆的，但是他们来到这里的结果却是若干年白人和黑人的兵戎相见，浴血敌对。他知道了，美国曾就是否在宪法当中写入奴隶制进行过争论，结果是，议会驳回了将其写入宪法的议案，并且最终只是用一段模糊不清的话提到了奴隶制，"各联邦的公民人数应加入另外五分之三定期在本国服役的人员数目。"这些所谓其他的服役人员无疑便是奴隶了，通过这种人口普查得出的结果无疑也会增加南方奴隶主进入内阁的名额，而事实上，南方派也的确借此在内阁中占据了多数。与此同时，属于美利坚合众国的西北诸州却做出了这样的决定："奴隶制将在本地区内所有联邦州以及即将出现的所有联邦州中被永远禁止。"

何等针锋相对的内部对立！蓄奴州的主张里，自相矛盾显而易见：一个崭新的国家，一个同样建立在人人平等基础上的国家，竟允许就连古老欧洲的等级社会都不曾有过的那种对人性的残酷束缚在自己疆域内滋生蔓延，把自己的一部分公民变成另一部分公民的私有财产。而且国家的经济恰恰就建立在这成千上万毫无权力的黑人艰辛劳动的基础之上。在肤色面前，道德失去了本色，除了用妥协换来锁链以外，这群无依无靠的人又能怎样自救呢？在合众国建立之初，这块土地上只有六个蓄奴州，虽然宪法中写得清楚明白，将禁止任何新蓄奴州产生，但在林肯那个时代，美国国土上还是顽固地又建立起了十四个这样的奴隶制联邦州。

当年，就在美国人要把刚从法国购买来的广袤的路易斯安那划分成几个新州，并在密苏里河口建立一个奴隶制联邦州时，冲突旋即爆发。一场人民战争似乎一触即发，当时，年迈体弱但仍旧德高望重的杰斐逊预言说："这是黑夜里响起的警钟！"为了拯救整个合众国，克莱明显违背了宪法的意志，向密苏里做出了让步，他决定："路易斯安那州北纬36°30′以北的所有地区禁止实行奴隶制，但即将建立的密苏里州除外。"

在此之后的十五年里，奴隶制问题日益突出。越来越多的外国人，特别是德国人来到美国，他们辛勤的劳作，凭借更加精良的机械种植棉花，在灌木林的周围开垦土地，并在密苏里和其他地区代表西部与南部展开了较量。此外他们还种植烟草和小麦，而且不久就把产量提高了四倍。这些外国人当然也反对奴隶制，他们中的一些人加入了辉格党，并在当时和以后很长一段时间里成了林肯的忠实选民。新形成的西部壮大了，借助它的力量，北部代表顺势在内阁中提出要提高保护税额的建议。这一提案在南部引起了轩然大波。南卡罗来纳人声称将以武力反对政府做出的任何一种企图提高税收的举措，并断然宣布这一税制永不生效。面对这种情况，美国政府该做何处理呢？下令军队挺进南部，拘捕那里的暴乱头领吗？这万万不可！于是人们开始调解矛盾，对南部酌减税额，冲突结果是：南部取得了胜利，暴乱头领在那里被当成英雄受到拥戴。

在冲突中，南方奴隶主们的自我优越感起了不小的作用。这也许是因为绝大多数美国总统都来自南方或者曾为南方效力的缘故吧。那时，谁想在社会上出人头地，那最好就是能靠上一个满世界都知道的南部高贵荣耀的古老家族给自己撑腰，而无需去理睬北方那些终日无所事事的理想主义者或者斤斤计较的小企业主们。首都的气氛也仍旧绝对有利于南方，如果当时没有人在各处宣传南方奴隶们悲惨命运的话，那么人们几乎会给那些优哉游哉的奴隶主们唱颂歌了。在伊利诺伊也是这样，虽然全世界人民都在声讨奴隶制的罪恶，但是若是有一个富有的过路人带着几个黑仆走进旅店的话，这里的女人们还是会伸长了脖子艳羡地瞅上老半天。

举行每届州议会会议的万达利亚又被挤得满满的。八十一位议员先生分坐在两个大厅里。万达利亚是一座旧式殖民风格的小型建筑，设有木质的讲台和木质的墙壁，还有一个类似华盛顿美国国会大厦的拱顶，因此被人们戏称为"国会大厦"。此间，刚刚借钱买了套新衣服的林肯正穿着崭新的蓝色西装坐在这个简单的大厅里沉默不语。议会会议期间，每天他能得到三美元的补助以及一些墨水和纸笔。现在，他在想些什么呢？他是在专心地听着律师和政治家们的演说吗？虽然只是个年仅二十六岁的土地测量员和邮政局局长，他也曾走南闯北颇有些见识，而且在过去的日子里他学会了所有他能够学习的东西，这帮演说家未必比他更博学。对他来说，那些讲话其实并不精彩，他也没有发现什么出色的大师，换句话说，这些演讲根本无法引发他的灵感和激情。因此每次会议开始的时候，林肯总是静静地一言不发，只有当他们回到客栈，其他议员都摘下自己傲慢的假面具时，他才开口给大家讲些有趣的见闻。可就算是这样，林肯的名气也越来越大，一些人给他起了个绰号叫"酋长"；另一些人则以一种怀疑的态度观察着他的沉默；总之，不会有人忽视这个大个子。就在这些人当中，有一个小伙子对林肯观察得特别仔细。他和林肯可谓是截然不同：他矮矮胖胖，宽肩膀，阔胸脯，大脑门，精力充沛，愿意到处溜达，这里听听，那里聊聊。他是个公务员，民主党人，同样的家境贫穷，比林肯还略小几岁，他就是斯蒂芬·道格拉斯，来自于一个知识分子家庭，做事有韧劲，能屈能伸，头脑灵活，善于交往，处世圆滑；他的个性和做事直率、独来独往的林肯完全相反。有时候，他们也会坐到一起聊聊，但林肯很少注意他；道格拉斯则不同，他关注着每一个人，因为他野心勃勃，他希望自己能平步青云，他的眼睛总是盯着那个最高的位置，所以这里所有人都是他的对手。他在心里估量着每个人的分量，最后确认，林肯这个大个子肯定不会威胁他的前程。

十二、爱与死亡

换用假名的外乡人再也没有出现。当州议会的会议结束后，林肯返回纽萨勒姆，发现若特雷治家已经彻底垮了：这位第一个在本地落户的老人如今甚至不得不放弃那座经营多年的客栈，他们举家迁入了已然失踪的女婿的庄园里。美丽的女孩安娜终于摆脱了不切实际的幻想，她现在有足够的时间来把以前那个外乡人和眼前的两个追求者加以比较了。黑尔好像不像以前那样热切地追求她了。安娜这时也由衷地喜欢上了贫穷而又沉默的林肯。她感觉到，林肯待人和善，为人正直，有恩必报，随和稳重，因此对他颇为倾心；而姑娘的热情也让林肯不再犹豫不决了。不久后两人就订婚了。

在那个明媚的春天，林肯经常策马去附近的庄园看望安娜。他二十六岁，安娜比他小四岁。这几个月可能是林肯一生中最幸福的时间了。他守在姑娘的身边，忘情地享受着那短暂而永恒的时光，两人有时虽沉默无言，却情投意合，柔情似水。然而遗憾的是，虽然林肯曾因为自己内心的挫折感和迷惘写过许多书信和文章，对他一生中这唯一的一次恋爱经历却没有留下只言片语，这似乎正是他内向的性格所导致的吧。孤独的忧郁者沐浴在爱河中，徜徉在伊甸园里，他怎会知道，前面等待他的是怎样的结局呢？

那年夏天，曾在印第安纳州带走了他的几个远亲、还有他的表兄，最后又夺走了他母亲生命的疟疾又像幽灵一样飘到了伊利诺伊地区，美丽的未婚妻和一个朋友都染上了这种病，强健的体魄虽然使林肯幸免于难，但他却不得不眼睁睁地看着朋友被病魔夺走了生命。最后，还有他那美丽的心上人——安娜！

痛苦使他几近疯狂。走过漫长、艰辛的青年时代，他第一次找到了自己的梦想，自己的爱人，他第一次可以尽情地欣赏那爱情之鸟在自己的身边欢笑蹦跳，他仿佛听到了一首美妙绝伦的乐曲，但正当他试图自己演奏时，它却倏忽一下子消失得无影无踪了。于是，比过去强烈百倍的孤独和渴望一股脑儿地扎进他的胸膛。安娜死后的第一个星期，人们惊讶地在森林里的河边发现了林肯，当时他正像个疯子一般自言自语着。还有一次他一动不动直挺挺地躺在安娜墓前。一个医生把他带了回去，让他跟朋友们一起下地收麦子，摘水果。起初一切似乎都恢复了正常，可干着干着，林肯却突然疯狂地大喊起来："我受不了啦，我怎么能把她一个人留在下面！雨水会漏到坟墓里去的！"

这个曾因为忧郁不敢把刀具带在身边的年轻人，现在确实是绝望到了极点。

十三、最初的政治斗争

但他终于活了下来，在摆脱了自杀的念头之后，他决定活下去。尽管他选择的是一条极其坎坷的道路，曾一度失去目标，失去精神支柱，神经也很有可能再度崩溃，但他在偶然之间悟到了人生的真谛，勇敢地挺过来了！他把苦难当作磨炼自己的磐石，在挣扎中不断完善着自我。此外，虽然他内心经受了强烈的打击，但这种创伤并没有持续太久，或许对于体魄强健的他，这次的心灵创伤还不足以把他打倒吧。尤其是与生俱来的诗人气质，可以让他逃匿到梦幻的世界里去躲避现实的打击。当然这样，他的思想也会更迅速地意识到现实到底有多么残酷。

二十七岁时他开始不再毫无目的地读书，而是有选择地阅读书籍了。他感兴趣的大多是法律书籍或者故事书。一次，一位和善的老师建议他再学习一下语法，他照做了。这种有计划的阅读让他学到了更多的东西，他以前通过博览群书所积累起来的知识也得到了完善，掌握得更扎实了。但这时作为土地测量员的他却似乎没有了用武之地，有时他甚至还不得不像以前在店铺里当伙计时那样四处走走停停。虽然他生活的地区土地贸易越做越红火，可每当他情绪高涨地抱着各种测量仪器想要参加到土地测量工作中去的时候，别人总会拦住他，因为他们更希望听他来上一段政治演讲、一段奇闻轶事或是让"真诚的亚伯拉罕"做个裁判，平息一场争吵什么的。这样，很自然的，他也越来越接近自己的选民，他的再次当选已经是十拿九稳了。

第二次竞时选林肯搞出了新的花样，现在的他可比两年以前务实得多了，他取消了以往竞选中的繁文缛节，学习如何在信件和演讲中通过语气变化表露自己的思想倾向，并和朋友们一起对选民发出了号召。更重要的是，只要面对万达利亚，他的内心就充满自信，于是这次竞选中的林肯比两年前反应更加敏捷，也更有挑衅性。他甚至还提出一份令自己所在的政党颇为震惊的个人计划，并给报社的编辑写了这样一封短信，欣然表明了自己的政治观点。他写道："我主张，所有为国家做出贡献的公民都应享受政府的保护；所有白人都有权选举、纳税和持枪权，妇女也不例外。如果我当选了，那么这里所有的父老乡亲，包括那些不曾给我投票的人，都将成为赋予我权力的朋友，我将不遗余力地满足他们的愿望，接受他们的批评，只要这有利于大家的利益。无论是否当选，我都希望国家能把拍卖土地的所得分给各个州，以便我们无需贷款付息便可以共同修河铺路！"

比起第一次竞选的演讲，这篇文章增加了不少说服力。他泰然自若地倾听着自己的竞争对手，一个地区领袖在斯普林菲尔德对自己进行攻击。这个竞争对手很富有，他甚至在自己的屋顶上安装了避雷针。起初，林肯是以事实来反驳他，最后在忍无可忍的情况下他这样调侃说："这位先生说，我这个年轻人还需要再历练几年……他是嫌我不够老道，其实，我只不过是没有什么经验来耍政治手腕而已。诚然，我想活下去，所以我追求地位和荣誉。但是，如果让我像这位先生那样，为了一个年薪三千美元的职位便放弃自己的信仰，甚至因为害怕自己的罪恶遭到上帝的惩罚而不得不在屋顶上安装避雷针的话，那我宁愿去死！"

现在的林肯显然已经对竞争产生了兴趣，他那类似闲聊的调侃成为了他最锋利的武器。在这一年的政治斗争中，他进一步懂得了维护自己尊严的重要性。当他受到伤害时，这种尊严便会转变为骄傲。比如：一位先生订了一份报纸，很久之后才付定金，现在，他却又要向林肯讨一张收据。"我感到十分惊讶，"林肯回答说，"法律上要求预付报纸的定金，而您，不仅让我为这份报纸的定金足足等了一年，而且在一年之后的今天您还要向我讨收据，您是不是要告诉我，您要为这份报纸再付一次钱呢？"

林肯的一位朋友也参加了竞选。作为竞争对手，他曾对林肯的人格表示过怀疑，于是，他收到了林肯的这样一封来信："我听说，我不在的时候，您曾宣称知道一些关于我本人的不可告人的秘密，一旦将它们公之于众，就将毁掉我和爱德华斯的前程，但出于与我的私人交情您必须替我保守秘密。诚然，没有人比我更需要公众的好感，通常情况下，人们也都是愿意对我付出这种信任与好感的；然而，此时此刻，我却不得不暂时拒绝接受他们的信任，因为否则的话，便是对公众的不公平。过去，我拥有大家对我的信任，这是众所周知的，如果我有意或无意地做了什么见不得人的事，一旦传出去便会降低这种信任的话，我希望将它们公开，因为谁想隐瞒它，谁就损害了人民的利益。首先，我想说明一下，不管您所说的事情是真是假，我都一无所知，也不愿去猜测。但我丝毫不愿意怀疑您的诚实，我坚信，您完全知道自己在说些什么，并相信您说的都是事实。对于您的友谊我不胜感激，但我希望，您能够以大家的利益为重，把您知道的所有事情都讲出来。我向您保证，即使这些事情毁了我的前程，也绝对不会影响我们之间的友情。我静候您的答复，并允许您将这封信公之于众。"

这是林肯的一份有影响力的信件。他相信自己的为人，毕竟这"真诚的亚伯拉罕"的称号不是平白无故得来的；另外，这封信也表现了林肯十分善于洞察自己对手的不良企图。到底是什么使他没有用刻薄的语言和强硬的手段向这个造谣者发出挑战呢？答案是：朋友间的交情以及作为一名政治家的策略。就凭借这封简简单单的信，他既平息了一场风波，又申明了自己为公众的利益宁愿牺牲个人利益的决心；而他坦承自己需要公众信任和爱戴的表白，也更加深了他在公众心目中谦逊隐忍的好印象。此时此刻，林肯的那位对手肯定正在咬着嘴唇十分尴尬地读着来信，面对信中的最后一句，他一定会感到不知所措。这是林肯在此次竞选中经历的一个小插曲，而它显然是以林肯的胜利而告终的。可想而知，即便他的对手不去公开这封来信，他自己也会把它公开，这样一来对手的默认更会增强大家对林肯的信任。他以这种巧妙的方法反击了别人对他的诽谤和侮辱。

但如果哪位竞选人对他十分友善，比如说邀请他同车去演讲礼堂的话，林肯也会公开向他表示感谢："你们瞧，我穷得买不起马车；是这位竞选伙伴帮了我，把我带来的。诚然，我希望大家能够选我；但是如果你们不愿意我的话，就请投他一票吧，因为我可以向你们保证，他绝对是个棒小伙儿！"

最终，辉格党的"几个大个子青年"带着他们大胆的财政计划首次进入了新一届州议会。林肯依旧不愿随波逐流，在选举委员会的时候他甚至只是推举个人而没顾及他的政党。按照他的性格，很显然，他并不认同议会当中的某些团体，他曾在一次讲话中坦率地说道："我只看到了政治家们的事业，看到除了人民的利益以外还有自身利益的群体，起码作为一个集体，他们有时背离了人性的真诚。"至于在此之后他又提到自己是这个集体的一员，也只是想避免中伤某个人；事实上，议会里自我感觉不同于其他同仁的只有他一个人。这并非因为他目中无人，狂妄自大，而是因为他几乎能看透每个人说话做事的真正动机。

林肯了解这个世界，更了解世界上的苦难，也知道金钱的价值，他当然明白当选会给他带来什么好处；但他绝不肯因此而不择手段。这可能也是他的性格所致吧。他习惯于一分为二地看待问题，并因此更懂得均衡不同意见。然而他这么做绝不是毫无道理，或者只是为明哲保身。下面这个例子就说明了这一点：

林肯带领一帮朋友力主将州首府从贫穷落后的万达利亚迁至大城市斯普林菲尔德。因为这样，这个州的贸易、基础建设和司法等都能得到更好地发展；其实这也有利于他个人的发展。他觉得把自己困在一个闭塞山村里的日子已经过去了，现在，他需要更大的平台，他必须努力凭借自己的政治影响力来把这个平台搭建起来。但是，其他一些人出于他们的切身利益而反对这一提案。这时，第三派出现了，他们掌握着关键的几票，他们声称，如果哪方能满足他们的要求，他们就将支持这一方。面对这种利诱，林肯坚定地回答说："你们可以把我的头颅烧成灰烬，把灰撒到风里；也可以把我的灵魂放逐到黑暗和绝望中，让它永远受苦。然而，你们却无法强迫我同意让我认为错误的事情成为现实，因为我一生只为正义和真理奋斗。"

多么掷地有声的回答！它充分展示了林肯的特点：坚持正义，充满斗志，逻辑严谨，为人正直，并且坚持不懈，持之以恒。也就是这种秉性使他最终能够领导伊利诺伊州做出诸多的成绩。在这场斗争中，林肯是胜利者。

他的纯朴刚正使他从未失去过周围朋友们的信任。在客栈里，当他开始讲些奇闻轶事时，大家就都围着他大笑，累了的时候，他就让人演奏一首小提琴曲，自己则坐在旁边认真地欣赏。品味音乐总能让他感觉十分惬意。在这种场合，一般一小时左右以后聚会便会进入高潮，道格拉斯会和几个人跳上桌子，扭起恰恰舞，直至打碎不少餐具酒杯。而林肯自然还是沉默地坐在一边，他不喝酒，更不会像这些活泼的年轻人那样在桌子上跳"恰恰"。然而，在把自己和他人进行比较时，他却越来越有自信。一次，他信心百倍地对一位朋友说："我要成为伊利诺伊的改革者！"

十四、新的尝试

"林肯对女性有很高的评价，这一点我可以证明。我们相处这么久，他从来没说过一句伤害女性尊严的话，也从来没像其他大多数男人那样背后说女人们的坏话。他对女性很有好感，当然，我必须承认，他身边一直很少有女人。他曾说过，女人的权力很少，她们甚至不能够像男人一样提出离婚。或许这正是他不愿结婚的理由之一吧。后来我有时会看到，他的确也受到过某些女人的诱惑，但最终还是拒绝了她们。"

朋友谨慎的描述从某种程度上反映了林肯对女性的矛盾心理：一方面，他孤独浪漫的气质需要她们，另一方面，对自由的渴望，再加上面对女性内心自然而然产生的恐惧和羞涩又令他总是努力克制，不愿表现出对她们的依赖。由于天生缺乏主动性，所以他有时会受到具有进攻性的女人们的追求。即便曾有那么一个美丽的女孩用温柔的声音打动过他的心，他也并没有马上接受她，而是等了几年，等到女孩离开了另一个男人，贫困交加地来到自己身边，才向她表白，但之后女孩却死了……一年以后，他的生命中又出现了另一个女人。

大大小小的会议之间，林肯会到纽萨勒姆住一段日子。在那儿，他经常出入一位年轻妇人的家，这位妇人常常提及自己的姐姐；林肯是通过自己的语法老师认识这个家庭的，语法老师是少妇的表兄。三年以前，那位姐姐来纽萨勒姆时，他曾见过她。这次在少妇回娘家之前，林肯半开玩笑地接受了少妇的建议，如果她的姐姐能再来纽萨勒姆，自己就娶她为妻。"我当然接受了少妇的建议，我又能怎么做呢？老实说，我真的很高兴。三年前，我和这位姐姐见面时，她给我的印象是，既聪明又可爱，我想我愿意和她共度此生。"自此，就会有两个女人共同照顾这位高大的光棍汉了。由于少妇的姐姐比林肯年长几岁，大家都觉得，她可能比年轻贫穷的土地测量员更富有、更有教养。她和林肯在一起会很合适。对此，林肯也以他一贯的方式表示同意，因为除此之外，"我又能怎么做呢？"

玛丽·欧文斯终于要来了，林肯却不安起来："她来得这么突然，真让我有点措手不及；她的妹妹实在不应该把那句玩笑话告诉她。可是过了一会儿，我便做出决定，如果没有其他问题，我不会再提及刚才的那种想法。几天以后我们见面了。她跟我记忆中的形象迥然不同。她很高大，这是我早就知道的，但现在我却觉得她长得很像莎士比亚笔下的福尔斯泰大①，我也听说人们叫她老处女，看起来，这种谣传起码说对了一半。要知道，我一生中都不能停止对母亲的怀念，这虽然并不等于说，母亲的瘦骨嶙峋就是标准的，可这个玛丽也实在太胖了，她的脸上几乎不可能长皱纹，牙齿也掉了几颗，我简直不知道，她的年纪到底有多大？她的这一切征象是否仅仅在三四十年内就能形成？不久，我就发现，自己是绝对不可能迷恋上

① 福尔斯泰夫：莎士比亚戏剧中的人物，肥胖、机智、爱吹牛。

59

她的。"

"我该怎么办？我已经和她妹妹说过，无论如何我都会娶她，尊严和良心告诉我，自己应当信守诺言。最后，当我确信，在这个世界上不会有第二个人娶她时，我下定了决心，决定给她我的肩膀，让她依靠。我想，我已经许下诺言了，至于她长得怎么样，不是我的过错。于是，我马上就把她当作自己的未婚妻来向别人介绍，还竭尽全力发掘她身上的优点，以抵消她给人带来的缺憾。我试图说服自己，她其实并不是太难看，只是过于丰满而已；由于她的丰满，此后，我尽量不再多看身材苗条的女性，同时，我也力图让自己相信，一个人的思想比外表更有价值，而在这一点上，她并不比任何其他人差。"但情形却似乎越来越尴尬。上述这段文字是林肯两年以后在给一位女性朋友的信中写下的。在走出情绪的低谷后，他才重又恢复了一贯的幽默感。在当时，林肯还无法对这一切做出判断；他去州议会时，期待着外界会给这种境况带来些变化，回来后却发现一切依旧：这个体态臃肿的女人还坐在妹妹的桌前，喝着茶，等待着他的归来。对自己将来的生活，林肯感到深深的不安；令他做出那半个，或者可以说是四分之一个许诺的忧郁心情也已经不复存在，一切都表明，他们两个人根本无法生活在一起，就连那姐妹俩都发现这种结合过于勉强，但林肯却仍旧无意对胖玛丽撒手不管。

"在那些日子里，我尽管已经下定决心和玛丽结婚，但是心里总是疙疙瘩瘩，很不舒服，我一直后悔自己做事太欠考虑。我至今独身，很自由，而且也可以说得以保全了自己的清高……我回去后发现，自己的努力全都是白费，她还是老样子，而我也还是原来的我。当时我就开始考虑，怎样来消磨今后的日子了……如何能让我们不得不了断这一切的那一天迟些到来。我怕极了！"

还好，慢慢地，林肯在一些小事上的做法开始不讨玛丽喜欢了：她说，林肯不够细心，而这当然是女人们最看重的一点，于是这个很有教养的老处女开始时不时地发牢骚了。有一次，朋友们一块骑马，下马时，其他人都上前帮助自己的女友或未婚妻，只有林肯站在一旁一动不动。玛丽责备了林肯几句，林肯却说："啊！你非常聪明，根本不需要我的帮助。"当林肯为了把一头猪从沼泽地里拖上来而弄破了自己的西装时，玛丽讽刺他太小题大做；而当林肯不愿替一位上山的妇女抱孩子时，她则说他太残忍。就这样，两人之间渐渐出现了裂痕。紧接着，林肯在结束几个星期的土地测量之后回到家时，发现他的未婚妻已经不辞而别了。

五年的游荡生活之后，林肯的周围终于发生了新的变化：州议会迁到了斯普林菲尔德，而在经过长期的思想斗争之后，他也终于迈出了对他的生活具有决定意义的一步。他要在斯普林菲尔德做一名律师。在那儿当律师无需什么考试，只要申请办理正式的许可证就可以了，在过去的几年中，从借来的书里林肯学到的法律知识可以说比某些学习法律专业的人还丰富。他觉得，对这种工作而言，广博的知识面、实践中得来的经验以及社交关系比多学几个法律概念有用得多。他的确以算是广交朋友了。作为土地测量员和邮政局局长、作过店伙计和船夫、最后又以竞选人的身份四处演讲的他几乎认识伊利诺伊州的一半居民。作为议员所具备的语言表达才能，作为公务员对于全州的了解，尤其是他日益增长的自信心都驱使他去尝试这份工作，即使失败了，又能怎样呢？那只不过是他诸多失败中的一次罢了。

现在的他甚至比以前还要贫穷，而通过婚姻来获得财富又不符合他的个性。于是二十八岁的林肯骑上一匹借来的马，兜里揣着七美元，背着一千多块钱的债，走向了新的生活，身后当然还有那个令他无法忍受的准未婚妻。

第二部　公民（1836—1849）

一、成为律师

早在九十年前，斯普林菲尔德就已经初具规模了。当时在整个伊利诺伊，还没有哪座城市像它那样拥有为数一千五百个居民和四家客栈。现在，就连蒸蒸日上的芝加哥城也无法和它比拟，因为虽然芝加哥跟它面积差不多，却不是州议会的所在地。这可是一个重要的区别，一座城市即便有了法庭和市中心，但如果没有州议会的话，那它在新的乡镇当中也会缺乏影响力。在斯普林菲尔德，人们仿佛能感受到从华盛顿吹来的风。在这儿，从南部诸州来的富人们盖起砖瓦房，虽然没有黑奴，却也是家仆簇拥，好不气派。人们会在大街上听到这样的小曲：

"瞧那些托德们，斯图尔特们和爱德华斯们①
带着他们的一群神甫，狗和奴仆！"

然而，单凭财大势大，富人们还无法在这座世界级的城市里站稳脚跟，为所欲为，这一点他们都非常清楚。所以在他们要运走牲畜时，他们不会毫无顾忌地逆法行事，在大街上驱赶猪猡；而是会先在市政官员的耳边灌输南部的思想，告诉他们应该怎么做。于是不久后该城的禁令就被改写成："禁止在斯普林菲尔德的街道上驱赶未戴鼻环的猪猡。"在这里，就连富有的议员大人们对大街上动物太多的抱怨都无济于事；他们可每天都等着吃香喷喷的猪肉啊，不允许养猪怎么能行？新首府官员与这个富人阶层的第一次正式会面是以舞会的形式进行的，林肯也在被邀之列。当时他还无法料到，这次邀请会给自己的生活带来什么样的影响。

林肯穷得叮当响，住不起客栈。第一天，他便去看望老战友斯皮德，后者在这儿开了一家店铺，林肯想在他那儿借宿一阵子。斯皮德是个十分温和善良的人，有时甚至显得有些女性化，但留着在此地很少见的金黄色

① 托德、斯图尔特、爱德华斯均为教名，此处指南部贵族。

的络腮胡，而这使他与本地的硬汉们更加格格不入。他有时像林肯一样善于幻想，在现实面前习惯保持克制，可由于他出身于一个富裕的家庭，所以他又有些娇生惯养，喜欢享乐，没有林肯那种能够在这个世界上给自己带来荣誉和安全感的强壮体魄和过人智慧。但不管怎么说，他是个好小伙子，他收留了林肯，把他安置在店铺后面的一间小屋子里，不久以后，他又在那儿挤进了两张床，收留了另外两个青年人，四个人就这样在一起住了很久。

　　中午，林肯在餐馆或是一个叫巴特勒的老朋友家吃饭；因为公费午餐只有在议会开会期间才有。而在纽萨勒姆的两份差事土地测量员和邮政局局长，他都不得不放弃了，而且还背着一屁股的债。不过不久后，林肯就得到了一份新的收入，在他来到这里三个星期的时候，他遇到了过去的一个老相识——当了律师的斯图尔特，以前他就曾借过法律书给林肯，让他学习；如今，这位律师正忙于竞选华盛顿的一个职位，他的律师事务所里需要个代表。虽然这时的林肯法律知识还不太完善，但他的智慧和口才却颇得斯图尔特的赏识。林肯马上决定接受这份工作。在纽萨勒姆"白瑞和林肯商店"这块招牌早已被人淡忘的时候，林肯和斯图尔特又在首府斯普林菲尔德中心街道的法院大楼里挂起一块新的牌子："斯图尔特和林肯律师事务所"，这块牌子将在这里挂四年之久。

　　林肯和斯图尔特成立了他们的第一家律师事务所，在这所斯普林菲尔德的简陋办公室里，他开始了自己专业律师的生涯，并为今后迈入政界打下了坚实的基础。

　　这是一个拥挤的房间，书橱、桌子、几把椅子和一堆文件上都落着厚厚的灰尘。就在这儿，这个总是住在乡下、生活在普通人中间、经常更换工作、手脑并用、几乎每天早上都无所事事随便打发日子的大个子年轻人，这个一贫如洗却独立自由的林肯，现在成为了半个秘书外加半个律师，可以说正面临着严峻的考验。他必须按时整理档案，准时出席法庭，对债务提出诉讼。就这样，过去的半个吉普赛人，如今俨然成了一个规矩的文职人员。今后会怎样他无从知晓，但总之林肯一直都按照自己的想法努力地做着这份工作。

　　开始的工作非常简单，甚至有些无聊，因为经验丰富的斯图尔特总是挑出最有趣的案子留给自己，所以让林肯这个新手去处理的都是些极其普通的事情，比如买卖土地时发生的纠纷，或是因为几头牛也许是一个炉灶而引起的争吵什么的。这些问题连土地测量员也可以做出判断。但不久后，一场闹得沸沸扬扬的官司，使年轻的林肯律师以他的方式名声大噪。在林肯还未尝到作为一名律师的愉快，还未培养起自己对盘根错节的复杂的法律条文的兴趣时，他就已经把这份工作与主持正义、保护被压迫者联系了在一起，并把他在从政期间与贪赃枉法现象作斗争的精神运用到日常法律事务的处理当中去了，坏人们为非作歹总会令充满正义感的他怒不可遏。

　　事情是这样的：一个寡妇到城里继承她死去的丈夫留下的十亩地产时发现，这块土地已经被一个老将军私自占用了。斯图尔特和林肯接了这个案子以后，才知道这位将军使用的是假名；他是从东部迁到这里来并想在这里谋个差事的。他看上了名誉法官这个职位。当他觉察到自己用假名之事已经败露时，他马上宣称：有人不怀好意地在他的档案里做了手脚，企图败坏他的名声。对此林肯十分气愤。就在竞选名誉法官的前几天，林肯让人在街道上散发传单，在上面他匿名讲述了这个事件的前前后后，并用这样一段话作为结束语："我讲清楚这件事的来龙去脉，只是因为我就是被指责说在他人档案中做过手脚的人之一，如果我继续保持沉默，就会有人说，我默认了那些我并未做过的事情。我的姓名并不重要，我只想请求报纸的编辑先生，让那些希望了解事情真相的人们清楚这一切！"

尽管如此，那个将军还是当选了名誉法官，用的仍是假名。而后他公然向林肯挑衅说："此人的行为实在是恶劣透顶……他来到这里试图以律师身份操纵法律，逼我们就范，而且他也确实这样做了。杀人犯也花钱聘请他来辩护；结果呢？律师先生拿到了报酬，而杀人犯仍旧被绞死了。"林肯反击道："事实并非如此，我懂得如何维护自己的名誉和尊严，永远不会昧着良心乞求别人的施舍过日子。希望您也能过得心安理得，我的将军大人。还是让我们法庭上见吧，那个时候我们再来讨论讨论，那块土地到底是您的呢还是那位夫人的。"法庭上，林肯据理力争，为寡妇夺回了土地，也因此赢得了人们的注意和好感。自此以后，那些道貌岸然之徒对他便有些望而生畏了。

二、斯普林菲尔德的生活

这位二十八岁的年轻律师除了钱以外，什么都不缺。不过他要那么多钱又做什么用呢？州议会的政党领袖之一，一位出色律师的合伙人，报社的撰稿者，小城里众所周知的虚心好学的上进青年，多项体育竞赛中的冠军，而且还是个众人喜爱的演说家……他的现状足以令人羡慕了！

这段日子里，最棒的时候要算在斯皮德的店里坐着闲聊了。聚在一起的有机灵的布郎宁，深谙世故的贝克，如果斯图尔特在家，而且又有空儿的话，他也会加入，此外，还有牧师托马斯。大家都坐在箱子上或是店里的柜台上，围在斯皮德的周围，听着他手舞足蹈地演讲；有时道格拉斯也会来看看，这个脑筋灵活的民主党人往往会城府颇深地对两个党派的思想都加以肯定。这帮年轻人在小城市里仿佛有用不完的时间，使不完的劲儿，在这个小地方，他们的才华似乎无法完全施展，于是他们一头扎进政治和管理问题中去，时而兴高采烈地读读报纸，时而高谈阔论一番，他们觉得，若是在华盛顿，他们可能会创造出更加理想的业绩。在他们海阔天空闲聊时，林肯总是坐在一边，或者到处走走，谈谈政治，讲几个故事，这可比整天阅读那些乏味的档案材料有趣多了。不久，这儿就形成了一个小小的论坛，他们朗读自己的新作，没有女人们的骚扰，只有男人们中间才能建立起的真正友谊在这里慢慢地扎下了根。这个时候，林肯开始真正尝试着写诗，他曾写过一首歌颂女性美德和男人们善施引诱的诗，并用下面这几行诗句作为结束语：

> 气愤的人，
> 向谁高声怒骂？
> 一定不是女人的原因，
> 而是有个男人惹恼了他。

在这样的氛围中，他无疑会发现自己更喜欢做个诗人什么的，而不愿意在严肃的法庭上出庭辩护。他加入了一个清教徒们禁止在城里露面的组织，并免费为这个组织打官司，为他们争取原本属于他们的权力。他还为自己划定了活动圈子，但从这以后有人也开始骂他是个叛教者了。

在当时诸多偏远的殖民地上，道义问题与日常生活越来越紧密地纠缠在一起。对南方体制的愤恨使许多地区的道德基础更加稳定。南部不是每隔几年都有可能爆发人民战争吗？这时，南卡罗来纳又有一个政党公开主张解散联邦。这个事件引起的轰动可不小。在圣路易斯，一个混血儿被抓起来烧死了；解放运动的一位先驱被谋杀了……在这一系列事件发生之后，依靠北方和西部解放南部的呼声日益高涨。局势越来越不稳定，一位忧心忡忡的父亲，为了保护自己反奴隶制的儿子而把他送到西部来，这个十九岁的学生赫尔顿成了众人眼里的英雄，不久后他也成了林肯的室友。在共同的反奴隶制斗争中，二人交往甚密，结为好友。

当时，林肯在一所对年轻人进行政治教育的中学里，作了名为"关于改善我们自由体制"的演讲，为此他做了十分充分的准备。演讲中他铿锵有力地说道："其他人无法摧毁我们，就算所有欧洲、亚洲和非洲的军队都联合起来，以波拿巴为统帅，苦战上一千年，也别想从我们手里夺走俄亥俄河里的一滴水……如果真有危险，那它一定来自于我们内部……我们是要作为一个自由的民族继续繁衍生存下去呢，还是要自截后路？在这里我不得不指出，现在这种对法律日益严重的蔑视，必将毁了我们的国家！"

而后，他又提到了杀害混血儿的凶手，说道："我们这里是公众的法庭，这种恶劣的现象正在我们这个素来以热爱和平和遵守秩序而闻名的国度中日益泛滥……该如何制止这种现象的再次出现呢？答案十分简单：让我们每一个美国公民，每一个自由的追求者，每个希望我们的国家拥有美好未来的人，在独立战争的鲜血前发誓，绝不以任何形式触犯法律，绝不容忍任何此种行为的发生。每一个美国公民都应不惜牺牲自己的利益和名誉来维护宪法和法律……让我们在各级学校中反复教授，在各种书籍和日历上反复印写，简言之，让上述信条成为我国人民的政治信仰，所有的法律，包括那些不得人心的法律，只要它现时有效，就要如同对待宗教一样将它坚持下去！想要进入议会、进入政府或是坐上总统宝座的大有人在，但他们绝不是什么雄鹰或者雄狮的后代！怎么，难道你们会相信，亚历山大，恺撒和拿破仑会醉心于这些职位吗？像他们这样出色的天才只会选择无人走过的道路。到现在为止，我们还是满怀激情，但是只有激情是不够的，现在它甚至成为了我们的敌人。我们真正需要的是理性，冷静和三思而后行，我们必须把握自己的未来，保护自己！"

林肯抬高了音调，气宇轩昂地慷慨陈词，在小城的一隅，在昏暗的灯光下，面对众多年轻人，他情绪激昂，就如同一位国家首脑在祖国遭遇重大危险时的表现一样。或许不久后，就会出现这样一位国家元首以这种口吻讲话。但在当时，人们，至少是演讲者本人并未觉察到这一点，他只是在作一种尝试，尝试着更加正式地在众人面前开口。他是如此的满怀激情，以至于他仿佛看到了自己先辈们的身影，感受到了他们寻求共同富裕、理性和自控时的急切心情。同时，他也似乎揭开了沉默寡言、爱讲幽默故事的自己平时总是关闭着的内心世界。

当然，他并非是无缘无故在演说的结尾点出"理性"这个字眼的。青年时代的艰辛、创业遇到的困难、常常出现的踌躇，以及对人性懒惰的认识都促使他理性地抓住一切机会去追求最美好的东西，哪怕只有一丝一毫的可能性。

既然这种理性是为一个善于分析，观察事物时懂得一分为二的头脑所拥有，既然它是从一个懂得如何放弃的心灵中迸发出来的，那么，在奴隶制问题上，这个人也自然应当明白如何谨慎从事。

林肯看到，深深吸引他的、一向力主解放奴隶的新英格兰地区，现在正在推行一种十分危险的政策，他们不准许任何人要求政府解释，为什么合众国内不允许再产生哪怕是一个奴隶，哪怕要求政府做出最简单的解释也不行。一次，林肯在州议会中阐述本党主张时明确地表述了自己立场，这种立场颇得人心："我们相信，奴隶制是建立在不公正的、同时也是威胁公众利益的基础之上的。然而我们也承认，那些反奴隶制的理论事实上似乎正促进了这种体制的继续蔓延。我们认为，议会无权干涉各州做出的决定。当然在哥伦比亚这个直接受政府管辖的州里，政府有权废除奴隶制，前提是，这必须获得公众的赞同。"

这是林肯在他的南方之行后，依据历史和现实中的权力分布状况做出的一种较为折中的评论，这正符合了他的先辈杰斐逊在半个世纪之前所表述的观点："没有人比我更希望看到自然赋予我们黑皮肤的兄弟以及我们自己以同样的天赋。我相信，我们之间外表上的不同仅仅是他们在非洲和美洲恶劣的生活环境所致。没有一个人比我更希望尽快建立一种新制度，在他们恶劣的境况和社会形势允许的情况下，提高他们的地位！"

林肯的观点是不是深得人心，可以从南部人民的热烈掌声中看出来。在伊利诺伊这个地方，克莱党派成员都是相当明智的；他们的聪明才智以及他们工作的危险程度，都依赖于他们的敌人，也就是南部政党所做的决定。

晚间，教堂和法院大厅的集会上，人们继续讨论奴隶问题，这个时候，如果林肯感觉无聊，就会回到自己在法院大厅楼上的办公室，通过法院大厅墙壁上的一个窗户倾听楼下的讨论，高大的他靠在沙发上，正仔细听着下面的动静。忽然，楼下的人大声喧哗起来，林肯定睛一看，原来是自己的一个朋友正在受到众人的谴责，因为他揭露了民主党人受贿的丑闻。这时，大厅里的人们突然看到窗子那儿有两条大长腿在摇来晃去，一个人从那个窗户爬了下来，三步并作两步跨上讲台，此人正是林肯，他大喊："请安静！这里言论自由！贝克先生有权在这里发言！我为他鸣不平！"还有一次，有人要求在州议会中对辉格党的观点进行表决，辉格党的党员只有通过退场才能阻止这种表决的进行。这时，林肯又从法院大厅的窗户那儿跳了下来，以他的勇气和果敢控制了当时的尴尬局面。

平常，林肯不仅会以这种方式替人辩解，也间或能有意无意地抹杀一些人的演讲成果。一次，神父托马斯在台上演说时，他在一旁模仿，一时间，听众们笑作一团，演讲根本无法进行下去，托马斯的鼻子都被气歪了。在那之后，林肯曾就"托马斯的蜕变"这场恶作剧向托马斯道了歉。很久以后，他还深有感触地说："如果我的善意行为也能像那次恶作剧一样给人留下那么深刻的印象，该有多好啊！"其实他自己本身也对这种事情十分敏感，他曾说过，空荡荡的大厅会夺走他的一切活力和激情。当他在论战中败给长于言辞，极富竞争力的对手道格拉斯时，他也会十分沮丧，一蹶不振，并且在和对手的下一场论战之前，必须不断地给自己打气才行。

三、解脱

心怀着孤独，林肯在生活的道路上独自踯躅。起初待在斯普林菲尔德的日子里，他似乎比过去更加孤单。他不知道，现在的新生活能给自己带来什么。他宁愿还像过去一样，去哪个熟人家里，在他们的工具棚里给他们做点桌桌凳凳，劈劈柴火，而后再悄然离去。实在无聊的时候，他会去向某位律师借些法律方面的书来读，有一位律师日后曾经这样说过："林肯是我见过的最不修边幅的年轻人，他十分害羞，性格中还带着一种忧郁。然而，当他一说起话来，这些害羞和忧郁便消失得无影无踪了。他给人的印象是，性格坚强，语言犀利。每次见面，他总会有些令我惊讶的变化。"这段日子里，能给林肯带来不安的只有玛丽·欧义斯——他的准未婚妻，因为她还是经常来斯普林菲尔德看望亲戚，到时，他们俩还会共度晚上的时光，而后林肯会把她送回家去；有时，林肯骑马去纽萨勒姆时，也会去她那儿坐一坐。这样，两个人便有机会彼此进一步了解，也就更加发现了彼此间的不和谐。当然，此时他们二人的一切都还在未定之中。林肯觉得自己有义务履行诺言，而玛丽则似乎仍在期待着对方首先开口；二人都不愿意明白地谈及此事。林肯写了一封信寄给玛丽，分析了两人的关系：

"亲爱的朋友：这封信我写过两次开头，又把它们都撕了。因为第一次开头不够严肃，而第二次又过于严肃。现在的这封信，我会把它寄出去。斯普林菲尔德的事情很无聊，在这里，我像过去一样孤独。到现在为止，只有一个女人曾跟我攀谈过几句；我从未去过教堂，而且近期也不会去那儿，因为我不知道自己在那儿能做些什么。我常想起，您曾说您愿意来斯普林菲尔德生活，不过我恐怕这对您不太合适。这里的每个人都乘着马车到处兜风，而您却不会有车，因为在我身边，您会越来越穷，甚至会变得一贫如洗。您能够忍受这一切吗？当然，只要有人愿意与我共度此生，我将竭尽全力使她生活得幸福如意。假如我做不到，那对我简直是再糟糕不过了。如果这个女人是您，我想，只要您不感到与我在一起十分无聊，我就比过去幸福一百倍了。但或许，您只是在跟我开玩笑，或者，我并没有理解您的真正意思，如果真是这样，请您忘记我们之间的一切吧！倘若不是，我也希望您能够三思而行。我所说过的话，只要您愿意，我都将让它们兑现。当然，我真诚地希望，您能以另一种方式将此事处理得更为妥当。相信我：您还不懂得贫穷的滋味，而在这里，它会比您想象得更加让人难以忍受。我知道，在深思熟虑之后，您会知道如何来处理这件事情的，所以，我也将尊重您的决定。希望您能够给我写一封同样诚恳的信说明您具体的想法，我一定会抽时间仔细阅读的。但也许，这对您来说完全没有必要。不过请您记住，这样的一封信对我现在毫无规律的生活意义重大。请转告您的妹妹，我不希望听到任何诸如她变卖田产或者将要搬家的消息。这会让我十分难过的。您的林肯。"

　　这封信写得相当精彩！这个本该和玛丽结婚，却又想要挽救自己的男人以一种十分诚恳的笔调表达出了自己的愿望。自小养成的规矩以及逐渐形成的理智处事和酌情放弃的性格，使他无法直接按照自己的意愿行事。他水到渠成地用"贫穷"这个正当的理由引出了自己心里的结论："既然如此，那就让我们分手吧。"他其实并没有对玛丽本人做出过任何承诺。而玛丽在这一年，甚至更长的一段时间里恐怕也已经清楚地发现了他的矜持，因此想给他更多独处的时间，给他自由。但林肯想让玛丽来说出这最后一句话。平日接触中他也只用极其礼貌的语言暗示她。看到这封信，人们绝不会想到，它是出自一个就在六年以前还是伐木工人和船夫的青年之手。他提到在这种情况下，他虽不得不接受她妹妹搬走的决定，但打心眼儿里不希望她离开纽萨勒姆，因为一想到自己会看不到她的房子，无法和她时常坐在一起交谈，他就会感到难过。这也表现出他作为一个单身汉居无定所却希冀生活浪荡无羁的现实状态。

二人之间的游戏还是又继续了一段时间：拜访，不辞而别，归来，如此这般周而复始；最后，林肯终于下定决心，要作个了断，他又给玛丽写了这样一封信：

"……您肯定会感到奇怪，为什么我现在就给您写信了，因为我们今天才刚刚分手；唯一的理由可能就是我们的经常见面使我比以往更加经常地想到您。上次，我们没有太多时间来交换彼此的想法。当然，有一点您必须清楚，我想起您时不会满不在乎，但也希望您不要误解我面对您时的真正感觉。可我相信，您确实理解错了。否则我不会写这封信来打扰您。"

"我希望在各种环境中都能处理好每一件事，特别是面对女性，而且尤其当事情涉及您时。我清楚地感到，应该让您独自生活下去，那样对您最好，我已经决定要这样做了。实话实说，我希望您能够忘记我们之间的事情，把我从您的记忆中抹掉——如果我还留在您记忆中的话。您这次无需给我回信，而我也将绝无半句怨言：希望这样能够让您的心情平静一些。请千万不要认为，我是想把我们之间的关系一笔勾销，我从未想过要这样题。我只是希望您能够最终做出选择，希望您会快乐，因为这也将令我快乐。这样您就不至于使因为到我的束缚而失去自由；当然，只要您幸福，我也愿意尽力照顾您，保护您。而这正是问题之所在；使您不幸会令我感到更加不幸，而让您幸福，也会让我感到无比幸福……若是您不愿回信，那就请接受我在此的祝愿，祝您万事顺心吧！等待您的将是虽漫长却充满阳光的生活之路。如果您要回信，愿您同我一样开诚布公……您的朋友林肯。"

这次他讲得更清楚了，最后的落款用"您的朋友"代替了"您的林肯"，从而拉开了二人之间的距离。林肯想，玛丽肯定能够理解他的意思以及他做出的决定。而他也可以轻松地、问心无愧地面对自己，面对后辈了；只是人们不知道是应该慨叹这位伐木人的高尚品格呢，还是该惊讶于这位律师以如此娴熟的技巧使自己最终摆脱了危机呢？玛丽是如何答复的已无处可查，我们只知道，最后林肯跨出了意外的一步：他还是向玛丽提出了求婚。然而结果怎么样呢？林肯甚至不敢相信：玛丽竟然拒绝了他。

"起先我以为她只是表面矜持或者害羞，那并非是她的本意。但当我又一次提出求婚时，我被更加明确地拒绝了。后来我又试了好几次，但都得到了同样的结果，最后不得不放弃。这一切完全出乎我的预料，也让我感觉到了无法忍受的尴尬，这真是给了我当头一棒……我的虚荣心大大受到了伤害，我想，自己简直是傻透了，根本没有看出她的真正用心，甚至从未怀疑过、'我完全理解她'这一点。就连她——我认为没有人愿意娶的一个女人，也会如此生硬地拒绝我。我第一次终于发现，我或多或少地真正爱上了她……要说别人都是被女孩子愚弄了，我却不能这样说，我只能说：我是被自己愚弄了。就这样，我下定决心，再也不去想结婚的事，这当然也是因为我还从未见过愚蠢到情愿嫁给我的女人的缘故吧。您收到这封信后，请在回信中讲几个精彩的故事吧，或是其他什么，以便能让我开怀大笑一下。"

在这封他写给一位女友的长信的最后一句话里，苦涩的幽默中流露出他内心难以消解的压力。他长久以来所希望的自由终于又回到了他的身旁，而他脆弱的神经却对这个突然得以满足的愿望感到害怕。在他总以胖玛丽的丰满作为揶揄对方的谈资之后，他忽然发觉，自己似乎确曾爱过她。此外，他也意识到了自己的虚荣。每当应该为自己外交上获得的成功感到高兴时，他都会谴责自己的这种虚荣，每当现实渗入到他的幻想世界，渗入他自由和爱的思想当中去时，他的情绪就会变得十分不稳定；现实没有向有利于他的方向发展，他的心在失血。第一次订婚的悲剧和第二次求婚时上演的滑稽剧闭幕之后，没有哪个人相信，他会在第三次谈婚论嫁时表现得积极。

四、舌战道格拉斯

"林肯先生在公众场合中就像个小丑，实际上，他也的确不过是个爱说俚语的优秀的喜剧演员而已……他说的话往往很有道理，但因为受到他惯有的哗众取宠心态的影响而缺乏深刻；他是为了让别人捧腹大笑这个目的选择用词的，然而，笑话不会令任何一个理性的人信服，所以他无法以此来获得大多数人的信任。"

这是一家报纸在林肯的一次演讲后发表的评论，而这恰恰从侧面预示着林肯即将成为政界的一颗新星。就在求婚被拒绝的同时，林肯第三次进入州议会，并成为他所属党派的发言人。这样，他便愈加接近了位于伊利诺伊的克莱派领导层。第二年，举国掀起了总统大选的浪潮，政治集会和一年一度的民间集会凑到了一起，更显得热闹非凡。一直仅仅是在几百人面前演说的林肯被安排与数千名民众见面、演讲，他必须马上学会迅速地赢得大部分听众的心。于是，他开始利用自己生就的优秀口才和作为青年人不受老框框束缚的活力来调动听众们的积极性。他总是根据情形的不同以及听众的反应来随时调整自己的演讲策略。

在演讲中他激情洋溢，有时表现得甚至与他本人的性格相去甚远："我得知，华盛顿那座巨大的火山受到那里恶势力的支配正在爆发……政治腐败的岩浆来势汹汹，席卷了整个国家，我也可能受到牵连。但我永远都不会屈服于这种罪恶势力。假如说，有什么时候我会感到自己的灵魂升华到了可以和全能的造物主相媲美的位置的话，那就是，当我看到国家的伟大事业被所有人抛弃时，自己敢于挺身而出，和那些嚣张的压迫者对抗。在此，面对苍天，面对全世界，我发誓永远忠于正义的事业，忠于将我的生命、自由和热爱聚于一身的国家！哪个与我有同感的人会不立下如此大无畏的誓言呢？……如果我们失败了，那就让它随风去吧！我们至少可以骄傲地安慰自己的良心说，当看到我们所热爱的……国家的伟大事业处于不幸、受到禁锢、忍受压迫、甚至濒于毁灭之际，我们没有袖手旁观，而是毫不犹豫地站出来捍卫了它！"

还有时候，他会列举一些民间的例子解释问题。由于对财政问题的细节了如指掌，所以他有一篇关于这个问题的演讲稿长达三十四页。在这篇演讲稿中，他找来了一些日常生活的例子来使整篇文章笔调轻松。这些例子都是民众们日常生活中耳濡目染的，它们在林肯这个政治天才敏感的脑袋中总能适时的闪现出来。比如，他会这样中断列举的数据说："我们是如何知道，通过和去年比较，而后根据某种数据就能正确制定方针政策呢？

这是因为，一些曾经发生过的事情，在与过去同样的情况下今天还会发生。就如同我们每个人都知道，风可以吹灭我身边的这根蜡烛一样，其实我身边的蜡烛还并未被风吹灭，只是我们从生活经验中得出，如果风正冲着火苗吹，就会把它熄灭，因此它也一定能把蜡烛吹灭。同样，我们也都清楚，我们有朝一日一定会死。为什么呢？我们不是还都活得好好的吗？……以此类推，我们也可以证明，国家公共财政将无法提供像国家银行一样万无一失的保障！"

有时，如果他想提醒听众们人类生命短暂，就会引导大家思考一个令人心酸的事实："只有现时现地，只在这一瞬间，一个伟大的头脑有能力使别人平静下来。而在我们逝去之后，过去的一切欢乐和痛苦甚至不能使我们曾住过的房子显出一丝生气，别处就更无需说了。"

同时，他迅速地学会了鼓动和宣传，也懂得了如何充分利用自己艰苦的青少年时代来让自己给别人留下更深刻的印象。他所在的辉格党，由于其党员贵族式的穿着和生活方式经常招来民主党人的攻击，为此，有一次林肯在讲台上，在众目睽睽之下扒下了一个民主党人的上衣，在人们哄堂大笑时把那个人带到人群中间，指着他漂亮的衬衣大声抗议说："在他这个年龄，我还是个穷小子，每个月在船上赚八个美元，只有几条裤子，而且还都是皮子做的。"他继续说："如果有人见过这种皮裤子，肯定知道：下雨后，虽然它的表面不久就干了，但水分却会渗到里面去。我的裤子经常是这样。而且，我那时的袜子和裤脚之间总是露着一大截腿；因为我在不断长高，裤子便显得越来越短，越来越瘦，裤脚在我的腿上留下了一道浅灰色的印子，至今还看得出。如果谁把这也称作是贵族化，那就只能说明他脑子有问题。"

三十岁的林肯就是以这样一种讽刺的口吻描述自己贫穷的过去的。同时他也知道如何用生动的实例和爱国主义的激情去打动听众，怎样使他们陷入沉思，让他们捧腹大笑，或是令他们激动地喝彩。当几乎整个伊利诺伊的人都前往斯普林菲尔德，参加在那儿召开的大规模总统选举的集会时；当人们拖家带口，拉着临时住的房子和牲畜，奏着音乐，熙熙攘攘地进入斯城时；当来自芝加哥的一辆汽车载着轮船模型前来参加集会时，一位目击者这样描述了林肯的出现：

"他站在车上和公众们讲话……那是他精力最旺盛的时候：虽年仅三十一岁，他却已经被公认为此次活动中辉格党的最佳发言人了。那时的他早已以自己坦诚而简洁的演讲方式闻名遐迩。他讲过税率，讲过政府革新以及税收的分配等问题，大都数据翔实，逻辑缜密，因此总是很有说服力。其实，这些问题并不能让他真正感兴趣。他总是花一些时间来讲故事，以便说明某件事情，或者开他对手的玩笑。就凭这一点，他击败了很多被人们看好的对手。原本不太可能在公众场合下讲的故事，从他的嘴里说出来却都会变得合情合理，即使那些有伤风雅之处，也似乎能让那些有教养的人接受。当然，其他人是不敢冒这个险的。"

他的这些演讲都是做过精心准备的，人们在他那些日子里散乱的私人信笺上发现了与演讲中相同的语句。对林肯来说，写信给朋友们也是很重要的，因为朋友们会根据来信到报纸上找出林肯相应的文章，一个人朗读，其他人在一旁洗耳恭听，这样，他的思想就能更好地传播开了。有时他的党内朋友也会对他不满，可能是因为他会突然在集会当中表现得十分消极，甚至有些神经质；可能是因为他总是不修边幅；也可能是因为他不够强硬。的确，有时他那过分的宽容会让他失掉某种轰动效应，而这种轰动效应又恰恰是政治斗争中不可或缺的。当然，在他面对那个真正的对手时，他总能以最佳状态应付一切。

这个对手便是道格拉斯。难道这个民主党人总要像个影子似的跟着林肯吗？他要跟到何时才肯罢休呢？他们两人是同一天在万达利亚开始自己政治生涯的，五年之后，他们又同时被允许成为州法院的律师，而现在，他们又在同一场总统竞选中为不同的两位候选人做宣传。这个道格拉斯可是一个能够激怒林肯的对手。林肯有时觉得，他们二人简直就是天生的一对冤家。道格拉斯所拥有的，诸如演讲的风度和闪光的思想恰恰是林肯所缺乏的。就连他们的身材也截然相反：道格拉斯短小精悍，而林肯则人高马大。道格拉斯以一种强有力的方式维护着自己一方的候选人范布伦，他列了一个很长的清单去解释自己的候选人惊人的支出。

"我会迅速浏览这张清单的。"林肯在台上回答说，"我有证人能够证明，清单中的绝大多数数据明显与事实不符，而此外寥寥无几的几点事实并不足以说明问题……"紧接着，他又列举了几个令人十分震惊的数字来反驳道格拉斯，他模仿对方的腔调，不断讽刺说："噢！这绝对不可能是真的。"最后他总结出："道格拉斯先生一定是希望我能向他表示同情，并不去深究这件事吧！我想，他已经把我打败了。为什么呢？听听吧，他曾说过：上年度预算中的五百万被用于支付法国的欠款了，我从哪里能知道，这是不是真的？五百万用来进行邮政预支，我又从哪里能知道这是不是真的？一千万用于战争，这完全是一派胡言！简直是可笑透顶；这明摆着是在愚弄公众！我希望大家都能来看一眼这放肆的解释，我决定让大会来判决，最终是我还是希望他能获得公众的支持和尊重……好，下面就让我来讲一段小故事吧，与此情此景是绝配。从前，有一个滑稽的爱尔兰士兵，他……"

像林肯这样一个正直的人也会一下子变得如此尖刻，原因不是因为对手是个民主党人，而是因为道格拉斯简直天生就是来和他这样一个考虑周全、有责任感、意志坚定而无法收买，并且头脑清晰的人作对的。

五、玛丽·托德（一）

在街那边的一个美丽的花园里矗立着一座小楼，木头立柱，镂空窗子，还有一个长长的阳台，这是富有的爱德华斯在新首府的住宅之一，也是一些政界人士和律师们聚会的地方。作为爱德华斯在州议会中的同事，林肯和道格拉斯两人都经常出入他家。在这儿，人们是不以派别见冷暖的，大家都有意无意地效仿着那个更加异彩纷呈的世界——华盛顿。

爱德华斯的妻子出身于相对夫家更为显赫的门第——托德家族，托德家族原本居于苏格兰，现在生活在肯塔基州，早在美国独立战争中，托德家族就曾立功受勋。爱德华斯夫人的曾祖父是一位将军，她的父辈们都做过政府要员。这是一个声名显赫的家族，整个家族的人就像当时从南方移植来的植物那样，多得数不清。爱德华斯的岳父曾是一位少校军官，眼下正在列克星敦掌管一家银行和几所磨坊。而且在乡下他也马畜成群，还拥有奴隶。在他市区的房舍里，满屋都是祖先的画像，富丽堂皇。他的孩子们就是在这样一种环境中，像宝贵的欧洲遗产一样被养大成人的。

然而，这所宅第的六个子女却都相继离家而去，原因是，他们的生母死后，父亲又娶了继母，生了一大堆颇受父母宠爱的弟弟妹妹。在离家出走的孩子们当中，玛丽算是最有抱负的女孩儿了：她一直在追寻着一个宏伟的生活目标，立志要嫁给一个能让她如愿以偿的男人。她决定就在斯普林菲尔德物色这样一个人选，因为姐姐曾给她写过信，告诉她，眼下姐夫这儿形成了一个新的政界群体。于是，玛丽独自驱车来到斯普林菲尔德，搬入了姐姐姐夫的府宅。

当林肯和道格拉斯第一次与这个陌生姑娘打招呼时，他们发现，眼前的这位姑娘朝气蓬勃，活泼可爱。她皮肤光洁柔软，头发漂亮地打着卷，讲究的长裙走动起来摇曳飘逸，整个人显得典雅大方。他们各自都心中暗想，这位女士一定是从大城市来的，她言语流畅，谈吐优雅，气度非凡，好像对什么事都精通，还能熟练地引用古典文章中的词句。只有在她沉默不语的时候，她的嘴角才会显出一丝遮挡不住的严厉，也只有在她批判某一事物的时候，她那美丽的蓝绿色眼睛中才会闪现出冰冷的光。

在第一场舞会上玛丽便大出风头，她舞了一曲又一曲，所有年轻人都竭力讨好这个聪明、漂亮的女孩。只有刚刚到林肯办公室来培训的年轻学生赫尔顿无意中说错了话，他说："您跳起华尔兹来就像条美女蛇。"他说这话时并没有任何恶意，当然也确实是一语中的。总之，当时玛丽就充满敌意地看着他，拒绝了他的邀请，而且她在这一刹那对赫尔顿产生的反感保持了一生。其他人显然也没有摸透姑娘的心思，因为她既不重视男性的外表，也不注重他们的风度，既不在意他们的家庭，也不在乎他们的财产，对于像她这样

玛丽·托德，一位富有的肯塔基州银行家的掌上明珠，有着强烈的权力欲。尽管林肯与她相识时贫穷而又羞涩，但她却凭着女人惊人的直觉觉察到了林肯优秀的品质和光明的政治前途。两人几经坎坷于 1842 年 11 月 4 日结婚。

一位受过淑女式上等教育的女孩来说，这实在是令人难以理解。表面上看，她似乎有意地在抵御所有女性的本能，其实不然，她只不过是在反复斟酌这样一个问题：谁有机会走上最辉煌的仕途？有一点已经深深地根植于她的头脑，今后也总是反复出现，那就是：她最大的愿望便是做一名女总统。不久，她那敏锐的目光就发现了众人中最有才华的两个人，这两个人都家境贫穷，没有光耀的门第。他们，就是一高一矮的林肯和道格拉斯。

道格拉斯也以同样的速度注意到了玛丽，他们二人都野心勃勃。或许当玛丽梦到白宫时，她还会看到正在那里梦游的道格拉斯呢！道格拉斯的目光不折不扣地总是盯着最高的位置，那是他整个生命的目标，他所做的一切都是为了达到这个目标。而林肯，虽然也踌躇满志，但生性忧郁，对那第一把交椅他当时可能连想都没想过呢。即使有朝一日，他将问津这一宝座，那也一定是水到渠成使然。总之，道格拉斯梦寐以求的那个位置，林肯只是偶尔才会想到，他觉得那个位置将来当然也有可能会属于自己，但深信，自己将无缘得到它。一个是自信到有些狂妄，而另一个则是自卑地接受现状。正是因为二人在这一根本问题上的不同看法和态度，所以面对美丽的玛丽，道格拉斯是极尽奉承和赞美之能事，而林肯则表现得很克制。然而出乎意料的是，玛丽的目光最终却落在了沉默的林肯身上。

玛丽给林肯的第一印象是：她的盛气凌人令他感到惊讶。此外，她还掌握着一种对林肯来说十分陌生的技巧，那就是社交，娴熟地你来我往，有时是搭不上边的言语和问题，不着边际，漫无目的，只是相互交谈表示亲热。而这时，林肯则往往沉默地坐在一旁，惊奇于她处世的圆滑。这种圆滑，林肯在其他女士的身上从未发现过，而在男人们当中，也只有道格拉斯可以与她媲美。她的言语方式，甚至举手投足都令林肯联想到道格拉斯。此外，林肯的心里还一直没有平静下来。近来他正和年仅十六岁的萨拉·理查哈德交往，经常同她一起去看演出，散步聊天，他们二人的教名是连在一起的。然而小姑娘却总是跟林肯保持着距离，"因为，"她说，"他的举止不足以令一位刚进入社交界的少女迷恋。"

作为一个深通情理的人，林肯对玛丽·托德的举止行动稍加分析，就很容易推断出她的性格。不久后他就发现，玛丽的脾气有些阴晴不定，刚才还是阳光灿烂，不一会儿便阴云密布，火冒三丈了。她经常偏头痛，也害怕暴风雨。林肯曾经看到，她会因为芝麻粒儿大的小事儿而哭泣。在她评价众人在饭桌前的表现时，林肯暗自欣喜地发现，在这方面玛丽很看重自己；而当他看到她站在姐姐的身边接待客人时，林肯更会很有自知之明地站到长于应酬的人们身后。他惊疑地看到，她总能跟人聊起最新发生的事情，在集体的游戏当中，她也总是出尽风头。或许林肯当时就听说了，当玛丽还是个半大孩子时，她就曾为了能在学校显示自己，亲手用柳条给自己的长裙做了篷撑。就是这样一种欲望，使她一生都在疯狂的边界上沉浮。

这一切在林肯看来都有些不可思议；他从未想过有朝一日这样一个女人会和自己的生活联系在一起。他周围的好女孩们往往都拥有美好的品质，奉献的精神以及对他的好感，这使她们得以接近林肯。林肯无需她们拥有知识和头脑，因为这一切他自己都具备。而现在，通过观察，他几乎可以确定，玛丽·托德这个女人身上有着自己所欠缺的随机应变和强大的活力。此时此刻，林肯似乎更加清楚地意识到，这个女人为了有所作为而表现出的急躁恰恰可以弥补他自己那过度忍让和宽容的性格。她表面上做事麻利，性格活泼，内心却很脆弱；而林肯虽表面动作迟缓，性格内向，但意志十分坚定。

有一点是肯定的，玛丽也发现了二人的互补之处。如果说，没有其他什么可以证明玛丽的智慧的话，那么她对林肯的选择，她在这一点上表现出来的固执却证明了她的头脑和她的本能——虽然不是温柔的、女性化的本能，而是充斥着野心，却也自有它的高明之处。

是的，她的眼光一定不会错，她已经既快又准地做好了选择！如果玛丽只凭借自己的本性来做判断，情况肯定不利于林肯，因为林肯虽然受人爱戴，但家境贫寒，相貌平平，做事不够灵活，看上去也没什么远大的志向和追求。此外，他的名气也远不如另外那个年轻人，也就是后者便是道格拉斯，所有人都说他前程似锦，他自己也在向玛丽大献着殷勤，因为他意识到，这个女孩将会成为他在权力角逐中的一个得力帮手。

面对道格拉斯的讨好，玛丽反倒显得无动于衷。她不在乎林肯那显得太短的裤子，不在乎他略显粗鲁的举止和不太优雅的舞姿，她只注意到了他那大大的脑袋上的光环，那象征着智慧，而那正是她想要的。因此，她便坚定地用双手拥住了被自己慧眼识中的这个年轻人。

尽管玛丽对林肯和汉克斯那帮人有种居高临下的反感，她却仍旧按照自己的决定采取了行动。她的姐姐和姐夫极力规劝她说林肯的条件并不令人满意，并告诫她不要自暴自弃，但这却更加刺激了她的逆反心理，后来她说："我当时想，他终有一天会成为总统。因此我选择了他，当然，他的形象的确不怎么好看……"

情形变得越来越严峻了，但林肯仍下不了决心，他以他不战自退的老风格起草了一封信给斯皮德看。信的大意是：他已考虑过这件事，但发现自己并不太爱玛丽。比起犹豫不决地和胖玛丽痛苦地拖了好几年，这次，他倒显得更加果断了。然而，斯皮德却不同意他把这封信寄出去，理由是："这样白纸黑字写下来的东西对你是不利的。"说着顺手就把信扔到了壁炉里。他劝告林肯，应该当面向那位女士解释这一切，他所应该注意的只是简明扼要。这时，这位商人朋友似乎显示出了一种外交官的姿态，但只可惜，他不是个十分了解别人性格的人。

玛丽深深知道应该如何抓住像林肯这样一个惧怕女性的男人的心。一次，到了晚上十一点钟，林肯才辞别玛丽回到家。他向朋友讲述了发生的事情，那简直有点让人哭笑不得："当我告诉她，我并不爱她时，她哭了，几乎是从椅子上跳了起来，绞着手指说，她欺骗了自己。你知道，女人的眼泪是最让我不能忍受的，我心动了，几乎也跟着流出泪来，于是，我把她抱入怀中，吻了她。"这时，斯皮德笑得肚子都疼了，林肯则自顾自地接着说下去："如果我跟她订了婚，我一定会信守诺言的。"又是这种消极的诺言，几乎和几年前和胖玛丽订婚时说的一样。

这次订婚时可以说两人之间还充满了猜忌和对彼此的恐惧。玛丽总是想掌握一切，而林肯却愿意我行我素。性情上的格格不入和生活方式的迥然不同使他们之间不可避免地产生了摩擦和冲突。当看到玛丽挽着道格拉斯的胳膊在马路上出双入对时，林肯也会十分气愤，不过他自己却显得和玛丽的妹妹，刚刚来到爱德华斯家的玛蒂尔德很是投缘。不久后，玛蒂尔德走了，猜忌心很重的玛丽又开始怀疑自己的未婚夫和萨拉的关系；或许他们的确有什么地方做得不妥，但这一切都有情可原。面对日益逼近的婚期，林肯那敏感的、对女人了解甚少的心里似乎总有一个声音在劝他摆脱掉这一切，将自己从当时那种混乱和孤独的犹豫不决中解救出来。过去几年的经历在他内心重又激起了不安，而且这种不安越来越强烈，在现在这种情况下单凭写几封充满外交辞令的信显然已经于事无补了。未婚妻家里正忙着操办大事，婚期一天天逼近了。

大家选定了一月一日，也就是新年这一天给他们二人办喜事，到时将举行结婚典礼和喜宴，宴席一定是佳肴满桌，因为要结婚的毕竟是一位见多识广、出身名门的贵族小姐。然而当新郎站到新娘身旁，看着她穿戴整齐，戴上面纱，二人准备典礼讲话及履行诸如此类的义务时，新郎却陷入了极度的紧张和不安中。

这是一个孤独而又不羁，总是寻找着女性而后再悄悄从她们身边逃走的灵魂。他平生唯一的一次真正的恋情，在苦苦等待并即将得到时突然逝去，而后这个深沉的光棍汉又遇上了第二个未婚妻，磨合了几年后又摆脱了她。今天，他终于将被有效的法律形式带入一次真正的婚姻，但他的整个身心却在竭力抗拒着这一事实。犹豫不决的性格使他更加渴望能在短期内做出自己的决定，因为作为一个光棍汉他已经习惯了独来独往，我行我素。他反感所有形式的束缚，喜欢无计划的自由生活，无视金钱与地位，不想对任何其他人负责。对他来说，他更希望有一位温柔的，惹人怜爱的女孩陪伴自己度过一生，而不愿找一个精力过盛的家庭主妇来管束自己的生活和工作，这一切都使他产生了恐惧感，使他看上去似乎有些力不从心。我们甚至可以把这种恐惧看作一种疾病，疾病的名字无关紧要，反正他感到害怕。

关于婚礼当天的具体情形我们不得而知：肯定就像一般的婚礼一样，新娘穿着华丽的礼服出场，宾客们马上聚集过来，紧接着便是异常热闹的一系列场面。参加了那场婚礼的人说，除了没有蛋糕以外一切都无懈可击。但玛丽的姐姐却曾透露，林肯在此之前曾一度脱口而出说他恨玛丽，这仅仅只是种"病态"吗？有一点是确凿无疑的，那就是林肯并未出席自己的婚礼，这一天，他是在州议会中度过的，这显然是为了不让别人找到他。在举行婚礼仪式时，他只是托人带来了自己的结婚协议书，在此后的一段时间，他每天都在议会中忙忙碌碌，这样的状态持续了整整一个星期。

六、感情的旋涡

林肯病倒了。这个结实健壮的年轻人由于前几天的刺激垮了下来，而且以后，他还必须要经受更多的恐惧和折磨。他的私人医生给辛辛那提的一位神经科医生写了一封很长的信，讲述了林肯的病情，这位神经科医生只是回信道：他得亲自来探视这位病人。在此期间，林肯拼命地抓住自己的医生不放，甚至害怕那个外地的医生会伤害到自己。紧接着，他又给自己在华盛顿的朋友斯图尔特写了几封动情的信（其中部分信笺残缺）。

"如今我是世界上最不幸的人，如果将我所感受到的苦痛分给每一个地球人的话，我们恐怕再也看不到一张快乐的笑脸了……我不知道有朝一日我的境况是否会好转，我感觉我似乎已经完了。想要继续做现在的我实在不可能，我若不想去死，就必须重新健康起来……我之所以写信告诉您这一切，是因为想给自己换个环境。当然，假若我还是我自己的话，那我可能更愿意留下。……我无法再写下去了。"同时，他还迫切地请求这位朋友，尽力能使那位自己视作救星的医生兼职做这里的邮差："就在前几天，我还拿自己的所谓'忧郁症'开玩笑，但我有种预感，亨利医生对我的生死存亡至关重要。他若是得不到这个职位，必定会离开斯普林菲尔德……我衷心希望能够把他留下来。"

在此前后，林肯这个独来独往的人从没说过，有谁对他的生存必不可少。以前，他体魄强壮，一贯正直独立，敢作敢当，从不需要什么医生和帮助；他四处为家，更不需要换什么环境。现在的他到底是怎么了？就在他感到走投无路的时候，他有了一个好去处，斯皮德在新年那一天卖掉了自己的商店，去了肯塔基州母亲的庄园，并诚意邀请林肯夏天去那里散散心。

这个心灵受到沉重打击的可怜人马上就被这个建议吸引住了。那是一所很大的乡村别墅，宽宽的台阶后面是华丽的厅堂。早晨，奴隶将早餐端到床前，白天他还可以随心所欲地骑马、驾车、散步。平日面对的则是斯皮德很有教养的母亲和娇巧可爱的妹妹。无忧无虑的幸福生活，游戏、玩笑以及女孩的纯洁乖巧让林肯饱受煎熬的心灵得到了些许慰藉。他生平第一次像个南部的富人一样生活了一段日子。这位废奴主义者常让一个奴隶给他拿着衣服，牵着马外出散步，让自己的眼睛尽情地去追随朋友妹妹优雅的身影。而此时的斯皮德则在向一位绅士的外甥女大献殷勤。有时林肯不得不与这位绅士寻题攀谈，以便能给斯皮德赢得更多的时间。就在林肯和那位绅士热火朝天地谈论政治时，斯皮德正在和他的凡妮接吻呢。

当然，人们也会发现，有时候林肯的思想好像飘到了远方，呆愣愣地坐着，一动不动地冥思，而后奋笔疾书。他在写什么？他写的是一些以自杀为主题的短文。他写的是一个人如何想以自杀的方式来逃避无法渡过的难关。在生死边缘上，在自信与失望的抉择中，他曾跟自己的朋友这样说过："我还没做出过什么成就能让别人记起，在这茫茫天地之间曾有过一个我。而我生活的目标却正是，做一些让后代永远记住我的事，并使它们与我的名字永远相连！"这便是他渡过危机的动力，也预示着，这个三十二岁的成年人心中的雄心壮志以及迎接现实挑战的勇气马上就要喷薄欲出了。

不过，他的忧虑与烦躁并未随时间的流逝而减少，这能从他婚后一年写给斯皮德的信中看出来。那时他早已心境安逸地从斯皮德那儿回家很久了。在这段时间，斯皮德正不安地面对着自己即将到来的婚礼呢。

"尽管可能对你没用，你也可能马上就会忘记，但我还是决定在你即将出行时告诉你下面这一切。因为我认为，从现在起到你最终实现了自己的愿望为止，你肯定有时会心绪烦乱，所以我希望你能在这个时候读到这封信。我的这一判断基于以下三个原因。"

"你是个十分情绪化的人，容易神经紧张，这是你给我个人留下的印象，当然也是我从你在不同时期对你母亲的评价，以及在你嫂子过世后，你对你兄长的描述中总结出来的……第一个特殊原因在于，按照我的经验，你出行后必须要学会面对恶劣的天气，坏天气是很容易使人情绪低落的。第二个原因是，你得继续做你的买卖，继续跟朋友们聊天。过去，他们的问题可能会使你冥思苦想，因而保持平静，但也或许就有哪个朋友会觉得你讲的那些你自认为最有趣的东西都是些陈词滥调和喋喋不休，他反倒更愿意讨论一下死亡的痛苦。第三个原因便是即将到来的一段危机（你的婚礼），现在你所有的心思和感情都汇集到了那里。如果你能战胜上述的所有困难，而不出现什么'精神分裂'，那我会为你高兴，当然也会感到吃惊的。你若是不同意我的看法，不相信到时你会受挫沮丧，那么请你务必原谅我在此妄加评论。我也请求你，到时不要将这种情绪归于某种神秘力量，更不要听信魔鬼的暗中唆使。"

"当然，你可能会问，你自己的那些原因是否适用于所有遇到类似问题的苦恼人？回答是：完全不。有些原因或许是适用于某些人的：但你苦恼的主要原因是你脆弱的神经——这是各种特殊原因的关键所在，它或许只适用于一千个人当中的某一个人，而这个人恰恰就是你。由此，你便会发现你和整个外部世界的不同。"

不久，当他的这位朋友开始怀疑自己和未婚妻的性格不合时，林肯又这样写信安慰他："当初你选择她时，不就是因为她仪态可人，举止大方吗？……你最初的心动不就是因为她那双令你神魂颠倒的黑眼睛吗？……我非常担心你，所以，我总要经常给你写信。"当斯皮德的未婚妻在婚礼之前病倒，让斯皮德措手不及的时候，林肯便以此来向他证明这位朋友对未婚妻的真挚爱情。虽然斯皮德对自己的未婚妻有疑虑，但他对她的爱慕却始终没有改变。"如果你不爱她，我想你会终日闷闷不乐的。当然，这或许在目前已经不成为你的问题了，我不断地寻根追底可能都是多余的，如果真是这样，我请求你原谅。你知道我在这个问题上所承受过的痛苦，你也清楚，我在这个问题上是多么敏感……在你离开之后，我非常明显地患上了精神分裂症，但这会儿比去年秋天好多了。我又见到了萨拉，只见了一次。她看上去很幸福，所以，在她面前我只字未提咱们以前谈及的事情。"

林肯焦虑地经历了朋友的婚礼，像个诗人似的写道"当你读到这封信时，你已经是个幸福的人——是凡妮的丈夫了……今后，你将会在一块我从未涉足的地方开始新的生活……如果我没有猜错的话，现在伴随你的既有令人舒心的快乐，也有令你心烦意乱的痛苦。但你应该想到，在痛苦之后，你会变得更加健康。你对她的爱一定是至深至诚的，然而，有时你也会神经过敏；既然你现在已经真正拥有了她，那么你的沮丧就应该已经无影无踪了吧……如果，你已经平静地度过了那次典礼，尽管当时你可能仅仅是凭借强大的自制力在控制着自己，以免引起围观者的惊讶，那么现在你也一定不会再有什么问题了，请相信，在一两个月之后，你就是世界上最幸福的男人了。"附言为："在你离开之后，我真正成为了一个男人。"

然而不久后，斯皮德却又在信中道出了他新的忧虑，这时总是在一旁鼓励他的这位朋友却突然停止了对他的安慰，以真实和果断的口吻写道："我现在丝毫也不怀疑了：这就是你我的命运，因为我们两人都在梦想天堂，总相信它能够给予我们优于大地的一切……除了有着美丽黑眼睛的凡妮以外，虽然在这世界上能满足我们的很少，我们几乎实现不了几个愿望。但倘若你能够有我这样的想象力，那你就能够时刻提防，以便能让自己的不幸仅仅局限在一小段时间内。我的老父亲曾说过：如果你以太高的价格买了一件东西，那么，它就会比其他东西更加牵动你的心！"

在这里，林肯内心的特点比在任何其他材料中都更加明白地显现出来。这几封书信向我们揭开了他的内心世界。在他的内心世界中，首先有着了解各种感情的愿望，分析的技巧以及举一反三的能力。他的心理医生曾把他形容成诗人，后来又形容成记者；他不仅知道天气、旅游对一个懒人神经的影响，也了解别人的心理世界，还可以将母亲以及兄弟们的内心状况总结起来加以比较。在我们看来，这种探究人类内心世界的偏好恐怕与他母亲模糊不清的出身不无关系。同时，博爱以及那种让他设身处地体谅别人、体察他人处境和感觉的诗人气质也一直伴随着他。

这些信件在很大程度上说明了他内心的不安，字里行间也暗示了他的绝望，死亡问题带给他的苦恼以及活在现世中间或让他感受到的地狱般的煎熬。而这一切都发生在婚礼进行曲奏响之后的一年当中，在充斥着市民气息的圈子里！为什么他必须经历这一切？是那种带着些神经质的激情，驱使他和他那位朋友远离尘嚣，经受一千个人当中也未必有一个人了解的那种恐惧和忧虑吗？只因为"我们两人都在梦想着天堂，相信它能够给予我们优于大地的一切"吗？

这其实就是林肯那种忧郁性格的症结所在，也正是因为他的诗人气质，才使他虽然身强力壮，聪明过人又阅历丰富，虽然在与不公正的世界作斗争时成绩斐然，但仍旧很容易失望受挫。

这便是他那伟大的人格时常会经历忧郁伤感的原因之一。

七、玛丽·托德（二）

朋友的婚事刺激了林肯的神经，刷新了他的记忆，也增强了他的孤独感。"没有朋友，我们便没有美好的时光，但如果我们拥有了朋友，又失去他们，我们就更是不得不忍受双重的痛苦。我希望你们能在这里拥有自己的家园，但几乎没有这样希望的权力。"当斯皮德给他写信告诉他，他和妻子已然"如胶似漆"时，林肯就像是自己打了一场胜仗一样高兴，紧张的心情也放松下来。假如斯皮德给林肯的信中只讲到庄园的话，那么林肯就会在回信中写上，对他来说，另一个话题更为有趣，那就是结婚到底是否能带来幸福。现在，尽管他们不得不在凡妮面前隐藏这些信件，但林肯丝毫也不掩饰对凡妮的好感。就仿佛是《少年维特的烦恼》中的信件一样，他曾这样写道："你随信寄来的芬芳的紫罗兰安全地到了我的手里，但是它枯萎了，我在第一次拿起它时，它就碎掉了。它的汁液已经被压干，在信笺上留下一片印痕，于是我就小心地把这整张信笺保存了下来，为了它，为了采下这朵紫罗兰的尊夫人。"

在这种情绪下，他又开始接触本城的女性了；尽管他常常回避她们，却也的确需要她们。他又见到了萨拉·理查哈德，又在书信里提到过她几次。然而，在此期间他带着日益强烈的情感返回到了玛丽身边，因为她让林肯内心感到不安了："如果我不经常想到我对那个不幸的人负有责任的话，那我可能会感到更加幸福一些。这个问题一直在折磨我的心。我不断地谴责自己，因为我只顾着自己的幸福，却忽视了她也有幸福的权力。上个月，她和其他人乘火车去别处玩，之后她公开宣称，这次旅行非常愉快。

应该感谢上帝！"林肯似乎也听到了这样的风声，说虽然过去发生了种种不快……但玛丽依然不想放弃他。

面对打击，那个骄傲的女人没有一蹶不振，这一点着实令人佩服：起码在这个有钱有势的女人生活的小圈子当中，人们都认为，她受了一个贫穷小律师的侮辱。而面对这样的羞辱，她似乎应该马上逃离斯普林菲尔德，再也不回来的。但是大家并不知道，玛丽的固执要远远大于她的骄傲。第二年夏天，林肯在给他那位无话不谈的朋友的信中写道："我不会因为你的沉默或是整个世界的沉默而忘记那件事情，它简直让人伤透了脑筋。你的建议很好，然而在我下决心做什么之前，我必须要重新建立起自信，相信自己有能力在决定之后，会真正将它们付诸实施。我曾一度自负于自己的这种能力，将它当作我性格中唯一的或是主要的闪光点。然而，目前我却失去了它——如何失去以及在哪失去的，这一点你是最清楚不过的了——总之直到现在，我还没能重新拥有它。眼下，即使在一些比较重要的小事上，我也无法信任自己。如果当时你能够像我后来对待你那样理解我的话，我的境况可能会好一些……今年，我很难再去肯塔基州；我是如此贫穷，在这世界上的发展又如此缓慢不堪，以至于一个月的无所事事几乎让我消耗掉了整整半年的劳动成果。"

婚礼事件非常强烈地动摇了他的斗志、他的责任感以及他对自己纯真本性的自信，以至于在此后的一年半里，他仍旧备受自卑的煎熬。当然他一定也意识到了，自己必须要扭转这种境况，而他这样做的原因只有一个，那就是，他从未对这个叫作玛丽的女人有过丝毫渴望。

而玛丽的确又回到了斯普林菲尔德，是被人叫回来的。在众人面前她公开说道：虽然发生了一些不愉快的事情，但其实她并不觉得林肯令人难以忍受，如果命运要把他们二人拴在一起的话，她一定有办法让他们重归于好。在预料之中，同属一个圈子的林肯和玛丽终于又见面了。他们二人都接到一对编辑夫妇的邀请：这对夫妇没有子女，并且非常乐意给年轻人牵线搭桥。于是，这二人就带着些许惊讶，不知所措地又站在了一起。

后来，他们又在几次轻松的聚会中见了面。在那些场合，林肯的幽默令大家笑声不断。虽然也会见到政治上的对手，但大家都懂得避开政治话题不谈。当时，人们普遍对民主党派的货币政策持怀疑态度。他们讽刺说，国家征收的税额将不再允许用国家的钞票支付，他们还嘲笑那位身为国家税收官员，却在一张荒唐的公告下面签了字的施尔德将军——一个冒险家、水手加法学家，一个民主派人士，一个在众人面前有些忸怩作态，而在这次事件中却十分无辜的人。林肯在斯普林菲尔德的一家报纸上化名为"瑞贝卡"，以农场主的口吻给这位将军写了三封信，表达了他的个人见解，语言幽默滑稽，是恶作剧的风格，却又一针见血，简直让整个城市的人都为之捧腹。

那位被攻击者保持着沉默。结果这时，玛丽·托德和编辑的妻子又凑到一处，以"瑞贝卡"的名义写了第四封信，用词更加粗俗，也更有挑衅性。信中还说，瑞贝卡想要嫁给他，并想立即举行婚礼。这次，将军实在忍无可忍，他要求知道作者的真实姓名。

作为一个政治家，林肯原本不该去理会女人们的小把戏。既然那位编辑夫人有胆量在她丈夫主办的报纸上开这种危险的玩笑，那她就应该敢于自己去承担后果；作为一名议员，林肯应当时时考虑到自己党派的利益；而作为一名出色的演说家，他更是不应该忍受冤枉而去背这个黑锅。但这牵扯到的是玛丽·托德，出于狂妄，出于幸灾乐祸或是别有用心，她一手操纵了这个事件。林肯不得不站出来保护这个自己有所亏欠的女人。于是他挺身而出了。而那位将军一心想着要复仇，再三向侮辱了自己的林肯提出决斗。尽管林肯坚决反对决斗，甚至不愿意向一只野兔开枪，但他最后还是宣布，准备接受将军的挑战，并任凭他以任意的方式杀死自己。

在离斯普林菲尔德很远的地方，一座位于州境的小城附近，在约定的一个早晨，决斗的双方到齐了。在杰斐逊为自己的妻子决斗之后，这种残忍的方式在伊利诺伊原本已经被禁止了，然而近些年它又成了一种时尚，因此有些人还专程驱车前来观阵。林肯和将军二人约定使用骑兵的佩刀作为武器。林肯会使用斧子，但用斧子的技巧是无法在决斗中用来和敌人拼杀的，于是他在决斗开始前的几分钟拿起佩刀比画了几下。决斗的证人量好了地面尺寸，一边十英尺，中间放一块木板。决斗开始前，高大的林肯就在场地当中的一个树桩上坐着。

"他的面部表情十分严肃，"一位目击者这样写道，"我从未看到过他沉默那么长时间，而不在中间来上个笑话。他俯下身，从刀鞘里拔出佩刀，用手指抚摸着刃口，神情、动作就像是在试摸一把理发刀一样。而后他起身，手持佩刀将胳膊伸展开来挥舞了几下。没有哪个人能像他那样够得着那么高。看到一个大个子和一个小矮个用佩刀来决斗，我差点没笑出声来，这真是荒唐！而后，林肯叹了口气，插刀入鞘又坐下。这时我发现，他的眼睛里突然溢动出了光彩——在他讲故事之前，他的眼睛总会这样。于是我想，或许在把对手送入坟墓之前，他可能会来上一小段故事。"然而，双方却开始了最后一次谈判，而后他们分别作了一个简短的解释，最后，所有人就都平安满足地回家了。

具有林肯那种性格的人，生活中永远充满了讽刺；但讽刺有时其实比其他东西要美好得多。决斗前坐在那个树桩上的他，是狩猎和战争的反对者：作为士兵，他曾放走了一个敌人，从未杀死过一个对手；他身材高大，心肠却同大卫一样善良，由于传奇般的遭遇，他不得不为保护自己而练习使用佩刀去和一名老军官决斗；可他没有像昨天那样继续抓紧时间学上一招半式，而是选择了放弃。他刚才到底在想什么呢？刚才的情景是否又唤起了他早年伐木的记忆，似乎是下意识的，他拿起佩刀砍下了头顶上方的一段树枝，就仿佛我们大家都置身于印第安纳州，看到的是一个精明能干的小伙子在伐木一样。不一会儿，仿佛他的脑袋里又出现了一个好听的故事，他眨了眨眼睛，像是马上有一个故事要脱口而出了，最后吹了口气，一切就都以喜剧收了场。

当然，事实上不可能一切都是欢天喜地大团圆的结果。如果说拒绝决斗使林肯幸免于难的话，那么这一事件还决定了他今后的生活道路。他的骑士风度感动了玛丽，她又开始爱慕她的这位骑士了。这段经历使林肯和玛丽二人又重新开始沟通，人们善意地拿他们开玩笑，彼此祝贺，最后也祝贺了他们。当林肯发现，玛丽还想委身于他时，便毫不犹豫地伸出了双臂。"他知道，自己虽然不爱她，却曾经许诺过要娶她"，曾经和他同住的赫尔顿这样解释了林肯的决定；林肯曾亲口对他的另一位好朋友，也就是他的男傧相说："吉米，我不得不娶这位女士。"在发生施尔德事件的当天，林肯用巨大的字母制作了一个投票数目一览表，总结了过去几年当中他和其他竞选者得票的数量，以及自己票数的递增状况，送到相关国家机构去公证，盖了章，用粉红色的带子扎起来。很明显，他是想以此向这位女士表明，自己也有着不同凡响的业绩。

然而在最后一举付诸行动之前，他又战战兢兢地想到了一个问题，也就是自己是否能经受得住这一切。他写信给好朋友斯皮德说："你知道，那个问题一直令我担心。从去年九月初到今年二月中旬你所不得不忍受的该死的痛苦，你从未向我隐瞒过，我也完全能理解。现在你已经做了差不多八个月的丈夫。我清楚，现在的你比举行婚礼那天幸福得多，否则你无法幸运地活到今天……但尽管如此，我必须向你提出一个可能令你为难的问题：无论从感情上还是从理智上，你都真正因为结婚而感到幸福吗？我知道，在一般人看来，问这样的问题可能很冒失。我恳请你的原谅！请速赐回音！我是那样迫不及待地想知道答案！"

他仍旧焦虑。他害怕肉体和心理上即将承担的某种责任，害怕失去自己的自由，害怕不得不仔细地把自己的事情归络起来，在特定的时间穿上指定的西装去这去那，为某种情绪道歉或是做出解释。这一切都是为了什么？是为了得到一个他既不了解也不向往，而且还会扰乱自己心绪的女人，一个他自己在一两年前下定决心避开的女人吗？此时的玛丽，则正催着赶快举行婚礼，并要求姐夫快做准备，不要什么鲜花和典礼，只要神父到场就够了。于是，一天早上，林肯找到一位当时还躺在床上的朋友，告诉他说："我今天要结婚了！"

那是个秋日的上午，当三十三岁高大的林肯和二十四岁娇小的玛丽走向圣坛时，前者似乎毫无幸福可言。在那之后，他曾以一种绝望的口吻说过一些稀奇古怪的话；在那张小小的婚礼宴席桌前，他也兴高采烈地讲了些故事，因为那天是"黑色星期五"，而且新婚夫妇都很迷信，他想借此活跃一下气氛。不久后，在一封商务信件中，林肯写下了这样几句话：

"这里除了我的婚礼以外没有什么其他新鲜事，结婚对我来说纯属意外。"

八、真诚的亚伯拉罕

不久之后，林肯和赫尔顿建立起了友谊。赫尔顿是个活跃健谈的反奴隶制者，以前为了躲避迫害逃到这里，进入了林肯活动的圈子。在林肯的建议下他也当上了律师，并成了林肯最早的追随者。他们两人彼此赢得了信任，这种友谊一直持续到他们生命的尽头。赫尔顿在工作中表现出的智慧和精明，在关键的政治问题上保持的理想主义态度以及在日常生活交往中的幽默和风趣，都使他成为了林肯不可缺少的左膀右臂。由于赫尔顿比林肯几乎小十岁，所以他也是第一个把三十四五岁的林肯当作父辈加以尊重的人。可以说，赫尔顿真正走入了林肯的生活。

林肯婚前在斯图尔特那里认识了一位叫洛汉的律师，并和他共事了三年。这位严谨的律师一直都是林肯的师长，虽然他身边仍旧缺少一位发言人，但他却实在无法长期忍受林肯的不修边幅，于是二人合作三年之后便分开了。而林肯却始终认为，他在洛汉身上发现的优点，诸如坚持不懈、一丝不苟以及努力拼搏的精神，是其他人所缺少的。总的来说，林肯与洛汉的合作可谓是名利双收，他不仅学到了很多东西，而且生平第一次能够赚到足够的钱来维持自己的婚后生活。这位合作者的名气，他本人在政界的声望，以及这座建有自己议会大厦的城市不断发展都使这个新建成的公司名声大噪。如果那合作双方没有成为政敌并因此而陷入政治论战中去的话，他们彼此是可以很好地相互弥补，继续合作的。

在他们俩分道扬镳之后不久，本城又出现了一块公司招牌："林肯"后面跟着另外一个人的名字，这块写着"林肯和赫尔顿"的招牌就挂在一栋大楼三楼的一间中等大小的房间门边。屋子里的东西横七竖八，两张绿色的桌子摆成了"T"形，一个书橱，一张有许多小抽屉的斜面桌，外加一个摇摇欲坠略显短小的长沙发。有一次他们所属的辉格党把要分给农民选民的种子装成一小袋一小袋寄存在那里，于是后来有人发现，许多撒出来的种子在地板上悄悄地发了芽。

林肯的诚实可靠可以说是众所公认的。但没有人，至少赫尔顿从未期望过他会有板有眼地管理金钱。若是他们收到了报酬，林肯会把钞票分成两份，而后对赫尔顿说："坐下，这是你的一半。"除了正直之外，他的一些其他优秀品质也没有像别人那样随着岁月的流逝而减少，反而与日俱增。令其他人感到十分不解的是，他的这些品质有时甚至还会与他做律师的责任感相抵触。一次，他替一位老者辩护，有两个小年轻拉走了老人的车却没付钱，林肯支持年轻人的论据，觉得他们两人尚未成年，不能承担法律责任，于是他千方百计替这两个孩子说好话，阻止法庭判他们有罪。还有一次，他这样告诉另一个当事人："我能为你打赢这场官司，并为你赢得六百美元。然而，我这样做却会使一个正直的家庭遭受不幸，所以我不想干。我既不想接这个官司，也不想要您的酬劳。不过我可以免费向您提一个忠告：那就是，您最好回家去，仔细想想，怎么用其他体面的方式赚回这六百美元。"

这种睿智的言论中所包含的率真来自以前那个苦难的时代，以及他过去艰难的奋斗历程。正是这种率真在他三十五岁的时候让林肯这个怪人的名气越来越大——而这种名气是他早在二十五岁时就开始拥有并享受至今的。他没有读过几本法律书，不愿在高级法庭上宣读判决，他只是搜集一切必要的材料，相信事情终究会水落石出，相信法庭的判断力，同时也相信由于他沉稳的天性以及艰苦的童年时代而很早就在内心培养起来的可靠的正义感。他很少过问经营上的事，收取的酬金也归赫尔顿管理。但有一次，一位职员来到了他们的办公室，想要在事隔多年之后，向过去的那位邮政局局长先生索赔十七美元，林肯马上从一个手提箱里取出一个小包，包里保存着多年前为索赔备用的钱。

即使在法庭上，他的朋友们也觉得他的表现十分特别。在外面办事他仿佛很没条理，很没规矩，他既没有记录员，也不随身携带文件夹，既没有数据，也没有支出账簿。如果他想要把记录收好，就会把它随便塞到抽屉里、马夹的口袋或是帽子里。当外面的事物处于一片"无政府状态"的同时，他的头脑却十分清醒，自成体系。他既不需要办公室，也不需要笔墨，因为他的工作场所就是他的脑袋，他的主要工作就是通过那里的自我消化、独立分析完成的。不久以后，林肯用来装信件和支票的帽子竟然流行了起来，他曾写信给一位当事人道歉说："第一是因为我实在太忙，第二是因为我把您的信塞在了我的一顶旧帽子里，而第二天我又买了一顶新的，于是我就把信的事忘得一干二净了。"此外，他总在斜面桌上放一个信封，上面写着："如果你在什么地方都找不到它的话，看看这里！"

这种性格的人身边一定得有个帮手协助才行。虽然他称赫尔顿叫"威利"，而赫尔顿总称呼他"林肯先生"，但他却从不盛气凌人。有时他一进办公室就会提一些小问题，例如，"威利，什么叫反命题？"他平时依旧保持着自己淳朴的本性；有时，他会在办公室里走来走去；早上他会躺在沙发上大声朗读报纸，会在同一天给三位不同的顾客分别讲同一个故事；或者连续两天不看任何文件，而是埋头于一堆图形、数字和圈圈杠杠去求图形的面积。

说也奇怪，似乎每个人都很信赖他。一位神父向他提供了一份抵押，并告诉他既无需登记，也无需开具收据，因为他信得过林肯。两个为一块土地而争吵不休的农场主自愿提出，让林肯出面解决他们的问题，并保证听从他的决定。这都是为什么呢？因为当时建设西部的这些人都把林肯这位律师当成一个农民。林肯不是以一个居高临下的学者身份，而是以一个与大家处于同一阶层的平等身份与他们讲话，说的是老百姓的语言，用的也是普普通通的词汇。林肯看上去不正像是个换了身衣服的庄稼汉吗？

不过自从他结婚以后，他确实是改换装束了，穿上了正规的牛皮鞋，整整齐齐的衬衫衣领上打着领带，一顶礼帽使他显得更高了。还好，在他身上这一切都不显得太正规，他的马甲总是皱皱巴巴，裤子的膝盖处也老是有个突起，因为他总爱跷着二郎腿；还有，由于过分突出的喉结，他的衣领总不扣紧，领带也打得松松垮垮，歪歪扭扭。他就会这样耷拉着肩膀站在那儿，两条胳膊自然下垂，脑袋稍向前倾，用大大的灰眼睛注视着眼前的人们，不像是在思考什么其他事情，却仿佛能看得懂人们的心思。

九、婚姻

开始，玛丽给林肯带来了不少收获。她很少对他的律师事务表示兴趣，关注的只是当前的政局以及那些大人物的所作所为，因为她是为了实现自己的梦想才嫁给林肯的。从第一天起，她就将目光投向了那些职位。她的心比林肯冷酷，对别人也不愿表示信任，因为她在很大程度上对别人做事的动机持怀疑态度，所以她懂得更加谨慎地找出人们做事的原因。她这种目标明确的性格和林肯那种善于观察比较的性格相比，玛丽明显地在现实生活中占着上风。她会将周围的人首先视作是自己达到目的过程中的竞争对手，而林肯会首先把自己的竞争对手看作是周围的一个普通邻人，显然两人都是从自己的习惯出发去尝试理解别人。在林肯那有些不开窍的过于正直的头脑中，玛丽一定就像兴奋剂一样能随时给他注入活力，这使他在当时的政治生活中受益匪浅。

在家里他愿意让步，当玛丽生气的时候，他便取笑她；若是她吵闹不休，他就出门散步。当然，他也在琢磨着玛丽的弱点。如果突然下起雷阵雨，他会马上回家陪她，并且不断地给她讲些诸如偷盗抢劫的故事让她害怕。他们两人都很迷信，还经常在这方面进行交流；由于他们各自性格的特点，玛丽信符号，而林肯信梦。

开始的一段时间，玛丽的确得咬紧牙关才能度日，他们住的是一个每星期只花四美元的两居室，这种生活对于一贯养尊处优的托德家族的女儿来说确实是太艰苦了。然而林肯却以他的债务为理由坚持这么做。有时候玛丽偶尔也会后悔，觉得自己当初真该嫁给一个有钱人。她和林肯两人要走的路还很漫长，他们的生活用品如此匮乏，困难又一个个接踵而来，有些时候，她真的差不多要失去信心了。不过还好，不久后玛丽就做了母亲，这样一来她们家族的骄傲就可以在儿子的姓名中体现出来了。可林肯却坚持要用他的朋友乔舒亚·斯皮德的名字给孩子起名，这令玛丽大为不满。于是她坚持要给儿子取用自己父亲的名字"罗伯特"。结果是，接下去的几年中，他们的四个儿子既没用林肯朋友的名字，也没用玛丽亲戚的名字，直到生最后一个儿子时他们二人才给他起了林肯父亲的名字，而之所以二人在这一点上达成了一致，是因为林肯的父亲在那之前刚刚故去。所以其实在这十年当中，玛丽这个雄心勃勃的女人所做的只是生了几个孩子。

　　朋友们，尤其是那些女人们，都和玛丽保持着距离；就连天天和林肯一起工作的赫尔顿也在斯普林菲尔德的第一次舞会开始时就已经对她产生了不满；而后玛丽更是一度试图阻止林肯和赫尔顿成立新公司，但到头来却是枉费心思，未能如愿。于是，玛丽长年不和办公室里的赫尔顿打招呼，见到他，便提着裙子视而不见地走过去，以表示对他不屑一顾。此外，林肯也太谨慎了，他甚至在给朋友的信里都只字不提自己已经结了婚。两个月后，他才在给斯皮德的信中写道："关于我的婚姻生活，等见面咱们再细谈吧。"而后，他又以男性之间特有的幽默口吻讲述了他妻子怀孕后的情景，似乎显得对马上要做父亲这一事实满不在乎，因为这个即将降临人世的孩子除了会给目前贫困的生活再添加一份窘迫之外，还会成为玛丽将来不放他出去游历的筹码。

　　不久后，玛丽用私房钱加上一份抵押，买下了一座属于他们自己的房子，虽然只是一座白色的小房子，玛丽却毫不犹豫地接受了它。她很懂得节省，为此，甚至还自己缝制衣裤，把所有能攒起来的钱都攒起来。而林肯却不同于一般在苦水里泡大的人，他总是乐善好施，愿意拿自己的钱去帮助别人。于是，玛丽一度也接管了林肯的那一半收入，把它们都存起来，直到林肯用了一个古老的政治技巧，才又给自己争回了那一半收入。

　　这样的两个人怎么会合拍呢？林肯喜欢只穿着衬衣坐在桌旁，若是有人敲门，他便直接站起身来去开门；而玛丽却无法忍受这样的做法。她喜欢衣着整齐；而林肯则习惯于穿着随便。林肯温顺却不守时，随和幽默却很健忘，像玛丽这样一个挑剔而且目标明确的女人怎么会愿意和这么一个丈夫出入当地的社交场合呢？林肯最喜欢半躺在卧室的地毯上，别人走过时不得不绕个大圈子才不致被他绊倒；他喜欢坐在地上和孩子们玩，而且间或在社交场合中声称，自己吃饼干的速度之快，会让两个烤饼干师傅忙之不迭。他家有一头奶牛，玛丽常常百思不得其解：他有空儿的时候，为什么不去帮忙挤挤奶？就因为他是律师，又是州议会的议员吗？既然不帮忙挤奶，又为什么总是邋邋遢遢地拖拉着一双拖鞋，提着桶走来走去呢？

　　当林肯招待两位优雅的女客人吃饭并说"呀！我的妻子马上就要来了，你们最好先规规矩矩地摆好餐具"时，玛丽无法理解这当中包含的幽默，从小就被人尊奉惯了的她，听到这话心里很不舒服。她想，这种玩笑开得多么不合适。一次她在应邀参加汽车旅行之前和女仆吵了一架，于是就在车里气愤地说："如果林肯比我死得早，那他的灵魂一定会再次在奴隶制国家找到我！"

这句话说得很妙，它反映出他们夫妻之间上百次谈话的主题，这半开玩笑的话语当中隐藏着一个事实，那就是：如果说这个权欲旺盛的女人更喜欢黑奴而不喜欢白人仆人的话，那主要是她出生成长的南部地区的蓄奴传统使然，而既然已经全身心投入到一个反对这种传统的男人的怀抱里，她就毅然决然地离开了那里。

和自己的孩子们相处时，林肯总是很随和，因为他觉得这样才是对的。不管玛丽对孩子的要求是什么，林肯始终认为孩子们应该学习正直做人，而不应该只顾着什么风度礼仪。此外，他还经常以一种幽默的眼光观察孩子们："我们现在又有了第二个男孩，他跟鲍伯在他这个年龄时很像，只不过比鲍伯大一号。鲍伯是又矮又小的，而且可能一辈子都会比较矮小……不过，他现在确实十分聪明，才五岁就比同龄的孩子机灵得多，有时我真担心他会早熟，长大后却又会无异于常人。现在他很淘气。在我开始写这封信时，有人来告诉我说，鲍伯不见了。过了一会儿，他妈妈找到他并把他痛打了一顿。可现在，他可能又不知跑到哪里去了。"他就以这种带有讽刺意味的闲话描述着自己的儿子，其中隐藏着他对人性的感悟，读者可以体会到字里行间的许多含义，而首当其冲的是其中流露出的宽厚品性。

结婚之后，他书信当中表现出来的忧郁与日俱增。他该亲近谁？他的朋友们由于妒忌疏远了他，他跟自己同父异母的兄弟又几乎没有什么联系，只是间或会给父亲寄些钱回去。一次，父母二人好不容易想来探望他们，却又遭到了玛丽的拒绝。有些人发现，有时候他会待在办公室，拉低帽檐遮住脸，把椅背靠在墙上，抬起膝盖和脚，双手抱胸，一坐就是几个钟头；有时双目无神地看着前方，弄得没人敢上前跟他搭话。有时他会抄下一首美妙的诗歌，然后先把它背下来，而后再把它寄给朋友，它们往往是些最会令人伤感的诗：

"我们是大海里的一层波浪，

就这样送走生命之光，

为什么稍纵即逝了，我们的力量和希望，

所有事业为人所忘？

我们与父辈没什么两样，

养育我们的是同样的风雨，同样的阳光，

即便是宫殿走出来的路仍旧通向死亡；

一切努力皆枉。"

一次，林肯作政治旅行时，又来到了印第安纳州——他的第二故乡："这是我母亲和姐姐埋葬的地方，是我生活了十五年的地方，它仍旧十分平常。但是，当我再一次看到这里的人和物时，却有一种诗意在我心头萦绕。当然，这是否真能给我带来几首好诗却又是另一回事。"关于这次返乡，林肯曾在一首诗中写道：

"二十年时光荏苒，

离别了那旧时的田野，

树林和嬉戏，

和朋友们别离。

啊，旧时多少希望，

如今已所剩无几，

只有那失去的和久违的，

皆又涌上心际。

少年的玩伴，

早已摇起了摇篮，

青壮业已垂老，

早把黄土埋了兄弟。

那昏黄的话语，
对我诉说着内心的恐惧，
直到一切声音皆为丧钟，
所有地方都成坟地。

我轻立于田边，
仿佛漫步于天际，
感到周围的阴影，
和身边通往坟墓的台级。"

十、助选

八年的州议会生涯结束之后，林肯首次向华盛顿发起了进攻，他不再把自己局限在身边的小圈子里，而是希望登上全国性的大舞台了。由于这个决定是他结婚一年后做的，所以有人将这归功于他的妻子。在通往国会的选举中，党派的首脑之间达成了一项不成文的约定，要彼此帮衬支持，以诚相待。当时辉格党有可能成为候选人的有三个人，贝克以第一名的成绩获此殊荣，林肯有些失望，因为按照他在党派中的地位，特别是凭借他的禀赋，他应当成为第一候选人的。他说："如果现在去为贝克效力，那我会觉得自己活像个窝囊废，眼睁睁地看着自己心爱的姑娘投入别人的怀抱，自己却还去给他们作傧相。"此后，另一个人代替贝克成为候选人；两年后，贝克卷土重来，再度被提名；于是，等到林肯终于被提名进入国会时，他已经足足等了四年之久：也就是从三十三岁一直等到了三十七岁，要知道，正是在这个年龄段里，男人们最希望自己有所作为；而且被朋友背弃比失败更会令他们感到痛心。当然，他那位野心勃勃的夫人肯定也在背后给他施加了不小的压力。

不过无论如何，林肯在新一场的角逐中终于成为了总统候选人亨利·克莱的竞选助手，并以更加强劲的势头登场了：能够看到亨利·克莱坐上国家的第一把交椅，是他的一个夙愿。

就在这一年，臭名昭著的奴隶制的阴影仍旧遍布全国，从墨西哥解放出来的得克萨斯被接纳进了合众国，它要求释放奴隶并维护他们的自由，鉴于此，总统做出一项新的妥协，它让路易斯安那州以南的各个新兴州独自决定自己的道路。由于这项政策违背了《密苏里妥协案》①，南方为此大为光火，而作为妥协案的缔造者以及北方的代表，克莱对合众国兼并得克萨斯一事表示反对。

就这个问题，主张兼并者和主张和平者都面临着重要的抉择。代表着半个国家的克莱宣称："我认为在现在这个时候没有征得墨西哥的同意便强占得克萨斯是不明智的，这有损我们的国家形象，而且有可能会使我们卷入一场和墨西哥或者其他大国的战争中去；这威胁着合众国的安全和团结，不利于我们当前的财政状况，所以必将遭到公众的反对。"在他的警示下，即使是那些惯于作战的高层军官们也开始反对这场战争了。

克莱在民主党中的竞争对手鲍尔克却向全国保证：通过速战速决可以顺利地兼并繁荣的得克萨斯。于是，鲍尔克被整个南部视为偶像；因为这样的一场战争将会慢慢地演变为一场奴隶战争，战争打胜以后，弗吉尼亚，南卡罗来纳以及其他蓄奴州便可以得到更多的奴隶，这也就意味着他们将获得更多的棉花和金钱。按照党内分工，林肯在这次竞选活动中为克莱工作。在自己个人情感的驱使下——此外，也是在他多年以来的信念的驱使下，他不仅为国家的福祉，也为了人类幸福以及正义东奔西走。就在他穿梭于州与州之间进行演讲的这个时期，他曾在信中写道："我绝不相信，侵略吞并他国领土能给我们带来什么好处。许多国家的人民都像我们一样，以相似的模式自由地生活着；当然另一方面，吞并也不会扩大奴隶制的影响……尽管这听起来十分荒唐。但是我认为，为了我们的合众国，也为了自由本身，我们有义务让其他州自己决定是否实行奴隶制；再说，我们绝

---

①　《密苏里妥协案》于 1820 年达成。规定在北纬 36° 30′ 以北的路易斯安那及其他地方永远禁止奴隶制，而该线以南允许存在奴隶制。

不会直接或间接人为地延长奴隶制的生命；更不会当它在土生土长的地区无法维持下去时，再给它提供新的生存环境！"

他这个时期为演讲而作的笔记中有许多来自民间的睿智而又令人信服的论证方法，可以称其为"苏格拉底式"的论证方法，"如果 A 能够证明，他有权把 B 变成自己的奴隶，为什么 B 不能说他也有同样的权力把 A 变成自己的奴隶呢？你可能会说，因为 A 是白种人，B 是黑种人。可这只不过是一个肤色的问题，不能决定权力问题啊？难道你能说，肤色浅的人就有权把肤色深的人变成自己的奴隶吗？……那么就请注意：照这种逻辑看，你将沦为你出门后在马路上见到的第一个比你肤色浅的人的奴隶——你或许又会说，这不仅仅是肤色的问题，而是因为白人比黑人聪明得多，是智力问题。那么请你再注意：按照这种逻辑，你又将沦为身边比你聪明的人的奴隶。不过，你现在又说，这个问题涉及个人利益！根据利益你若把别人变为自己的奴隶，那么别人也就同样可以根据他的利益把你变成他的奴隶！"

有时候，他也会选择每个听众都熟悉的场景，以十分简单的逻辑来证明奴隶们完全有权进行反抗："费了很大的力气把一粒面包渣拖回蚁巢的蚂蚁，会和任何一个胆敢来抢劫的强盗做殊死搏斗。同样道理，即使是最木讷最老实的奴隶在为主人卖命之后，都清楚自己受到了极不公正的待遇。如果有人还想要写本书为奴隶制歌功颂德的话，那我相信，没人自愿为此被载入史册。大多数的政府都坚持否定人人平等。但我们的政府已经开始努力把这种人人平等的权利变为法律了。有人说，奴隶们中的一些人过于无知，过于下贱，根本没法和我们一道管理国家。我们则认为，他们可以同我们一道管理国家是可能的。在你们的体制中，可能无法改变他们被压迫被奴役的地位；但我们愿意给他们机会，改善这些四肢发达、头脑简单，或者头脑聪明却未获启蒙的奴隶们的境况。我们将为此努力，胜利必将属于我们。请你们都仔细看看，也仔细想想吧！"在纪念华盛顿诞辰日的一次演讲当中，林肯把这种想法总结成一句话："我们能够借以完成大业的唯一一次胜利便在于，我们宣布了在仁慈的上帝赋予我们的土地上将不会再有一个奴隶和酗酒者！"

　　此间，一个偶然事件使林肯陷入了十分尴尬的境地：一个奴隶主组织的党派图谋不轨地聘请他作律师，起诉一名收留了一个逃亡奴隶的医生。而与此同时，医生本人也想请林肯为自己辩护。林肯一时感觉左右为难。当这位医生了解了事情的背景后，愤然斥责了林肯然后拂袖而去。几小时后，林肯派人去告诉这位医生，自己可以为他辩护，但为时已晚，那个医生已经委托了别的律师。林肯只成为了奴隶主的一名顾问。法庭上，当其他律师为奴隶主说话时，林肯却替医生讲理，最后澄清了事实，于是奴隶主受到了谴责，原本会被判刑的医生获得了自由。只是奴隶主没有付给林肯报酬，审理一结束便气急败坏地溜了。

　　林肯解救黑人的思想来源于他对受压迫的黑人兄弟的同情，他的社会福利思想则来自于他贫穷的青少年时代。在看到周围的社会情形时，这两种思想又都得到了深化，因此他的很多文章里都充满了这种思想："我们这里没有持久的短工阶层。二十年前，我曾做过短工。到了今天，每个人都在为自己劳动；而明天，或许他们就要雇用别人来为自己劳动了……因为劳动也是该由我们白种人来共同承担的责任。所以当有人尝试着要把它转嫁到他人的肩膀上时，这对我们白种人而言就是一种巨大永久的灾难了。绝大多数美好的东西都是劳动创造的，它们原本应该属于那些为之付出辛勤劳动的人。但是，话虽如此，古往今来，一直都是一部分人劳动，另一部分人坐享其成。这是不公平的，我们不能继续对其听之任之。一个称职的政府的目标应当在于，给每一个劳动者尽可能多的或者大体相当的劳动报酬。"

　　这段话是林肯在 1848 年欧洲革命前夕的一次旅行中讲的。可以说，它形成于一个果敢坚毅的头脑，出自于一颗友善待人的心灵以及对时势的正确评判。是当时的形势迫使林肯说出了它。这段文字也显示了一名改革者超前的判断力，他为黑人解放所作的构想比其他人整整早了七十五年；为白人社会福利所作的构想也比别人早了足有半个世纪之多。那时，即便是高居要职的克莱也仍旧认为，当时美国的情形尚不够成熟。如同八年前一样，这位在当时已经举足轻重的国家领导人再次在竞选中败给了一个夸夸其谈的无名小卒。

但这次竞选活动却使林肯的名气更大了。当时在竞选当中和林肯对着干的另外两个发言人通常都是舒舒服服地驱车前往演说地点，下车后让别人告诉大家：演说人到场了！于是，在田里忙活的人们都赶回来，演讲人便靠在墙上或是坐在栅栏上开始演说，一人说完另一个再接着说。他们知道，要想获得选票就必须友善地对待选民，尤其要善待妇女。因为她们虽然对政客们十分戒备，但又往往对男人们投票起着很大的作用。一次，那二人都想赢得一位农妇的好感，原因是农妇那位不在场的丈夫很有威望。然而任凭两人如何献殷勤，那位农妇都不吃他们那一套，最后索性把二人晾在一边，径直去牛棚给奶牛挤奶去了。那二人见状赶忙紧随其后。这时，民主党的竞选演讲人抢下了农妇手里的挤奶器，给她帮忙，并得意于自己的这手看家本领，自认为占了对手的上风。但是，挤了一会儿，他回头一看，却发现那位农妇这时已经和林肯走进了屋里，林肯只用了十五分钟的时间，就通过讲故事和趣闻赢得了她的好感。

克莱被击败了。对于这次失败，林肯只是自我解嘲地说："虽然我衷心希望克莱获胜，并对民主党人所使用的种种伎俩深恶痛绝，但我对竞选演说人这一任务深怀怨惧。要知道当时我面临着为期六周的竞选活动，实在是不得已而为之……每天都要作数十场演讲，虽然我对自己充满了信心，这是毋庸置疑的，但由于我和道格拉斯之流不同，我不能保证，总是千篇一律地讲同一件事却不会犯晕……到头来，可怜的克莱获得的选票还是远远低于鲍尔克。现在我的怒气已经消了，但只要我独自一人静下来，就仿佛又听到自己演讲台上，或者是坐在某处的树桩上说的那些激昂的话！"

十一、当选众议员

林肯可以去华盛顿闯一闯了。他很不情愿地把自己在党内的位置让给了两位同仁。即便到了这会儿，在林肯等待了四年之后，那座城市里仍旧有人认为可以轻而易举地将这个爱讲故事的人排挤出去；当然，如果没有妻子在背后给他的支持，林肯这次恐怕还是无法如愿以偿。这次，他甚至放弃了律师事务所的所有事情，全心全意地为竞选活动做准备，他不断写信给朋友们和其他人，以获得他们的选票，这种事情以前他从未做过，年近三十七岁的他比以往更加精力充沛了，不达目的不罢休的那股劲也似乎有了些玛丽·托德的风格。而后来林肯的一些雄心勃勃的计划中也的确有玛丽的一份功劳。

　　林肯曾给一位颇具影响力的人写过这样一封信："您可能已经听说了，我和哈丁将军正在竞争辉格党进入本地区议会的名额。他已经代表辉格党参加过一次议会了，我认为，不同时期应当有不同的人选。如果您也对此看法表示认同的话，我将非常荣幸。"在给朋友的信中他还写道："我可以放弃。但是，在目前情况下要我向哈丁让步，在我看来就是向一个乐于把我完全牺牲掉的人让步。我坚决不干。哈丁很有天赋，精力旺盛，为人也一向宽宏大量，我以前是这么认为的，今天也不会改口。但是，公平地想一下，我们每个人都应当有机会轮流进入议会，而他却恰恰反对这一点。如果不太麻烦您的话，请您在信中介绍一些关于您管辖选区的前景问题。另外请再把您的几个辉格党友人的名字寄给我，我会以适当的方式给他们写信。除非我能物色到某个人为我争取选票，否则哈丁会比我赢得更多的支持。"

　　自信和野心在他的内心翻腾着。一个害羞、忠诚，很多情况下都懂得取舍的人，也被卷进党派之争的狂热中去了；他甚至在信中写下这样一段话："如果有人告诉您，林肯不愿进入议会，请您作为我的私人朋友站出来为我辟谣。因为事实是，我很希望进入议会。"最后，林肯终于如愿以偿得到了提名，而且是在刚刚起步不久的彼得斯堡获得了提名。十年前，他曾在这儿化了几个星期的时间测量土地，认识了这里的许多居民。自此之后，他对政治的狂热仿佛一发而不可收，他写了很多信来争取别人对自己的信任，而且有时候显得很急切："新近有人说有一个选区决定着整个竞选的结果，但这个选区的人民现在却对我颇有芥蒂。您知道是谁在背后中伤我吗？接到信后，请不要耽搁，马上给我回信，告诉我您知道的一切，特别是反对我的那帮人的姓名。"林肯进入议会的竞争对手是个危险人物，他就是大名鼎鼎的牧师卡特怀特，半个伊利诺伊州的人都听过他洋溢着烈火般激情的演讲，而且在南部，他也比任何一个北方的候选人都更受人喜爱；在宗教方面，各处的人们都受到过他的影响。他是杰斐逊的拥护者，曾在无数个地区布过道。面对林肯，他采取的是何种策略呢？他曾说过，除了一点以外林肯几乎无可挑剔，这一点便是，他不是基督徒。虽然玛丽与基督教圈子过从甚密，但林肯却不属于任何一个宗教组织，所以人们可以任意将他归入某个宗派或是干脆称他是个无神论者。事实上，林肯的确曾去过教堂，并在那里就某些基督徒为人不厚道这个话题作过一次演讲，批评他们对待酗酒者以及犯有其他罪过的人过于严厉，并不是以友好的态度去帮助那些人改过自新。这会儿，热衷于政治的卡特怀特牧师要了个手段。

在教堂布道时，卡特怀特问哪些人死后不愿下地狱，让他们都起立；看透了牧师险恶用心的林肯却兀自坐在那儿纹丝没动。于是，牧师点名让他起身，问他死后到底想要去哪里？林肯说："我只是作为一个安静的听众来这儿的，我不知道，我是由我的兄弟解救出来的。我认为，宗教方面的事必须严肃对待，因为这个话题非常重要，以至于我认为，我没有资格和其他人一样轻而易举地对此做出回答。既然牧师先生如此明白地向我发问，那就让我坦诚地回答您：我要进入议会！"

凭借这个回答，林肯轻而易举地又为自己争取了一些选票，同时也让对手一时有些张口结舌。如果有人通过对比林肯的家庭和玛丽身后的托德家族来挖苦他的卑微身份，林肯会说："如果年长的市民们听说，当年在木筏上工作整整一个月才能换来十美元，既没教养，又一无所有的外乡年轻人林肯现在居然成了高贵富有的候选人时，他们一定会觉得很好笑。"深谙处世之道的他在竞选中毫不回避自己在本地唯一的亲戚前不久因为偷了一个口琴而被起诉这个事实。

由于"美墨战争"尚无定局，林肯在一次大型演讲中要求所有公民行动起来，为此而战。他号召大家，无论对战争的爆发怎么看，也无论领袖会是谁，所有辉格党成员都应该亲自或者派自己的儿子予以响应。可是后来，他又转而反对这场战争了。表面上看他仿佛前后矛盾，但这却正说明了他思考问题时的一分为二，也说明了他一直都力图避免自己犯狂热主义的毛病。

当他最终被选入下议院时，他获得的选票之多令众人颇为惊讶，因为之前还从未有一个辉格党人获得过这么多的选票，即使克莱也从未有过。辉格党给他报销了二百美元的竞选费用；他却交回去了一百九十九美元零二十五美分，并解释说："竞选并没花什么钱，因为我总是骑着马到处走。只是因为我曾经给几个农民垫付过七十五美分买果酒，所以我现在只能交回一百九十九美元零二十五美分。"

林肯达到了他的第一个目标，但他并不显得多么激动，对此他只给朋友斯皮德写了这样一句话："我如愿以偿进入了议会，虽然我感谢我的朋友们为我做出的一切，但是也不得不承认：竞选结果并不像我开始所期待的那样令我满意。"

这是一个受理想世界影响比受现实影响更大的人达到目标后的真实感受。除此之外，他还向这位朋友吐露了他对天堂的向往，对他来说，天堂超越了世间一切事物，包括女人、权力、爱情和野心。所以他那作为诗人的命运也就似乎不可避免了。

十二、坚持原则

这时的玛丽沉浸在幸福之中。想象着，以后就可以和当选众议员的丈夫肩并肩在华盛顿的街道上散步，她就欣喜若狂。她当然喜欢住在首都，虽然 1850 年时，那个首都的秩序尚未井然，马路旁边到处是马圈、牲畜和垃圾；可是在那儿，她能一睹美国国会大厦的风采，而且能在国会大厦游廊的玻璃窗前看到自己丈夫的席位。此外，她也终于能够见到自己少女时代便梦想着与之交往的大人物们了。她用一种既羡慕又妒忌的眼光打量着那些独自驱车从欧洲外交使节身旁驶过的女人们，心想着，自己终于也可以去白宫看看了！

白宫就那样矗立在那儿，没有围墙，风格自由，高贵典雅，比她在梦中看到的要简单得多。它近在咫尺，仿佛触手可及；这是总统的房间，那是办公室和前厅，再往那边就是节日宴会大厅。幸运的波尔克夫人就在那儿作为国家的第一夫人接见各位官员及夫人，所有人都要对她毕恭毕敬；她不就像是一位欧洲的女王吗？由仁慈的上帝派来，只要穿上高贵的晚礼服，戴上昂贵的项链，她根本无需戴什么王冠就已经具备了王者风范。她的眼光以及她对丈夫的信任是正确的。这时的玛丽也开始梦想着自己成为这幢房子的女主人了。但是造访白宫后，紧接着，林肯夫妇就不得不搬进一间小小的公寓去住，因为他们没钱住大旅馆。作为一个名不见经传的外乡人的妻子，她其实得不到什么尊重，她清楚地看到，在斯普林菲尔德光芒四射的人物到了华盛顿便会在数百个大人物中间黯然失色，她的内心因此感到沮丧。在别人眼里，那个大个子到底是谁？他只不过是个从西部来的小律师罢了。

"什么？道格拉斯先生也来了吗？"是的，那个头脑精明，精力充沛的矮个子总像幽灵似的跟着林肯，他现在也进入了国会大厦，因为他被选入了参议院。人们普遍认为他更加高贵，更加风度翩翩，所以再次听到他的名字对玛丽无疑有些触动。辉格党终于做出了些成绩，在议会中第一次占了多数。不久后，玛丽回了一次娘家，林肯便成了个家庭妇男，他得照顾孩子们的饮食起居，还得想着给孩子们买袜子什么的，但又找不到地方，于是不得不向玛丽写信建议，给家里雇个保姆。他总用"吻吻孩子们吧"来结束整封信，提醒玛丽早点回来。他们当时的生活还算快乐，因为就连不喜欢玛丽的赫尔顿也说："玛丽曾经说过，'表面上看林肯的确不怎么好看，但是其他人不了解，就像他的胳膊长得出奇一样，他的心也特别厚道'。"

几个星期以后，林肯便成了美国国会大厦最擅长讲故事的人了；议员们聚在大厅里聊天时，总会听到陌生的同伴讲故事。起先林肯总是沉默，仿佛是在观察着自己将来的听众。几天后，他才开始加入到谈话的行列中去。之后，他便喜欢高高跷起两条长腿，坐在壁炉旁讲故事了。当他回到公寓坐在桌旁想说点什么的时候，就会把刀叉摆在一边，双肘支在桌上，托着脸，他大多是这样开始自己的讲话的："这次我想起了一个故事。"如果人们在餐桌旁发生了一点小小的争执，那么林肯总能以这种方式很快将气氛缓和下来。于是在这里，他也很快赢得了待人友善的好名声，这令他同时获得了乐观主义者和悲观主义者的好感。他的九柱戏玩得不好，但总喜欢去九柱戏的球道上玩一会儿，而后随便说几句恰如其分的话，自我解嘲一番。他也会以同样冷静的心态来向同事们介绍，昨天作完一次讲话之后，他和听众们都有何感想。

在给赫尔顿写信时他讲道："为了能在这里引起他人的注意，提高自己的声望，我曾就一个丝毫引不起公众兴趣的邮政问题作了一次简短的演说。我觉得当时自己的紧张情绪正如当初站在法庭上时一样，既不多也不少。是由于你们大家都希望我能尽快脱颖而出，我才决定马上作一次演讲的。"这席话充分表现了他的沉着冷静和乐观的心态，集会似乎对他没有太大的吸引力，而且字里行间，他好像也一直在跟朋友们开着玩笑打着趣。

一月份，他进行了他的第一次大型演讲。当时，战争的结果已成定局：瓦拉克鲁斯在大选之前落入联邦军队之手，泰勒将军占领了墨西哥北部的一大片土地，反对党的反战提议也失败了。林肯不是一个会轻易被胜利冲昏头脑的人，也不会去迁就一项哪怕是由自己的原则发展起来的政策；不久后，就在美国联邦军在墨西哥节节胜利的节骨眼上，他忽然大胆地站到台上，大声疾呼："这毕竟不是一场正义的战争！"此举让他同时得罪了两个政治阵营的人，一方面，他让极端的辉格党人士颇为扫兴，因为他要求给予军队全力的支持，并主不管以何种方式都要做到这一点；另一方面，他也开罪了民族主义者，因为他把战争以及士兵伤亡等罪过归于总统。当他在讲述"侵略战争"这个概念以及被占领地区到底是属于美利坚合众国还是属于敌军这个危险话题时，他向总统提出了这样一个问题：

"总统先生应该言简意赅，开诚布公，完完整整地用事实而不是空洞的论证来回答这个问题，

尽管对墨西哥的战争已胜利在望，尽管明知许多实权人物出于自身的利益均明确支持这场战争，林肯还是出于正义感猛烈抨击了这场战争。他称这是不道德和不公正的，而这几乎毁了他的政治前途。

他应当知道，坐在华盛顿总统的宝座上，就应当用与这个身份相符的态度来回答问题。对公民他不应该回避，对上帝他回避不了，所以请我们的总统先生不要再顾左右而言他了。我的问题是，他能否证明这场战争的第一滴血是抛洒在我们的国土上的。如果是，那这场战争无可非议；如果他不能或不愿回答，找出种种理由或者平白无故地拒绝回答，那我就只能相信：他已经完全意识到了自己是理亏的——他觉得这场战争的血，就像亚伯的血一样，已在厉声向上帝控诉他了。他命令泰勒将军率军挺进，去对付墨西哥村庄的那些手无寸铁的农民，从一开始，他就有着强烈的动机想要挑起两国之间的战争，他企图以辉煌的战绩，腥风血雨之后令许多人心醉的彩虹，以及那令人迷醉却掩不住杀机的毒蛇般的眼睛，来蒙蔽人民的视线，避开人民对他的谴责！他一手发动了战争，而且在这条路上越走越远。本来，他估计墨西哥会不堪一击，可现在美梦却全盘落空了。他站在那儿束手无策，惶惶然而不知所措。这位总统是个疯子，他终于陷入了可怕的尴尬境地。上帝保佑，幸好他还有机会向我们显示，他的良心里除了疯狂之外没有什么更加残酷的东西！"

就是以这样的激情，这样的勇气和坦诚，林肯第一次站到了全国人民的面前，为正义而高呼。难道总统以前做出的成绩不能说明一些问题吗？难道不是每个人，包括演讲者本人都已预见到几个星期之后将要发生的事情了吗？光荣的凯旋与和平，墨西哥割让土地，美国只是象征性地付一千五百万作为赎金，胜利的泰勒将军将成为下届总统候选人！当然，林肯的演讲也是出于党派在政治上的考虑，既然他们一开始曾反对这场战争，那么最终也只能以道义的名义在公众面前解释自己当时为什么要投否决票。诚然，这位总统是最高统帅，并因此受到宪法的保护，但尽管如此，林肯的攻击引起的反响仍旧不小。倘若我们跨越时空，将这件事与十几年后这个演说者受到同样谴责相比较，将不难发现这一切的悲剧意味。

然而，林肯的这次努力却没有得到任何人，甚至没有得到他的朋友们的理解。赫尔顿也私下对他的演说表示过不满。在给赫尔顿的信中，林肯写道："总统发动的这场战争是没有必要的，是违宪的。我愿用生命打赌，若是你处在我的位置上，也会像我这么做。你会去同意某些你认为是充满罪恶的建议吗？你会迫于外界的压力举足不前吗？……我们应该坦诚地表达我们自己的见解！在真理和谎言中间，我们只有一个选择……在我看来，宪法中之所以规定要确保由议会决定战争与和平问题，原因就在于，过去诸多的国王曾无数次让自己的臣民们卷入战争，使他们流离失所、贫困交加，而他们却总是说，他们看到了自己臣民最英勇的一面。我们的父辈正是看到了王冠——这种危险特权的弊端，才摒弃了任何个人拥有这种特权的可能。然而，他们当年的意图如今却适得其反，总统又一次被摆到了国王的位置上……当您不再对我的信感到恐惧的时候，请再把它一字一句地重新读一遍，而后写信告诉我您的所有想法。"

然而，这位朋友捧着信和其他朋友们却只在家里频频摇头。赫尔顿必定是在回信里写了些诸如年轻人和年长者无法沟通的话，因为林肯在回信中写道："没有哪封信比您这封信更让我感到痛心了。我想您一定误解了长者们做事的动机，我可能就已经属于这样的老朽了……"

此时此地，他的境况与以往不同了，但仍旧寂寞。可能没有第二位事业有成的政治家会写这样的家书吧："佐治亚州的斯蒂芬斯是个矮个儿的面色苍白的年轻人，患有肺结核，他刚刚跟我谈了一小时，这是给我印象最深刻的一次交谈。我苍老干枯的眼睛再次充满了泪水。"但是，当时却无人能料到，他们两人何时又能见面，曾经作为朋友的两人，后来又到底是为了什么把过去的泪眼相望变成了怒目而对！

被选入议会的人是多么令人钦佩啊！他不营私舞弊，这已经是众人承认的事实了，也不愿为无用之人推荐职位，因为对他来说，国家的利益要远远高于他在政党中的那些朋友们的利益。而他却总不忍心拒绝别人，于是，他规定自己的推荐书可以撤销，这显示了他的顾虑。

此后不久，就有一个故事在斯普林菲尔德传开了，林肯拒绝为他的一个选民提供职位，并给他写信说："初结友谊时，我对您十分友好，并期待着您也能对我这样。去年夏天，由于一些麻烦事，这我已向您作过解释了，我不得不收回对您的推荐；但不久后我从可靠的地方听说，您在公开诋毁我。对此，我当然感到十分意外。当我接到您前一封信时，我曾问自己，是您想在诋毁我的同时利用我并且伤害我呢，还是我听说的都是谣言？如果是第一种情况，我不会给您回信，若是第二种情况，我则必须回信。我一直对此犹豫不决。在此，我附上可能对您有用的推荐书。"

今天，独自坐在长凳上，只有一个面对人头攒动的大厅却仍旧面不改色的观察者才能说出这样的话。如果因为某位选民的条件尚不合适，林肯便拒绝为他谋职，选民们只会对这位候选人摇头。如果作为候选人却不能为自己的选民解决什么问题的话，选民们又何必要选他呢？"真诚的亚伯拉罕"若是只变成一个美好而又空洞的称号，又有什么意义呢？人们只知道知恩图报这个道理。倘若他那样不近人情，人们是不会选他的。

十三、在国会战斗

就在本应维护自由的美国国会大厦脚下，就在议员们从窗子那儿能看到的地方，有一个奴隶市场："那是一种黑人'猪圈'，成群的黑奴在那里被买卖，或者在那里停留几天之后接着像骡马一样被运到南方市场上去。"这就是林肯后来对那儿的描述。这种与道义背道而驰的现象在首都华盛顿出现可要比在南部出现更加让人难以忍受。于是林肯自己计划，要在国家的心脏首次向奴隶制发出攻击：他在提案中一一列举了奴隶制的种种罪恶。他认为在哥伦比亚蓄奴应当被禁止，但那些蓄奴州的公民及政府官员仍可以继续保有他们的奴隶。为了在这个过渡时期让那些仍旧作为奴隶辛勤劳作的奴隶子女们能够接受教育，应当建立临时的黑人教育制度。如果今后法律上规定要解放奴隶，那无疑意味着奴隶主们巨大的利益损失；所以从邻邦逃到这里来的奴隶都将被遣送回去。但是，这项法案显然要通过全民表决才能决定。

林肯的性格导致了他在这一行动中完全保持了公正和分寸。他没有伤及任何人，没有提及任何制度，因为当时的体制不允许进行社会大变革，大革命，尤其是如果这种变革会给社会带来翻天覆地的变化时，那它就更加难以被实现；林肯提议的基本前提是维护合众国的存续。在蓄奴州，"由于我们的前辈们"——如同十年前一样，他现在仍旧这样说——"没有取消奴隶制，那么我们今天也不能这样做；然而，在父辈们根本未曾想到的新建立的国家里，我们却必须要建立合乎道义的公正的法律"。马上，诸多淘金者梦寐以求的加利福尼亚就被挤满了，因为那儿完全可以成为一个新的联邦州了。但对此南方诸州大力反对，因为当时整个合众国里恰好有十五个蓄奴州，十五个非蓄奴州；若是这个聚集了来自全世界冒险家的新州宣布取缔奴隶制的话，岂不打破了这一平衡？美利坚众国刚刚赢得的得克萨斯州，早在墨西哥统治之下就不蓄养奴隶。当时一个民主党人士威尔姆特还提出了一句著名的口号：禁止在得克萨斯州施行奴隶制。

林肯针对哥伦比亚特区做出的提案究竟结果如何呢？它让华盛顿与南方诸州都感到不舒服。这个社会崇尚奢华放荡，说一不二的欧洲人在自由的美国比在他们的本土更能满足自己做主子的欲望，成千上万自我感觉是城市共同决策者的人们，所过的生活比他们的父辈梦想的还要气派得多，南部的绅士们在这里当上了国会或是众议院的议员，马匹成群，奴仆簇拥，节日庆祝繁多，他们把拥有权力看作是生活的目标；在这种氛围当中，林肯的主张是绝不会有人响应的。他不适合华盛顿，不！他绝对不会合这里人的口味。这时，社会舆论要求城市委员会撤销林肯的个人提案；众议院的领袖们也竭力避免就这个问题展开激烈的讨论；于是，这个议案被束之高阁。人们都希望那个讨厌的提议者不被选入下一届议会。事实上也果真如此，直到十二年后林肯才又得以重返华盛顿，并小心翼翼地在此提案的基础上建立了广泛有效的法律。

主持正义和维护真理是他在各处进行政治活动的目标，在处理行政管理和人类解放问题时也是一样。一次，当谈到国家的管理问题时，他在众议院发言道："海军是公共机构之一，然而它却给了某些地区特殊的权力，我国沿海州数目较多，而像伊利诺伊州那样的内陆州较少。所有的公共机构都会给地区带来好处，反之亦然。我们不允许某个地区妨碍公共利益……一个国家，有权由于某项举措可能只会给某些地区带来益处而不予实施，但地区却无权借口由于会给整个国家带来好处而拒绝在本地区完成某项任务。否则，联邦州就可以这样开口对国家说：如果你不为我做些什么的话，那我也不管你。这种想法将阻碍一切正常的发展。我们仔细考虑一下，便会发现这种行为当中存在着一定程度的不公正；由于这是些新鲜事物，所以往往会被人忽略。我们绝不能坐视那些与这种不公正待遇联系在一起的现象不管，对它们放任自流，否则，我们恐怕就不得不解散政府了……既然这个议会大厦是在公共基金的基础上建立并维持的，就必须为公众办事。但显然华盛顿的商人们比伊利诺伊地区的商人收益更多，为了杜绝这种事情的发生，我们可能必须得解散议会。"

每个事例，每个比喻都充分显示了演讲者的正义感，而坐在一旁的务实者们的眼里却闪动着狡黠的光芒，他们是绝不会如此尖锐地用一种思想抨击对手的思想的，他们只愿意在尚未完善的机构所允许的范围内，理智地将二者进行一下对比。

突然间，聪明的演讲者一改他往日的风格，转而采用讽刺的手法展开了攻击。在演讲中他这样说道："在我引用一些关键事例时——比如为了一小部分人的利益而让公众承受损失，或是由于人们出于对总统光环的膜拜而任凭不平等现象出现——我当然不是针对现任总统。一个普通的煤矿工人辛辛苦苦地挖一天煤，得到的报酬只有七十美分，总统先生发掘一些空洞抽象的东西，一天的薪水却高达七十美元，这是多么严重的不平等现象啊！表面上看，煤要比那些空洞无物的想法有价值得多。但是难道由于这些，总统就该辞职吗？显然没有必要，检验一个人价值的标准，甚至不在于在他的作用下产生了多少弊端，而仅仅在于他的工作结果是不是益大于弊。几乎在一切事物中，特别是政府里的事情中，弊益总是兼而有之的，若要作什么评判，便必须要同时兼顾这两方面的因素。"

这种明智的论证在这一方演讲台上并不是经常能听得到的。这个伐木人是从哪儿学来这种技巧的呢？他仿佛在尖刀阵里跳舞，却没有弄伤自己，他是怎么做到的呢？是他几十年如一日地勤奋好学，尝试保护自己、实现自我的努力使然，是他不断对身边人进行的观察使然，他学到的东西比在学校里能学到的多得多，也重要得多。就在那段时间，他学会了如何去比较、分析，学会了如何在适当的情况下放弃；是的，懂得取舍的心态使他能够更为坦然地去评价自己和他人。只有一个忧郁的人或是一位诗人才能这样不疾不徐、心平气和地谈及人类的弱点。

不过他的那架钢琴弹奏出来的乐曲中一直还夹杂着另外一种旋律。那就是面对大选的临近，面对大家普遍将这个演讲台滥用做领袖人物私人讲桌的现实所表现出的大度和幽默。在当时并不明朗的势态下，各党派均做出了十分奇怪的决定。辉格党虽然一直致力于反对战争，而今却出人意料地要推举凯旋的泰勒将军为总统候选人，而这位候选人本人就是奴隶主，从未公开发表过关于奴隶的看法；而民主党人则提名了一位名气不大的卡斯将军，并且不无道理的讥讽辉格党派，说它将被一位将军控制在自己战袍的衣摆之下。这一点触发了林肯的幽默感，他倾吐了自己对对手的看法："杰克逊的衣摆，"他在演讲台上大声说道，"对他们来说还不够大，因为所有的民主党人士都死死抓着它不放，想要栖身其下——有个家伙曾夸口有这样一种发明，能从一个老人身上变出一个新人，而且还能再用余料做一只小黄狗。杰克逊将军的声望对你们来说正是这样。你们不但两次利用它使他成为总统，而且还有足够的余料使后来几个小人物也当上了总统。现在你们又要依靠他使另一个人再次成为总统了……一位来自佐治亚州的议员认为，这种方式无可厚非……我并不想就此展开一场争论，只不过是想告诉诸位先生，使用下三烂的手段其实是场赌博，而你们在其中并不总是赢家……"

"除此之外，你们是否知道，我也是一位战斗英雄啊！在黑鹰战役期间，我也战斗过，流过血。你们刚刚在讲卡斯将军的战绩时，也让我想起了自己的过去。斯蒂尔曼战败时，我并不在场，但我就在附近，就像赫尔投降时，卡斯将军离他很近一样。我们两人都在战后看过那里的战场。当然，无论如何，我并没有毁掉我的佩剑，因为我无剑可毁，我只是有一次弄弯了我的枪……打个比方说吧，如果卡斯将军在采集浆果方面胜我一筹，我想我在向洋葱头打冲锋方面一定超过了他。他若是曾目睹过印第安人血淋淋的战斗，那他比我强，我承认我没有见过；但是作为弥补，我却曾不得不与蚊子浴血战斗，虽然我未曾因失血过多而昏厥，但我却经常不得不忍受饥饿。若是民主党的朋友们想要以此来夸耀我的过去，并想因此提名我作他们的总统候选人的话，我会表示反对，会觉得他们是想拿我取笑，就像他们试图将卡斯将军美化成为一个战斗英雄，并以此来开他的玩笑一样。"

娴熟的演讲技巧使他的批评比较低调，他只是拿自己在战争中的经历开个玩笑罢了，开始的时候听众其实无法听出他是在指桑骂槐，直到最后他们体味出，从一开始林肯便是在对其对手的野心进行尖刻的讽刺。林肯依旧远未用尽他的讽刺手法，不一会儿，他又转换技巧使用另一种风格：幽默的统计法来牵制对手。

"刚刚，我的朋友忽然想起了些什么，让我在这宣布一下，卡斯将军曾是某次进攻的统帅，只不过并非是去攻打敌人，而是进攻国库的。作为密歇根州的执政官，他管理印第安事务，总共管理了十七年九个月零二十二天。在此期间，他为自己的职务及支出总共动用了为数九万六千零二十八美元，除以他执政的日子，他平均每天花掉了十四美元七十九美分。只有同一时间他在几个不同的地方工作和支出，并在同一个地方担任几个不同的职务，他那些关于支出的假定方能成立。令人震惊的是，他在七个职位上，既无需秘书，也统统不需要办公地点和供暖，等等。"

"这里，我只是想提醒大家注意一下这位先生令人咂舌的强健体魄：他不仅仅能同时做不同的工作，而且还能同时身处远隔百里的两地施展其吃饭的技能。从1821年10月到次年5月，按照他上报的饭费支出来计算，他每天在密歇根州要吃掉十份饭，十份啊！若是在华盛顿，这几乎相当于五个美元了，但如果他身处两地之间，他又如何能去吃这些饭呢？这里我有一项重大发现：原因很简单，那就是，因为他在让别人为自己的吃喝掏钱，而无需自己掏腰包……我曾看到过一只身处两座干柴垛中间几乎饿晕了的小动物；这只小动物的悲惨命运是绝不会降临到我们这位将军身上的！即使身处两座相隔上百里的'柴垛'，他也能在那儿大快朵颐，只不过沿途的绿草地可要遭殃了。上帝啊！先生们，你们竟要选这样一个人当总统？他唯一能给你们的就是用他吃剩的残羹冷炙把你们喂饱吧。"

林肯就像讲童话似的讲述了这一系列令人难以置信的，但都千真万确的事实。他知道，即使是那些身处遥远异地的农夫们听到自己的这篇演讲，也会像大厅里这些人一样捧腹大笑。他的目的达到了，卡斯将军的当选是不可能的了。一家报纸这样描述林肯："林肯先生的演说是如此独具匠心，以至于在他演讲的最后半个小时里，整个大厅都充满了笑声。他的风格实在独特，他会在演讲台上走动，上上下下地打着手势，讲到一段的结尾又突然一下子来到大厅中间记录员的桌子旁。而后走回去，开始新的话题，不久后，再重复刚才这一幕。"

人们再一次耳闻目睹并深刻地体会到，这位演讲者并不是以演员的姿态来打动他人，他演说产生的效果完全来自于他的思想！

十四、失意

不久后，玛丽的心中又充溢着希望了。她与自己的丈夫并肩出现在芝加哥时，那儿几乎所有人都知道他就是伊利诺伊州的议员，并会对他们肃然起敬。人们也亲眼看到了，林肯在开始演讲时如何摘下硬袖口，挽起袖子，仿佛是要参加一场比赛。跟以前在陌生的新英格兰演讲时一样，开始时来听的人很少，不久后人们就开始跟随他协助泰勒竞选了。为了泰勒，林肯在更大的范围内进行演讲，也取得了比四年前协助克莱竞选时更为辉煌的成绩。在这个过程中，他曾用来攻击民主党人的尖刻笑话也起了很大的作用。

此间，他自己则开始学习东方的演说艺术，了解反奴者的激情，认识了问题的其他方面，特别是结识了波士顿的一位名叫赛华德的演说家。十几年后，他们俩又将会被戏剧性地联系在一起。在为泰勒举行的一次宴会上，林肯第一次听到了另一个名字，引起了他的注意，那就是杰斐逊·戴维斯。

在此期间，林肯结识了很多大工厂主，他观察着他们，想看看自己以前所了解的南北差异是否正确。他亲眼参观了尼亚加拉河，写道："它的力量是巨大的，它能让人平静，引人深思。有位地理学家告诉我们，这瀑布的水来自安大略湖，而我们脚下的这片土地已有四千多年的历史了……它代表着过去千年的积蓄。当哥伦布发现新大陆时，当耶稣尚在人世时，甚至当亚当刚刚走出造物主的手心时，尼亚加拉就已经像今天这般奔腾咆哮了。"大自然的奇异风光总能让林肯产生一种浪漫的感觉，并会一直在他心头挥之不去。当朋友们对此大发感慨时，他在一旁也颇受触动，不过他却只是半开玩笑地打断朋友的话，抛下一句："我一直问自己，这些水到底是从哪儿来的？"

当他在竞选旅行途中看到轮船从沙道上被拖入大海时，他那勇于实践的激情便又迸发了出来。当船长让人把所有能搜寻到的木条塞到船下，以便能够推船前进时，林肯可能在想，当年自己在俄亥俄河上干的活计此时此景下又重演了。他尝试着像名工程师一样画出图形，琢磨着在水底船的两侧加上两个气垫，再往气垫里打气，就可以将船从沙地里移出来。回到家，他请一位机械师给自己做了一个模型，在办公室里常常以鼓捣这些模型为乐，并希望这一想法能得到实际应用。他还半开玩笑地预言，这将引发航运方面的一场革命。林肯的这项专利如今还在华盛顿保存着。

从这里我们看得出，在缺乏感情基础时，林肯对待事物的态度也会变得冷漠。他虽然身体强壮，又一贯乐于助人，但是，作为轮船上的一名乘客，他却没有跳进水里和其他人一道推船；倘若他现在面对的不是一艘轮船而是只曾与他的青年时代息息相关的木筏的话，恐怕无论是总统竞选人也好，其他大人物也罢，他都会二话不说，挽起袖子上前帮忙的。而现在，他似乎难以理解眼前的这种人与自然的斗争，与其像个外行人一样在那里盲目听从那些自己毫不理解的指挥，不如站到一旁保持沉默，打开自己思想中理论源泉的闸门，思考如何改造轮船的结构。而在今后的政治生涯中，他也将采取同样的方式待人处事，这样丰富的经验当然会帮助他取得更大的成绩。

但就在这次竞选旅行中，林肯的议会任期结束了，他无需再返回华盛顿。他在和平与战争问题上令人不解的中立态度，在推荐友人方面的刚正不阿，以及对撤回哥伦比亚法案的要求，使他失去了多数人的拥护，无法确保自己在伊利诺伊州获得足够的选票。特别是他生就率真的本性使他无法像同仁们对待他一样地对他们造谣中伤，因为："我曾解释过，我不愿再作候选人，原因是我要把机会留给我的同仁们……如果没有其他人选，我当然也不反对别人继续选我；但这次要让我毛遂自荐，或是说服别人来推举我，却都是我的尊严所不能容忍的。"

虽然泰勒文笔不好，演讲也没有天赋，但还是当选了总统；林肯则十分不情愿地离开了国家的政治中心。虽然他不太喜欢这种党内生活，但是在这儿他确实也了解了一些关于合众国的基本问题，并且愿意继续了解下去。他的对手们还在平步青云，希尔兹刚刚当选参议员，道格拉斯的发展更是如日中天。难道对林肯来说，华盛顿只是他生命中的一段小插曲吗？谁会再次将他从斯普林菲尔德呼唤出来？什么力量能使他重新返回那张大网里去？是让他顶着无数谴责的目光生活的房子？是令他纠缠于毫无意义的争论的办公室？还是他发表自己政党意见的报纸？

至少他的孩子们还需要他。但谁能保证孩子们的学习问题不会让他和玛丽产生争执呢？玛丽也是垂头丧气，她的一切希望都像肥皂泡似的迅速幻灭了。她的心又飞到了所有那些不可一世的宏伟蓝图里去了，她从纽约写信说："当我看到巨大的轮船起锚出发时，心中充满了即将面对贫穷的忧伤。我经常会以嘲笑的口吻对林肯说：'下辈子我一定会嫁个更有钱的男人。'"

第三部　斗士（1849—1861）

一、重操旧业

此时的玛丽和林肯都感到十分失望。倘若他是在一场大规模的斗争中被打败的；倘若他是个领袖，正想要用双倍的勇气来为未来大展宏图作准备，倘若这个小城，这依旧荒芜的西部只是他两个战场之间喘息的临时栖息地，那就是另一回事了！可事实上，他却只是因为他那微不足道的任期结束才返乡的，在乡亲们面前他感觉自己像是一个刚刚奉命上岗就被撤下来的士兵。他不再去州议会了，长期的离职也使他不想再去作律师的工作，之前丰厚的补贴，转眼间又变成了微薄的收入，而且在他的心里，过去那一度绽放开的整个世界，现在又都成为回忆，首都华盛顿和政治这种东西，简直就是泥沼，它会让正直的人窒息。

但令人奇怪的是，林肯并没有放弃最后的努力，他已然开始尝试在院外巩固自己的地位了。刚刚返乡不久，他便以口头及书面两种形式向州政府申请去主管迁至本州的一个机构。出于政治原因，这个职务应当由辉格党中来自伊利诺伊州的人担任。这个职务很有趣，也很重要，与政治关系密切，并且收入不菲，还特别符合他作为农夫、土地测量员以及律师的工作经历。对他感激不尽的泰勒总统，提出了十一条理由帮助他获得这一职位；林肯也给政界的朋友们写了大量的信件，就像他在首都看到的其他议员们惯做的那样，比如：

"尊敬的先生：我想请您帮个小忙，这一定不会花您太多的精力。据我所知，辉格党的一个重要部门将要迁至伊利诺伊，有人要选布特费尔德去任职。我想对此发表一下自己的看法，为此而进行的选拔是个政治上的败笔，它会毁了整个辉格党……若是您同意的话，希望您能够尽快写信给泰勒，告诉他，您认为除了我或者另一个由我推荐的人之外，没有人更适合这个职位。我的这一请求只限于伊利诺伊州范围之内，倘若贵州也有什么人要参加竞选，就请您忽略我的请求吧。您永远的朋友。"

他又给另一个人写道："如果不尽快制止的话，布特费尔德马上就要得到这个位置了。如果您觉得任命他会令全国的辉格党人失望而不是高兴，会降低他们将来的斗志，会揭开他们在四十一年前结下的，现在仍不忍触碰的伤疤的话……那就请您写一封信制止它吧。时间紧迫。请保密。"

以外交家特有的技巧，林肯给不同的人写了风格不同的信件，由于他对选拔活动的警告有理有据，因为他只有一次提到了他自己以及他推举的人，所以可以说他在谋求职位的同时，也保持住了一种令敌手茫然无措的淡然。"除去缺乏耐力以外"——他的老朋友赫尔顿对这种行为解释说——"林肯勤于思考，有些清高，所以有时他不能迅速变通地表达自己的诉求，而恰恰是他所缺乏的那种随机应变是使一个竞争者赢得某个职位的诀窍所在。"林肯的求职信简洁而且不卑不亢，丝毫没有阿谀奉承的姿态，相比之下想通过他获得一官半职的人所写的信就显得十分露骨了。

那职位对他来说其实算不得什么；在此期间他自己曾经讲过这样一点："我并不感觉自己有什么能力去坐上那第一把交椅，可第二把交椅对我来说却又不足以补偿那些竞争对手对我的冷言冷语。"骄傲和谦虚，克制和自信，对他人温和的以及批判的观察，总之，林肯与外部世界的关系统统隐含在这句话里了。如果那份差使落到他头上的话，平时一贯审慎的他也丝毫不会感到惊讶。

但当他看到自己的申请受到朋友们的猜疑时，一种恐惧马上攫住了他！爱德华斯，一个和他在万达利亚共事过的老朋友、老同事也想得到同一个职位。看到林肯的申请，他认为林肯背叛了他。"爱德华斯因为谋职一事生我的气了。"林肯在给他们共事的一位朋友写信时说道。"他针对我给州政府写了一封信。生命中最美好的东西就是友谊，我和爱德华斯的友谊曾经是那样真诚，我并没有背叛他。如果我愿意，早在人们想到布特费尔德之前，我一句话就可以获得这个职位了，至少埃文斯和总统都会为我说话。但我避免把它说出口，当然这也有其他原因，但主要还是因为爱德华斯的缘故。为了能让他得到这个职位我情愿自己失去这个机会；而如果不是因为他做错了什么就失去他的友谊的话，会令我十分沮丧。"

无需用什么证据来证明事实的真相，他的人品足以证明他说的是真心话。这件事的确让他痛心。他是那样正直，他不吝在朋友面前承认自己的弱点，孤独时总愿意置身于老朋友们中间。一个新的职位对他其实无足轻重，可是面对朋友的反目或是看到某个官员将他列入唯利是图之辈的行列中去，会让他备受打击。

最后，林肯和爱德华斯谁都没得到那个职位。林肯平静地写下了这样一段话："我并不感到很失望，我曾经希望事情的结果能够鼓励我们的朋友们信心百倍地去面对未来，除此之外，一切对我都无所谓；至少我觉得是这样。"当他在外部世界受挫的时候，他就会迅速地逃避到内心世界中去，当总统作为补偿，要任命他去最西边的俄勒冈州担任专员时，他考虑片刻后便毅然拒绝了这番好意。做决定时，玛丽的意见当然也起了很大的作用。她对此做出的判断是正确的；"倘若我们被发派到那个荒僻之所，诚然，我们会长期拥有一个官职，但也会因此而被长期甚至是一辈子排除在华盛顿之外。"她拒绝去俄勒冈作专员夫人，宁愿在失望的阴影下继续留在这座小城市，品味前途未卜的滋味。这起码说明了她对林肯的未来仍旧抱有希望。这段时间里，她积极地支持林肯做事，为她自己、为林肯乃至整个国家，都做出了正确的选择。

此外，她还以一种奇特的方式对林肯施加了具有决定性的负面影响。和谐的生活原本可以把林肯留在斯普林菲尔德，但就是因为家庭生活中的杂音太多，林肯越来越倾向于外出参加巡回审判，而不愿意待在家里。因为巡回审判更符合他生活的随意性，那种漫游的生活也更适合他吉卜赛人一般的性格；相比之下，小市民呆板的房屋，固定的用餐时间，家庭的义务以及着装的规矩会搞得他头昏脑涨。此时还有一位律师曾邀请他去芝加哥的律师事务所和他们合作，被林肯拒绝了，理由是，自己患有肺结核，去和很多人交往会要他的命。

和之前的收入相比，巡回审判带来的收入可谓微不足道；可这样他却可以有半年时间，也就是春秋两季都待在外面，远离那张每天都给他带来畏惧和压力的方桌，以及那种永远都在同一条街道在同一所房子的一隅中一成不变的生活。外出巡回审判时他无需准时坐在桌前进餐，无需去为孩子们担忧，无需去听邮差和亲戚们的抱怨："我们什么时候才能去买衣服！"不用到了晚上还得规规矩矩地打着领带，摘下礼帽背靠一张摇摇晃晃的桌子，跟几位女士谈论现在欧洲童车的流行款式，或者甚至去谈奴隶制。

眼下的生活是多么自由自在，他们一行四人，一位法官和三名律师从一座小城跋涉到另一座小城。清晨，他们乘上一辆吱吱扭扭的破车或是骑上租来的马开始赶路，中午时分来到一个古老狭窄的法庭大厅，没有任何仪式，村民们便相继走进来打官司。起诉的原因不是谁占了谁的土地，便是谁和谁打架，再或者就是谁偷了谁的猪。在法庭上，犯罪者理应得到某种教训，于是欠债人按期还账，债权人的权利得到保证。十二个小时之后，大家便都跑到酒馆里去了。林肯右边背着他那把没了把的、总是用一根绳子捆在一起的伞，左边背着他那只用花花绿绿的地毯料做的公文包。大家坐在一起，天马行空地谈论庄稼和收成，伐木和牲口买卖，林肯就在一边听着，听老百姓们自己说他们需要什么，是铁路还是轮船；听听保护税给这些小地方带来了哪些影响。而后往往是林肯刚在一个粗俗的律师那儿搞清楚了一件事，就有许多人围过来，想听听他的想法，因为他们知道这个大个子，这个"真诚的亚伯拉罕"是所有人当中最有趣的一个，这是他们从上次开庭的时候就知道的。所有人，包括法官、原告以及被告和证人，下午还针锋相对的人们，现在却都围住了这个总有说不完的笑话的神奇人物。

赫尔顿说："有时候，我看到他被两三百个人团团围住，所有人都在静静地等待着一个故事的结尾……他的面部表情以及举止动作都十分投入。等到接近了关键问题，他的严肃就会慢慢消失，他那双小小的灰眼睛就会闪出智慧的光芒，嘴边也会随之浮现出一丝微笑，整个身体开始轻轻晃动。当高潮终于出现时，他自己会比任何其他人笑得更爽更欢。这些故事……在现代的律师听起来可能难登大雅之堂……其中的一些故事是没法再重复的，另一些隐含着某种哲理，无情地揭露了人性的弱点，还有一些则已经有上千年的历史了，他只是在讲述的过程中更换了主人公的名字和故事发生的时间……总会有个傻头傻脑的农民半小时之后才明白故事的意思，于是，整个大厅里的人又会因为他而爆发出一阵大笑……平时总是象征着威严的法官这时也往往坐在一边忍俊不禁。然而几天之后，法官又会主持某一起严重罪行的审判，而林肯则坐在一旁，表情肃穆。"

林肯就是在这样的普通老百姓们当中长大的，和这些人惺惺相惜，他总愿意和他们交换一些发自内心的感受，总希望从他们那里学到些什么。就这样，他从一个地方走到另一个地方，渐渐地就在整个伊利诺伊州里出了名，奠定了他的群众基础。离了这种群众基础，他十年以后是难以取得胜利的。至于什么时候吃饭，又吃些什么，他从不在意，就像二十年前他在这样的一座小城里给人们伐木或是卖纽扣时一样。那时，他是躺在商店的长椅上读书的，而现在，偶尔和他在旅馆里同住一屋的同伴总会看到他跷着两条放在哪都会显得过长的腿，在同伴们此起彼伏的呼噜声中借烛光读欧几里得直至凌晨两点。或者，他会和法官下象棋下到半夜，而后穿着在他身上总显得过于短小的法兰绒衬衣坐在床边，和法官长时间地就奴隶制这个话题争论。其他人一觉醒来时，会发现林肯还坐在那里沉思着，会听到他没头没脑地强调他的观点，仿佛他根本就不想睡觉一样："我想再向您重复一遍，有的地方存在奴隶制，有的地方废除了奴隶制，这样的一个国家是无法长期存在下去的。"

在流动法庭里，总有些值得学习的东西。有时会有人带来一台简易的幻灯机，林肯会把它的一部分拆开来看个究竟；或者在哪里参加一个流动展览会之后，晚上坐在篝火边，林肯会给大家讲述当天在那儿见到的电器；再或者，他碰到一个德语语法问题，试着说一点，说不下去时，便用德语写道："没招儿了！"如果可能，他还帮别人伐木，照看牲畜，因为有时干干这些活对他是有好处的，如果在审判中总以英雄姿态出现的他也会给奶牛挤奶的话，当事人会更加尊重他的意见。

有他在，包括川布尔、布朗宁，特别是法官戴维斯在内的同事们也总是心情愉快。这几个人和林肯长年累月一起旅行。跟林肯一样，关于他们今后会在多少次大风大浪中携手共进，互相帮助，当时的他们当然难以想象。这几个人的政治观点十分相似，而且彼此在无休无止的争论中也互相影响。在他们中间正孕育着一个新的党派，几年之后，这个党派将登上政治舞台，大显身手。只是，当道格拉斯出现时，总会出现不和谐音符。好在现在道格拉斯不想当什么法官了，他更愿意当他的议员，更愿意在华盛顿生活，在国会大厦或是某个俱乐部出现，而不是到这个木头房子里来，或是去走伊利诺伊州泥泞的街道。

这个老对手渐渐脱离法律界向政界发展了，而林肯则在同一时期——从四十一岁到四十六岁——越来越多地放弃政治作为而返回到法律领域中来了。

二、最好的辩护

"尽可能说服你的邻居去比较一下，告诉他们，表面的赢家往往是实际的输家，无论在金钱还是在时间上他都得不偿失。"作为一个处事平和又为人正直的律师，他有的是赚钱的机会，但他不愿去挑起争执："因为那种人最最可恶……一个普遍的规律是：永远别让自己事先付佣金，至多也就付一小笔押金。如果你能控制自己的欲望，不要利欲熏心的话，那你就会有意外的收获。"

这是林肯为一篇关于权力的演讲所作的笔记。他处理日常事务的原则在这段具体形象的笔记中可见一斑。因为即便他算不上是一个热情激昂的法学家，他也是一个自农民生涯起便拥有法律意识的人，而且就算是在偶然情况下，他也从未触犯过法律。只有在这个问题上清楚地了解他的想法，才能更容易理解他在从政期间的所作所为。每次处理实务的过程都能反映出他的性格。他不会轻视生活中出现的任何一种问题，也不会睁一只眼闭一只眼地草草了事；他是一个忠实于自己良心的人。他实实在在，无论在什么时候，林肯就是林肯，他只跟自己比。面对暴发户的阴谋，他愤然为一名贫穷的妇人辩护；到后来在保护父辈立下的规则免受后人占有欲的尘染，在保护成千上万的非洲黑人免受奴隶主残酷迫害的过程中，他也是如此。

然而他这种澄澈的性情中没有掺杂一点先知或是布道者的习惯。强健的体魄、高大的身材、艰苦的青年时代，同富人们进行的斗争，四处游历、辛苦劳作以及缺乏保障的生活，在世界这所大学校里，这一切没有令他变得冷酷，反倒让他日益强大。作为律师他懂得如何利用一切方法，用讽刺、智慧、幽默以及恶作剧去让证人、原告或是被告讲出可信的证词。"您的名字是 J. 帕克·格林。'J'是什么意思？"

"是约翰的意思。"

"啊！那您为什么不像通常那样叫约翰·P.格林呢？"这时陪审员已经忍俊不禁了。当林肯就名字和那个证人开玩笑时，后者就不像开始时那么拘谨了。再比如，洛汉，林肯过去的合伙人，一次在为一宗马案辩护时是林肯对方的辩护律师。林肯发现他把新衬衫穿反了，于是，就这样开始了自己的发言："现在，洛汉先生已经就马的问题谈了一个小时，目的是向这些忠诚的农夫们显示，他从兽医的课本上都学到了些什么。可是，如果他连怎么穿好衬衣都不懂的话，我们又怎么能相信他关于马的知识呢！"林肯让洛汉转过身来，取笑了他一下，煞了煞他的威风。

一次，一个富人用手杖打伤了别人，被打的人起诉了他，要他赔偿为数一万美元的精神损失费，林肯受托为被告辩护。原告的辩护律师将穷人的老实巴交和富人的盛气凌人加以对比，大肆渲染，把法庭上下都感动得差点儿落了泪。这时，林肯缓缓地站起来，准备陈述辩护词。他紧张地看着摆在面前的一张纸，把它拿起来，好像要仔细检查一遍似的，而后又忍不住对着纸笑了起来。所有人都万分好奇，几乎也要跟着笑出声来。而这时，林肯则又把纸放下，解下了领带，然后又拿起纸来笑得更欢了；很多人像是被磁铁吸住一样，也跟着大笑起来。林肯脱去马甲，又重新玩了一把刚才的游戏，于是整个大厅里哄堂大笑。而后这位律师向法庭道了歉，解释说，从那张纸上很明显可以看出，原告起先将自己精神损失估价为一千美元，但当他看到被告的巨额财产时，立即又加上了九千美元。最后，他同意支付原告几百美元，讲了个滑稽故事，而后法庭便做出决定，就这样，这个案子便解决了。

有时候，他也会耍耍农民的小聪明。一次，一个律师欠了别人两美元五十美分，因为他总是不愿意付这样的零头，生气的债主要告他。林肯劝他说："您为此花掉的，将远远多于它能给您带来的。"

"这无关紧要。"

"那您现在马上就得付给我十美元。"拿着钱，林肯找到了那位欠债的律师同事，跟他分了这十美元，并让他用这钱还上了那位债主的两美元五十美分，就此平息了一场官司。

有时候，在打官司时林肯会借助自己的表演天赋取胜。如果说，讲故事对他的律师工作能起到辅助作用的话，那么尤其是当案子涉及一些日常琐事的时候，表演便具有更大的影响力了。比如：又是一个人把另一个人打了，现在问题关键就只在于是谁先动的手。"我的当事人扛着一个粪叉在马路上走着，突然一只恶狗从一家农院里窜出来袭击他。他想把它赶走时，不小心用粪叉把它叉死了。"

"他为什么要叉死我的狗？"

"狗为什么要咬他？"

"他为什么不用粪叉的另一端把它吓走呢？"

"狗为什么不用它的屁股袭击我的当事人呢？"这时，林肯学着狗的样子，戏剧性的一蹦，倒退着向陪审团奔去，仿佛是在用"尾巴尖"向他们示威，就是用这么滑稽的一幕，他赢了那场官司。

他看过的法律书没有那么多，这反倒能使他在语言发挥上更加灵活。他从不用什么诡辩术。当他说着他那清晰、简短、就仿佛他的脸部轮廓那样粗线条的句子时，那些平易近人的话总能在从群众中选出的陪审团那儿起到很大作用。人们甚至说，林肯有时候会把对方律师的论点整理得比对方本人更清楚，以便能够将它们的逻辑各个击破。在这个过程中，他的同理心以及从对方立场考虑事情的习惯便派上了用场。他能够以一种律师们少有的客观性考虑辩护双方的要求，因此，比起那些只考虑自己一方利益的律师，他能更迅速地赢得法庭的信任。

因为林肯的性格中自然地融合着一股诗人气质，并且时时透出公正、符合逻辑和讲求道义的品质，所以他其实是个做法官的理想人选——当然最后，他也的确成为了整个国家的"法官"。同事们说，若是他在诉讼过程中感觉到，自己辩护的一方是无理的，那么他就会变成一个最不堪一击的律师；若是他在受理案子之前就发现了这一点，他会断然拒绝出庭。一位女士为了让他受理自己的案子，给他寄来二百五十美元；他却把钱退给她并扔下一句话："我没有丝毫办法来满足您的要求。"他把一个需要帮助的罪犯交给一位同事说："这个人有罪，我没法给他辩护。但您可以。"还有一次，他在诉讼之前仔细倾听了对方辩护律师的一番话，觉得很有道理，于是他说："我发现，我的当事人是无理的，我将奉劝他撤回起诉。"

他间或凭借幽默所玩的花招绝不会超过道义的界线，就仿佛是宝马良驹害怕看不见的障碍一样。一次，赫尔顿听说，对方律师感觉没什么信心，怕这怕那，为此他准备吓唬他一次。当时林肯身在异地，后来赫尔顿要把事情讲给他听时，他问赫尔顿到底有没有真的恐吓对方。"没有？很好，我们不能那么做。一次恫吓？这无疑会成为一个污点。它见不得光，在打官司的内容早就被人忘记之后，这种该死的事情不知哪天肯定还会让我们付出代价。"从这里很明显能看出他作为政治家的务实考虑，不了解说话者的人，可能会从这番话中更多地体会到林肯做事的谨慎，而不是他在道义上的品德。事实上，林肯做出的数百个类似的决定都可能让人联想到那种务实的考虑上去。在听众以及同伴面前，他似乎一直想要掩饰自己内心的真实想法，掩饰他在世人面前更想表现得审慎聪明而不是高尚和纯洁。

如果他认为自己的当事人受到不公正的对待，即便是在法官宣判之后，他也会继续用犀利的语言攻击对方，毫不留情地揭露对方的罪恶。当一位贫穷的士兵遗孀被一个代理人盘剥了她丈夫一半的抚恤金时，这位愤怒的律师用这样一句话结束了自己的辩护："让我们把被告的头皮剥下来！"还有一次，在一宗杀人案件里，当他发现法官的言辞缺乏公正时，他立即从座位上蹦了起来，把所有人都吓了一跳。这一刻，他看上去那样可怕，就像山洞里被人惊醒的狮子一样吼叫着，这次他足足比往常多讲了十分钟。

除去正义感之外，林肯作为律师还需要大量的时间。走路、起居、吃饭乃至消化，他做一切事情都很慢，所以他永远都成不了即兴诗人。像他这样一个从未学过格斗，只是常用斧子伐木的人不懂得如何快速制胜，而是习惯于一步一步地逼近对手。在他的律师生涯中，他也从未想要让自己引人瞩目，因为和以前从政时一样，作为律师的林肯也只是想多做事而不是想出风头，所以他忽略了一名出色的演说者能言善辩、口若悬河可能产生的效应。当年轻的同伴向他建议，以后讲话语速应该更快时，他说道："请把那把刀刃短小的刀递给我，然后再给我桌上的那把旧的长猎刀。这把小刀很灵活，但却只能切一小块地方，用长刀虽然慢，却可以切下大得多的东西。我的头脑转动得迟缓而艰难，不能像其他人那么快地表达自己。我天生不得不慢慢地讲话。您明白了吗？"

三、位卑不忘忧国

这座首府看上去是那样的狭窄，人们从远方平坦广阔的土地上归来时，这一点就越发明显。当林肯在三个月的流动法庭旅行结束后，再次回到他的家和办公室时，他那喜爱四处飘荡的内心真切地感觉到，斯普林菲尔德是那么的冷寂、浮躁和无聊。当流动法庭的其他成员想利用几天休息时间回家看看时，他总是尽量避免回去。那座城市里有什么值得留恋的？即便是那座城市日新月异的面貌也不足以吸引他。

当然，这儿的居民们都认得他，喜欢他，当他早上提着篮子去面包师或是肉铺买东西时，大伙都友好地跟他打招呼；因为他总记不住小姑娘的名字，所以和她们擦肩而过时，他总喜欢说："早上好，小妹妹。"人们熟悉他奇怪的走姿：他会把整个脚板平平地踏在地上，而后再把它整个抬起来，看上去却不显得笨拙，因为他的步伐中带着一股力量。

只是他经常领着的那个小男孩，在冻得结了冰的石子路上总显得似乎跟不上父亲巨大的步伐，他使劲捏捏父亲那只大大的、关节突出的手，却也仿佛很难得到回应，因为这位父亲正在想着自己的事情呢。林肯把那条灰不溜丢的旧围巾像根粗绳一样缠在脖子上，带着小儿子走过街道。尽管他只有四十五六岁，人们也会叫他老林肯，事实上他从来就没显得年轻过。转过身来看到他的人或许心里或多或少地都怀着些许同情。朋友们则认为，他那忧郁的目光是他得到普遍好感乃至取得成功的原因之一。如果有人上前跟他搭话，他会有些惊讶地站住，用两只手抓住那人的手，问两遍："您过得怎么样？"而后他会留住这个人，给他讲个故事。

尽管现在他们有更多事情要做，但办公室里还像以前一样无拘无束。直到现在林肯依然与那些法律条款格格不入，有时他会以一种蔑视的口气问他的同事："呐，赫尔顿，请您给我们讲讲，那些书里都在唠叨些什么？"他最喜欢做的要属躺在那张旧沙发上看书了。莎士比亚的作品他读了一遍又一遍，并摘出生僻的句子；拜伦的《唐璜》他保存着好几个不同的版本，到处都用笔勾画出来；此外他也很喜欢伯恩的作品。一次在应当给同事宣读文件时，他却读了一整首名为《不死》的诗。办公室里，年轻的瓦尔特·惠特曼的前期诗作也曾被评论过，这些作品给林肯的印象太深刻了，简直让他爱不释手。他曾把书带回了家，可不久后就又拿了回来，原因是："我的妻子差点把这本'可恨的书'烧了。"其他新书，他只是翻翻而已，翻完后便把它们搁在地上，闭上眼睛，躺下来回忆一下读过的内容。他不收藏任何东西，在家里，他只有几本金色的纪念册放在桌上，却也从不去碰，相比之下他更愿意躲在市议会大楼里，尝试着去弄清楚植物学或者物理、机械以及电子方面的新技术，这些东西更让他感兴趣，而后再把它们介绍给农场主们。当时有人主张要用自己的双手去完成最艰苦的工作，但无需去热爱这些工作。林肯的观点和他们正相反。

青年时代的经验，有时也能让这位律师派上用场。在一起有关水车的诉讼中，他凭借技术方面的知识令法官刮目相看，而当这位律师为建造密西西比公路桥辩护，并反对建立航运公司时，作为船夫的老经验和作为政治新秀的所见所闻都帮了他的忙。亲眼看到东部和西部被连接起来，是林肯当时一个强烈的愿望。在诉讼中他似乎总是胜利多于失败，为被告辩护多于为原告辩护；收取的佣金之低也远近闻名。他从不以当事人的贫富来计算报酬的高低，所以他常常会从一个很容易便能敲到六百美元的案子中只收取三个半美元的报酬。他将近四十岁时，他从一个案子中索取的报酬几乎从未超出过一百美元。但是，就凭这些，他的名声越来越响了。他每年的收入达到了三千美元。当一个新开业的旅馆让他开具公证书而付给他二十五美元时，他回信道："您一定是把我当成一位高价位的律师了。您太慷慨了。十五美元对这件小事来说已经足够了。这是发票和找回的十美元，请查收。"

但是，人们万万不能伤害他的自尊心。在对手是他过去的伙伴斯图尔特和洛汉的情况下，他曾为伊利诺伊铁路打赢了一场大官司，减免了它的税额。他索要的酬劳是两千美元，"这简直是一流律师的价码！"一个官员如是说道，并只给他寄去了二百美元。对此林肯十分气愤，他马上状告铁路部门，索要五千美元的酬金，最后他胜诉了。当他发现自己受了骗，受到不合理的对待时，他的骄傲就会显露出来。他非常清楚自己的价值。当然，相对于后来的胜诉，肯定还是开始击败了两名卓越的法学家更让他兴奋些。由于他从不追求金钱，所以当他发现价码过高时，总会友好地让人压低价格。然而这次，铁路部门仅付给他十分之一的酬劳，而且那位官员又对他表示出那样的轻蔑，让他感觉受了侮辱。因此，他便允许自己，在法庭上跟对方开了个小玩笑。

一次次的成功使他矜持的性格渐渐得到了别人的承认。作为一名自学者，在法庭上和日常生活中，他更相信人类的理解力，而不相信法律条文。但相对于理解力，他又更相信正义感。克莱死后，林肯曾在一次精彩的演讲中指出，克莱所受的教育给了每个人这样一个启示，那就是：在这个国家，只要愿意，没有人会因为家境贫寒而无法享受足够的教育。他曾给一个想拜他为师的年轻人写了这样一段话："如果您真的有心成为一名律师，您就已经成功了一半了。至于是否能跟某个人学习其实无关紧要，我就从没拜什么人为师。与此相比，更为重要的是，您得去读那些书，并试着去理解它们的主要意思。您无需去什么大城市，我就是在纽萨勒姆那样的小镇子上学习的，那儿只有三百个居民。总而言之，请不要忘记，您成功的愿望比其他的一切都重要！"

然而他自己其实并没有这种成功的愿望。对于在现实世界中无法企及的理想境界的向往，从一开始就奠定了他性格中懂得取舍的基调，阻碍他的雄心。年过四十的林肯肯定了解自身的价值，但依然错误地判断了人们反对其他政客的力量，总觉得愿意支持他的人少之又少。在华盛顿忍受过那种陌生和孤独之后，他觉得长期在这个西部年轻州的小圈子里过得更舒服些。在这儿，他仍慢慢练习着那些从政的技巧，而根本无须承受利益方面的压力；对于和他联系在一起的党派和事业，在国家的这个角落里，他也还有事可做。

从事律师职业期间，林肯从不曾忘记过政治。选举和补缺选举，通过党内朋友获得重要的位置，他一如既往地带着一种更加高昂的激情从事着这些工作。这种激情比他以往为达到自己的个人目的所表露出的更为强烈。在此期间他起草了给德国人以及其他外国人的信件，以赢得他们的选票；

让人按照字母排出选民的名单，以便能够永久保存所有可能涉及的选民的材料。他拒绝给选民寄统一格式的信件，因为手写的信更能让收信人感觉亲切。同时，他也会认真地阅读选民的回信，观察他们的笔迹，因为"如果谁写信时内心不安，那么读过这封信，我想我一定能看得出来"。

由于对各地风俗的了解和他那日益强烈的正义感，他的演说技巧在这些年当中也日臻完善，这使他无论是作为律师还是作为政治家都受益匪浅。他后来的两个政界朋友中，一个称他是世界上最棒的外交家，另一个则说："林肯很谨慎，他从不泄露对实现目标不利的任何事情。他懂得在对别人表示信任的同时也获得别人的信任。作为最聪明的人之一，他完全不像一些人误以为的那样缺乏经验。"一位同事还补充道："谁把他当成是一个于己无害的单纯的人，谁不久就会在坟墓里觉醒。"平时就算下棋，他也很小心，在确信可以发起攻击之前，他总是处于守势。

如果想要了解他对从政的认识和态度，就必须来听听他对于一个问题的回答，这种回答原本只属于那些十分成功的政治家们。"政治家必须先要制造足以引发一场矛盾的契机，这一契机必然会带来某种后果，而后他再和这种后果作斗争。"一句话切中要点，入木三分。在日常琐碎事务的包围中，人类的智慧之星也能在他身上闪闪发光。在这句话中，讽刺者嘲笑了领导者的狡猾和被领导者的愚昧，但说这句话的同时，他善良而又充满正义感的内心似乎也在为此鸣不平。

每当谈到政治时，他所想到的总是广义上的政治，也就是涉及整个人类的政治问题。尽管他总是待在斯普林菲尔德和伊利诺伊，尽管他总将自己隐匿于地方党派斗争的琐细小事中，他的目光却注视着为整个国家作着决定的首都华盛顿，有时甚至会超越这个国家的界线。他曾用来评论亨利·克莱的话其实对他自己也适用："公众总有一个中心意见，是大势所趋，现在他们虽然很有耐心地承受着不公正的压制——这似乎是必要的——但它的发展必将是人类向着真正平等的方向迈出的永久性一步。"

为了党派利益，他让人将一封职位推荐信抄写了四百份分发。他既没有什么合法的名分，也没有什么外部原因，突然坐下来给国务秘书写了下面这封信，想必是在最起码的正义感和责任感的驱使下为之的：

"几经犹豫，我抬笔给您写下这封信。我由衷地希望，不仅是您，而是整个内阁以及总统都能对这封信的内容加以考虑。由于我只是个普通公民，所以请原谅我的冒昧。众所周知，总统按惯例把任命官职的权力交给了各部。这种做法我开始认为是正确的，可现在，这一惯例对公众心理的影响却使我深感不安。它把总统变成了一个既无实权又处境危险的稻草人。总统必须出面阻止这一切，否则这将会对我们大家不利。人们说，泰勒总统召开过一次战争委员会，不顾其军官们众口一词的意见断然发动了战争。这个事实无论是对是错，都比他一万次的顺从使他更加深负重望，当然我不否认有时顺从中也包含着明智和大度。任命的官员无需比过去的更好，但是必须让人们感觉到，那是总统的决定。有时他必须得说，或者仿佛要说，'我担负着这一责任！'这种话曾使杰克逊成为束缚参孙[1]的锁，也就是说总统需要有控制国家的能力。我们不应该无视这些经验教训。"

一个无权无势的人写这样一封信到底是为了什么？是想让那些处于权力的中心人物忆起他的好处来吗？若是这样，他的言辞语气一定会截然相反；是想要毁掉某个人的名誉吗？不是。是想要巩固自己的地位和荣誉，想待在家里通过写信向大人物们证明自己作为一个男人的骄傲吗？也不是，在他死后四十年，人们才发现了这些问题的正确答案。能够让他感觉不安的只有公众的利益，他的动机，直白地说就是：作为一个快被淡忘的人去自告奋勇地提出建议。当他宣布反对蓄奴制时，悲悯的人性攫住了他，他那双灰色的眼睛所散发的忧郁的光芒，仿佛正在看着那些命运悲惨的黑奴们。他总是想保持公正和宽容，当人们公开反对当时成群结队移民到美国来的德国人时，他反问道："到底谁算真正的美国人？是那些穿着毛皮裤子带着割头皮的利刃的印第安人吗？是我们把他们赶出了他们的家园，现在我们却又开始针对那些如同我们的祖先一样幸运地早早来到这里的人！"

这就是他一贯的想法，他的头脑总是受着良心的控制；这一切一直深深地影响着他的事业。野心、金钱或是家庭几乎不在他的考虑范围之内。当一个纽约商人跟林肯攀谈，想了解作为一名斯普林菲尔德公民，林肯获

---

① 参孙：《圣经》中的英雄人物，力大无穷。——译者注

得贷款的可能性时，得到了这样的答复："这个男人有一个妻子和一个孩子，他们加起来足足值十万美元的五倍那么多。一间办公室里长一米五的桌子和三把椅子值一美元。另外，屋角处还有一个大大的老鼠洞，可以看得到里面。您忠诚的亚·林肯。"

四、家庭

"过去的三个星期，我们几乎每天晚上都出去，这个星期还有两三个大型招待会。你不知道，我需要多长时间才能从这次美妙的城市舞会带来的疲惫中休息过来。可惜这次只来了三千人。"

这是玛丽写下的话。每逢她给姐姐写信，总会提到这些。她的脑子里想的都是这些，这是她忧虑、愿望和骄傲的源头，当她驾着林肯给她买的马车（林肯自己从来都没用过）在小城里兜风时，她的感觉简直就像是置身于小巴黎。由于林肯现在赚钱多了，又还清了债务，她便擅作主张，在他们小房子的上面又加盖了一层，这样一来，她就可以在楼下接待各色的宾朋亲友了，他们的房子原本位于偏远的郊区，可随着城市的发展，现在这所房子所在的位置俨然已经属于市中心。因此它对玛丽来说越发可爱，而对林肯来说，当然也就越发显得陌生了。房子旁边唯一的一棵树，被玛丽找人砍倒了，对树木她没有丝毫感情。而对一盏情侣造型的新烛台她却情有独钟，每当坐在方桌前时，她便会去摆弄这盏烛台中间的八音盒。不过，既然她早就不给丈夫擦靴子了，丈夫裤子上的扣子掉了，就只让他用个木夹子代替，让他背带拉到最底下，并且满不在乎地把这称作是绞刑架的话，那么即便那盏烛台上雕刻的情侣再怎么柔情蜜意，又有什么意义呢？

当然，玛丽和林肯一起生活也的确并不容易。每天饭菜准备好，桌子布置好的时候，她经常得派两个儿子去喊他们的父亲。这时，那位父亲往往正坐在商店里被人们围着，谈论着、倾听着，即便是他终于跨出了商店的门槛，人们也会看到，他又在街上驻足于另一群人中间了，无论两个男孩如何拽他的衣角，他都不为所动地继续讲着故事。不一会儿，人们会听到两个男孩大哭的声音，一个过路人问道："出什么事了？""这世界上到底出什么事了，"林肯说，"事情就是，我只有三颗果仁，而他们每个人都想得到两颗。"

此刻的玛丽在家里烦躁不安不也情有可原吗？要知道"绅士"这个词是她最偏爱的，却又是林肯最不喜欢的。如果哪个孩子把这个词说错了，父亲会非常开心，半开玩笑地把说错话的儿子扔到半空中，足有屋顶那么高。曾经有人问他，为什么"托德"中有两个"d"？他说："对于上帝（God）只要一个'd'就足够了，而'死亡'（Todd）则需要两个'd'。"

林肯从没正儿八经地教导过孩子们，星期天，玛丽在教堂时，他会带着两个大一点的男孩去办公室。而后，因为他一直在思索和阅读，所以根本没有发现，在此期间两个孩子已经把办公室闹翻了天，他们掰弯了羽毛笔，洒了墨水，把文件扔到了地上，把铅笔塞进了痰盂。于是星期一，林肯那个倒霉的同事会发现办公室已经底朝了天。

他待在家时大多非常顺从，从不斤斤计较。他总把钱包敞开着放在那儿，以便让妻子随便取钱，让她去决定所有关于设施和花园的问题。可他这种友好而消极的状态却引起了玛丽的抗议，她怒气冲冲地说："林肯在家简直一点用都没有。除了暖和暖和，读点书之外，他什么都不干，而后他便又一头扎进自己的那堆事里不出来了。这样，我不得不自己去采购。他的的确确是这世界上最没用的窝囊废！"然而，当她姐姐夸奖林肯，说能够拥有这样一个有头脑的男人作丈夫是件值得庆幸的事时，她也会马上安静下来，来个一百八十度大转弯，表示事实的确如此，她原来抱怨的只不过是些日常琐事罢了。她会跟所有人争吵，和她的姐姐和仆人，当然也和林肯。当时林肯写了这样一段话作为自己对待玛丽的原则："永远不争吵。谁想要成就一点事业，谁就根本不会有闲功夫去吵架，而且更没有时间去承担那些后果，既然在那些你并不在意的大事上都能让步，对那些明显就属于你的小东西做出让步也就更理所应当了。"

就这样，有时他们两人会过得不错，四岁儿子的夭折可能加深了这对夫妻的感情。她一度曾疑心林肯得了肺结核，于是就让医生完全瞒着他。后来她承认说："他平时看上去十分温和，然而他每跨出一步都会坚定得令人吃惊。我从一开始就知道，他作决定时怎么样就算是在下最后通牒了：

开始时他一般总会很友好，而后便会陷入沉思，紧闭双唇。我只要一看到这幅情形，就会按照他说的去做，后来其他人也都慢慢变成了我这样。"

当然有时他们也会过得很不和谐。林肯订了份新报纸，玛丽却写信侮蔑那家报社，结果信被那家报社刊登了出来，林肯虽然气恼，但没有公开表达自己的想法。这事害得他大病了一场。一次，他正在家里和一位同事讨论问题，只听门砰的一声被撞开，玛丽厉声问他买没买她想要的东西。林肯说了"没有"之后，她便尖叫起来："你侮辱我，忽视我！"而后摔门就走，弄得拜访者既惊讶又尴尬，不知所措。林肯却面不改色地说："您要是知道这样小小的发泄对她多么有益，就不会这么惊讶了！她有时会利用这种机会爆发下。发火会让她感觉舒服些。"

有时候他们的关系甚至会糟糕透顶。每当这样的不愉快发生之后，早上七点钟赫尔顿便会看到林肯在办公室里，躺在沙发上，默默盯着天花板，或是以他特有的方式躺在椅子里，脚搁在窗台上，对赫尔顿的问好只是咕哝着回答一声："好。"若是赫尔顿出去了，林肯便会从里面把屋门反锁上；倘若走的是林肯，他就一定是去法庭或是商店里消遣一会儿，而后再回来。尽管他家离得更近些，中午他却更愿意回到办公室来，带回点儿奶酪和饼干，一直待到晚上。或者他会在楼道里坐在一个垫子上，跟随便某个路过的人聊天，然后在办公室里一直待到所有地方都关了门。深夜时分，人们才会看到这个高大的身影慢腾腾地在树下漫步，而后向家的方向走去。

只有一次，他似乎对玛丽说出了真心话，但事后他却严厉地谴责了自己。那次，从早晨到中午他一直坐在办公室里沉默不语，帽檐遮着眼睛。到了中午他去给自己买了点儿吃的，开始边吃边向朋友们唠叨：他的妻子刚才的心情准是糟透了，早餐前的那堆乱七八糟的杂事肯定让她心烦到了极点。所以她开始发火。开始时林肯还保持着沉默，可后来局面却越来越糟，当他在转身离开后又不得不回去的时候，玛丽对他的再次出现报以强烈的蔑视。具体情况他已经记不清了，但总之他把她提起来推进了厨房，把她推到一个小角落里，就在门口旁，冲着她大声叫喊，全然忘记了人们从街道上就能看到他们。而这会儿他坐在办公室，谴责着自己的行为，不断地说着："我真该死！"

　　林肯的一位知心朋友曾说过这样一段话："玛丽·托德的性格无法使一个男人在家庭生活中得到快乐。然而反过来讲，这却也十分有利于这个男人的事业，他会因此而把更多的时间精力投入到自己的事业中去。与其待在自己家的火堆边取暖，林肯更愿意一直待在外面和一群男人们在一起，在法庭上和议会大楼里呆着，和庄稼汉们闲聊，晚上则在商店里仔细听人们聊天，因此，各处的人都认识他。"

　　在这种情况下，在整月整月的外出旅行过程中，有那么一两次陷入爱河也是最无可厚非的了。骨子里林肯对女人并不反感，他只是害羞而已，他所寻找的是一种彼此的充分理解。若是能遇到一位可爱、耐心、温良可人的女性，那么他就很容易会跟随她的引导，抛开平时的忧郁，变得温柔细心，当然也就会更加幸福。当时有一位女歌唱家带着乐队在各个城市举办音乐会，她的歌林肯百听不厌，最后有人甚至为此取笑他、警告他，他却说："顺其自然吧！她是唯一一个给了我一些艺术享受的女性。"不过他的政敌们后来尽管百般搜寻，却也没有找到他那个时候任何一点偏离正轨的丑闻。就连长期独守空房又不信任他的暴躁易怒的玛丽，在那个时期也没有机会吃任何女人的醋。

　　离婚案当中，林肯常常替妇女们辩护，而且常常胜诉。当几个女人因为丈夫贪杯，因而天天纸醉金迷，跑到一间酒吧里倒掉了男人们喜爱的威士忌酒时，林肯以他雄辩的口才为她们洗脱了罪名。有时即便是违法，他也会毫不犹豫地站到女性这边：邻居里有一个酗酒的鞋匠经常打老婆。林肯曾警告过他几次，可是有一天林肯在办公室又听到了那个妇女的哭喊声，他马上带了几个人赶了过去，把那个醉醺醺的鞋匠拖出家门，绑在一根树桩上，给那人的妻子一根鞭子，让她痛打丈夫。那个女人起先还犹豫着不敢动手，不一会儿就高兴地把丈夫教训了一番。为此，这位律师兼公证人先生原本是应当受到惩罚的，他已不再是个血气方刚、毛手毛脚的年轻人了。但就是这个因为尊重法律而不惜违背自己的意志反对以暴力方式解放奴隶的人，在一些小事上，却会出于愤怒和同情而不由自主地做出这种莽撞的事情。他以前关注的一直都是蓄奴和酗酒这两件事情，而自从斯普林菲尔德的"鞋匠事件"发生之后，他也渐渐开始注意妇女们遭受的痛苦。出于对妇女的同情他不惜做些出格的事。

后来一次，当有人问他为什么很少跟女性来往时，他用一个故事解释了他和女性之间若即若离的奇妙关系："在印第安纳，母亲有时会做蜜糕给我们吃。一次，当我闻到了那股令人惊喜的香味时，便拿了三块跑到灌木丛中想把它们吃掉。住在旁边的那些农民们比我们还穷，当他们的一个孩子跑过来，想分享半块时，我给了他一小块，接着又给了他两小块。蜜糕一会儿就被他吃光了。我失望地坐在那儿，问他，'你好像特别喜欢吃蜜糕啊？'——'是的'，他说，'没有人像我这么喜欢它们，却又这样很少有机会得到它们'。"

听出林肯那矛盾的心理状态了吗？这个小故事清晰地表现出他那忧郁、幽默又懂得放弃的个性。人们之所以问他关于女人的事，是因为就他们所知，他身边很少有女人，而他却讲起了妈妈做的小蜜糕，灌木丛和邻居家的小男孩。他并没有拿故事的主人公"我"和他自己对比，大概是因为在伤感地回忆过去时不想张扬的缘故吧：他只是那另一个可怜的男孩，虽然喜欢蜜糕却很少有机会得到。一个男人关于女人的所有苦恼和纠结就在印第安纳的那灌木丛中活了起来。首先是长相不济，后来是未婚妻之死，而后是内心的恐惧使他不得不远离女人。

五、故乡的人们

青年时代已经离他那么遥远了！自从安娜·若特雷治入土安葬以来，一晃二十年过去了。那个失踪的新郎也返回了故乡，想要再次追寻自己已故新娘的足迹；然而除了情敌的绯闻以外他一无所获。当年那个能干的土地测量员，那个可靠的小伙子，如今已经成了斯普林菲尔德备受爱戴的律师，人们常常求他帮忙，他的那位情敌也曾给他写过一封求助信。尽管曾经被那个人害得几年都不得安宁，但林肯依旧平静地给那个骄纵的幸运儿回了信："尊敬的麦克·纳莫先生，关于购买土地的税收问题……"

父亲、兄弟们也和他疏远了。父亲已经六十好几了，却依旧和第一次结婚时一样生活在债务和破产的危机之中，生活在不间断的希望与失望的交替当中。的确过不下去的时候，他也会向这个干得不错的儿子求助。"我亲爱的父亲……我很高兴地寄去来信所说的二十美元，以保住你的那块土地。奇怪，你竟然把败诉的判决忘记了，更奇怪的是，原告竟然会这么长时间不再起诉你。更重要的是，我认为你绝对有能力去支付判决中规定的那笔费用。这次付款之前，你应该先搞清楚，你是否已经付过了……请代向母亲和所有熟人问好。你的儿子亚·林肯。"

他十分巧妙的在字里行间表示了对父亲言辞的不信任，虽然表达得相当含糊，但却能让人品味出来。这个儿子，这位律师，一个真理的追求者，任何不太纯洁的感情，哪怕是对陌生人的欺骗都会让他感到不安，而他的这种不安也体现在了给父亲的信中。他对父亲的所有不满被轻轻带过，然而言辞之间却不难看出他的忧虑，他可能在思考着人性的弱点；思量着自己恐怕比别人也好不了多少。

对于自己到底是什么样的人，他似乎着实了解不多。一次，他终于向赫尔顿敞开了心扉。那时，他们二人一道去乡下给一个委托人立遗嘱。路上林肯突然想起了自己的身世，就给他的朋友加合伙人讲述了自己的经历，最后他还补充说，若是他比自己的家族成员更有天赋，那么他肯定既不能从林肯家族也不能从汉克斯家族去溯源，因为这两个家族中从来没有人在任何一方面表现得出色，婚内合法子女总不如私生子那样天资聪明，这似乎已经是被公认的真理了。他肯定想到了那位来自南方的、从未谋面的外祖父。林肯虽然喜欢独处，但似乎更善于洞察陌生人的内心。对待亲戚们，他除了及时帮助他们之外没有什么其他联系；地位、名声和富裕的生活也对他无足轻重，因为就算名气再大，他也会时常和贫穷的农民们为伍。他缺少的是来自故乡的爱。带着与生俱来的忧郁，他总愿意逃避到自己的内心世界里去。

几年过去了，兄弟姐妹们来信说，老父亲身体日渐衰弱。作为儿子，这会儿林肯本应当回家去探望一下的。可他却回信说："你知道，我是多么希望父母在有生之年能够健健康康、衣食无忧啊！希望你在给父亲找医生或是买其他东西时提提我的名字。眼下我事务繁忙，实在走不开，而且恰逢我的妻子也卧床不起……我希望，父亲不久后便会康复。无论如何请告诉他，让他向我们伟大仁慈的上帝祈祷，在我们有难时，它不会离弃我们。它看得见将从屋顶上跌落的麻雀，数得清我们头上的毛发，所以它也一定不会无视一个信徒的祈祷。请告诉父亲，倘若我们现在见面的话，痛苦可能会多于快乐。倘若他的命运决定他现在就得远离我们，那么我想，能再见到那许多已经仙逝的可爱的亲人们，他会感到欣慰的……请再次来信。你的……"

林肯小心翼翼地预言了一位垂死农夫的命运。日常生活中，他其实很少想到上帝。然而他的内心却一定比信中所写的更加坚信上帝的存在；林肯之所以把这些通常是在临终涂油礼时所说的安慰话写下来，是因为按照他的信仰和个性，他没法亲口说出这番话，也就只能把它们写下来了。若是父亲看到他这个名利双收的儿子，弯下高大的身躯进入低矮的家门，用他那澄澈的灰色眼睛望着自己昏花的眼眸时，他一定会更加痛苦吧。不，林肯这个做儿子的害怕父亲的停尸床就如同害怕新婚宴尔的床榻一样，他几乎开始发抖了，他宁愿一个人待着，也不愿去经历那样令人极端孤独与伤感的场面。

对于继母的孩子们，远在异乡的林肯成了半个资助者和抚养人。我们无从知道，林肯都为他们做过些什么，但可以肯定的是，他们中没有一个人为林肯做过什么。当年，是林肯在牛车边徒步跋涉，却让弟弟妹妹坐在车上；那之后也是林肯挥舞着斧头和锯子为他们建起了房屋和栅栏。今天林肯虽然远在他乡，在一个完全陌生的地区生活工作，但作为兄弟姐妹中最能干的一个，大家仍旧认为，他理应帮助和保护弟弟妹妹们。就在给父母写了那封信之后不久，他给一个就住在父亲附近的继母兄弟写了这样一封信：

"亲爱的约翰斯顿，你想借的八十美元我现在还不能给你。以前我每次帮你，你都说，'现在我们终于可以继续过日子了！'可不久后你却又会陷入同样的困境。其中的原因只能在你身上找。我知道你并不懒惰，但你却习惯于游手好闲。自我们分开后，你从未拿出过一天的时间踏踏实实去工作。你并不憎恨劳动，但就是不爱干活，因为你觉得自己得不到多少回报。这种无所作为、浪费时间的习惯是一切灾难的祸根。对于你，特别是对你的孩子们来说，改掉这种习惯至关重要。孩子们今后的路还很长，若是他们整日耳闻目睹的都是你在辛勤劳作的情形，那么他们自己便不容易变得游手好闲……我建议你，现在就开始工作，为愿意出钱雇你的人好好干活。把儿子和家里的事务留给父亲照管。你去收割，而后再去干一份薪水最高的工作来还清你的债务。"

"作为奖励，我答应你，从现在起到明年五月一日，你每挣一美元，无论是以现款还是以抵还债务的方式，我都将额外再奖励你一美元。按照这个协议，倘若你一个月能赚十美元，那你就可以实际获得二十美元。当然我并不是说你一定要去圣·路易斯或是去加利福尼亚的银行或金矿里干活，你最好就待在家乡，就近找一份报酬高的工作。这样，不久后你就可以还清债务，并逐渐养成劳动的习惯，而且也就用不着再去借债了。如果我现在继续替代你还钱，明年你照样会欠一屁股债。你在信中说，你会为七八十美元卖掉你在天堂的位置，这价格实在太便宜了，因为按照我说的去做，你肯定可以在四五个月里就能赚到七八十美元。你说，你愿意为了这笔钱拿你的土地作抵押，倘若你无法还钱，就把它移交给我，这简直是一派胡言！如果你拥有这块土地的时候尚且无法生活，那么一旦失去了它，你还怎么活下去呢？你一向待我不错，我也不愿亏待你。如果你按照我的建议去做，就会发现，它比八十美元的八倍还要珍贵！爱你的亚·林肯。"

林肯在这封简单的信里所展示出的语言水平，只有为数很少的几篇全国性的演讲可以与之相比。没有哪个字眼会伤害那个早就拖家带口的懒汉兄弟，他也没有使用和上一封信一样庄重的语言，来历数工作的神圣之处。谈到天堂时他并没有使用信徒般的口吻，讲的都是些庄稼汉嘴里的大实话。弟弟很是精明，因为他知道林肯心肠好，所以才会毫无顾忌地想把土地抵押给他，他很清楚：无论发生什么，林肯都绝不把他的土地拿走，这是肯定的。当然林肯却更睿智些，他虽然心地善良，却也不愿再往那个无底洞投更多的钱了。八十美元，约翰斯顿可以拿到，但前提是，他必须自己在几个月里赚到八十美元；林肯用时间而不用数额来限定他提供的帮助，目的是为了引导这个弟弟认真劳动，同时也免得自己投入得太多。我们面前的林肯就是这样一个务实的理想主义者，一个待人友善的人，为人善良，却时刻从现实出发，无论是感情还是理智，他都完全能够控制。

他并非是舍不得自己的钱，他虽然知道，约翰斯顿是无药可救了，但他必须得为约翰斯顿的孩子们着想。父亲去世以后，当约翰斯顿要强占母亲的财产时，林肯一改往日温和的态度，变得严厉起来，因为只有用一种威胁式的权威语气，他才可能保护自己的继母免受她亲生儿子的讹诈。

"昨天我在查尔斯顿听说，你正急于变卖田产，移居密苏里，我考虑再三，决定告诉你，这个想法太愚蠢了。你怎么知道自己在那儿会比在这儿过得更好？是那里的土地更肥沃？还是在那儿你不劳动便会有收成？你今年根本没在这块地里种什么好种子，你心里真正想的就是把它卖掉，拿了钱再去挥霍……这等绝妙的好事，我不可能举手赞成。为了你，特别是为了母亲，我愿意在她有生之年保留那四十亩田地。你若是不愿意耕种它，那么母亲可以把它租出去，换来的地租足够养活她自己。她另外继承的四十亩地你尽可以拿去……赶快干活去，那是你唯一的出路！"

就在几个月前对这个兄弟的循循善诱现在已经无影无踪了，剩下的只有严厉。既然对方听不进劝说，林肯的内心便会产生敌意，语气也就变得这般强硬。他这封信里的语言就像圣经里的一样，丝毫也不含混，因为他觉得只有这样才能真正对弟弟起作用。

不久，当他看到变卖了田产可以保障母亲的生活时，他不再固执已见，但没有忘记警告弟弟，在这笔钱"到手或以百分之十的利息作担保"之前，他不会在契约上签字。当那位兄弟耍花招时，林肯写信说："因为母亲的缘故，我对这个建议并不满意。我希望她生活得好，并认为自己有义务保护她不受委屈。她对另外两块四十亩的田产也享有遗孀继承权，也就是有权在她的有生之年享受三分之一的利息；可是她好像已经让你把这些都拿走了！"约翰斯顿把田产变卖后，只想付给母亲二百美元年息的百分之八，也就是说母亲每年只能拿到十六美元的利息。"你若是想用这种方式对待她，我绝不答应！……这块土地每年至少可以给母亲带来三十美元的收入。在我的责任范围内，我不能告诉一个尚在人世的人说，她每年只能靠十六美元生活。你的亚伯拉罕·林肯等。"

如果林肯签名时写上了"等等"，就预示着要有风暴降临了。就这样，他继续为继母的利益同继母的亲生儿子斗争，而且似乎还有心要收养一个侄子。虽然他如此热心，却不愿邀请继母到他这里来，他更多的是劝她，接受某位老朋友的邀请，出去小住一段日子，散散心。个中原因，不难猜出。

　　几年后，在一个小地方的教堂里公开演讲之后，林肯找来了那里的主管："你们监狱里有个男孩，我想见见他。麻烦您跟监管人说一下，但不要把这件事告诉任何其他人。"那个男孩之前就曾偷过几次东西，这次又偷了一块表，可能还偷了杆猎枪，他就是约翰斯顿的儿子。"我想要帮他洗脱罪名，但这是最后一次。他若是再偷东西，我就再也不会管他的事了。"林肯去了监狱，扒在木头牢门上，隔着探视孔，跟男孩交谈了一番；一见到他，男孩马上在里面号啕起来，递出了一本脏兮兮的《圣经》，保证说，他出狱后会好好做人。于是这位叔叔和受害人私下进行了交涉，让他们放弃了起诉。随后，这个男孩便被放了出来。"面对这一切，林肯十分难过，"一个目击者说，"我从未见他这样伤心过。"

　　当他站在牢房门口，看着那个由于缺乏正规教育而沉沦的无辜孩子时，心里像是打翻了五味瓶一样不是滋味！他为整个人类感到羞耻和忧伤。他，一个自青年时代就被称作"真诚的亚伯拉罕"的人，一个名气很大的人，当人们邀请他到小城里来，就国家的重要问题作演说时，他却不得不求人帮忙去探望一个众人蔑视的小偷，而后再偷偷摸摸地和受害人商量，私下达成交易，最后，违背法律规定却又满心欢喜地看着别人把这个小偷放掉。他做这一切，或许是为了父亲娶回家的妻子带来的几个无所事事的孩子，也或者是为了那个让他一生都心怀感激的继母。当然，他也经常会为陌生人做这种事，所以人们可以这样说，林肯一生都不断尝试把与人为善、遵纪守法及平等博爱结合在一起。

六、生存的忧郁

　　"他走路的时候，忧郁仿佛随时都能从他身上抖落下来一样。"赫尔顿用这种奇特的描述再现林肯的忧郁情绪。这不正是林肯的生母常有的情绪吗？生母的早逝、她不明不白的身世、父亲的不安分、不知故土在何方的感受、过去的种种失败、对女人的渴望和对她们的恐惧、梦幻中的理想生活、觉醒后意识到的残酷现实以及与生俱来的忧伤，都仿佛在向世人提出这样一个问题：忧郁为什么没有使林肯仇视他人？

在流动法庭上，斯图尔特这样向别人介绍林肯："我曾在酒吧的一角看见过他：远离所有人，心不在焉，情绪忧伤。他仿佛正在思考着一个令他痛苦的问题，系统地考虑着问题的不同方面，他的表情时常会泄露他内心深深的苦恼。直到法庭彻底休庭，他的紧张情绪才会被转移。而后他才会从那痛苦的深渊里走出来，仿佛大梦初醒一样。"另一个室友则看到林肯天还没亮就坐起身来，"他自言自语地狂热地嘟囔着什么；陌生人看到他准会以为他神经错乱。当然，我了解他，不会被他吓着，我只是竖起耳朵仔细听着，笑着。在这之前他曾说了多久我不知道，在我醒了之后，他依然故我地至少又讲了五分钟；后来，他腾地一下从床上跳起来，迅速地洗漱完毕，穿上衣服，给壁炉加了点柴火，便在壁炉边找了个较暗的地方坐下，一直坐到早饭铃响。听到铃声，他似乎吓了一跳，仿佛这才真正清醒了过来，起身跟我们一起出去吃饭。我们大家都不去跟他说话，因为我们知道他还在想着自己的事呢！虽然习惯了他的这种举动，可那天早上，我们仍觉得他特别奇怪。"

音乐会上，他若是听到忧伤的歌曲，准会迅速地把歌词记下来，他在一张纸条上曾记下这样一首诗：《我愿意承受这痛苦》。

> 风儿啊，你们是否不知道有什么地方，
> 人类的眼泪不再流淌？
> 我是否也找不到西方的峡谷，
> 作为自己心灵飞翔的方向？
>
> 风儿，几乎睡着了，
> 用最后一丝鼻息叹道："不！"
>
> 我又问岩石、波涛和海洋：
> 万般疲惫的你们可知道什么海港，
> 可以作为心灵清静的地方。

波涛也呼啸出了一个阴沉的字："不。"

远在芝加哥，熠熠星空下的一个夜晚，大家围坐在湖边的阳台上闲聊。这家人的主妇后来讲道："林肯先生似乎被美丽的景色迷住了。他的心被打动了，在那样温和的、与周围环境十分融洽的海浪声中，他开口讲起一个人类的秘密：数千年来，这个秘密一直萦绕在人们生活的周围，把我们的世界同美和诗意分离开来，同望远镜，同那些能够测量出相隔无比遥远的地球与行星之间、行星和太阳之间距离的科学奇迹分离开来。而后他又谈到透镜中潜藏的能量，并预言将来世界上会出现一种全新的科学。夜风渐凉，大家进屋后，他躺在沙发上，伸着长腿，把胳膊放在身后，继续讲着自己的其他发现。"

在那个夜晚，他那游移的思绪仿佛一会儿忽地飘上了星空，一会儿又倏忽落到地面，重新变得条理，开始时游离，而后渐渐清晰似乎总游移于激情和求知欲的相互作用中，在真理的中间线上。

但他并不总能控制住自己的神经，只有不断调侃才能让那种总是伴随他的忧郁保持稳定，所以笑话成了能让他浮出水面的救生圈，而那一大堆荒诞不经的故事也成了潜意识里的灵丹妙药；他甚至总愿意随身揣一本有上百个滑稽故事的幽默大全——里面讲的可能不全是笑话，但也八九不离十；就像别人随身带着威士忌和嗅盐一样。他经常走神。一次，有人朗诵了一首很无聊的诗，整个大厅的人都神情木然，沉默不语，突然间林肯放声大笑起来，把所有人都吓了一跳，当然把他自己也搞得十分尴尬。有时他还会在某个地方突然放声讲话，让自己都莫名其妙。

还有一次，林肯乘车去纽萨勒姆给一个老友扫墓。这么多年了，他第一次又看到了那些老面孔，看到老朋友们怎么围在棺木前，所有人都注视着他，等着他讲话。一时间，他脑子里一片空白，说不出一句话来，他失去了镇静，也忘记了自己的任务：于是他只是作了个手势，而后就一言不发地离开了。

这些性格在他身上早已成型了。自青年时代起他就爱走路，不愿意太长时间保持坐姿，他曾向某位哲学家保证说，走路时他能最快最好地思考问题。除了他的准则、他那高大的身材和迟缓的思维之外，他平静的目光，谨慎的步伐和大大的脑袋都更多地显现出观察家，而不是实干者的特点。那轮廓分明的鼻子、平平的鼻尖、坚硬的颌骨、略微向前倾的下巴和横穿而过的干燥的大嘴巴所构成的四边形，乍看上去会让人误以为这是个利欲熏心的人；但从脸部往下便是他那美丽而又坚强的脖子，这使得他的头颅保持了一种男性的平衡；而脸部上端则是他那高贵饱满的额头，那具有岩石般凌厉棱角的眉毛，眉毛下面是那双冷静的灰眼睛，这双眼睛可以让任何人保持沉默，因为显然，它们自己更加不动声色。

　　一切都表明，大自然故意要让这个人显得比实际年龄更加苍老。其实他似乎根本就没年轻过，也肯定从未为了什么狂热过，因为他是伴着哲学家的问题，而不是伴着年轻人肤浅的问题踏上生活之路的。他总会花很长时间用实例来检验自己的判断是否准确，而后再采取行动。克制原则是他治国理念的先决条件。林肯曾说过："我是不是禁酒会成员？不是的，我不喝酒只是因为我懂得克制。"一次当他坐在邮车里旅行时，他拒绝享用同行者们提供的一切东西：口嚼烟草、白酒和香烟等。"您真是个怪人，"一个游客在临走时说，"我很可能再也见不到您了。但请您相信我，没有任何坏习惯的人拥有的美德也往往少得可怜。"林肯喜欢这个小插曲，经常给别人讲起，在怀疑自己的时候可能也曾对此半信半疑。

　　他并不是为了获得美德而刻意讲求美德的，促使他保持公正的正义感是与生俱来的；他并非出于清教徒似的原因而远离金钱和财物，并非出于道德品行的考虑而穿着一身旧衣服，驾着辆旧马车到处奔波，而是因为他的意识和头脑已经被一种思想占据了，难以受到外部利益的影响。也是因此，他的生活才这样没有规律。除了独立自由之外，他不想要任何其他的东西，他不愿准时吃饭或是准时参加任何形式的约会；他饿了便吃，累了就睡，平常人的规矩对他而言是陌生的；如同他避免各种形式的奢华，就连演讲也是十分朴实恳切一样，他一点儿也不愿意在生活中扮演某个固定的角色，即便那个角色仅是丈夫或者父亲，他也不愿意。

　　他不会按照自己的好恶去对待甚至是评论别人；这种性格中掩藏得更

多的是一种诗人的风格，这种风格符合他的性格。"我非常希望洛汉当选（州法院院长），首先是因为，他应该算得上是最好的法官了；其次因为，一旦受到打击，他也会比任何一个其他人更痛苦。"

林肯也算不上是个隐士。终其一生，他一直都是个农民的儿子，他了解自己的优势，也懂得如何利用这种优势。他自然是有雄心壮志的，因为随着年龄的增长他已经认清了自己的禀赋。当他想要解放被压迫者，或者至少是避免通过制定新的法律让自由人受到压迫时，他必须要去谋求一个有权力的职位。所以，当再次参加竞选时，他已经为此做了多年充分的准备。"在没有把自己的国家改变得更好之前，死亡是多么不易，"一次，他在旅行车里对赫尔顿说，"那样，一个人就像是从未活过一样。世界似乎根本没有希望，只有从人类共同的呐喊声中我们才能听出：应该做些什么？会有什么事情发生？在何时？又该以什么方式发生——你们偶尔也会考虑这些问题吗？"

这几句话展示的是一颗锲而不舍的心灵，他既不像艺术家一样追求形式，也不像思想家一样追求结论，更不像社交名流一般想要按照自己的愿望改变什么。这只是一个友善者的自白，一个业已成长为教育者和观察家的人的考虑。他认真地检验着自己是否有资格解开公众的混沌。他认为自己知道应该做些什么，怎样去做以及通过谁去做。这是一个永恒的话题。不过之后他的话便戛然而止，带着半个大家希冀的答案关上了内心的大门。

七、信仰

> "这里安息着卓内·康佳泊德，
>
> 请对他仁慈吧，亲爱的上帝，
>
> 就像他那样，如果他是上帝，
>
> 那你就是卓内·康佳泊德。"

这是林肯给一个印第安人写的碑文。兄弟般的友谊是他信仰的基础。

碑文中可以看得出他对此人的感情，看得出伴随了他一生的调侃风格；而且在这块墓碑上人们依旧品味得出他的讽刺口吻。这里，他也进行了比较；显示了他孜孜以求的正义；同时他并不承认主人和奴仆、复仇者和受褒奖者之间有什么区别。他所有的朋友都能证明，无论是在二十岁，五十岁还是在那以后的日子里，林肯都从未在任何演讲中明确表示，他曾是个真正的基督徒。

早在纽萨勒姆，他就被当作一个无信仰者、无神论者和夙命主义者。后来他自己也承认，恰恰就在他经常引述《圣经》的时候，当他失去了他的新娘时，他对上帝的不信仰感也就越发强烈。赫尔顿认为，在三十多岁时，林肯越来越接近"无神论"了。"这让我感到害怕。作为一个年轻的大学生，我相信亲爱的妈妈对我说过的关于上帝的一切。有时，我们正在写东西的时候，林肯会拿着一本《圣经》走进办公室，朗读一段后，陈述理由对它进行反驳……他相信无信仰论。不过后来，他变得谨慎了，不再在陌生人面前谈及此事。"他第一个合伙人斯图尔特差不多是以同样的话强调说："在反对基督教的教条以及原则上，他比我认识的所有其他人都更坚决更极端……他总是不相信，耶稣就像教会所理解的那样是玛丽亚和上帝的儿子。"十年以后，法官戴维斯也说，林肯对基督教的教条不感兴趣，他的信仰在于法规、原则、事情的因果发展以及形式。"他告诉我，"另一个人说，"他相信永生，不相信有死亡咒语的存在。"又有一个人则认为，"林肯信仰某位造物主，这个所谓造物主……是一种原则，世界就是按照这种原则发展变化的，动植物也是按照它存在的。它明确规定了自然的秩序。如果世界上的一切是自发产生的话，那么这将是一个比它们是由某个伟大的力量创造出来的想法更大的奇迹……对于我们来说，救世主的神圣当然是值得怀疑的，但是基督教的体系却是天才的并且利于积善的。"

这种为那些在他之前以及在他之后的博爱主义者所信仰的道义和非教条的基督教，在林肯看来都是值得怀疑的："他的想法超出了基督教的教义。"一个老朋友这样评论说，"然而他的道德实践以及生活原则却恰恰是那种我们习惯于称作是基督教信仰的东西。"玛丽后来则这样总结说："他没有信仰，对任何宗教都不抱希望，不加入任何教会，却恰恰天生就是一个宗教式的人物……他的性格中更多的是一种诗意。没有人对上帝天命的信仰比他更坚定。不过我们仍不应该把他前些年经常使用的那个字眼'上帝'理解为个人的上帝。他五十四岁那年，我曾把自己起草的一篇讲稿给他看，让他给我提提意见，他让我把'上帝'这个字眼划去，因为我的字里行间流露出的似乎是对个人上帝的信仰，而他却坚信，这种上帝并不存在。"

就如同对自己的所有行为一样，对自己的道德观，林肯也做出了解释："一个老人曾告诉过我：如果我做了好事，会感觉良好，做了坏事，感觉就很差。这就是我的宗教。"他不可能接受其他宗教。当他读康德、洛克、费希特和爱默生时，在他读伊利诺伊州共济会成员的报告以及来自苏格兰的一元论著作时，所有这些都不能刺激他的大脑，让他感兴趣，也从未触动过他的心灵。当然，这并不影响他在为某位贫穷的女人立遗嘱时，按照她的要求给她背诵一段《旧约》里的诗篇。在他们的小儿子去世之后，玛丽成了长老会的信徒，他也租了教堂里的一条长椅，跟教士谈了很久，却仍不愿加入教会，他说："大概，我命中注定就要在暮色中前行，感悟、思考、摸索自己的生命之路吧。"

儿子被一条疯狗咬伤后，他会把他带到印第安纳去寻找巫师"疯狂者的石头"给他医治。因为其实他很迷信，他就是在农夫们这种迷信中成长起来的。随着年龄的增长，这种迷信不但没有减弱，反倒在科学和怀疑的作用下变得更为根深蒂固了，越是接近他生命的顶峰，他也就越发迷信。

这情有可原。因为他内心的孤独以及越来越不同于常人的意识，已经将他这个怀疑者与符号和奇异现象联系在一起了。"在我的哲学里没有'偶然'这个字眼，一切结果都有它的原因。过去是现在的原因，现在又将是未来的原因。这一切都是有限到无限链条上的一个环节。"他讽刺意志的自由，并巧妙地定义了人类的伟大和弱点："人们应该说那是精神的自由。"他喜欢引用这句诗：

　　　"世间存在一种神意，

　　决定着我们的轨迹，

　　不管我们是如何想改变它

　　都要遵循这种神意。"

　　他十分坚定地相信预感，以至于他曾这样评价过布鲁吐斯①：是在他意志之外的规律和条件迫使他杀死了恺撒。关于布鲁吐斯的想法出现以后，妻子还这样总结了他对预感的信仰，"林肯唯一的哲学在于：应该发生的事情迟早都会发生，没有什么祈祷能阻止它。"

　　因果的链条和迷信一跃而成为逻辑，林肯对此深信不疑；由于迫切想要知道事情的结果，他非常关注事先出现的信号。他的迷信从未得出过什么积极的结论，却改为了一个消极的问题，那就是，他之所以迷信只不过是试图在生命的危机中让自己拥有一丝慰藉，但他不会按照迷信的示意去行动。他只是想透过一层薄纱来看世界，常常带着一份焦急的期待去预感某个事件的结果，但即便预感到了结果，他也不会去做出改变。他从不在小事上改变主意，拖延或是拒绝；有时会在预感中清楚地意识到即将发生的事情。就在遇刺的前一天，他还得到了梦的预示。

　　通过大大小小目标的实现，证实了他自己头脑的清醒和逻辑的严密；他需要去感觉，需要经验，需要时间。既然一切事情都是命中注定的，那么人就无需主动出击了吗？事情发展得如何，又是由谁控制的呢？个人的臂膀和头脑之所以重要，不就是因为它们能做事吗？如果我们无需思考分析的话，我们又何必要有分析的能力呢？林肯的愿望是认清人的动机，并掌握它，改造它！"没有什么行为是没有目的的，"他说，"归根到底都是为了一个自我。"若是年轻的赫尔顿试图反驳这一点，那林肯就会不作停顿地把对方行为的原因一直分析到那个"自我"出现为止。因此，赫尔顿属于那种希望一下子废除蓄奴制的解放者，而林肯则只想控制蓄奴制不再蔓延，也就不足为奇了。赫尔顿看待世界和人都十分理想化，而林肯则对此报着极其怀疑的态度；前者相信，可以强制性地创造一个更美好的世界，

_____

　　① 　布鲁吐斯：相传是他杀死了恺撒。

而后者却认为没有人能够战胜命运。这导致了人们对林肯产生了这样的判断：他更多的是用静止的眼光而不是动态的眼光看待事物，在面对一些不确定、空洞和错误的东西时，他丝毫不报幻想，他不允许什么事模棱两可、含混不清，他的目光总是十分犀利……可以说，他所有伟大的性格都可以归于这种专制的逻辑。他的仁爱之心有时被当成一种纯粹的冷漠。

在这种善意和怀疑经常性的对立中，在冷漠和同情的平衡中一个政治家的头脑日渐成熟，它将在走过一条曲折的政党斗争之路后逐步接近人类的伟大目标。

八、国家的现实

几乎是在突然之间莫名爆发了一场大规模的争论，可不久后这场争论就又无声无息地销声匿迹了。一个恶魔，比几个世纪以来的任何魔鬼都更险恶更残忍，诱惑着人们发起了暴动。本世纪的正义感不能继续容忍的剥削和压迫，不仅仅使美国人的良心不堪重负，也残酷地压制着整个基督教世界的伦理，以至于在几十年和解奴隶无果而终之后，它向世人提出了这样一个尖锐的问题：双方是应该遵循同样的道义准则呢？还是应当彼此分开？

在所有欧洲国家里，奴隶制都不像在美利坚合众国这样似是而非。这里有史以来第一次出现了一个在全民平等的新法律体制中联合建立的国家。俄国沙皇及其帝国的大公们之所以在过去五百年蓄奴，是因为他们的祖先毕竟是炮火和刀剑占领的这个国家，将它扩展、会合，形成了统治阶层，他们需要另一个习惯于被统治的阶层为他们服务。在那里也几乎没有人能控制这上百万人，使他们在需要时拧成一股绳。早在数百年前，那些没有权力的农奴的祖先曾像牛马一样生活，没有财产，也没有摆脱被奴役地位的希望，有时甚至自己压根儿就没有这种愿望。

而美国却是一个新型国家。在这儿，一群敢闯敢干的人们摆脱了欧洲的束缚，联合了起来，有史以来首次将哲学家们的要求、思想家们的愿望以及诗人们的理想同时付诸实施。在美国这个国度，公正平等的思想如同初升的太阳一般照耀着这块土地，但时至今日仍旧留着一块阴影。国家的建立者不敢触动它，他们甚至不能动用自己当年曾打破欧洲旧有阶级统治的改革手段，去冲破这块阴暗区。他们望着这个黑点，良心充满不安。难道他们应该因为在自己建立起的国家里奴隶的皮肤更黑，鼻子更扁，嘴唇更厚，头发更鬈，而自觉比俄国人更有优越感吗？卢梭的理论、狄德罗的箴言以及伏尔泰的理念都哪里去了，难道它们仅仅适用于白种人？如果真是这样的话，那恐怕要贻笑大方了，因为，如果把黑人看作器物工具而非人类，这样算是合理的话，那么按照出身、财产以及受教育程度将白人们分为不同等级，最高等级统治最低等级也就应该完全是理所应当的了。

早在八十年前合众国建立之初，政府无力强制南部有权有势的奴隶主放弃他们的奴隶，把他们送回非洲；旧政府的无能为力使得奴隶主们的愿望得到了满足，这种特权让他们变得更加富有。而他们之所以还尽可能地去容忍那些对他们来说既十分陌生又太过分的北方原则，只是为了关税和其他赋税的缘故。他们的父辈们——只要他们来自南方——，以及一小部分在他们特权思想中成长起来的人，除了减少奴隶的数量，让奴隶们过得好些，甚至释放一部分奴隶外，不可能做得更多了。

新的时代已经来临，对立已经出现。当新时代的技术把白人也变成了机器旁的"奴隶"时，商品变得廉价而普及。为了富人们的享受穷人们只能获得少得可怜的补偿，这打破了人们的幻想。当主人和奴仆之间的区别不断缩小，一个上升的阶级挤到了它们两者之间，机器的使用让棉花的产量成百倍增加，成千上万的新生阶层穿上了用棉花织布做的衣服，但白人们仍不愿在热带气候里种植和收获这些棉花。于是，面对棉纺工业的迅猛发展黑奴们变得越来越不可缺少了，就如同寻求"普遍平等"的呼声日益强烈地在世界各地不绝于耳一样。

为什么奴隶主们不给奴隶们自由呢？原因可能有恐惧也有务实的考虑。换句话说，谁又会心甘情愿地为一份白给的劳动力付钱呢？哪个农场主会花钱雇佣短工去做原本可以让牛马干的活呢？奴隶主拥有的上千名奴隶在他的村子里繁衍生息，更新换代。奴隶主们的收获几乎是白捡来的。如果有一天，一只无形的手打开奴隶们脚上的锁链，夺下监工手中的皮鞭和手枪，以全人类的名义向奴隶们宣布，他们自由了，那么这群人和他们的主人会怎么做呢？奴隶们可能还会时常想起自己之前接受的基督教思想和那些让他们忍受痛苦的教导吗？

他们会带着愤怒和激情冲向他们的主人和他们一直劳作的土地。砸毁威士忌酒桶和面粉仓库，砸坏工具，先把看守撕成碎片，而后再杀死主人，奸污宫殿里的小姐，就如同白人老爷向女黑奴施暴一样。不，这行不通！可行的只有一条：那就是时间和忍耐，禁止继续贩运黑奴，首先把这种残忍的制度控制在它土生土长而且也有生存土壤的那些州里。如果人们能够把疾病控制在一个不太重要的器官里，那么整个身体就能继续生存；病毒若是继续扩散的话，那么整个生命都会陷入危险之中。当年那些祖国的创建者尽管看到了这种内部矛盾，却仍旧愿意建立合众国，他们的子孙们也不得不做出类似的妥协。南方是不是已经满足于这种完全的自由了？他们如同他们的父辈们一样生活着，即使在今天，他们还掌握着同一个权力机构，推行着大同小异的奴隶制，表面上自由了的黑人们长年累月仍旧干着奴隶的活。

与此同时，北部却在继续成长着。人、金钱和生产力凭借新型机器和新思想在几十年内产生了一种力量，这种力量威胁着南部，并最终打破了后者的优势地位，就如同过去先行者们挥动斧子向西部开辟道路一样，他们前进的步伐引起了南方奴隶主们的恐慌；让他们认识到这样一个问题，倘若一个人有被排挤到少数派中的危险，那他就必须巩固自己在多数派里的中心地位。当一种新生的对劳动无尽的恐惧缓缓蔓延，当从欧洲来的大批移民把森林变成良田、把荒原变成草地、把灌木丛变成城市，当大地被从千年沉睡中唤醒并被开采出金和银、铁和铅时，崭新的西部成为了南部的梦魇；因为那里的一切都是白人们自己用双手创建出来的，那里使整个机体活跃起来的每一个细胞都是白色的，它们威胁着南方那些黑色细胞的力量。南部的大奴隶主们若是一旦失去这种力量，他们的政权便会渐渐消亡；而若想要在华盛顿继续保证这种力量，他们则会同时在道义上和实践中受到困扰。

还有什么办法能让他们抵制这种力量继续我行我素呢？答案只有一个，

那就是：用分裂相威胁。古巴和拉丁美洲在他们之前不就是这样做的吗？那几个盛产棉花、小麦和茶叶的国家，气候更加炎热，因而更需要黑奴们的劳动。难道英国会不去保护那些与美利坚合众国中央政府分离的地区，借以报复17世纪美国人对它的背叛和脱离吗？如果17世纪叛乱者们的子孙想要脱离自己的堂兄弟的话，那他们一定也在期望着能得到欧洲大陆的某种奖赏吧？没有什么人能剥夺南方人的自由！目前还是洋洋自得的北方或许会由于外部的干涉，至少是由于欧洲的经济措施而发生倒退，最后被迫做出让步，尽管现在它一直不断努力着要避免陷入这种境地。

事实上，上述困境也的确使得北方在一步步作出退让。最开始做出的妥协是：除了密苏里之外，北部不允许再建立蓄奴州。而后是：基于居民们的愿望还可以再建立四个蓄奴州。再然后就是辉格党人，也就是亨利·克莱本人继续做出让步，他在新一轮斗争中找到这样一条出路：从墨西哥接管的新州可以选择蓄奴，年轻的加利福尼亚是自由的。除此之外，他还又加重了对逃亡奴隶施行拘捕的法律制裁措施。于是尽管古老的贵格会教徒的思想以及每一颗正义之心都为此感到愤慨，但"奴隶是物不是人"这样一条结论似乎在美国的最北方都得到了承认。每一个公民在路上见到逃亡的奴隶都有义务把他抓住，抓住这样一个黑奴可以获得十美元，于是，每个人都成为了奴隶的猎捕者。

在这场斗争中，经济、道德和感情因素的分量不分伯仲。如果北方想在西部安排白人，那么南方便想在那儿安置奴隶；如果北方为保护它的产品而需要垄断权，那么南方就要求他们的"产品"，也就是奴隶，能获得自由贸易和出口的保障。在北方，每一个贫穷的白人都是反对蓄奴制的，因为奴隶的存在可能会抢走他的工作机会；而在南方，蓄奴却会让一个白人保存他仅存的一点自尊，因为他会看到社会上还生活着比自己更为卑贱的人。在北方，劳动得到尊重，而在南方，劳动却受到蔑视：这就是长达一个世纪之久的权威和民主、继承者和创业者、传统和创新之间的斗争。棉花等作物并非这种斗争的根源，它们只不过是使它清晰地表现出来罢了。

南方人头脑里已经产生了一种"棉花哲学"，并以此为基础创造了有利于他们自己新式的形而上学。若说北方正高呼着所谓"自由工人"的口号：主张土地买卖自由，工作自由和言论自由，那么南方所拥有的就仅仅是那些在小小的法庭上，以上帝的口吻对黑人们为所欲为的神甫了。当然，南方人也有自己的理论，林肯从北方某大学学者撰写的名叫《纯粹的野蛮人》书里读到了这样一段话："欧洲西部的自由社会是个错误，即使在美国它也逃脱不了崩塌的下场。对此，北方也表示默认。"那篇文章的作者甚至建议去奴役白人，分给主人们新的土地，而后再将失业的白人作为奴隶分配给他们。拥有一千美元的人可以成为一个普通贫穷白人的监护人——这里之所以用"监护人"这个名称，是因为"主人"那个字眼实在过于声名狼藉了；谁有一万美元，就可以获得十个奴隶，一百万美元便可获得一千个奴隶。这样的做法被称作是"公正的善行"，因为哪怕到了现在，资本家们仍旧掌握着统治权，凭借着穷人的劳动果实享受着奢华生活，这和前面描述的蓄奴情形相差无几。

九、不得人心的"人民主权论"

命运往往需要两个利益不同的人才能让问题突显出来，并最终使之在双方的一次大的角力中获得解决。当时就有这么两个人：一名参议员想成为总统，一个奴隶想获得自由。这位参议员就是道格拉斯。他仍在时刻盘算着自己上升的机会，坚定地支持着会让他到处受到欢迎的一部法案，而后却陷入了一场纷争：党派的分裂、一个新党派的成立以及它最后的胜利。那个奴隶名叫德雷德·斯科特，由于他的主人流亡到一个自由州，所以这个奴隶认为自己也应该获得自由。可最高法院却做出裁决，驳回了他的起诉，这引发了全国上下的不满。这两个人都失败了，参议员没当成总统，奴隶也没有获得自由。然而，合众国却在经过包括四年南北战争的长达几十年的内部斗争之后，终于走出了危机。国家重见光明的时候，那位参议员已经死了，而那个奴隶，如果他还活着的话，一定已经获得了自由，而且这次，他是同他无数的黑人兄弟们一同被解放的。

1854 年有人写道，"两年后总统大选在即"。道格拉斯，这个最有影响

这就是林肯最主要的竞争对手道格拉斯，声名远扬的民主党参议员，奴隶制坚定的支持者。他以矮小精悍而著称。道格拉斯一生都在梦想着进入白宫，最后却不幸病逝于他的发迹地伊利诺伊州。

力，大概也是最受欢迎的民主党人，正全力接近他的目标；而要达到目标他就必须得到南方的帮助，想要取悦南方就只能支持蓄奴制的扩张。尽管一年前他曾把原来的《密苏里妥协案》称作是"人们心中神圣不可侵犯的法案，是不允许任何人触碰的"。然而现在，因为他既是南方在北方的使者，同时又是北方成千上万民主党人的代表，民主党人不想继续就这个令人头疼的问题而争吵不休，导致政党的倒退。于是，两个新州的建立给道格拉斯提供了一个作出重大转变的时机。

堪萨斯和内布拉斯加两个州就如同还未出世的胎儿一样，是男是女尚属未知。由于它们位于《密苏里妥协案》中分界线的北边，无疑应该是禁止奴隶制的，但正当它要加入合众国的时候，南北双方却同时迫使它们明确自己到底是赞成还是反对蓄奴制。参议院中这新增加的几票，无论对南方还是北方都至关重要。主管这一地区的委员会主席道格拉斯在寻求无记名投票表决的过程中——这种投票方法可以避免得罪南北双方——做了一次充斥着陈词滥调的演说。他说，二十五年前的"妥协案"已成往事，现在人们应当重新做出抉择；他宣称，禁止一个新州做什么事情是"违背宪法精神的"，这涉及了"人民主权"的原则问题；又说，"所有州的公民都有权在州宪法里写入到底是实行还是禁止奴隶制；在几十年前，早有人说过：就像不能禁止公民把牛、机械或者手杖带到另一个联邦州去一样，我们也无法禁止他们把奴隶带去。""一部法律的真正内容和意义就在于，既不以法律的名义在一个国家推行蓄奴制，也不去禁止它；在这方面更多的是应该让人民自由选择，按照他们自己的判断来进行自己联邦州的建设。迄今为止，公民们还普遍受到合众国宪法的约束，一直缺少这种权力；我们应该把这一权力还给他们！"

　　一个如此八面玲珑的建议，表面上看起来仿佛是在支持克莱由于奴隶逃跑而做出的最后妥协，不过是在克莱的妥协案基础上做了一点点扩展而已。同时，他也向辉格党人示意，他将继续坚持其领袖的路线。北方人认为，堪萨斯的人民绝对会反对蓄奴制，而南方人则希望在表决时通过临时移民来改变全民投票的结果。南方想要显示自己，只需略施小计便能使得两院在投票结束之前受理这项草案，并继而通过获得多数赞同票得到有利于自己的结果。事情发展果不出他们所料。他们如愿以偿，喜出望外，以至于在法案被接受之后，国会大厦的小山上一时间礼炮齐鸣。而事实上，这炮声也正是内战打响的序幕，七年以后，南北战争便硝烟四起。

　　对此，这个国家的精英们做出了反抗的回应。自成立以来，合众国尚未经历过这种事情。在没有丝毫准备的情况下，人民便被一个精明而又野心勃勃的参议员置于这样一个事实面前：从现在开始，每一个新成立的州都可以实行蓄奴制。这部法律的确立违背了当年国家创建者们的意志和宪法的精神，同时也沾上了道格拉斯，一个想借此登上总统宝座的人的道貌岸然和表里不一。而此时的道格拉斯却公然扮演起了殉道者的角色，大声疾呼："为此，偏执狂们会对我进行攻击和谩骂，许多年以来对我寄予信任的人也会对我恨之入骨！"

　　联邦州公民表决时现场一片混乱。因为无论从气候还是从土地的类型来说，堪萨斯州都不适合黑人生活和劳动，所以这片土地上的居民大都是北方人和外来移民。他们都是反对蓄奴制的。可南方却耍了个花招，它找来了成群结队的冒险家，这群人乔装改扮起来，或是假装做买卖，或是装作移民，陆续来到堪萨斯。到了全民公决那天，他们便开始了对北方人的袭击，用武力阻止他们投票，自己则投入了许多假票，最后公决便以原著居民的死伤和法案的通过而告终。前前后后，这些打手们在这片土地上烧杀掳掠，甚至还抓了州长，把他绑在一棵树上。面对这一切，相关的国家机构却除了袖手旁观以外别无办法。这些都是民主党人的杰作！在北部人愤怒的呼喊声中，大批民主党人脱离了自己的党派，加入了辉格党。辉格党的势力一夜之间得到加强，民主党的根基动摇了。

同时被强烈撼动的还有道格拉斯的威望和地位。他参议员的任期不久就要结束了，没有这个职位他将无法施展自己的政治才能，所以他不得不急匆匆地赶回伊利诺伊，以便给那里负责选举参议员的州议会施加影响，巩固自己的地位。伊利诺伊州是美国境内地形较为狭长的一个州，它从纽约州一直伸展到肯塔基州的边界，那儿的人们都因为道格拉斯两面派的作法心存不满。自己之前行径的强大负面效应让他始料不及。媒体也公开谴责他心术不正，一心想着要爬上总统宝座。但即便是这样，他也不得不硬着头皮返回伊利诺伊。

走到芝加哥的时候，他看到许多楼房前降了半旗，晚上驱车去参加集会时，他又听到丧钟响起。大厅里人满为患，人们在沉默中等待他——这座城市过去的宠儿。当他刚开口再一次高谈阔论起他那所谓的"人民主权论"时，便有人向他喝出尖锐的问题。不一会儿他便耐性尽失，开始用难听的话反唇相讥，惹得听众们不断发出嘘声。就这样，到场群众和他那少得可怜的朋友们之间发生了争吵，他则站在那里，憋红了脸，蹙着眉头，摇晃着拳头。"你和南方狼狈为奸！"整个大厅抗议声四起，人声嘈杂。他简直没法再讲下去了。在接近午夜的时候，他用这样一段话结束了自己的演讲："星期天到了，我得去教堂了。你们如果愿意，就见鬼去吧！"

而后他到伊利诺伊转了一圈，目的是重新赢得朋友们的支持。当然也来了斯普林菲尔德，因为农民们将会聚集在这儿参加秋季的集市。在这儿，他成功地做了三个小时的演讲，最后说："我听说，这个城市的林肯先生想要反驳我的主张。如果真是这样，就请他站出来吧！"林肯当时并不在场，他的朋友们代为宣布，明天林肯将与他辩论。

第二天，林肯花了四个小时的时间谴责道格拉斯，以及他那个有关堪萨斯州的法案，反驳他的蓄奴主张和"人民主权论"。这次辩论没有留下记录，不过想必是和林肯后来的演讲一样，都十分深入人心。道格拉斯当时面对林肯坐着，对方的演讲技巧今非昔比，着实让他大吃一惊。不过他马上调整了情绪，作了个简短的回复："我的朋友林肯先生请求我仔细听他的演讲，并且作个回答。我对他这个礼貌的建议深表感谢。"

与今后的辩论比起来，这一场辩论，似乎显得有点无关紧要。

十、人人生来平等

十多年前，林肯在一次密西西比河的航行中曾给斯皮德的姐姐写过这样一封信："在船上我碰到这样一件事，让我就环境对人类幸福的影响深入地进行了思考。一位先生在肯塔基买了十二个黑人，带着他们去南部的一个农场。他用粗链条把每六个黑人锁在一起，每个黑人的左腕上都带着一个铁环，用一根细一点的链子拴在一条主链上，拴得那么松散，使得他们看上去就像是许多鱼被拴在一条绳上。就这样，他们永远地告别了自己的童年，和父母以及姐妹兄弟们分离，被奴役，等待他们的是主人残酷无情的皮鞭。然而就在这艰难的处境中，他们却仍旧是船上最快乐的一群人。有一个黑人是因为太爱自己的妻子而得罪了主人才被卖掉的，他几乎一刻不停地拉着小提琴，其他人则在这些旋律里整天跳舞、唱歌、开玩笑、玩各种纸牌。'上帝为剪过毛的羊儿们吹来暖风。'是多么正确呀！换句话说，面对那些可怜人，上帝让最坏的环境也变得可以忍受，而面对富人们，他也会让最好的环境显得只是勉强过得去而已。"

典型的林肯式风格，他借用最普通不过的示例阐述着自己对重大问题的看法，带着对智者的怀疑斟酌自己的局限以及自己愿意为之奋斗的人类幸福的相对性。他在当时的情形下仍不忘打个比喻，他的信念从未动摇过，那天的记忆也没有被抹去。他似乎又回忆起当年那触目惊心的一幕：年仅二十岁的他看到一个半裸的混血女奴赤裸裸地暴露在买主淫邪的目光和卖主凶狠的皮鞭之下，那一幕直到现在仍令他的内心充满恐惧；他已不再是那个年轻的小伙子了，自己也在生活中亲身体验过了白人们所需承受的痛苦，渗透到人类那无论是在什么颜色的皮肤下都搏动着的饱经沧桑的内心。他的思想正是来源于这些记忆，而他的目的正是要去改变这种情形。

不，林肯对黑奴的态度不仅仅出于同情，还有另外一种更为崇高的动机，那就是人类的尊严。奴隶们作为人的尊严被任意践踏，这让他义愤填膺。他希望，船上那群看上去似乎根本没有觉察到自己身上的锁链，依旧快乐歌舞的黑人们也能拥有一份做人的尊严。三十二岁的林肯在密西西比河的甲板上写那封信的时候，他比以前成熟了；而现在，四十六岁的他给老朋友斯皮德的回信则显示出他的思想又上了一个新的台阶。斯皮德曾在他面前为自己拥有奴隶这个事实做过辩解。

"理论上讲，你也承认奴隶制是个错误，但是你说，你宁愿看到联邦解体，也不愿放弃你对奴隶的合法权利。我不知道，是否有人要求你放弃这种权利，但我肯定这人不是我……我承认，我不愿意看到那些可怜的生灵被人追捕，遭受鞭笞，终日工作却得不到酬劳；但我却咬紧牙关，三缄其口。1841 年，我们俩曾一同进行过一次单调乏味的低水位航行……你恐怕也还记得，当时船上有十来个奴隶被铁链拴在一起。对那副情景的回忆不断地折磨着我，每次我来到俄亥俄河或是其他奴隶州的边境时，总能看到同样的情形。你怎么会认为这样一件曾经而且一直使我心痛的事情和我根本无关呢？北方广大人民为了保持对宪法和联邦的忠诚，做出巨大的努力来克制自己的情绪。我的理智和情感促使我去反对奴隶制的蔓延，因为我没有理由不去反对它。如果为了这点事你我之间不得不产生分歧的话，那我只能听之任之了。你信里说，如果你是总统，你会让人把堪萨斯州暴乱的首领抓起来绞死。如果堪萨斯州是正大光明的投票反对成为蓄奴州，那么就应该对此予以承认，不然联邦就得解体；如果投票并非是正大光明的，那么就又回到同样的那个问题，到底是否认它呢，还是解散联邦呢？……你说，堪萨斯州是通过光明正大地投票成为自由州的，对此，作为一名上帝的信徒你会感到无比欣慰。可是所有正直的奴隶主们都这样说，只是不这么做……我觉得我们堕落的速度之快可谓罕见。在建国之初，我们还曾宣扬'人人生来平等'，而现在，我们谈论的却是：'人人生来平等，黑人除外'；恐怕不久后，它又会变成：'人人生来平等，黑人、外国人和天主教徒除外。'如果真到了那一步，我宁可到一个并不自诩是什么自由国度的国家去流浪，比如俄国，在那里，至少专制就是专制，没有一点假仁假义。"

林肯此处谈到了情感与理解，当他就像将来去说服千千万万的民众一样，在这里试图说服一位老朋友时，他没有用突发的激情让自己或是他人感到害怕。当然之所以这样，是因为他曾作为一名贫穷的白人惨淡经营了数年，而且他也清楚自己的祖先曾遭受何种失败。有时，那个南方外祖父遥远的影子肯定也发挥了微妙的作用，他曾让林肯的外祖母——当时的那个一贫如洗的白人少女怀上了孩子。这或许就是林肯智慧的源头！当他多年以后又回想起他在船上听到的那叮当作响的锁链声时，当时伴随着它的提琴声、乐声以及奴隶们的歌声荡然无存，占据他心灵的不再是同情，而只是一腔愤怒。那是人性的呼唤。

他毕生追求公正；正义感是那样深深地根植于他的内心，以至于有时人们甚至会觉得，与解放黑人相比，他似乎更愿意教育白人们如何做到公平行事。他对公正的膜拜几乎达到了盲目的程度。为此，他甚至会无视自己的愿望和情感：比如他认为，既然道格拉斯的草案已经获得通过而成为了一项法律，那它便理应被推行，也就是说，堪萨斯州因此便完全有理由宣布自己为蓄奴州了；或者如果斯皮德为蓄奴制辩解，那就该批驳他的观点，尽管他是青年时代唯一一个与自己同甘共苦的人，而且现在也仍是自己的朋友，像阿喀琉斯一样真诚，一如既往的真诚。然而此时的林肯却必须要做出重大抉择：热爱祖国和热爱自由，到底孰轻孰重。他不能做出任何混淆黑白的评断，也不能把自己变成自己家乡的批判者。同期，他曾在一封信中写道：

"当我们作为英王乔治的政治奴隶把自己解放出来的时候，我们把'人人生来平等'这句箴言看作是毋庸置疑的真理。可现在，我们对此厌倦了，也不担心自己会沦为奴隶，于是又开始贪婪地梦想着能成为奴隶主，并把完全相反的箴言当成了不言而喻的真理……在我们美国的奴隶主们还没有自愿放弃他们的奴隶之前，恐怕就连俄国的沙皇都已经放弃王位，宣布他的臣民自由了。"没想到，仅仅几年时间，林肯关于沙皇的预言真的应验了一半，因为欧洲刮过了一股新的政治潮流，新世界从旧世界吸取的教训如今发生了反作用，并让旧世界产生了变革。

一次，林肯讲话时脱离主题，谈起了白人的等级问题，从中人们也能听到同样的想法。给农民们演说时，林肯表示自己反对大庄园的存在，因为它就像是规模过大的重型武器和重型机械一样不够灵活，他认为在这片土地上没有人需要一辈子当庄稼汉，最后还总结说："劳动先于资本，因此不依赖于资本。资本是劳动的果实，如果没有先前的劳动，资本便不可能存在。劳动可以没有资本，但资本却不能没有劳动。所以劳动远远高于资本。"同时，他在演讲中也揭露了奴隶主们深藏不露的生财之道，揭开了他们发家致富的秘密：奴隶主们甚至无需拥有大量土地，仅仅凭借自己众多的奴隶，他们就可以向别人炫耀财富。"蓄奴制是这世间最可耻，又最可以炫耀的财产。年轻人相亲时，他们唯的一个问题往往是男方或女方家拥有多少奴隶。拥有奴隶的渴望吞噬了所有其他世俗的东西。"

认识到这些问题的根源后，林肯也曾动过暴力解放奴隶的念头，但最终还是打消了自己以及身边朋友们的这种想法。而之所以这样，还是因为他的稳重和谨慎。虽然赫尔顿一直都企业说服林肯，但林肯始终没有成为像赫尔顿那样狂热的解放者。只要一有时间，他便提醒大家："在一个多数人通过投票依照法律管理的民主国家里，起义暴动和浴血战斗是违宪的，是极端的和不公正的，这样做是犯了叛国罪……我们还是到选举投票箱前面去搞一场革命吧！"

不过尽管如此，他还是以自己的方式行动起来了。当大多数律师都避免为黑人辩护的时候，他无视别人的不满一连接了几宗黑人的案子。一个自由黑人妇女的儿子作为水手随一艘轮船去了新奥尔良，在那里因为没有证件表明他是自由黑人而被抓了起来，轮船直接丢下他返航了，而无助的他则被非法当作奴隶。于是，那位母亲来到了斯普林菲尔德林肯的办公室，向他求助。为此，林肯去拜谒了四个州的州长，却没人愿意过问此事，原因是，在当时的节骨眼上，谁都不愿意因为一个黑人而拿自己的乌纱帽去冒险。于是林肯组织了一次募捐，把筹到的钱寄给了南方的一位朋友，让他赎回了那个小伙子，就这样，黑人小伙子终于重获自由返回了母亲身边。

十一、风云激荡

时隔五年，道格拉斯的困境和他的出现又唤醒了林肯沉睡的斗志。由于希望把事情做得更好，同时也出于对那个由于私利而出卖了事业的人的不满，另外还因为那种道格拉斯仿佛生来就是要与他为敌的宿命感——道格拉斯有的，林肯都没有，而林肯有的，道格拉斯则没有——使得林肯做出决定，要充分利用道格拉斯目前在党内地位被削弱的时机同他竞争参议员的职位。在背后，他对这个对手的评价是"自由是最危险的敌人，因为他最诡计多端"；林肯还提到："一座金字塔极不容易被推倒，我们只能削弱它，而这就是我现在的目标。"他写上面这段话时表现出的自信不同寻常。他坚信自己比任何其他人更有前途。此后他还试着给大人物们写信，以便实现自己的这个目标。

欲望的火焰也在玛丽胸中熊熊燃烧起来，成为参议员夫人是她梦寐以求的；她希望能再去华盛顿，比以前更加风光，更受尊崇，生活也更优裕。因此，在丈夫此次以及下次的竞选过程中，她都勇敢地站在丈夫的身边支持他。只不过，他没有加入民主党这一点仍旧让她感觉不爽，因为这个党派的人历来德高望重；此外，按照气质和受教育程度来说，它的党员也跟玛丽本人更加相似些。在写信给姐姐时，玛丽说："你别以为林肯跟他党派中的很多人一样是个什么解放者。他还差得老远呢，他只不过不愿意看到蓄奴制继续扩大罢了。我的心思恐怕太过于南方化了，因为除了和民主党人之外，我跟别人都难以产生共鸣；我始终都是南方的拥护者……还有，在肯塔基，你们也受过那些疯子们（仆人们）的慢待吗？我们这里的家庭主妇们可得经常受她们的气！"

像过去那次一样又是关于奴隶：这个醉心于权力的女人在书信里的两次简短的抱怨都源于和仆人们的摩擦。

林肯总是抽出时间参加党内活动，从中学到了很多过去不懂的待人接物的技巧。当"保守派的报纸"在斯普林菲尔德给一个社会团体形成了过多的影响，而这个团体却没有意识到其中的危险性时，林肯尝试着用计谋打破了那份报纸的影响。他把一家南方报纸上的一篇极力赞颂蓄奴制的文章转给了那家报社的编辑，并诱使那家报社公开发表了这篇文章，通过这么一个恶作剧，一夜之间这家报社的声誉便一落千丈，过去的很多粉丝纷纷弃它而去。

　　党派间的界线日益模糊；辉格党也搞不清楚他们的影响力将来会有多大。有一半的民主党人，无论是在伊利诺伊还是在其他地方，都开始筑地为营攻击道格拉斯，反对蓄奴制。这使得林肯的处境发生了逆转。最后，大梦初醒的民主党人迫使本党提名了另一个候选人，他就是林肯的老朋友——反对蓄奴制的川布尔。或许是因为害怕党派四分五裂，自己无功而返，林肯放弃了这次竞选机会，并推荐了辉格党的一位朋友代他竞选。于是，玛丽原本为林肯的当选而准备的宴会便成了川布尔的庆功会了。

　　究竟是什么原因让林肯退出选举的呢？要知道，作为普通人即便做得再多也都抵不上参议员反对蓄奴制的一票呀！或许是因为，他不愿因此而以一个机会主义者的姿态为民主党人的分裂推波助澜？再或者是因为，他已经凭借某种政治家敏锐的目光预见到了旧党派——也包括他所在党派解体的危险？无论他的想法如何，总之他写下了这样一段话："我对自己的放弃深表遗憾，可是我还没有失去理智！"

　　两年以后的下一次总统竞选是众人关注的焦点。几年来道格拉斯就一直在为此暗暗使劲。民主党色厉内荏，而辉格党则也沦落到了濒临解体的境地：最后人们决定组建一个新党。两个老党派里的"自由工人"和反蓄奴制的党员们在美国一批精英的倡导和组织下联合起来。他们自命为共和党，以表示将继承杰斐逊的遗志。二十年来杰斐逊一直都是林肯的偶像。他们选择费城作为党派成立的地点，是要彰显该党派乃是建立在宪法基础之上的。约翰·弗莱芒特这位伟大的英雄和冒险家、开路者和先锋人物被推举为总统候选人：无论外貌还是年龄，阅历还是思想，他都和当时民主党派候选人，年迈的布坎南旗鼓相当。

　　在共和党成立时，林肯的德高望重不言而喻：共和党其实就是他的党派。从一开始，人们就有这种强烈的感觉，以至于在费城这个他个人影响力并不大的地方，他也差一点被提名为副总统的候选人。他认为，在自己个人人生轨迹上，是命运安排他走到了今天这一步。道格拉斯的野心孕育出堪萨斯的法律，导致了大妥协案的瓦解，又引发了民主党内的危机，为新党派——共和党的成立推波助澜。而建党初期这个新成立的党派却在很大程度上依赖于林肯强大的支持。这样一来，等到党派成长起来之后，林肯便也可以顺理成章地站到它的顶端了。这种权力并没有任何头衔作为标志——因为林肯甚至没有成为哪怕是最小的某个委员会的主席——建党前后，一个机会不经意地落在了他的头上，一个刚刚成立的委员会提名他为伊利诺伊州州长的候选人。

所有人，也包括他本人都清楚地知道，这是通往总统宝座的重要一步。可出人意料的是，他却拒绝了这一提议：“如果我当选了，那么民主党人就又会说，你们成立的共和党只是想让辉格党死灰复燃而已；即便当选了，我也还是个辉格党人的代表，建立共和党的新思想便不复存在了。”于是他推举了一位完全可以为共和党取胜的上校做了候选人。这种审慎，在林肯身上表现出来并不会让人感到意外，其中所包含的似乎不再仅仅是谦虚和睿智（当然后者的比重可能更大一些）；从各种各样的事实中人们可以发现，他现在是那样自信！

因为他已经是第四次为总统竞选进行宣传（当然也是最后一次），所以许多城市包括布鲁明顿都邀请他去演讲。他在布鲁明顿市进行的演说很可惜没有被记录下来，这事出有因：林肯讲了几分钟后，所有报社的记者便都扔掉了手中的笔，呆呆地听着。他们受到的震慑是那样强烈，就仿佛当年海伦出现在特洛伊的城墙上时一样。荷马不就是通过描写当时坐在城前的男人们的表现来描绘海伦美貌吗？这次演讲的所有在场者都这样描写了林肯，他看上去仿佛正在接近人生中的危机。开始有些犹豫，后来变得十分坚定：他挥动着双臂，从后面走到台前，慢慢地双手叉腰，面色苍白，目光如炬，声调激昂，在场的所有人都相信，这个人将来肯定会干出一番大事业；“是的，一时间他居然像个神灵一般踮起脚尖。”一位法官这样写道，“对我来说，他是我曾见到过的最摄人心魄的人。”

他之所以如此激动，原因在于南部正有一场运动在迅速蔓延，那里的人们公然叫嚣着要脱离合众国。林肯凭借自己与生俱来的预测能力，预见到了这次运动的危险性。他担心其后果会无法收拾，所以一心希望能及时阻止南部脱离联邦。在这次演说中，林肯所讲的更多的是合众国而不是蓄奴制，为此他的口吻更像是警喻式的而不是说服式的。这座小城的人们都想抓住时机，去听一听他关于民族价值观的先见性的言论，因为一般情况下，这些只有在华盛顿那封闭的内阁会议里才听得到。的确，他所讲的内容人们不仅理解了也欣然接受了；那些经济和道义方面晦涩的问题在林肯的话语里都演变成了一个个基本的生存问题。布鲁明顿人第一次听到了头顶的阵阵雷声，掌声和喝彩声掩饰不住人们喜忧参半的心情。"我们不会脱离合众国，你们也休想强迫我们这么做！"最后，林肯仿佛面对着敌人一般吼出了这句话——在那之后，他无数次使用这句话表达内心的愤慨。

不久，这次演讲的内容便传遍了整个伊利诺伊州，人们都想拜读这篇讲稿，却不能如愿，几个听过演讲的学者当时这样说道："一个新的总统正在这里成长壮大！"

十二、新的征程

布坎南当选了总统。民主党再一次获胜，但它却也不得不眼睁睁地看着自己原本高达四百万选民中的一百三十万人加入了和自己对立的新党派，这无疑给了他们一个响亮的警告，美利坚民族的精英们在为着不同的目标奋斗。爱默生、莫特利①和诗人朗费罗之所以没有去欧洲，就是希望能在这里投上自己反对蓄奴制的一票。坐在新的参议院中的领导人物蔡斯，一个明理而又坚定的人，年纪尚轻，目光炯炯，也曾写下赞颂自由、反对奴隶制的宣言。坐在他旁边的赛华德，一个高大瘦削的人，野心勃勃，不可侵犯，锐利的目光总能发现潜在的对手。他们对面坐着的则是那些多年以来为大妥协案的延续做出过努力的政治精英。

他们中最伟大的一位是萨姆纳，他的思维比其他人更加敏捷，他是哈佛大学的法学教师，曾在欧洲深造；充满激情，无所畏惧，和林肯一样有着强烈的法律意识和正义感。当他们热火朝天地讨论堪萨斯法以及竞选的

---

① 莫特利：（Mottly，1692—1750）英国小说家，主要作品有《约·米勒笑话集》。
——译者注

内幕时，他们的激愤影响了众人。当萨姆纳痛斥一位来自南卡罗来纳州、参与了堪萨斯罪行的参议员时，一个议员拔出手枪走入下议院，另一名参议员则荷枪实弹地公然走上讲台，对他进行威胁，然而他仍临危不惧，不为所动。但不久之后的一天，萨姆纳的外甥布鲁克斯瞅准时机，在参议院里突然袭击了他，一棍子打在他的脑袋上，他立即昏厥倒地，此后瘫痪在床，长达五年无法正常工作。

　　不过人们谈论得最多的是最高法院院长在那段时间做出的一个判决。一个南方奴隶主带着他的奴隶们举家迁往西北方的另一个州。对这次搬迁，有一个奴隶知道的比他的主人希望他知道得更多。这个奴隶知道，他们现在生活的这个联邦州没有蓄奴制，他和他同为奴隶的家人理应获得自由。一位律师为他提起诉讼，这一案例经过层层法院判决，最后摆在了德高望重、博学多才以及合众国地位最高的托尼法官面前。华盛顿一直以来的风气、社会团体的意愿以及包括总统在内的人们对南方奴隶制的纵容，影响了他和其他高级法官的判断。尽管他们终生都应是法律的监督人，就如同圣火的保护者那样神圣，最后却是做出了这样的裁决：黑人无权提出诉讼，国家议会以及州议会都无权禁止任何人进口奴隶。这起"德雷德·斯科特裁决案"在决定这名奴隶自由的同时也决定了美利坚合众国的自由。整个北方愤怒了，而南部却欢呼雀跃，他们发誓如果北方不承认这个判决有效的话，他们就立即脱离合众国。这段时间，人为强行通过的堪萨斯州宪法虽然得到了参议院和总统的获准，但下院却没有接受它，而那个新的联邦州更是面对抉择进退维谷，不知道自己施行这项法律之后到底还能否加入联邦，所以骚乱接二连三。

　　不过不久后，仿佛两道闪电划过天空，这片土地上的局势一下子明朗起来，各个领袖都清楚了自己属于哪个阵营。只有一个人举棋不定地站在左右两派之间：他就是道格拉斯，他陷入了自己左右逢源的人生轨迹中最艰难的境地。怎样才能让他的"人民主权论"和"斯科特裁决案"联系起来并且能自圆其说呢？面对堪萨斯州层出不穷的暴力事件，又如何能既让伊利诺伊州的选民们在明年的选举中支持他竞选参议员，同时又使南部在今后的大选中支持自己竞选总统呢？此时此刻，他无论如何也不想再在黑奴身上做文章了，堪萨斯州事件给他带来的损失已经够大了。最后他决定，设法挽救北方的民主党，并在执政观点上做出 180 度的大转变：在演讲中他开始反对堪萨斯州宪法。道格拉斯这一举动的第一个风险便是可能导致政党破裂，他所在的那个党派的领袖和由道格拉斯协助登上宝座的现任总统之间正在明争暗斗；第二个风险在于，此时的他要么会失去华盛顿的支持，要么会失去伊利诺伊的选票；而由于在参议院选举中道格拉斯就已经因为失去了华盛顿选民的支持而失利，所以这次他决定争取自己家乡的选票，于是匆匆赶回伊利诺伊，以稳定那里的人心。

在重重困境中，为了实现自己的目标，道格拉斯需要更多的青年选民支持他，而这正是他缺少的。在他进行了那次转变致使民主党人颇感意外而对自己敬而远之时，共和党人转而以为，可以利用他的声望和天赋达到自己党派的目标，于是想把他拉拢过来。格瑞利——《纽约论坛报》的发行人、北部最有影响的记者、赛华德以及其他新英格兰的领袖人物一直担心本党会被某些极端分子误引入反蓄奴制的阵营，希望通过道格拉斯的领导保证本党的温和路线，维持和南部不温不火的关系。他们认为，国家事务、社会安定以及整个联邦的存在都有赖于此。格瑞利首先指出新政党目前的立场过于感情用事，而一个政党是需要一些务实精神的，于是建议伊利诺伊州党内的读者选举道格拉斯，以便通过这种殷勤之举把道格拉斯拉拢过来。

面对他的举动，林肯生平第一次向他发起了猛烈地攻击：作为左派共和党人的领袖，林肯警告说，不能通过这种阴谋诡计来破坏年轻政党的纯洁性。"格瑞利的所作所为对我不甚公平。我是一个真心的共和党人，一直站在战斗的最前沿。而现在我却看到，他站到了道格拉斯那个典型的妥协者一边，那个人过去是南部的打手，今天又成了它的敌人：格瑞利真的是想把这样一个人送到我们政党的最前沿去吗？对，道格拉斯的政治技巧和经验可能弥补了格瑞利信念上的不足，以至于他认为道格拉斯的参选会比我们当中某个稍逊一筹的人参选带来更多的好处……"

"《纽约论坛报》不断吹捧、赞美道格拉斯到底是什么意思？这难道是华盛顿共和党人的心声吗？难道他们认为牺牲我们伊利诺伊的人，就能最好地促进共和党的事业吗？如果是这样，我们希望立刻知道，我们马上投降是不是可以节省更多的精力和时间呢？迄今为止，我还没听说过有哪个共和党人倒向道格拉斯，但如果《纽约论坛报》继续喋喋不休地向伊利诺伊的五千至一万名共和党读者赞颂他，那恐怕就不能指望所有人都能站稳立场了。"

"我不是在抱怨。我只希望了解一下具体情况。来信请寄斯普林菲尔德。您恭顺的仆人。"

此情此景，林肯重新成为一名斗士！这是从内心深处爆发出的愤怒。凭什么让他去支持那个狡猾无赖之徒？读到这些信函的人——这些信件甚至被传到了华盛顿——无不对这个斯普林菲尔德的大个子律师的抗议深表诧异，他怎么敢公开反对道格拉斯？人们无法理解，看着自己的宿敌要摇身变作自己的同仁，并得到大家的偏爱时，林肯那蛰伏已久的雄心产生了种种不平和怒气。把道格拉斯作为敌人他尚可以忍受，那可以激发他去和他展开辩论，一争高下；而把他作为高他一等的同仁一道去反对奴隶制，他却无论如何也无法接受。

这还是那个年轻且坚不可摧的政党吗？如果这个政党对党派领袖之间的相互倾轧熟视无睹，态度不清不楚，林肯又怎么能不把这个政党看作既无能又不和谐呢？林肯派了亲信赫尔顿去探听消息，目的不是为了监视那个对手，而是为了观察党内同仁们的动向。赫尔顿的东部之旅带回了一些有价值的信息。赛华德野心勃勃；格瑞利则为了私利而耍弄手腕，他将在总统大选之后推举一名新的总统候选人。林肯的这一举动使得斯普林菲尔德的党内人士公丌指责他对纽约不信任。而正准备参加参议员选举的林肯，这时不得不出面证实，他没有针对赛华德做过任何手脚："我没有加入任何组织，未作任何建议来企图左右下次总统大选以及我们州州长选举的候选人。我此间既没有直接也不曾间接向任何人寻求帮助或是取悦于任何人……现在我们要做的只是摆脱彼此之间毫无理由的猜疑，别无其他。"

十三、阿姆斯特朗案

面临政界众多的不确定因素，林肯不得不把大半精力投入到自己的律师业务中去。也恰恰是这一阶段，在他即将退出律师生涯时，他受理并打赢了很多官司，名气越来越大。而在不久后的政治斗争中他也会从中受益。在国家铁路与财政机关的一场诉讼中胜诉——可能是他律师生涯中最引以为傲的一次胜利，这让成千上万的选民认识了他；而后他又出现在一场命案审判中，命案所涉及的双方都出身本地名门，两家是世交甚至结了亲。由于政治上的分歧，在一次争论中一家的一个年轻人杀死了一个来自另一家的年轻人。林肯为杀人犯进行了辩护。这个人是卡特怀特的孙子，二十年前，卡特怀特曾在选举时以林肯不是基督徒为由攻击过他。但现在，当这位老者出现在法庭上给孙子作证时，已是两鬓花白，颤颤巍巍了。辩护律师以平缓的速度向这位宿敌询问了当事人过去的经历、习惯以及爱好，直到确信通过这次审问，情况变得有利于被告为止。最后，被告被无罪释放了。

这种酒后由于政治分歧而造成的杀人案当时在西部相当普遍。一天，林肯在报纸上读到附近一个小地方发生了一场斗殴，两个年轻人在一次庆祝活动后杀了人，其中的一个因故意杀人罪被起诉，并显然对罪行供认不讳，随即被判了刑；而另外那个年轻人虽然也被法庭认定犯了罪，入狱后却对罪行死不承认。这个年轻人姓阿姆斯特朗，看到这个姓氏，林肯吓了一跳，难道这会是他那个碌碌无为的老相识阿姆斯特朗的儿子吗？不久这一点就得到了证实。林肯想起了自己二十岁时作为船夫第一次来到纽萨勒姆时的情景，在拳击场上他曾打倒了全村最强壮的汉子。几乎所有人都因此对他嗤之以鼻，可那个被他打败的人却出面替他说话；于是二人成为了朋友。后来林肯又成了他们家的常客，那家人待他亲切友好；当他因为安娜的去世而精神恍惚，蹒跚着从墓地回到村子的时候，他曾看到那位老朋友正坐在院子里，用脚踢着摇篮晃来晃去。昔日摇篮里那个孩子想必就是今天这个被指控为杀人犯的年轻人吧。

"亲爱的阿姆斯特朗夫人，我已经听说你们的事了，听说您的儿子由于谋杀而被捕。我几乎不能相信，他会做出这种事来，这应该不是真的。无论如何，我希望能对此做出公正的判断。在我度日如年的时候，你们的友情让我如沐春风。当时你们家是我最好的避风港，而且无需金钱与回报，为此，现在我愿意免费提供自己的微薄之力帮助你们，聊表我对您和您已故丈夫的感激之意。"

一个是外省的律师，一个是二十年来未曾谋面的穷寡妇，为了报答对方在自己穷困潦倒时给予自己的友谊，林肯再次本着人性中的善意做出承诺。没有一句多余的感情用事的话，经过深思熟虑略去了所有自我表白的语言，把免费的栖居之所和免费的辩护相提并论，将后者作为前者的补偿。他知道自己是在和一个农妇讲话，于是他的口吻和立场就应该像个农夫一样。他就是以这种方式努力地同人交流，与人为善的。

为了这个案子他必须认真谨慎地做准备：尽量找一些年轻人做陪审员，先与证人们友好地进行交谈；此外还得把审判挪到邻近的一个城市进行，因为在本地，几个星期以来舆论就开始谴责这个被告，他在这里声名狼藉，而主要证人的名声却很好，因此在本地，这场官司不容易打赢。此外，林肯还发现那个主要证人对被告颇有敌意。当证人再次发誓说他如何看到阿姆斯特朗一锤砸在死者的脑袋上，给了他致命一击时，林肯问道，晚上十一点的时候，在茂密的树林里他怎么会看得那么清楚？

"我是借着月光才看清的。"

林肯让助手取来一本历书，打开看了看又还给了助手。审判继续。阿姆斯特朗的母亲提心吊胆，泪流满面，这时林肯走到她身边说："别担心，汉娜！你的儿子在太阳落山之前就能重获自由了！"汉娜坐在那儿抬头看了看高大的林肯，将信将疑。而后又轮到林肯说话了，他缓慢而谨慎地一一指出证人们证词中的矛盾之处，和缓的语气让人感觉他好像正在酝酿着什么，当他讲到主要证人时，他再次让人拿出历书，向陪审团证实，事发当天晚上是阴天，根本不会有什么月光，在一片黑暗中，主要证人是无法从远处看清被告的举动的。

而后，林肯话锋一转，开始谴责证人，指责他作伪证，还差一点让一个无辜的年轻人沦为谎言的牺牲品。在他的一番话之后，那个证人羞愧难当之下，跟跟跄跄逃出大厅。在场的所有人都震惊了。这时，这位辩护律师又揭开了被告的身世，描述了他父母的人品以及他们对自己的友情，所有人都被感动了。最后就像他向那位母亲许诺的那样，傍晚之前被告就被无罪释放了。

当时，这个事件很快便传开了，但直到林肯遇刺很长时间之后，人们才从这件事情中悟出了林肯对普通百姓的爱心。是的，命运必将把诱导、机会和经验赋予命运的掌舵者。一场命案，由一位知名律师辩护并获胜，这件事说大也不算大，这位律师的口才不久就会被遗忘；然而那封反对道格拉斯的信中所显露的激情却让人印象深刻。如同在讨论蓄奴制问题时一样，林肯在其他场合也越来越多地展示出演说家雄辩的口才。同样一种信念在今天让他设法解救了一个无辜的人，几年之后又让他给了上百万黑人自由：这种信念我们可以称作是一种务实的理想主义，永不放弃正义和理想，但同时又只在实际形势许可的范围内谋划，只有这样才能将宏大的理想一步一步踏踏实实地付诸实施。林肯平稳持重，擅长于措助扎实的论理，步步为营地揭露对手的谎言。同时，他知道如何隐藏自己的个人情感，因为他认为情感是只可意会不可言传的，他在公众面前总想表现得理性和客观。如同他成功地在太阳落山之前释放了年轻的阿姆斯特朗一样，在自己的日暮之年，他也将把自由赋予所有奴隶。

他的智慧和忧郁，他的正义和日益增长的影响力正和年迈的扫罗王[①]颇为相似。他仿佛在隐藏自己浑身洋溢的那种足以震慑他人的力量。他让自己去依靠人民，在街道上仔细倾听民众的言论，在店铺里闲坐时，询问他人的观点并陈述自己的想法。他简直就像是个微服出访的国王。不过，坐在众人当中的他却仍被一种巨大的孤独感占据着，他需要寻找一个年轻的大卫[②]，减轻自己肩上的重担，而不久之后他的确找到了这样一个人，那就是拉蒙特。拉蒙特比他小二十岁，南方贵族出身，宽肩膀，神采飞扬，一头总是油铮铮的黑发，小络腮胡。林肯是在流动法庭上认识这个小伙子的，

---

①　扫罗王：《圣经》中杰出的军事统帅和铁腕统治者。——译者注

②　大卫：《圣经》中的伯利恒人耶西之子。有勇有谋，多才多艺。为扫罗王弹琴作乐，消愁解闷。——译者注

随后便任命他做自己在一座小城里的代理人；这师徒二人在一起时好像很少谈及法律问题，更是从未谈过政治，因为这个年轻人的观点更接近他家乡弗吉尼亚的奴隶主们。

不过尽管如此，水手的船歌，樵夫的小调以及农夫的小曲，这个年轻人无所不知。于是，他们二人就仿佛是一个行吟诗人和一位故事大王，或者一个歌唱家和一位思想家并肩而行。他们之间仿佛隔着一个世界，但在另一个世界里心灵相通。人们常常看到这两个仿佛没有共同理想，也没有共同目标的绅士整晚坐在一起，海阔天空地聊着，扫罗王知道自己需要大卫做些什么，两人交往的过程中，他还满怀诗情画意地给这位朋友起了个可爱的名字，叫"黑尔"。当林肯陷入伤感、灰心丧气或者精疲力竭的时候，当那终生陪伴他左右的忧郁仿佛又抬起温柔的双手开始抚摸他时，他就会用恳求的目光看看乐呵呵的"黑尔"，让他拿起班卓琴唱几首歌，或是民谣或是草原小调，或诙谐或严肃，或悠扬或顽皮，而后他的心情便会慢慢好起来。有关自己使命的问题总是不断地困扰着他。身边既没有美酒也没有女人，既不喜欢玩闹也不会吟唱歌曲的他，只是终日沉默，幻想自己也有过一个美妙的青年时代。

十四、大辩论（一）

"一幢布满裂缝的房子不可能久立不倒！"林肯铿锵有力地在本城人头攒动的一个大厅里喊出了这句圣经式的话。在这之前，朋友们曾奉劝他在演说中把它删掉：因为它听起来就像战鼓声一样，太具有挑战性了。可林肯却回答说，在奴隶解放问题上"你们难道不是更极端吗"？他之所以表现得如此激动，是因为当时道格拉斯也在伊利诺伊演讲，他的演讲圆滑而空洞，让林肯十分气愤。望着大厅里惊讶的听众，林肯继续说道："我不认为这座房子会倒塌或者说联邦会解体，但是我却衷心希望它能停止分裂。它要么全部变成这种东西，要么全部变成另一种东西……这个国家不能长期维持这种半奴隶半自由的状态。"而后他提出要让当时并未在场的道格拉斯明确解释，他是如何看待堪萨斯以及德雷德·斯科特事件的；并要求他在全体美国人面前坦白，他到底是想看到蓄奴制被控制住还是希望它继续蔓延。不过，同时林肯也对暴力解放者的理论表示坚决反对。因为后者主张应该用武力去干涉对奴隶的追捕，而这并不合法。他强调说，既然斯科特裁决案是合法的，那就只能通过法律途径来与奴隶制斗争。

他尝试用一种新的方式来表达自己的想法："我要对那些荒谬的逻辑表示抗议，有人说我不希望某个黑人妇女沦为奴隶，就是企图娶她为妻。其实除了希望她能够平静的生活之外，我根本别无所求。我也承认在某些方面她与我不同；但是我们却享有相同的权力，也就是，我们理应不必乞求任何人便可以吃到自己劳动所得的面包，在这一点上我们人人平等。如果当时斯科特和他的儿女们获得了自由，那么他们就能同我们一道参加自由的选举。然而可惜的是，他们的自由因为要保全奴隶主的利益而被牺牲了。现在有百分之九十的黑人正在受到这种不公正的待遇！但，我们人民的血液却注定要和黑人们的鲜血水乳交融！"

1858年，林肯和老对手道格拉斯为党选参议员而展开了为数十场的大辩论。这幅图即是林肯在伊利诺伊州的一个城镇中对民众发表反奴隶制演说时的情景，对手道格拉斯就坐在他的右边。

林肯的话掷地有声！听众们的激情被点燃了。不久后这篇斗志昂扬的演讲报告便传遍了全国。林肯知道它的价值。他不无兴奋地说道："如果我得一笔划掉一生所做的所有演说，只保留一篇的话，那就应该保留这次演讲。"他强烈地预感到，一场变革正在酝酿当中，而他也学会了以历史的眼光看待自己的发展。

就连道格拉斯也感到了这次演讲的历史性意义。他仿佛越来越清楚面临的危机了。他的秉性让他开始竭力避免与林肯作公开辩论。"全国人都知道我，也了解我的能力，和我相比，林肯的名气还很小。一旦我在这场辩论中输了——毕竟他在很多人当中绝对是佼佼者——那么我就失去了一切，而他则会赢得一切。即便赢了，我能获得的也少得可怜。所以我宁愿不去参与这种事。"

公开场合中他换了一种论调，解释说：林肯不过是暴力解放分子中的一员；而那关于"久立不倒的房子"的言论，林肯显然是在与国家一半公民的意志为敌，想以此挑起不和与分裂云云。对于这种歪曲事实的污蔑，林肯在一次演讲中进行了反驳："我等待着死亡，然而这却和故意去找死完全不一样。""林肯先生真是一个友好、有爱心的聪明人"，道格拉斯如是说，他又错误地理解了林肯的话。

在这种情况下，林肯做出一个决定——这在美国历史上还是头一遭：他向道格拉斯发出挑战，要和他展开一场大辩论，一决雌雄："您如果觉得合适的话，我们可以确定一个日期，在共同的听众面前进行辩论，这样可以同时节约您和我的时间。如果您没有异议，给您带去这封挑战书的贾德先生已接受了授权，随时可以同您共商辩论的条件，并带回您的答复。"这一举动既大胆又聪明，因为这样一来林肯便可以轻而易举地挖走道格拉斯的许多听众。道格拉斯当然觉得，这样对自己一点儿都不合适，他先是绕着圈子说：他已经把民主党人集会演讲的时间、地点确定好了，他很奇怪，为什么林肯没有早一点提出这个建议；而后他又假装建议了许多城市。林肯先是抗议对方字里行间对此建议不公平的指责，而后，他就选出了七座城市，接受了道格拉斯提出的辩论日期："至于其他细节问题，我希望我们能够保持联系，我愿意同您讲同样长的时间，我们可以轮流演讲。此外，我别无他求。"

他们这场为竞选参议员展开的辩论在渥太华拉开了序幕。辩论场地是一块露天的平台：道格拉斯讲了一个小时，林肯讲了一个半小时，而后道格拉斯又讲了半小时。数千名听众涌到这里来观看这场不寻常的竞赛，不但整个伊利诺伊州都在对此进行报道，电报机也把这次活动的消息传到了其他联邦州；第三个回合之后，整个国家都为此沸腾起来，人们纷纷问道："台上的那两个人是谁？"

只稍看一眼坐在一处的这两个人，便会发现他们肯定是水火不容的。其中一个是人们称作"矮子"的大人物，身材十分矮小敦实，宽胸脯、宽肩膀，巨大的脑袋，强壮的颈项，顽强而有冲劲，同时又很灵活，甚至几乎可以用优雅来形容；一套合身的西装，华丽的衬衫紧贴在他那圆滚滚的身体上；谈话时，喜欢把那一头长长的略有点花白的头发向后甩去，表情富于变化，双目之间，一条深深的皱纹似乎在显示着他意志的坚强；而那双漂亮的灰眼睛则散发着一种诱人的魅力。只有当他仔细倾听什么的时候，人们才会从那张微微浮肿的脸庞上发现饮酒的痕迹。他的肤色，因为久居城市而显得苍白。再看看他那胖乎乎优美的双手，人们也会理解他为什么会对这里露天的自由空气感到陌生。如果前者的特点是矮小、敦实的话，那么后者则可以被形容为高大、消瘦了。他的鼻子轮廓分明，双目仿佛总在探寻什么，而不是想要去征服什么，面无神采，满脸皱纹；瘦骨嶙峋，穿的衣服都不太合身，或者过短，或者歪歪斜斜，过于邋遢；那双大脚板仿佛在告诉人们他的步履会多么稳健，那青筋突出的大手也仿佛在显示他干过多少的体力活。然而尽管如此，他却通身散发出诗人一般的气质，仿佛一眼就能看透别人的内心。

演讲台上的这两个对手各自的经历又是怎样的呢？四十五年前，道格拉斯在一位医生家里呱呱坠地，童年时代家里生活拮据，后来遭到遗弃，靠干体力活赚钱。再后来，他成了父亲中学里的木匠，开始攒钱读书。二十岁时他成为教师，二十一岁便通过自学当上了律师。由于惊人的勤奋与毅力，他平步青云，年纪不大便进入议会，被认为是最可塑造的后起之秀，受到大家的青睐，并迅速进入首都大人物们的行列。土地投机生意一夜之间让他腰缠万贯，生意与政治两方面的事业在他那里也总能相得益彰。在步入不惑之年以前，他便已经是参众两院的议员，高等法院的法官，国务秘书以及新区委员会的主席了，他的欧洲之旅受到了俄国沙皇和英国女王的接见，是个不折不扣的外交家，上届选举便有望参选。他的前妻是个奴隶主加军官的女儿，婚后不久便继承了她家的遗产。他是在优越的环境中接触并认识蓄奴制的，因此对它持赞同态度，但是谨慎起见，他却把那些奴隶都划归在妻子的名下。妻子亡故后，他续娶了一位聪颖美艳的天主教徒为妻。他的第二任妻子整日生活在南方人的圈子里，在华盛顿的社交界颇为出名。就这样，今天，他成为了民主党的领袖，政府的要人，有钱有势，受人尊敬，同时又优雅有礼，魅力十足，很会取悦女人。

而另一个人，也就是林肯，则是慢慢地从自己经营的小圈子里走出来的。让他走出来的既不是什么野心，也不是金钱欲和权力欲，而是他对自己潜力和优势的了解。当他的对手按部就班，不敢懈怠地搬来一块块石头，垒筑自己成功的阶梯，以便能够更快地独自登上塔顶，饱览风光时，他却总是漫无目的地徜徉在朋友当中观察、提问。当然在他的前方，也总是远远地矗立着一座崇高理想的山峰，但对他而言，那座山峰有些可望而不可即。当他几次接受妻子的建议离开平原去攀缘那座山峰时，不久便会由于阻力而放弃奋斗，转而微笑着自问：这又是为了什么呢？权力和名气能给你带来幸福吗？每一次远征都要以失去内心的自由作为代价，这值得吗？有些人能够独驾轻舟，灵巧地周旋于政党斗争的湍流，最终达到目的；他们会竖起耳朵打听，什么时候要修筑铁路，随即购进土地，请朋友们按照他们的愿望选择铁路的走向，而后再转手卖掉手中的土地，于是一夜暴富。另外一些人却只会买进一个即将倒闭的公司，躺在商店的桌子上看书，坐起身时发现自己已经负债累累，于是不得不花十几年的功夫赚钱还债；他拒绝和朋友争斗，为此失去一个重要的职位，并不得不远离首都和家乡，在泥泞的道路上跋涉，夜宿丁阴仄的旅馆，用滑稽故事把人性的弱点呈现在自己和众人面前。

相较之下，除了他们内心的经历之外，矮小机灵的道格拉斯在所有方面都比人高马大、行动迟缓的林肯更强。就在矮个子炫耀着沙皇和女王的恩宠，以及御前大臣如何向他鞠躬行礼时，高个子还在讲着幻想中国王的故事，而且即便是绞尽脑汁也找不出几个曾给他鞠过躬的人，当然他自己也从没向别人那么做过。于是，前者精确地计算出自己的事业能给自己带来什么样的成功，并放弃了所有遥不可及的目标；而后者则漫无目的地四处游荡，最后又逃回到虚无的理想梦境里去了。青年时代性格耿直的林肯，曾向这个经常卑躬屈膝的道格拉斯借过一百美元，最后林肯肯定是毫无感激之情地又还给了他。到现在为止，林肯只有一次战胜过道格拉斯，那就是他娶到了玛丽·托德，但这只不过是那个女人内心斗争的结果而已，而且，这唯一一次胜利无疑也让林肯付出了很大的代价。

不，无论是过去还是现在，这二人竞争的结果都毫无悬念。道格拉斯胜利了。只要看看他，你就会想，他不正是伊利诺伊的国王吗？他乘坐着专列或坐着专门提供给他的火车车厢，穿行于伊利诺伊州大大小小的城镇之间，一辆装着青铜制加农炮的敞篷车时刻伴随左右。火车每到一个城市都会鸣炮庆贺，它常常鸣三十二响礼炮，以象征当时尚未分裂的三十二个联邦州。在城里等待着道格拉斯夫妇二人的豪车旁边，也并排站立着三十二个骑马的男女，他们会带领胜利的道格拉斯去市政厅或是旅馆；而道格拉斯则只需站在车上，手持礼帽到处向人们问候致意就行了。这时，他心里可能正在暗暗得意："这个州属于我。林肯现在正不得不挤进拥挤的车厢，因为他根本就不是个真正的绅士，城里的官员们是不会向他提供什么专列的！"一次，林肯夫妇坐在一辆货运列车里等候开车，恰好赶上道格拉斯的专列从他们身边开过，这时有人听到林肯自嘲似的说了句："这辆车里的先生一定猜不出坐我们这种车厢的滋味。"他到达目的地的时候，没有礼炮迎接，朋友们是驾着一辆运干草的高大的马车来接他的，那车上没有任何装饰。若是偶尔有人为他奏起铜管音乐的话，那么他们会看到那位被迎接的英雄马上会露出难以忍受的表情。

那个矮个子道格拉斯在演讲之前接见听众时，一连几个小时唇边都会挂着胜利的微笑。他向所有人坦诚热情地挥着手，不像是个尊贵的议员，倒更像是个真正的人民英雄，这位英雄仿佛又认出了他曾经熟识的每一个人，并向他们打着招呼。在此期间，他仿佛在向全世界兜售着他的威士忌，他自个儿也在不停地喝着、吐着，他的夫人则在一旁提醒他不要多喝，否则对身体不利。等林肯到了的时候，周围的人都对他十分冷淡，因为他们认为林肯向道格拉斯挑战简直是自不量力、无理取闹。在这样陌生的环境中林肯是很难取胜的；由于听众很多，他也无法向单个人发问，而到了应该去取悦地方领袖的时候，他也只会像个罗马人似的，僵直地站在一边。

辩论开场时，二人分别登上了讲台，现在就让我们来听听他们都讲了些什么吧！今天是从道格拉斯开始，当他在此之前殷勤地向大家表示问候，用灵活的目光将观众的注意力吸引到自己身上来的时候，大厅里已是掌声四起了。他开始了自己的演说：颈项挺直，声音浑厚、沙哑而有力，口齿清晰，打着手势，富有表情。他那诡辩的逻辑娴熟而且魅力四射，而且恰恰是因为他用的不是俗语，而是一些寻常百姓颇为陌生的言辞，所以他的演讲吸引了所有的听众；在引经据典，咄咄逼人之后，他又忽然变得正直率真，而后又冷静自信，这一切都使得他的听众们就如同是在看焰火一般如痴如醉，忘乎所以了。

他的演讲给林肯的出场造成了很大的压力。于是在道格拉斯之后，人们先是看到一个笨手笨脚的人登上了讲台，衣着不甚合体，精神也不够饱满，脖子上顶着个脑袋，僵直地站在那儿，很有些不自然；两脚叉开，没有丝毫风度可言；垂下的手交叉在身前，转动着自己的手指。如果没有事先的预告，人们恐怕会以为站在台上的是个反应迟钝的修鞋匠呢。林肯用他那种尖尖的声音作了开场白，向他的听众询问了些问题。不过此后，他变得温和起来，声音变得有力了许多，动作也放开了。他把左臂甩到背后，支着右手，右手手背贴在背上，言语间掀起一个个高潮，用脑袋而不是用手臂摆着姿势，而后又仿佛要用那骨节粗大的手指把自己的论据敲打进听众的脑子里去一般。当他把手掌平平向上扬起做了个大幅度的手势，以表示高兴或者晦气时，当他向蓄奴制挥动着拳头，发出无声的诅咒时，他慢慢贴近了听众。在此之后，即便是他含着胸站在讲台的一角也足以给人留下深刻的印象，因为每个人都感觉到了他的存在。

带着一种对对手的认可，他开始了自己的演说；他那柏拉图式的思想和真实的情感，就如同在法庭上一样总能抓住对手的要害。他首先总是努力借助自己的智慧将对手的理论根据给听众们一一列出，以此赢得大家的信任。而后便开始慢慢地分析对手每一个说法的荒谬之处。

仿佛要引导每一个人去剖析对手的理由根据，最后再指出症结之所在一样，而后，他开始以他那清晰的逻辑展开攻击。由于他援引的例子都来自于坐在下面的农民们的日常生活，而他就增生活在这些农民中间，所以他的那种淳朴的演讲风格一下子就牢牢地抓住了农民们的心。他的目标都在情感和道义范畴之内，就像开始时一样，他所选择的途径完全合乎逻辑和理智。

对他在辩论当中发生的转变，道格拉斯先是自信地频频摇着头。而后，因为无法驳倒林肯的论点，他就试图曲解对手的论据，言论虽流于粗俗，但借助朋友们的喝彩仍占据着上风。林肯毫不示弱，他用词巧妙，语言犀利，对道格拉斯的取笑反唇相讥，毫不留情。在这场辩论中，败下阵来的仿佛是道格拉斯这个外交家，而不是林肯这个小律师。在小城市里这位内阁演说家似乎缺乏缺少了用武之地，而另一位庄稼汉却显得技高一筹。于是，如果说道格拉斯吸引了公众，那林肯便是吸引了每一个人。道格拉斯反应敏捷，爆发力强；林肯则虽然反应迟缓，但却后劲十足。听了道格拉斯的演讲，人们会想：嗯，这就是华盛顿的大人物；而面对林肯，人们可能在希望，他们的确应该在华盛顿拥有这样一个属于他们自己的人。

这两个男人，一个会首先取得短暂的胜利，而另一个却将会在今后相当长的时间里大展宏图！

十五、大辩论（二）

命运一步步驱使林肯投身到反奴隶制的斗争中。在开战前夕，人们一想到这场辩论便都不禁会自问，到底有没必要让奴隶问题彻底激化，两个政党中的温和派所希望的调和妥协是否还有可能？到底是不是伊利诺伊的辩论引发了这场战争？因为那场辩论的反响远远超过了其他辩论，其意义比任何议会中的辩论都要深远得多，而且还提出了响亮的口号。不久后，这场辩论的重大意义便为数以百万计的人们所接受。冲突激化了。

"我并不想否认，我也是自私的，"一次辩论里林肯如是说道，"我并不佯言自己不希望进入参议院，不想故作这伪善的姿态。但我要告诉你们，在这个重大的争端当中，无论我或者道格拉斯法官在今晚以后还会不会再次出现在你们的视野当中，被人们谈论，这对整个民族而言无关紧要。"

就连道格拉斯也似乎产生了一种听天由命的情绪，他派人去找自己的对手，捎话给他："请您告诉林肯我的理由、论据，告诉他，现在我已经破釜沉舟了。"平时一贯优雅的道格拉斯能说出这样的话来是多么不寻常呀！他或许仍旧相信自己总是不断重复的那个观点："别人是支持还是反对奴隶制与我无关，那只是个有关美元和分尼的问题。上帝在我们的大洲上划了一条界线，一边的土地一直都由奴隶在辛苦劳动，而在另一边他们则是自由人。"

林肯对这一点的攻击也清楚明白："大是大非的问题必须一清二楚。不是奴隶的人必须承诺不拥有奴隶。谁不让别人获得自由，那他自己也别想得到它！"

说到这个问题时他总是很务实，总会回溯到宪法中去："我认为'人人生来平等'中的'人'这个字眼也包括黑人，因此可以说，蓄奴制触及了我们宪法的底线。在建设国家的过程中，这一宪法原则并没有发展成为国家公民的义务，各个联邦州大多可以随心所欲地自由决定，到底是保留奴隶制还是抛弃它……我们必须制定宪法限制奴隶制的发展，虽然它已经产生，但没有必要在那些没有奴隶的联邦州里让它继续蔓延下去。"而后，他用斯科特裁决案的话题结束了这个话题："过去，奴隶主可以释放自己的奴隶，而今却产生了这样一条法律条文，使得释放奴隶竟然成了违法的事情！"

他继续讲道，道格拉斯的"人民主权论"将蓄奴制变成了全民族的命运，而这必将不可避免地重新导致非洲奴隶贸易的发展，因为蓄奴制和非洲奴隶贸易其实是一回事。

"如果不应当禁止那种就像对猪猡一般地把奴隶们驱赶到内布拉斯加州的恶劣行径，那为什么我们的祖辈们不去惩罚那些猎捕野猪的人，而要对那些在 1820 年以后仍从非洲贩运黑人的奴隶贩子们处以死刑呢？为什么奴隶贩子在南部备受鄙视，甚至于没有人愿意和他们握手，就连他们的孩子也不能接近奴隶主的公子们，只能和小黑奴们为伍呢？如果不是受到了良心的谴责，为什么有那么多的奴隶被释放了呢？暂且抛开'人人生来平等'这句父辈们的箴言不谈，倘若我们现在认为黑人们低人一等，那下一步不也可以说，一些白人比另外一些白人更加低贱吗？……到那个时候，我们宪法的基本思想：王子犯法与庶民同罪，又该何去何从呢？统治者们总说，他们没有统治欲，他们统治民众只是因为只有这样民众才会过得更好，荒谬的帝王逻辑！那不过是高贵种族统治卑微民众的借口罢了！"

演讲中，社会福利的基本思想不断迸发出火花。当道格拉斯谴责北方工人的罢工举动，对为什么工人们不能靠每年二百五十美元的工资生活表示不解时，林肯说："谢天谢地，我们还是生活在一个允许罢工的体制下。"

在辩论过程中林肯很少放任自己的激情。最让他难以忍受的，并不是对黑人们的诅咒，而恰恰是白人内心的惰性：因此，比起那些承认自己罪恶的激进的南方奴隶主，林肯的内心深处更加痛恨道貌岸然的道格拉斯之流。"我痛恨这种事不关己的态度。"在一次演讲中他说道："它削弱了美利坚合众国民众的法律意识；它帮我们的敌人找到借口污蔑我们是伪君子，同时又让那些真正的自由斗士们怀疑我们的正直。"还有一次，他说："如果你们已经习惯于践踏周围人的权力，那你们也就同时失去了自己自由的保护神。因为你们将臣服于你们当中产生出来的第一个狡猾的暴君。如果选举的结果预示，下一个'斯科特案'以及今后所有的裁决都能得到民众的默认，那么历史会告诉我们，你们失去自由的日子也指日可待了。你可能在某些时候欺骗所有的人，也可能在所有的时候欺骗某些人，但你却不能在所有时候欺骗所有人！"

带着这种激情，林肯马上又回归了他一结的讽刺口吻和大众化的描述，这种讽刺和幽默就如同一首谐谑曲一样总是紧随着他那缓慢舒畅的演说。当他想要描述布坎南、道格拉斯、州法院法官以及另一个领袖长期在华盛顿相互勾结时，他使用了这几个人家喻户晓的小名来讽刺他们："当我们站在一堆分别由不同的工匠，比如斯蒂芬、罗格、富兰克林以及詹姆斯加工出来的木头前，把它们拼起来，就会发现它们彼此搭配得十分合适，一根不多一根不少，什么也不缺，真是物以类聚。这时我们不得不相信，这四个人可能从一开始就心照不宣，而且是按照共同的计划进行工作的。"

有时，他想要描述新、旧蓄奴州改变后的境况，便会说："如果我在大街上看到一条毒蛇，会就近找根棍子马上把它打死；但如果这条毒蛇伏在我孩子们的床上，那我即便是把它打伤了，它也会咬到我的孩子们。不过这还不是最糟糕的，若是我发现它正趴在我旁边的孩子身上，那我无论如何都不敢去碰它。而现在，假若我刚刚给孩子们做了一张新床，却有人跑来建议说，要在那旁边放上一只养着蛇的笼子，你们说，这荒不荒唐？"

除了这样形象的对比之外，在讥讽、戏弄和搞恶作剧，以及提出口号并做出恰如其分的回应方面，道格拉斯也可谓高明；只不过林肯技高一筹。就在第一场演说中，道格拉斯宣读了以前的一份内容极端的计划，上面落着林肯的签名，并以此来证明林肯是个极端"解放者"。而事实上这却是个骗局，因为后来那份文件被证明是伪造的。当道格拉斯后来又拿出另一份文件的时候，林肯面对面地对他说，上次那个意外事件之后，再也不会有什么人相信他的所谓"证据"了。一次，道格拉斯故意改换了自己的观点，并对自己过去的观点提出质疑，林肯反唇相讥道："因为我说'你摘下了帽子'，你就立即又把它戴上，并以此证明我是个骗子。"

偶尔，他也会嘲笑对方，会把对手的原则举一反三。道格拉斯说："在白人和黑人之间我选择白人，黑人和鳄鱼之间，我选择黑人。"林肯则反击道："黑人和白人的关系，就如同鳄鱼和黑人的关系。因为黑人有权将鳄鱼作为爬行动物来对待，所以白人同样也有权把黑人当成爬行动物。好吧，您想说的话终于说出来了！"另一次林肯说："人民享有自治的权力，这是道格拉斯先生发明的吗？我想恐怕不完全是。早在哥伦布登上新大陆之前，人民主权就已经产生了。看来道格拉斯没有发明这种主权，那他发明了什么呢？或许是那种让堪萨斯和内布拉斯加的移民自治，而且如果需要的话，额外再去管治一群所谓的'黑鬼'的权力吧？这个理论早在六年前卡斯将军就宣布过了。这样看来，那位矮巨人到底发明了点什么呢？卡斯没有聪明到那种地步，用人民主权来为白人对黑人施行的权力遮羞，他还没有厚颜无耻到企图把鞭笞黑人的权力美化成一种神圣的自治权。在这儿，就让我宣布一下道格拉斯先生的发明吧：他所谓的'人民主权'就是那种在内布拉斯加蓄养和鞭打奴隶的权力！"

看到虚伪的人在自己面前闪烁其词,顾左右而言他,林肯也会变得刻薄。在这种情绪下,若是台下有人冲他大喊大叫,他会愤怒地大声反驳:"我们没有时间纠缠于这种毫无意义的吵闹,我只是想确定事实,免得道格拉斯法官继续在这里不知羞耻地大谈他的改良!"而道格拉斯则继而当众向他发问,为什么在"美墨之战"中向军队提供给养时他投了反对票,但其实事实恰好与此相反——林肯便跳起来从集会者当中揪出道格拉斯最好的朋友之一——十年前,他和林肯曾共同在议会中任职——把他拉到讲台上,大声道:"我不想把这位先生怎么样,只想当众介绍他一下,并向他提个问题,道格拉斯刚才所说的到底是不是事实?"这时,所有人都站起身来,在众人的目光中,那个人不得不否认了好朋友的说法。

林肯讽刺道格拉斯是条"乌贼",引得全场为之捧腹。他说乌贼就是一种小小的鱼,在恐惧时,他会释放出一种黑色的液体,把周围的水搅混,继而在追踪者面前逃之夭夭。是的,他的确是在竭尽全力抨击自己的对手。"道格拉斯参议员有个享誉世界的名字。很久以来,所有虚荣的政治家们都认为,他将成为我们的下一任总统。在他胖乎乎的圆脸上,人们看到了一步步成长起来的邮政部部长、土地部部长、内廷大臣、内阁成员以及大使。人们也看到了他那贪婪的双手攫取的财富。他们那样久久地目不转睛地盯着这个'迷人'的身影,以至于本党内发生了某种微小变化时,他们也无法断然放弃对他的期望。带着日益增长的忧虑,人们围绕在他的身边,为他组织火炬行列,热情地接待他,为他喝彩,比他得志时对他更加殷勤。而我呢,正相反,没有人认为我会当上总统,像我这样一个瘦骨嶙峋的大个子,简直不名一文。这真是我们共和党人的悲哀啊!我们原本应该遵循我们的原则,并且只应该为了我们的原则而奋斗!"

在第二次辩论中,林肯给他的对手设置了一个陷阱,就在他提出的一个问题中,他不仅仅阐述了自己的反面论据,而且也结束了这场斗争。

"在一个州还没有宪法的时候,这个地区的公民是否有权通过法律途径,逆某个公民的愿望,在他们州的地界之内禁止实行奴隶制?"

按照道格拉斯"人民主权"的理论,每一个州都可以按自己的意志行事,只要不违背联邦宪法就可以;按照最高法院的原则,从蓄奴州迁入其他任何一个州的奴隶主都允许带着他的奴隶。如果道格拉斯回答"不"，也就是说堪萨斯州的立法不能自行废止蓄奴制，那么他在伊利诺伊便不再会被选为参议员；而若是他回答"是"，那么南部必然会疏远和他的关系，他也就无法成为总统了。于是，圆滑的道格拉斯想方设法要让自己摆脱这种进退维谷的局面，他回答道："这里并不涉及斯科特裁决案那种抽象的东西，实际上，每个州都有权力，通过制定地区法律条例来拒绝向奴隶制提供警方保护，也就是说，在事实上杜绝奴隶制。"

这个时候，成千上万的农民和小市民都坐在台下，倾听着这种钻牛角尖的说法，他们只觉得，一个问得巧妙，另一个答得圆滑，这时，两边都爆发出震耳欲聋的声音，两个乐队一直都在陪伴各自的竞选者，他们几乎是同时奏响了音乐；但似乎没有人真正理解这一问一答所包含的重大意义，这连林肯的朋友们也没有意识到。

这是命运的安排，这位林肯律师已经成长为一个具有远见卓识的政治家。不出他所料，两年后，他的意图成为了事实。道格拉斯的回答传播开来，整个南部对他的声讨之势日起，因为南部最根本的目的，就是要强迫联邦对奴隶制实施保护。于是道格拉斯在赢得参议员职位的同时，实际上已经失去了将来问鼎总统宝座的机会。林肯对此作何感想呢？他当时想到的仅仅是降低这个政客的声誉吗？为了他之后两年的事业发展，这场辩论的策略恐怕并非是随随便便制定出来的。他早就知道道格拉斯的为人，长期以来一直在私人信件中暗自把他称为"骗子"，说他那横穿伊利诺伊州的凯旋队伍如同"拿破仑从俄国发回的信件一样表面风光，色厉内荏"。他还曾说过，道格拉斯有几万个盲目的追随者。"我要做的事情就是，让那些盲目者重见光明。"问题只是，将来他还愿不愿意继续和道格拉斯竞争。

"天气很热，"林肯的一个追随者说，"那时林肯正在斯普林费尔德的旅馆里跟党内同仁谈话，过了一会儿，他一边擦着汗一边走出旅馆来透气，他询问了我所管辖区域内的情况。我说，我们大家都已经做好准备了，只是不知道，和道格拉斯进行的这场辩论会怎样收场。他的脸上略过一片阴云，紧接着眼睛里又重新放出了光彩，他的一个动作告诉了我，他已经听出我语气中的怀疑了。""请过来，坐下。我恰好有一点儿时间，可以给您讲个故事。""他就地坐在旅馆门前的石阶上,而我则紧挨着他站着。""您是否曾见过两个准备赛跑的男人?"

"经常看到。"

"好,一个吹嘘着自己要做什么,蹦跳着,摩拳擦掌,大口大口地喘着气,想以此让别人产生恐惧。现在,我们再看看另外那个小伙子,他一言不发……他的胳臂就那么垂着,握着拳头,脑袋耷拉在肩膀上,双唇紧闭。他是在屏住呼吸等待比赛的开始。照此看来,只要比赛如期进行,那么后者不是大获全胜,就是倾尽所能,至死不渝。"

这正是林肯命运的写照,开始他输了,而后又赢了,最后被谋杀。

十六、声誉鹊起

这次,道格拉斯胜利了:他以决定性的优势战胜了林肯,再次作为参议员重返首都。在辩论过程中,林肯经历了几个可怕的场面,比如在彼得斯堡,他一连半个小时被人喝倒彩;在渥太华,他被一群年轻人扛在肩上走来走去,大家看到他的裤腿都滑到膝盖上边去了;在第三座城市里,他几乎被彩带缠住无法脱身,他不知道,还有什么事情比这些更让人难堪;有一位女士曾拿着一个黑人布娃娃冲他点头,在他面前晃来晃去,直到他最后平静地问了一句:"女士,您是这孩子的母亲吗?"那女人才讪然离去;还有一次,一个绅士打扮的人骑着马来到台前,冲台上的林肯大喊:"您是想和黑女人睡觉吧!"听了这话,林肯没有做任何回答,只是沉默地盯着他,看着他调转马头讪讪走开,而大家则气愤地冲着逃之夭夭的骑士吐着唾沫。

然而,这场辩论对林肯来说还是有收获的:自此,美国上上下下都知道了有亚伯拉罕·林肯这样一个人。几年后,由于道格拉斯的两面派做法,当愤怒的民主党人撤掉了他外事委员会主席一职时,整个北部都在谈论"亚伯拉罕·林肯——矮巨人的杀手";人们甚至还编唱了这样的歌谣:

"西部小城的明星照亮了整个国家,过去的母亲们仰慕克莱,
今天的女儿们崇拜林肯。"

尽管林肯并不情愿，伊利诺伊州的一座新建城市还是以他的名字命了名；东部一家有名的报纸报道说："没有人能像林肯那样，仅在一次辩论里便获得如此迅速的成长。"一个陌生人给他写信说："您就像罗德·布朗，一朝醒来，发现自己名声大振。您一下子便从伊利诺伊的一名年轻律师成为了一个举国上下家喻户晓的人物。"现在，他家乡的推崇者们也从中总结出这样一点，他不仅仅可以效力于某个政党，或许他的确能成为一个全国性的大人物。

对此他自己又是怎么想的呢？

辩论期间的一个夜晚，记者维拉德陪着他在一个车站等车，这时突然大雨滂沱，他们俩跑到停在一边的一辆空货车里避雨。他们在黑暗中蹲下，没有椅子，没有灯光，在这种突如其来的简陋和困境当中，林肯想起了自己的青年时代，他想起二十五年前的事情，并拿它和现在进行着比较，自言自语道，当他还是个纽萨勒姆的店伙计的时候，他最大的目标就是进入州议会，此时他笑了，边笑边接着说：

"自那以后，我当然有所长进。不久以前，可以说是在朋友们的鼓励下，我开始了这场辩论。我其实并不认为自己有能力成为参议员，我花了很长时间来说服自己，告诉自己，我能行。现在当然，"他异乎寻常地笑了，继续说道，"现在我相信自己完全有能力做到这一点。但尽管如此，我每天都对自己说，'对你而言这个目标太高了，你不会达到它的。'玛丽却坚持说，我必须要成为参议员。是的，她甚至希望我成为总统！"说完这话，他用双臂抱住两膝大笑起来。想起了妻子的权力欲，他是那样不屑。

"想想看，像我这样的人当上总统会是什么样子？"

林肯生命中最美妙的一幕在这里被一位有见地、有眼光的观察者捕捉到了。他坐在那儿，在铜管乐、旗帜和游行队伍交织的白昼逝去之后，这位英雄和一位记者同在一辆货车里，天气很闷热，周围很暗，和夜晚的印第安纳小木屋一样，这一切对他都算不得什么，这种环境不但不会惹恼他，反倒让他变得更放得开了。黑暗使这个平时沉默寡言的人感到轻松，于是他开始滔滔不绝。关于参议员的价值，关于人类的追求以及对自己的高度讽刺就如同一首温柔的精灵曲，在空荡荡的车厢里荡漾开来。他蹲在那里，揭开了自己事业那真实而又隐蔽的动机，揭开了玛丽的权力欲。带着普普通通的禀赋和性格，他在生活中意识到，要追求权力，还须在很多方面改变自己的性格；相比之下，别人是多么善于混淆是非，颠倒黑白。当他和全美著名的策略家进行了几个星期面对面的较量之后，他对后者的敬畏越来越少，自信心也日益增强。

后来当他在其习以为常的后知后觉中逐渐意识到，并且如同大多数政治家一样，开始设想着自己如何能成为总统的时候，他不再怀疑自己的能力，那种怀疑曾打碎过玛丽的梦。他的理智告诉自己，他到底有何实力。在尝试了名气比他大得多的道格拉斯的伎俩之后，他从后者身上感觉到了一种让他不习惯、不舒服的东西。但同时，他那幽默大师的感官也觉察到，如果他这个大个子能成为美利坚民族第一人物的话，会是多么荒诞滑稽。对手们说他不注重礼节，他丝毫不以为然，因为内心的缜密细致早已让他谙熟了那些重要的处事技巧。而这些技巧正是华盛顿沙龙里的绅士们拼命训练也常常不可得的。富兰克林曾是个装订工，杰斐逊曾经放过牛，而他自己那瘦长的身材也似乎在和所有外交家们习以为常的世俗优雅格格不入，这让林肯忍俊不禁。

尽管落选了，但竞选参议员的活动却让他的名字在整个国家传开了，甚至可能比他胜利当选传播得更为迅速。他自信的目光也更加锐利了，时至今日，他绝不会放弃任何新的机会了。当有人问他："对此您作何感想？"他颇感惊讶地发觉了自己此间的某种情绪："我像是一个摔了跤的男孩，因为太伤心而不能笑，又因为已经长大了而不能哭。"他给自己过去的医生亨利写信说："参加这次竞选我非常高兴。它给了我一个机会，就当代一个重大持久的问题发表自己的观点，这是我在任何其他地方都办不到的。虽然我现在从人们的视野中消失了，也可能会很快被人遗忘，但是我相信我提出的问题、说过的话将在我的名字销声匿迹之后继续对自由事业产生影响。"

字里行间，他那懂得取舍的性格显露无遗。他清晰地表达了这样的想法，那就是，和当选总统相比，在他的内心深处，自由的地位更高。自从他坐在斯普林菲尔德的小圈子里闲谈，聊着从恺撒到拿破仑这些从未对总统宝座产生过兴趣的大人物，直到现在，已经二十年过去了。亚伯拉罕·林肯可能过于重视人类的尊严，以至于他不仅想要把这种尊严还给奴隶们，而且自己也不愿失去它，所以他不可能同他妻子一样不择手段地去追求那些权力的象征。

但如果不仅仅是象征，而是实实在在的大权在握呢？如果有了这种权力，他就能将许多他认为是实现自由所不可或缺的东西付诸实施的话，他又会怎样做呢？他的生命中，在感情和理智上，个人与事业就在这里紧密地联系在了一起，而且再也不会分开。就如同所有其他伟人一样。

那是在一条大街上，一个熟人无拘无束和他攀谈起来，他想告诉林肯，在南部经常有人询问他，林肯到底是个什么样的人？"我说，他是我们国家的第二个巨人。所以我相信，您很有可能打败赛华德和蔡斯而成为总统。"

"但是除了伊利诺伊，其他地方没人认得我，而那两位却都是众所周知的领袖人物啊！"

那个熟人纠正了他的这种想法说，很多联邦州根本不希望要纽约人上台当总统，最后他请林肯写一篇自传类的文章。聊完之后，林肯又围上了他那条灰色的旧围巾，说："我承认，我有当总统的愿望，而且对您的赞许以及您这份兴趣也并非无动于衷。但我觉得，成为美国总统这样的好运不会降临到我的头上来。另外，在我的生活中，也没有什么会令你或者其他人感兴趣的东西。就像大卫讲的那样，'这不值得'。晚安！"

在那人的再三请求之下，他终于同意了，拿出纸笔，写下了自己的生辰年月和出生地点，而后又写了下面这样一篇小传。

"我的父母都是弗吉尼亚人，来自于普通的家庭，我的意思是说，出身于二等家庭……我的祖父老亚伯拉罕·林肯是在1781年或者1782年迁至肯塔基州的。一两年后，他想在森林开垦出一块土地，却被印第安人从背后开枪打死了。他的父辈都是贵格会教徒，原来都生活在宾夕法尼亚州。……祖父去世时，我的父亲才不过六岁，他儿时没有受过任何教育。后来，他搬到了印第安纳……"

"我八岁时，我们搬进了新家。当时正是该州加入联邦的时候，那儿还完全是一片荒野，树林里随处都能听到熊和其他野兽的动静。我便是在那儿长大的。那里也有所谓的学校，可那里的老师却只会读、写和算。如果偶尔有位据说懂得拉丁文的流浪者在附近探险，他便马上会被当作圣人一样对待。在那里，没有任何东西会激发人们接受教育的欲望。我在成年时也没有学到多少东西，不过，总算还会读、写、算，但也就如此而已。那之后我再也没有进过学校。我在这点教育之外又取得的些许进步完全是为环境所迫逐年积累起来的。"

"我自小务农，一直干到二十二岁为止……后来去了纽萨勒姆，在一家店铺里凑合当个店伙计。接着就爆发了黑鹰之战，我被选为志愿军里的队长，这点成功让我感到了前所未有的欢愉。我参加了战役，后被提升，又参加了州议会议员的选举，但落选了，那是我一生中唯一一次在人民选举中被击败。次年，以及在接下去的三次中期选举中，我都当选了议员。后来我就再也没有参加过州议会的选举。在这段时间里，我自学了法律，并迁居斯普林菲尔德从事律师工作。1864年曾被选入众议院。此后没有竞选连任。自1849年至1854年，我带着极大的热情投入律师事务当中。政治上我一直属于辉格党，一般情况下也都出现在辉格党的候选人名单上，并积极参加竞选。后来渐渐失去了对政治的兴趣，直到《密苏里妥协案》的废除重新又唤起了我的激情。在此之后，我的情形可能大家都已经知道了。"

如果有谁想知道我长相的特点，我可以给大家描述一下，我身高大约六英尺四英寸，身材偏瘦，平均体重一百八十磅左右，皮肤较黑，头发又粗又黑，眼睛是灰色的。除此之外，再无其他特征，也无疤痕。

后又附言道"内容不多，究其原因，无外乎我生平经历不多而已。我所希望的只是，有人能从中有所体会。您非常真诚的亚·林肯"。

有人看过比这更简明扼要的自传文章吗？没有任何华丽的字眼，尽管这可能会对他不利。平时他用来修饰文章的丰富的比较手法，他写信时的自由文体以及演讲时抑扬顿挫的节奏在这篇自传里都踪迹全无，剩下的只是干巴巴乏味的语言——只有熟悉他的人才能体会到这位修辞大师的用意。他写这篇自传就像是一个名厨只准备了一碗简单无味的汤，打发一些仅仅是出于好奇，想来把他的绝招看个究竟的人一样。而且这其实也称得上是篇佳作了，该讲的讲，不该讲的只字不提。祖父像位先驱似的倒下了，把自己的儿子留给树林与野兽为伍，接受自然的教育，这些事情都可以让全国的人们了解，这会促使他们让自己成为新的候选人；此外，当时他在印第安纳州只结识了一位探险家，却没有碰到真正的教师，也可以让人们知道。但林肯自尊心太强，他不愿意告诉大家，当时自己是如何艰难地寻找学习知识的途径，又是怎样如饥似渴地吸取知识；他宁愿用诸如"些许进步"，或是"环境所迫"将这些事实轻描淡写。至于他在州议会中提出的方案，做出的成绩，他在议院中的位置……文中没有只言片语。而他真正的业绩，即在人民选举过程中，同仁以及公民们的爱戴曾给予了他无限的温暖，对此，他却丝毫不吝于表现，因为这对于他是最为重要的。至于他个人的私事，比如喜欢哪位诗人，从不沾酒，不愿身着礼服到宫廷里去……他只字未提，告诉别人这些干什么呢！他自己的身高"大约"是六英尺四英寸，这表现了他描述的真实性。而文章最后，他只用了"平均体重一百八十磅左右，头发又粗又黑，没有疤痕"。这么平实精确的语言，结束了这篇自传。

十七、坚定前行

对林肯而言，这次竞选最现实的结果就是，回乡时他的体重增加了二十磅，腰包里却少了数千美元。在外出竞选期间，他把律师事务交给赫尔顿打理，结果只拿回了相当于先前一半的收入，与此同时，钱却流水似的花了出去。若是当时有人问他害怕什么的话，他准会说，自己担心没有足够的钱去支付日常开支。当辉格党主席贾德法官向他催交欠款时，他回信说："我会尽可能付清欠款。可眼下我是最没本事让人拿出钱来的人，因为我目前的生活太拮据了。这么长时间以来，我的账目都是只出不进。到了现在，居然连家常开销都没有着落了。如果你能够借给我二百五十美元的话，我会用它来偿还欠委员会的钱，将来清理我们俩的私人账目时，我会把钱一并还给你。这笔钱，加上我已经付过的，再加上我的一张未兑现的酬金支票将超过我为数五百美元的认捐额。我在竞选中的一般开支里还不包括这笔钱，再加上时间和业务上的损失，对一个像我这样的人来说，负担实在是相当沉重了。可是本着我的职业荣誉感，对于这些我绝不会过分吝啬。"

当时，虽然一个政党要求它的领袖们交钱不足为奇；但林肯在这种特殊情况下不拒绝这个要求却已经很不寻常了。一方面，他的收入远未达到参议员的水平，另一方面他对政党的贡献却比任何一个参议员都大。过了这段日子以后，他生活得还算不错。由于过去参战的功劳，国家分给他一块土地作为奖励，此外，他又继承了一块土地，两块土地合在一起，再加上在斯普林菲尔德的房子和别人欠他的账目，他的固定资产已经达到了一万五到两万美元，而且日常的律师事务在顺利的年头还能给他带来每年三千美元的收入。

玛丽花钱如流水，这一阵子，她又给自己买了辆新马车。林肯只在旁边一声不响地为她付了钱，毕竟玛丽表现得还算不错：她维护着林肯蒸蒸日上的名誉地位，懂得如何在众人面前表现自己，必要的时候，还会打扮得光彩照人，用有衬架支撑的礼服勾勒出她那丰满的身段。只是偶尔在公众场合，她的评判言辞会过于激烈，比如当舞会乐队演奏的声音过大时，她对乐队的抱怨会让乐师们听得清清楚楚。

二十年来，玛丽一直对赫尔顿怀有敌意，当赫尔顿在一家银行里谋得一份法律顾问的美差时，玛丽便极力劝说林肯辞退他，因为尽管大宗案件都由林肯受理的，可赫尔顿总要分去一半的收入。对玛丽来说，赫尔顿只不过是个被雇的佣工而已。她瞧不起他在旅馆里受的教育，说他激进，反教会，还说有人看到他有时喝得醉醺醺的，作为一个众所周知的奴隶解放者，留他在身边不利于林肯的政治声誉。玛丽所希望的是，丈夫能和她的一个来自肯塔基州的亲戚，一位绅士合作。可这些话林肯却只当耳旁风。他一生都紧紧依靠自己的朋友们，而其中最信赖的便是赫尔顿。

过去一年的经历深深震撼了他，人民的激情，困境的逼迫以及自信心的诱惑都是那样来势汹汹，以至于他难以再找回做一名二流律师的兴趣了。如果再有人邀请他到各地演讲，他先会谢绝，因为"贫穷是样很可怕的东西。

如果今年我还像去年一样荒废我的律师事务的话，那么我虽然不至于食不果腹，却也肯定会破产无疑了"。但尽管如此，这仍对他的事业起了推动作用。这让他首先想到了自己的演说，于是他把报纸上关于自己演说的片段小心翼翼地收集起来，把它们和道格拉斯的演说一起印成一本书。但苦于找不到愿意出这本书的出版商，最后不得不自付了三百五十美元将此事委托给一名书商。这是他出版的第一本，也是最后一本书。至于对手的演讲词，他让人从民主党的报纸上直接摘下来，他觉得只有这样才算对道格拉斯公平。当然他也反对在任意哪一页上做任何改动，反对别人删去自己的激进措辞，做这一切时，他不像是个竞争者，倒像是个历史学家一样，因为只有通过历史的视角，他才会相信自己是真正的赢家。事实上，不仅是林肯本人，整个国家的人民都有这样一种感觉，那就是这场角逐尚未结束！

其实，就连辩论也尚未告终。因为现在虽不再是并驾齐驱，可这两个对手却同时分别来到西部进行巡回演说，让林肯感到有些恼火的是，这次，受到军乐队"刺激"的反倒是落选了的自己。

这次林肯开始逐点地反驳道格拉斯的整个理论："道格拉斯先生的'人民主权'到底是什么呢？不是别的，就是对于一个把别人变成自己奴隶的人来说，任何第三方都无权提出异议……这个问题对道格拉斯参议员来说似乎显得无足轻重。在他那生就特殊的大脑里总有这么一个想法，鞭子如果打在自己背上他知道疼，要是打在别人身上他就满不在乎。'人民主权论'的中心思想不外乎就是没有平等……一切都取决于他的政策，而这个政策有　个蜜糖般的名字，叫作'人民主权'……这种政策的基础是公众对奴隶制的漠然。但事实上，根本没人会对此表示漠然！人们对此不是反对就是赞同……道格拉斯参议员恐怕是我们国家唯一一个对此尚未表态的人吧，他还真的是从未说过奴隶制到底是合理还是不合理！"

堪萨斯州和肯塔基州的人们热情地欢迎林肯。在那儿，他演讲的语气第一次显得比以往更加激越，甚至和他的性格都有些不符："我们共和党人打算对民主党做些什么！我们打算继续坚持下去，也认为你们同我们一样都是勇敢无畏的人……同我们和我们的朋友一样正直可靠……只要有机

195

会，我们愿意娶你们的女儿为妻——她们当然都是白人，而我荣幸地发现，自己曾被给予过这样一次机会。"一种超然的语气，一个不再为争取听众而痛苦奋斗的演说家奏出的旋律，他的思想更深了一个层次，同时仿佛忽然变成了个急性子。他甚至继续讽刺说："你们一定和这世界上其他活着的人一样勇敢忠贞。你们中的每一个人也会像其他人一样，为正义的事业义无反顾……倘若我们人数少的话，你们或许能打败我们，然而，你们的人数却比我们少，所以你们无法得偿所愿；若是我们人数相当，那么我们也可以来个你死我活，因为我们之间胜负未定。不过但既然你们势单力薄，那么你们想要打败我们的企图必然会以失败而告终。"

内心什么样的变化才会使他用这样的语气讲话，就像莎士比亚喜剧里的某位领袖那样？是长时间过度紧张的结果吗？是他觉得不再热爱自己所扮演的角色了？还是一种从无到有，逐渐积聚起来的伟大责任感使然？抑或是长久以来一直跟随他的某种使命感引发的心灵焦灼所导致呢？

当时，有人因为帮助了一个逃亡的黑奴，险些被投入监狱，他讲述了和林肯的一次谈话，谈话中这个人抱怨说："蓄奴不仅仅违背宪法，也不人道！"

林肯神情忧郁地挥动着他长长的手臂说道："是的！是的！它是不公平的，这毫无疑问。但我们国家有允许蓄奴的法律条款，只要我们碰到它，就必须遵守！"

"您总是发誓要效忠宪法！现在我们想要提名您做我们的总统。如果您只有请求上帝帮助才能向这部不道德的宪法宣誓的话，您又怎么做好总统呢？"

林肯的头垂下来，手指叉进头发里，显得十分忧伤，他把一只手放在那个人的膝盖上，用一种奇怪的声音说："总是追究这些复杂的问题，又有什么意义呢？"

此时的林肯是那样不安地打发着时日，对可能发生的事情以及必须要做的事情充满了怀疑。此后发生的一件事情让他完全懵了。约翰·布朗，一个富有的农场主，在堪萨斯，人们就像惧怕骗子一样害怕他，他是奴隶解放者中的老一辈先驱，一个理想主义的战士。南方的一帮歹徒先杀死了他的儿子，又出重金悬赏他的脑袋。最后他在进行他生命中最伟大的运动时遇害了。

这人身材瘦高，眉目英俊，是个喜欢挑战的清教徒，高高的鼻梁给他的整个面目带来十足的贵族气，头发和胡须又活像一个猎人，他是贵格会教徒，一个博爱主义者，自由浪漫的追求者，满怀激情地相信天使会帮助他。他率领着一个由解放者和黑人组成的小分队突然袭击，进入了哈普斯渡口，想从那里发起一场南部奴隶起义。然而，这场以十分幼稚的方式开场的行动失败了，布朗被他的敌人抓住，宣判后被施以绞刑。不出几个星期，他便成了北方人眼里的烈士，人们用他的名字编了各种神话和歌谣，当道格拉斯幸运地竞选成功时，林肯马上意识到，对此事的渲染和煽动反倒帮了道格拉斯的忙，英雄之死被政客利用了。

不久后，他终于有机会在公众场合对此发表见解。大选之年降临，1860 年 2 月有人写道：五月份就要提名总统候选人了，整个国家为此产生的骚动之大，是几十年来从未有过的。因为所有人都清楚，这次的总统大选可能会决定整个合众国的命运。南部有可能脱离联邦，甚至联邦有可能解体，这种思潮在南部已经深入人心，而北方人对此却浑然不觉，就连北方应当提出何种希望或要求这一问题，北方人都无法取得一致意见。总统大选在即——这是举国上下最重要的一件事。人们有些害怕共和党人当选，因为由于民主党的分裂以及名誉的丧失，他们确实可能会不情愿地选举一个共和党人为总统。但在宗教氛围较浓的区域里，原有的贵格派思想依旧存在，影响力甚至越来越大了，在这场斗争中，贵格派看清了有关人类的根本问题。南部总是以脱离联邦相要挟，仿佛这一决定的主动权完全掌握在他们的手中一样。而他们这种傲慢激起了北方的不满，因为双方都觉得，自己一方拥有合众国一半以上勤劳的人民、财富、权力和未来。

在一切都处于未定之中的氛围里，人们想把林肯这个与众不同的西部人派到东部去，以便让那里的人们亲眼看看他这个人，亲耳听听他的演说。原计划在布鲁克林的演讲，由于人们的兴趣过于高涨，最后时刻临时易地到纽约的库珀学院进行。对此林肯没有做好心理准备，因此在聪明的听众们面前显得有些局促不安。他感觉到了听众们的道德外衣，意识到这件外衣也是用南方奴隶们种植收获的棉花做的衬里。开始时他和听众们彼此的感觉是因似的：听众们幸灾乐祸地发现他身上穿的外衣不仅式样陈旧，而且皱皱巴巴；林肯后来也承认，演讲时他总会因为对比下面观众优雅得体的西装和自己的外衣而走神；他的那件衣服虽然是新做的，穿着却并不十分合体；他总感觉自己的衣领竖起来了，所以时不时地摸一摸它，台下的听众们一定也发现了这一点。

有两篇报道这样写道："三根筋挑着个脑袋。当他伸开手臂打手势时，我才看到他的手到底有多大。他演讲时一直压低声音，就像是一个习惯了露天演讲的人，怕在这里声音太大吓着别人似的，另外，他演讲中使用的字眼也有些过时。我自言自语道，'哪！老朋友，这在荒凉的西部没有问题，但在纽约却行不通……'林肯就是这么朴实无华，不过显然他也乐得给人留下这种印象。开始时，他几乎根本无法吸引人们的注意力，他的衣服就仿佛松松地悬挂在那个巨大的身躯上一般，面目黯然，苍白无色，仿佛是刚刚锻打出来还没来得及细加工的粗胚。满脸生活贫困的痕迹，那双深凹进去的眼睛忧郁而焦虑……可不一会儿，当他进入演讲的主题时，脸上便溢出一层烁目的光彩，这是他内心的激情释放出来的火焰……他的声音变得洪亮，表情更加专注，显然已经全身心地投入到演讲中去了。他的演讲朴实而严谨，似乎带着些许《圣经》的风格……讲到重要部分时，大厅里鸦雀无声；而当他讲到高潮时，大厅里便会顿时掌声雷动。演讲结束时，我们大家都不由自主地站起来，大声欢呼着，鼓着掌，就像疯狂的印第安人一样。他真是个神奇的人物！"

他的演讲准备充分，具有布道词一般的结构，并以道格拉斯的一句话作为基础，道格拉斯曾说："我们的先辈在创建我们的政府时，对整个问题有着同样的理解，甚至比我们理解得更为深刻。"在提及最简明的，妇孺皆知的《宪法》条款以及历史原因后，林肯不慌不忙、富有逻辑地开始讲述历史提出的要求。他语言简练，所有话都十分简单易懂。在演讲中，他数次用"你们"直呼当时并未到场的南部人："你们威胁说，如果一个共和党人当选，那么你们就脱离联邦，并且把责任推给我们。"他义愤填膺：

"这话说得真是狂妄，一个劫匪拿手枪抵在我的头上，却还咬牙切齿地说，站住！把钱拿出来，不然的话我就打死你，那样你可就成了杀人犯了！"

但他也否认共和党与布朗有丝毫瓜葛，因为当时这一点虽不至于招致麻烦危险，但宣称和布朗无关起码可以稳定民心："约翰·布朗的计划的确有些荒唐，就连奴隶一眼也能看出那绝对没有成功的希望。这和历史上那些刺杀帝王的行动没什么两样。诚然，他是个热心的人，看到一个种族长期遭受压迫感到无法忍受，进而又觉得自己奉了天命要把他们解放出来。他冒险尝试，最后只有自己送命。……在反对奴隶制这一点上，我们是一致的：但为此便去使用暴力，去流血，去叛国却是不可饶恕的。"

翌日，林肯便被整个东部视作伟大的演说家，其他各州也纷纷邀请他前去演讲。来自哈佛大学的一位教授跟随着他，四处旅行，用文学语言记录了他的演讲，并作了一篇有关这次巡回演讲的报告。这次巡回演讲不仅仅对伊利诺伊州，也对林肯本人产生了巨大的影响：他生平第一次把巨大陌生的外部世界当作一种现象来对待，拿它和自己做番比较，发现了外部力量的强大和个人力量的渺小，总结出喧嚣忙碌的世界的伟大力量。返乡之后，他第一次在共和党草拟的总统候选人名单里看到了自己的名字。仅仅在几个星期之前，诸如此类的公开名单里还从未出现过他的名字；不过早在半年之前他就曾写道，他虽然十分看重蔡斯，"但蔡斯却不是总统的最佳人选。我必须说，起码我是绝不可能选他的。"

四月里，林肯在给川布尔的信里写道："十分坦率地说，我的脑子里已经有了某种想法，这在一定程度上使我无法清晰地做出判断；当然我决不会提出任何建议，使我本人的愿望影响我们共同事业的成败，在这一点上您完全可以信赖我。"

这里流露出来的，不外乎就是这样一个明白无误的事实，他自我控制与自我剖析的能力与对朋友和对党派的负责精神不相上下。因为他总是站在上帝的镜子面前，所以无需用自己的镜子把自己再照上几遍，便爽快地承认了人类的愿望可能达到的强烈程度，并为此向所有人表示抱歉："因为我知道，如果一个并不太伟大的人被任命到一个伟大的岗位上去的话，他会丧失心智。"所以，在这几周的等待和期望里，他都一直让自己保持着清醒。

但如果我们以为林肯恰恰是在这个时候又变得消沉，甚至准备放弃的话，那我们就大错特错了；事实上，他比过去任何时候都更加积极，他写信给党内同仁，告诉他们，应该向着哪个方向，以及如何去奋斗。后来他的一位朋友这样写道：他的使命是争取一个合适的职位，然后让他该做的事情自己找上门来。此外他还学会了如何跟报界打交道。"亲爱的哈丁，"几年前他这样给一位编辑写道，"三四年以来，我一直在免费读你的报纸。这里是十美元……请你收下，别客气。如果本周你能在报纸上推荐洛汉为最高法院法官候选人的话，我将感到十分高兴。"不久前，他还花了四百美元买下了伊利诺伊的一家德国报纸，并对外保密，就连赫尔顿也对此一无所知。这家报纸自然会为他做宣传，而且这份报纸也自然而然会关注外来移民的意见。是的，林肯必须防范这些疯狂的陌生人要什么诡计，因为他们可能是民主党人专门为大选派来的奸细，"我们就不能扣下他们当中控制选票的某一个密探吗？他们换汤不换药地屡次使用这种把戏对付我们，想得可真美呀！"

有时林肯也会如此精明。但是有人因此认为他很狡猾却是大错特错的。利用这种方法对付别人并不是他一贯的风格，是因为对手的诡计让他吃了太多的苦头，所以他才不得不在政治斗争当中间或效仿一下，以其人之道还治其人之身。即便数十年来一直协助他人竞选，他也很少言行不一，他太像淳朴的庄稼汉了，以至于有时无法把自己的头脑应用到自己的伟大事业当中去，特别是当这同时也是国家事业的时候。

十八、获得提名

林肯马上就发现，党内的斗争比党派之间的斗争更为激烈。共和党的势力增长迅猛，加之他们的计划又十分灵活、谨慎和全面，所以这次哪个共和党人被提名，便几乎无异于当选了总统。也正是因此，很多人都不想提名林肯做总统候选人。在这方面，他的对手们比他更有优势，赫尔顿写道："他没有钱来建立和维持一个自己的竞选办公室，而且他也不具备这种组织的天赋；而这一切，他的对手赛华德都有。此外赛华德还有着做参议员的出色经历。"的确，任何一个能坐下来仔细思考的人都会希望俄亥俄州的州长蔡斯，或者纽约市长赛华德当选，而不是林肯。这两个人和林肯一样，长期与蓄奴制做着斗争，在这个过程中他们同样地坚定不移，蔡斯有时甚至比林肯更加极端；此外，这两个人在华盛顿，在政府当中，特别是赛华德，受教育程度之高，政治上之精明，都远远超过林肯这个小城市里走出来的人。迄今为止，林肯只在十几年前进入过众议院，但当时他也并未做出什么成就。倘若当时东部报界的权威人物格瑞利和赛华德没有龃龉，那么总统的人选恐怕非赛华德莫属了。

出于偶然，伊利诺伊州正在准备的选举候选人大会被迁至迪凯特举行，那可是林肯几十年前经常驾着牛车出入的地方；在那儿，人们希望在大会之前就彼此取得理解，并尽可能平静地就总统候选人一事达成一致。就在酒店的桌前，代表们各自盘算着，追逐地位的人们研究了所有候选人的情况，寻找着对自己有用的面孔，道格拉斯也有过类似的举动，林肯还曾经为此

嘲笑过他。就在这时，那边忽然走来一个人声嘈杂的游行队伍，那是干什么的？还有乐队开道。乐队后头有一面旗子挂在两根旧栅栏桩上十分引人注目，大家都来到门前，林肯也走了过来，自忖着：是自己在光天化日之下见鬼了吗？自己手里有打鬼的武器吗？

走到跟前，林肯才发现那是他的表兄约翰·汉克斯。三十年前，他曾和林肯一起在这附近帮林肯的父亲造过一座木屋，只是，这时候他来做什么？只见汉克斯站在那里，在众人面前，在共和党的领袖们面前滑稽地鞠了一躬，而后讲了一段话：他的表弟，真诚的亚伯拉

这是共和党在1860年总统大选时的宣传标志。图中两人即是林肯和他的副总统候选人哈姆林（Hannibal Hamlin，1809—1891）。

罕曾和他一起建造了这里最老的一座屋子，当时这里还几乎没有一条真正的道路能穿过森林，只是因为林肯的父亲是位伟大的开路人，在那还是狼虫出没的年月里，他就来到了这里，带头为国家开垦土地。不久后，逐渐长大的林肯也去做了短工，用他锋利的斧子，强壮的臂膀砍着原始森林里的树木，制作了三千根栅栏桩。这个游行队伍高举着的便是其中的两根，那是林肯光荣业绩的见证。

众人心潮澎湃地围到这两根古老的木桩旁边，每一个人都了解到了"先驱"二字的分量。这个砍过上千棵树的林肯，一下子仿佛比那个曾在演讲中击败了道格拉斯的林肯更加光辉四射。亚伯拉罕站在那里，面对这一切，心情十分复杂，他那从未有过什么作为的老父亲，现在可能要因此出名了；而当时只是为了一天能赚上半美元给自己买件外衣而挥斧工作的他，二三十年之后的今天也突然要为这些微不足道的事而得到别人的赞扬了，对此他着实应该会心地大笑呀！至少应该暗自高兴一下笑吧？他迅速地理解到了这些栅栏桩对自己前途的意义，那可比过去的记忆重要得多。"对此我必须得说点什么。"他马上意识到了这一点，"我当然不知道，这几根木桩是不是我劈的，但有一点是肯定的，那就是，我曾经劈过许许多多的木桩，它们与这几根一好，甚至还可能更胜一筹。"

群众的欢呼声重又响起，当时在场的一位聪明人马上说道："这下子赛华德是输定了。"一个新的象征被找到了，伐木和劈栅栏的人，对于一个奋斗者来说，这种大众化的称谓是再好不过的。这听起来比"真诚的亚伯拉罕"还要响亮得多，这个绰号迅速传遍了整个国家，几个星期之后，在美国就几乎是童叟皆知，家喻户晓了。这是约翰·汉克斯的点子，在他们的亲戚当中，他是在林肯长大成人之后唯一一个帮助过林肯的人。

五月份，共和党便在芝加哥新建成的"辉格瓦姆"会议厅里召开了党代会，当时来到这座年轻的、建筑高低不一、错落有致的城市参加会议的足有四万人，乐队和前来捧场的人也以前所未有之势涌入这个城市，成立不久的共和党第一次认识到了自己的实力，党员们怀着双倍的热情寻找着他们的第一位总统，人们普遍把自己的筹码压在赛华德身上。仅从纽约就来了两千个赛华德的拥护者，此中当然不乏他私下雇来的帮手；而且所有的联邦州都知道他的大名。这时，朋友们也在为林肯积极地做着努力，赫尔顿、洛汉、戴维斯、斯威特，流动法庭的法官和律师们以及《芝加哥论坛报》都支持林肯。不久，又出现了一个对林肯十分有利的局面：还有一些人在看到自己原本的候选人当选无望之后，宁愿推举林肯，也不去推选赛华德；此外，林肯还设法避免了被选做副总统的可能，因为他马上便拒绝了这一建议。但即使到了最后一天，他那忠实的本性还在威胁着他的前途，他给了朋友们一张纸条，上面写着："不要签任何束缚我手脚的协议。"这一下子，朋友们便很难从林肯手里获得什么职位担保了，而通常情况下，候选人往往都是以事先许愿的方式去换取选票的。

此间，林肯坐在斯普林菲尔德的家中，心情紧张，就像卡门坐在竞技场墙外时一样。朋友们发来的电报接踵而至，他总是亲自去邮局取回来。通过电报，他了解了局势的发展以及群众的倾向，为了放松自己的神经，他尝试着去看书，看伯恩的作品，有时甚至还打打棒球。有一天他来到办公室，带着满心的希望和疑虑，躺倒在他那旧沙发上，说道："我想，现在我又得重新开始干律师这行了。"不一会儿，他却惊喜地看到一个电报局的年轻人向他这边跑过来，在一家商店门口就大声喊道："林肯先生！您被提名了！"接着便是队伍，人群，叫喊声和欢呼声。林肯沉默地站在他们中间，几分钟之后方才说道："嘿！我现在得回家去了，回到那个拐角那儿的家，那里有位矮小的女人，我得去告诉她一声。"

或许，他这次回家是最令他的家人兴奋的一次了。

第二天，林肯夫妻俩接待了一个小小的代表团，正式通知他被提名总统候选人，他用几句话严肃地作了答复，既不激动也不尴尬。此后，人们也赞扬了玛丽得体的表现。在离开的时候，一个代表对另一个代表说："您曾说过他是块未经打磨的钻石？我还从未听过比这更耐人寻味的话呢。"另一个人说："我们或许能找到更加光彩夺目的，但却找不到比他更棒的。"那天晚上，当众人聚集在他家的花园门口时，林肯说道："亲爱的乡亲们，每一个政治家都会碰到一种情形，在这种情形之下，他最好保持沉默。我想，眼下我正处在这种情形中。"他马上转移了人们的注意力。

虽然，在二十二年的律师生涯中，他曾写过上千份文件递交给政府机关，但是当他写完正式的总统候选人接收函之后，却突然对自己的文笔产生了怀疑，他的文法到底还会不会有什么漏洞？在这种情况下他是怎么做的呢？他带着这封信去拜访了一位高中的督察，他说："教书先生（他总是这样称呼对方），这儿有一封信，因为我的语法不太行，又不希望里面出现什么错误。所以我想请您把这封信从头到尾读一遍。"这位督察读了一遍，建议在文中一处做个小改动，把"我的意图将是，不使用武力"，改为"我没有意图使用武力"。林肯看着文章，想了一会儿说："噢，您认为，让'使用'和'武力'这两个小家伙背靠背坐在一起要更好些是吧？"于是照办。

有谁看到某个国王或者总统曾有过比这更加可爱的姿态吗？这里所讲的不是童话里的某个农夫放下锄头便开始统治人民，这里是个五十多岁的长者，在法律实践、律师事务以及政界奋斗了多年，曾在全国进行过几次巡回演说，经过了长年的不懈努力，现在终于被人民推选为总统候选人。他也知道，自己将会有所作为，但是要有所作为就必须要去面对那些小事情，那些国王们或道格拉斯都十分擅长的小事情；要面对纽约人熨得笔挺的西装，华盛顿绅士们长短合适的裤子，关注文章中如同领带一样必须系得得体的语法现象，以及像礼帽一样必须引人注目的小词汇；若是在这些小事上出了差错恐怕会很不体面！玛丽知道如何穿鞋子，如何整理衣领，她也很懂语法；不过修改书信的事最好还是去找那位教书先生更保险些，因为他不会马上就把这件事传扬出去，而且即便他那么做了，林肯也不会受多大影响。

就这样，这位准总统先生一早就跑到那位老教师那里，向他请教了一些他以前在印第安纳没有学过的文法知识，因为在印第安纳他主要的时间是在砍树和劈木头。

十九、当选总统

诗人布朗第一个看清了发生的一切，他写道，"一个贫穷的船夫——国家的领袖就是这副样子！"这时林肯几乎是孤立的，因为党内的气氛十分低落和压抑。"那一刻我的内心充满了痛苦，"一个共和党人这样写道，"这是个什么候选人啊！他能帮助党派取得胜利吗？为什么大家不选一位名气大些的人呢？"东部有人说赛华德沦为了牺牲品，认为他才是年轻党派的真正领袖；人们对林肯被提名表现出的冷漠和敌意是那样强烈，以至于有人向赛华德建议，让他去推翻这个决议重新提名自己为候选人。但此刻的赛华德表现得完全像个绅士，他马上向自己的对手表示祝贺，并且亲自给林肯写了一篇虽然言语冷淡但却是赞美性的文章，这是第一篇赞美林肯的文章，当时纽约还没有其他人愿意写下这样的文字。

此间，民主党人就此所写的文章，即便是在人们做好了心理准备的前提下，也足以令人惊异不已：这个林肯十二年前曾在众议院待过一阵子，他是个没用的人，不懂得语法，不会说规矩的英文，只会开不合适的玩笑，没有家谱；常常只穿件衬衣在椅子上晃来晃去；只会做栅栏；看上去活像只非洲大猩猩！

被提名后的情形相当尴尬。很久以来，南方人便一直在叫嚣着，只要选一个与黑人为友的共和党人做总统，他们就脱离联邦。现在，在林肯被提名以后，南方人更被激怒了，就是赛华德被选中也不至于引起他们如此的恐慌。一下子，蓄奴制的去向反而位居其次了，举国上下充斥着这样一个问题：合众国能挺得过这次大选吗？这种情形就仿佛是一个人长时间地矗立在人生的十字路口，内心斗争着，不知往左走还是往右走，却又突然患上了重疾，以至于他剩下来只能自问：我到底还能活多久？

现在南方对北方的仇恨达到了八十年来的顶峰，如果我们看到北方人出于道义而反对蓄奴制的姿态，就不难理解这种仇恨的根源。谁在某个问题上自觉无理，感觉被人唾弃，那么他所做出的反应就会更加感情用事，更没有真凭实据。"自由的社会？"一家报纸写到，"真让我们恶心！在那里，所有浑身沾满油渍的机械工、肮脏的工人、吝啬的农夫和患了夜游症的理论家聚在一起！北方所有的团体组织都不配让南方绅士加入。多数情况下，在那里，特别是在纽萨勒姆能碰到的人，都是些想让自己看上去尽可能体面一点的技工和小农，他们连给南方绅士做仆人都不够格。"

就在这种煽动声迭起的时候，几个驻扎在南北两方边境的军官开口了，他们公开警告说："如果这个人当选，我们便马上向南方撤退。""北方的商人们害怕了，贸易往来停滞，南方的债务人将不再还债，交易所动荡

205

不安，银根紧缺，商业界的恐慌几乎达到了崩溃的边缘。"四处都在召开合众国会议，以商讨妥协方案。在波士顿，愤怒的人群甚至还组织了一次反奴大会。但人们很快便意识到，总统选举只是南方脱离合众国的一个借口，为此它已经等待多时了，南方根本不要什么妥协，因为他们早想摆脱合众国了，他们想要建立一个属于自己的联邦。

这时，最为忧心忡忡的人非林肯莫属。在家里，他从一位少校那儿得到了几个地方都在秘密备战的消息。他深深感觉到自己并不比任何一个明天将要落选并被忘记的普通公民强多少。因为那位少校是个国家官员，所以尽管他的消息对林肯十分宝贵，林肯还是写信告诉他，只有在不和他的职务和荣誉相冲突的情况下，只有在他不会因此而被判刑的前提下，他方才可以继续向林肯透露消息。

后来，林肯听说，就在他的当选将成定局的最后时刻，芝加哥的许多人更换了他们的选票，转而把票投给了林肯这个不久之后便有权分配职务的人。记者们纷纷涌到他家，描写他的房子、家庭和生活习惯，以向全国证明，他的确不是个兜售商品的小贩，而是一个体面人。

当他现在读到，自己每天穿着黑衣服，几乎是优雅地走来走去，自己的妻子会讲法语，儿子正在读大学等吹捧他的文章时，这位讽刺大师的内心会作何感想呢？

同时，在农民那里，林肯又被描绘成劈栅栏的能工巧匠，共和党人佩戴上了绘有两根相互交叉的木桩的胸针，栅栏成为了烟斗的广告宣传画，人们也编出了歌颂林肯的歌谣，歌中的林肯是个船夫，会做栅栏、如同族长一般，已经有人开始争论那些栅栏是不是林肯亲手劈的了，木桩在党的总部被戴上了花环，光彩照人，一个俱乐部也因为自己拥有林肯当年用过的斧子而洋洋得意。林肯家乡的一位老人给他寄来一根用栅栏桩做的手杖，他说那是林肯十六岁那年为他做的；为了竞选斗争，年轻的人们身着黑色制服，佩戴徽章，手持火炬外出游行。一个报社的年轻人还卖起了林肯的照片，他的名字叫托马斯·爱迪生。

与此同时，民主党内部却发生了分裂，林肯在两年前凭借着政治家特有的敏锐眼光所预言的一切，现在已经成为了事实：当时他曾用一个可怕的问题逼着道格拉斯显露了他两面派的态度，正是道格拉斯的这种态度使得民主党面临分裂，同时也毁了他个人的前程。从某种意义上讲，人们完全有理由把林肯称作是民主党的分裂者。现在，南部拒绝了道格拉斯。无论道格拉斯以怎样献媚的语气说他赞同奴隶制都无济于事。他在各处的言论也显得更加自相矛盾。不久，道格拉斯和另外两个候选人成为了林肯的对手，但他们三者之间的争斗比他们与林肯之间的争斗更为激烈得多。这次民主党的分裂使得道格拉斯只是可能当选，而林肯的当选却成为了必然。现在人们完全有理由说，林肯是自己决定了自己当选的命运。

在选举斗争中，林肯不得不将自己的一些习惯稍作改动，但他的性格还保持老样子没变。早上，人们会看到他从邮局里走出来，手里拿着很多信件，他从来都不会想到让别人来代取这些信。这时候，每个人都可以跟他打招呼，都可以跟着他到州议会大楼里去，因为那里根本没有看门人，尽管当时就有人以"暗杀"威胁林肯，但他的房门却整个上午都不上锁。他刚刚聘用了一名新的秘书——尼古拉，此人是个德国大学生，严谨、勤奋、沉默寡言，到林肯这里来边工作边学习。不久后，又来了一位优雅的先生，他叫"海"，擅长音乐，谈吐幽默，这两个人都很有能力，被聘用来共同为他的老板整理第一手原始资料。

现在就有许多人涌入斯普林菲尔德寻求职位，打探消息，听取答复了。所有这些人都受到了热情的接待，得到了他们所希望的建议，但没有什么人是胸有成竹的回家的。"我看得出，您好像还没有听过我的演说吧。这里有我的演说集。"林肯经常这么说，并赠送了上百本他和道格拉斯的"辩论集"，以摆脱那些求职请愿者的纠缠；对另外一些人，他则用讲故事的方法转移他们的注意力。如果他看到自己在公众场合被人误解或是受人中伤，他总是私下找来散布谣言的人，与之理论，以免给对手造成借口和机会，再次论战。因为他的确感觉到，现在"三缄其口"的时间到了。当建议信堆积如山的时候，林肯的助手们便制作了一个表格作为回信，上面写道："林肯先生曾收到过类似函件，让他发表政治观点，但也有为数众多的信件，奉劝他莫要就政治原则发表意见，因为他的政治意愿已是众人皆知，他不该因为意见的表述问题引起大选的不平静。我们相信您能理解，他不可能给每封信都一一作答。"这段话的表述权为明智，它不会让写信人有种碰了钉子的受挫感。这封信给他们的信息只是，林肯不给每封信作答乃是别人的意思。就这样，林肯一方以一种最为礼貌的方式达到了目的。

一次，一个放肆的家伙来到林肯这儿，在林肯起身离座后，他马上坐到了林肯的位子上，林肯看到这一切后只是平静地和此人打着招呼，并伸出手去表示要和他握手，但由于两人隔得老远，所以那人不得不站起身走到林肯身边；握手后，林肯便不慌不忙地坐回到自己原来的位子上去了。林肯就是这样为人处世的，他生活在人们中间，超越了其他人，却从不忘乎所以。他不能够马上训斥这个人，扫了大家的兴，也不能随随便便说句无关痛痒的话，与那人显得过分亲密，更不能对此举姑息迁就，让自己站在那人面前说话。他所采用的办法是摔跤运动员常用的古老技法：先把对手引出最有利的地势再战。这种巧妙的做法可能会令每一位外交家都禁不住发出赞叹。

有时候他完全不修边幅，当卡尔·舒尔茨为他在斯普林菲尔德演讲的时候，他会和卡尔一同步行去公共集会场地，由于八月份天气还十分炎热，所以他把外衣和马夹都放在家里，只套一件夏衣在外面，能够看得见"曾经淋雨的痕迹，背上还有隐约的世界两半球似的汗渍"。就穿着这么一身衣服，头上戴着一顶皱皱巴巴脱了皮的礼帽，林肯和那位演说者在城市里的铜管乐队和民兵身边中散着步，人群在向他们问好，当他看到有认识的人在里面时，他也向他们打着招呼："过得怎么样，本？""见到你真高兴，蒂克！""你好！比尔！"人们则边笑边大喊着："嗨，老亚伯拉罕！"

他在几个月里接到的信中，最奇特的一封是一个陌生的小女孩写来的，她说林肯应该留胡子，说他的女儿们一定很向往他留胡子。林肯回信说："我亲爱的小小姐，您的信我已经收到，非常高兴。只是我必须坦白地告诉您，我并没有女儿，我只有三个儿子，他们分别是十七岁、九岁和七岁，外加他们的妈妈，这就是我的家庭。关于胡子，我从来没留过，难道您不相信？如果我现在开始蓄胡子的话，别人会笑我傻的。您的好朋友，祝福您的亚·林肯。"

是否是这封信第一次提醒他应该留胡子，还是在这之前他就早已和妻子争论过这个问题，不得而知，总之，此后在得到了妻子的同意之后，他林肯于决心留胡子了。在接下来的几个星期里，斯普林菲尔德的熟人们发现这个四处奔波的邻居开始留胡子，不久之后，胡须便勾勒出了一张渔夫似的脸。这在林肯那张散布无数皱纹，瘦骨嶙峋的脸上显得格外醒目，胡须使他那张光秃秃的脸变得柔和谦顺了，大大的嘴巴不再像往常那样显得那么倔强，突兀的下巴也不再显得那么不可动摇，而且胡子还遮掩住了他那突出的喉结。由此，画片以及邮票上就给后人留下了林肯这样的形象：十分粗糙原始的脑袋上打着一层过于柔和的"阴影"。

十一月份，大选的日子终于来临了。按照各种预兆来看，林肯的当选已经十拿九稳，他获胜的基础是北方人民的拥戴，也就是说，他必须让尽可能多的北方人推选自己。如同二十五年前在纽萨勒姆时一样，虽然斯普林菲尔德的民主党人没法选他，但他们的游行宣传也造成了有利于他的影响，这一切对林肯举足轻重，人生的每一个阶段他都孜孜以求。在这个人人都对他的忠诚表示尊重的小圈子里，人们给出了让林肯心满意足的答案。不过，这些日子里，斯普林菲尔德的神职人员却一致反对他，这对林肯打击不小。

外面，人民选举的投票活动已经开始，林肯最终得了一百九十万票，道格拉斯得了一百四十万票，他的另外两个对手总共得了一百多万票。这样，林肯便以多数票在北方当选了。不过南部十个州没有一个普通选民投他的票。三百零三名可以直接选举的选举人中有一百八十多人选了他。[①]十五个州的选举人没有给他投票。北方史无前例地利用了人数居多的优势压倒了南方；但此中也蕴含着一个信号，一种威胁，同时也隐藏着一场人民战争的先兆。

战争的爆发无法挽回了吗？焦虑的林肯日夜思考着这个问题，平时的心胸开阔和豁达已无影无踪；即便是看到八英里长的游行队伍，欢呼着喧闹着，奏着音乐从他的房子边走过，成千上万的人们来到他这里向他表示敬意，也无法让他欢欣鼓舞。让他感到忧虑的是：在这场战争中他真的能赢吗？祖国将被挽救还是被分裂呢？一切都在无法预料之中。

---

① 美国总统由各州选民选出的选举人组成选举团进行选举。

他虽一直相信，冥冥之中一切自有定数，但现在他很想知道，命运之神到底要把他引向何处！在那陌生、冷漠的首都，那偏爱南方的首都，等待他的又是何样的斗争呢？他深知自己的能力，他的天资足以和道格拉斯匹敌吗？这种争斗可是会让最坚强的人也头疼不已呀！如果南方不是把矛头对准共和党而是指向他个人怎么办？如果北方部分势力想找一个平衡的办法，重新选出一个人来，逼他放弃，又会出现什么情况呢？他能让父辈的事业分崩离析吗？虽然迄今为止多数人都支持他，但还有一部分人却无法忍受。

正当林肯苦苦思索的时候，成群结队的人们的欢呼声、喇叭声和歌声从楼下传到了他那小小的木制阳台上，玛丽不知疲倦地在那里向人群挥手、点头、微笑，表现着自己。至少她是满心欢喜的；孩子们都想挤到她的身边去。而下面那些来向这位新当选的总统表示敬意的盲目的人群，也都相信他们是幸福的。只有亚伯拉罕·林肯除外。多年以前，早在孩童时代，他曾经借着火光在父亲的小木屋里，满怀激情地阅读有关华盛顿的书，那本书虽然破旧，他却总是读得津津有味。而今，自己已然成了继华盛顿之后的第十六任美国总统，肩负起了重大的责任，想到这里，他的心情一下子沉重极了。

二十、动荡

事实上，他还并未正式成为美国总统，离就任的日子尚有四个月的时间，这段时间可谓是林肯一生中最艰难的日子了。和平年代里，总统从被提名有十个月的充裕时间计划自己今后人事、国政的方针和策略，在某种意义上就相当于定婚期，在这段时间里，"总统"这个职位对于他就仿佛是新娘对于新郎一样，他在新娘的旁边绕着圈，观察她，在结婚前的日子里可以沉默地思考，怎么去对待她，怎样才能更好地说服她，或者教育她；如果这位新娘是位有经验的寡妇，那他一定会怀疑，婚后的日子会不会是那种两人海誓山盟、没有日常摩擦、令两个人都心满意足的美好时光；而倘若她是个处女，那么他便会满脑子都是至善至美的幸福幻影。

对这一切，林肯都不抱幻想；他听不到新婚喜气洋洋的音乐，却满耳朵都是战斗的鼓声，他的担忧逐渐变成了可怕的事实，四面八方都传来坏消息，这位新总统内心世界的平静被打破了。大选之后的那天，查尔斯顿各家报纸就在其"国外消息"一版中公开了来自南方的紧急公函。南卡罗来纳州州长在一次公开讲话中建议购买军火，并同时通过秘密信件同其他几个南方州州长达成一致，绝不接受共和党人的领导，早在四年以前他们就有此意。大选后的四天，南卡罗来纳州的参议员就纷纷离开首都，一个星期以后，那个州便编发了号外，上面用巨大的字幅写着："合众国解体了！"他们宣布自己成为了自由、主权、独立的国家，起先是在街道上，五个星期之后他们便在国会正式宣布退出联邦。

这时的北方却在呼喊着妥协，有人要求放弃政府方案里的某些条款；他们认为应该为此负责的并不是南方诸州，而是北方的一些顽固不化的极端分子，特别是那个不知从哪儿冒出来的新任总统。谴责林肯的信件像雪片一样纷至沓来，信中有人骂他是黑鬼、杂种和小丑，还有人威胁说要打死他，烧死他，枪杀或者绞死他。但林肯根本不去管北方和南方的争论，他的眼睛一直注视着华盛顿。

在那里，一切都取决于尚未卸任的总统：如果他能忠实地履行自己的誓言，保护并维持合众国的现状，与叛国者的各种企图作斗争，如果他能把合众国的权力强有力地掌握在手中，以武力制服每个想要脱离合众国的联邦州，那么所有脱离合众国的企图都将无果而终，毕竟陆海军、邮政以及税务还都是听从总统差遣的。

布坎南的名字可谓家喻户晓，他满头白发，眼睛里常常放射出奇特的光芒。系上领带的时候，他看上去颇像个神职人员，和善而又慈祥。可实际上，他却十分冷酷、顽固、不露声色，同时也是个不值得信赖的人。人们称他是个"实干家"，的确是言过其实了，因为他处世圆滑，没有原则，为人狡猾而又过于谨小慎微。此外，我们也完全可以理解，一个老者，行将走到权力的尽头，自然不想拿自己的名誉、健康、甚至生命去冒险。就让那个伊利诺伊州来的大个子律师去解决这些问题吧！布坎南当年是由南方选举的总统，他虽然一直都是整个国家的领袖，却只是在南北方之间象征性地做着调解；到了现在，他除了让这次危机的处理再拖延两个月之外，别无所为。几个月后他就可以告老还乡，舒舒服服地坐在自己的家里坐山观虎斗了，岂不乐哉？所以现在，他虽在国会里宣布："所有各州都无权搞分裂。"但他却在欧洲宣扬了这样一种观念，那就是，合众国的分裂已是势不可挡了。

事实上，他是在让内阁牵着鼻子走，虽然内阁多数成员还是维护合众国利益的，但一些重要的位置上却坐着一些偏袒南方的议员。有两个内阁成员这时表现得十分忠贞：卡斯将军，也就是林肯在议会上取笑过的那个人，为了不出卖国家而辞职了；还有斯坦顿，总检察官手下的第二位要员。一天，斯坦顿来到总统面前说："作为您的法律顾问，我有责任告诉您，您无权放弃国家的财产，把士兵和船只留给您的敌人。内务部长向您做出的建议无异于叛国，那将会给您以及所有参与这件事的人带来叛国的罪名！"紧接着，他也离职了。

而布莱克，斯坦顿的上司，国家最高法律官员却宣称，国会和总统都无权对任何一个州使用武力。此时此刻，国防部长将大部分军队撤往南方，带走了北方堡垒和武器库里所有的武器弹药。只有匹兹堡，由于人民的反对，他们的企图没有得逞，没能把那里的大炮也运走。国库秘书则把他管辖范围内的资金都调拨到了南方，在国库极度空虚的时候，迅速地离开了首都。这时，内务部长又提议说，要撤回仍在抵抗的少校，把查尔斯顿港拱手让给南方。他对一个北卡罗来纳州的参议员说：

"我被任命为谈判代表，负责让您的州脱离合众国。"

"我怎么一点儿不知道，"那位参议员回答说，"您已经辞职了？"

"没有，而且我也不会辞职。布坎南希望我们大家都到3月4日那天再离任。"

"噢，是这样，那么布坎南知道您在北卡罗来纳州的计划吗？"

"当然知道。"

"我还从未听说过，"这位吃惊的参议员后来说道，"一个当权者会派他的内阁成员去组织革命毁灭他自己的政府。"

国会和政府里正乌烟瘴气地搞着阴谋的时候，南方参议员们照样在按时领着他们的薪水，他们早已看出国库马上就支撑不住了。他们坐在协调和平委员会里，竖着耳朵听着赛华德妥协的建议，嘲笑着加尔文这个不识时务的战斗者，还有气无力地在讲台上向全国发出警告，并琢磨着如何把华盛顿变成他们蓄谋已久的新联邦的首都。晚上，他们则坐在新成立的俱乐部里，取笑那个毫无风度可言，还异想天开想当总统的乡巴佬。

而此时此刻，他们所说的那个"乡巴佬"正坐在斯普林菲尔德的家里，远离尘嚣，不久后他便要踏入喧嚣纷乱的世界，到首都去做出各种重大决策了。此刻的他正关注外面的动静，思考着，不停地向自己的理智和良心提着问题，早上读报时和晚上去编辑室取电报时，他都得到了些什么样的消息呢？父辈们建立起来的稳固的堡垒上每一天都有石块脱落，每一天都有来自北方的警告和来自南方的威胁，画有匕首和绞刑架的信件雪片似的飞来；每一天都有人试图说服他，劝他表示出一种良好的态度，至少是明确地在公众面前表明自己政策的方向。但他都拒绝了，因为当初人们正是由于他的观点而选他当总统的，他的观点早已众所周知，而且他现在一点权力也没有，根本无法将那些思想付诸实施，所以他无论讲什么都没有任何意义。要知道，目前首都政府里随便哪位善使诡计的秘书的权力，都比这位准总统要大得多。

在此期间，林肯家的门槛都快被来访者踏破了。有人建议他只接见其中的一半，可他却摇头说："他们并不想要求我做太多的事情，他们能从我这儿得到的也的确很少。我必须得接见他们。"林肯就是这样，他来自于底层的民众，因而经常和那些跟自己一样的人接触能让他的内心感到更加安全。一位旁观者评论说，林肯说他在接触这些陌生来访者的时候，会迅速而且准确地参透他们的性格和脾气，并懂得如何和他们交谈。他不会回避任何适当的问题，做出的回答总是十分得体。因为他总以真诚可信的语气来阐述自己的观点，所以通常都能应付自如。一次，格瑞利来斯普林菲尔德，没来拜访他，林肯这位合众国的准总统二话没说，便亲自去了旅馆探望他。二人谈了几个小时，相互间没有达成共识，于是林肯连个故事都没讲便垂头丧气地离开了。

他是不是真的应该辞职呢？有人曾公开向他提出过这个建议。"我放弃能带来什么好处呢？我应该放弃吗？不！绝不！"在这一点上，这位新当选的总统从第一天起便认定了绝不会低头认输，他会坚持到底："有人事先告诉我们，除非政府交由那些在选举中被击败的人掌握，否则它就将垮台，这不是他们在对我们虚张恫吓，就是他们真的想这么干。但不管是哪一种情况，只要我们屈服，那我们和政府就都完了，他们便会随心所欲地一而再再而三地照此对付我们。要不了一年，他们便又会提出，如果我们不占领古巴，他们就脱离联邦。"大选之后的几天，他在给朋友的信里写道："去向那些制造这种萧条的恶棍们谄媚，是绝不会有任何好结果的。他们应该努力弥补他们自己造成的损害，那样才比较理智。"他还写道："对于奴隶制扩展问题，绝无妥协可言。我们一旦妥协了，他们便会立刻把我们踩在脚下；那时我们的努力就全都白费了，而且一定还得一切从头做起。如果风雨迟早要来的话，那早些总比迟些好！"不久后，他又写道："我们不允许任何妥协性的行为……无论是密苏里线还是人民主权论，其实都是同一个问题。若是其中哪一个死灰复燃的话，都会狼烟四起，奴隶制也会继续蔓延。所以我们必须要牢牢把握住这一点，绝不能松口！"当十二月份有人在赛华德的支持下建议与南方进行妥协的时候，林肯私下拒绝了这一建议。

南方的权力欲和北方的爱国心之间的长期斗争也使得林肯摆脱了一些敌人的纠缠。后来有消息说，南方毫无理由地拒绝了北方的所有建议。林肯为此找到了一个十分贴切的比喻："若是你们拿着大孔的筛子到岸边去筛砂石，就会看到小石头和沙子会一起漏下去，而较大的石头会留在筛子里；再不停地摇摆筛子，那么个头较大的石头便会被筛到石头的表层。若是战争已经无法避免，国内局势混乱不定的话，小人们顷刻间便会逃得无影无踪。但同时，我们大家立足的基础也就又稳固了几分。真正优秀的人物会涌现出来，而且这些优秀人物当中的某一个会突显出他的能力，他将是其中最杰出的一个，他便是这场冲突当中的领袖。"一次，他给人们讲了某个地区发生过的事情，那个地方想建一座桥，一个教徒推荐了一位能干的工程师。但这个工程师却不是个虔诚的教徒，他说："我准备好了，去建一座通往地狱的桥梁。"这话让当地的居民颇为震惊，震惊之余，他们跑到林肯这里来寻求帮助。林肯说："我认得詹纳，我想他是个说到做到的人。如果他接受了任务，要建造一座通往地狱的桥，那他就一定办得到。只是有一点值得担忧，那就是他是否在地狱也能搭好路基呢？"

这就是林肯，有时，他会如此坚定地向命运的威胁挑战；当然这是很少有的情况。如今，他的忧虑与日俱增，他不思茶饭，日渐消瘦，朋友们都说他的面部表情常常有些骇人。他也尝试着开开玩笑，却恰恰会因此而令一些人疏远了他。每逢受到刺激，他也会变得十分尖刻。一个人从新英格兰给他带了一封工业界人士游说他的信。林肯立即表示，若是有人想把他们对金钱的欲望和他的道德准则硬捏在一起的话，那他们就大错特错了。他绝不拿原则做交易。听到此处，那位信使又拿出另一张名单，上面有很多人的签名，他问林肯是不是认得在上面签名的那些大人物。"是的，我认识这帮骗子和流氓；去年，他们都在有关赛华德的宣言上签了名字！"而后林肯又忽然大笑道，"请原谅我一下子这么气愤，之所以这样，可能是因为您提到这些人的名字时显得过于郑重其事了。"

还有些艺术家也自愿来到这里为他画像。其中一位雕塑家想要雕塑林肯的手。他请求林肯在手里握点什么坚硬的东西，于是林肯走进工具棚，拿来了一根旧扫帚杆开始削，花了很长时间。那位雕塑家说，扫帚杆是什么样子并不重要。"啊！我以为，它也应该看上去像个样子才行。"其实现在林肯根本没有时间，对艺术这种事也早没了兴趣，更没有必要去做它；只是，他做事的认真态度已经成为习惯，自小到大他干过太多这种活儿，比起文案工作，他更习惯于做这些事。

一个故作风雅的人派了个时髦画家来给林肯画像，起初林肯拒绝了，后来经过那人的再三请求又接受了。可画像时林肯坐在那儿就像个木头人一样，脸上毫无光彩，他显然已陷入了沉思。除了一张无产者的脸之外，这位画家没在林肯的脸上发现任何其他的特别之处。他早些时候也曾听说过林肯疏于礼节，爱讲粗俗的故事；于是他想，自己一定可以用几句合林肯胃口的话让他活跃起来。于是，他抛出了一大堆鄙俗无聊的话。林肯猛然抬起头，带着奇异的表情对他说："您这么做是对我过去全部思想的理解，同时也是对我个人的完全误解。"

在一个颇带点黑色幽默色彩的场景里，两种迥然不同的性格都表露无遗。那个从大城市里来的画家，当初一定是带着偏见和某种鄙夷的情绪来到斯普林菲尔德的。他为的是一个有钱人所出的报酬才来给这位怪人画像的。他无法理解林肯那木然的神情，从这幅表情上他只看出了林肯卑微的出身，这恐怕也是这个伟大的人物唯一不如他的地方。因此，画家便不假思索地总结出了对方的性格，并想用几句下流嘲讽的话来让对方重新打起精神。林肯则马上洞悉了这位画家的想法；但他却没有就此一走了之；而是或许起了恻隐之心，带着一种对陌生人的失望，他观察着这个画家，鄙视他的为人，但赞赏他的画技。

老朋友乔舒亚·斯皮德也曾来林肯这儿做过客。晚间，他们俩坐在壁炉边共同追溯着往事，"他原来的朝气现在已经荡然无存，取而代之的是漠然和沮丧，这些原本都是违背林肯天性的东西……他把胳膊交叉在椅背上，把头向后仰着也靠在椅背上，就和我以前在流动法庭审理结束后常常看见的姿势一样。那时候，每逢哪天工作得特别辛苦，他就会这个样子坐在那里。"可突然间，林肯又仿佛振作了起来，说："斯皮德，我宁愿少活两年作为代价，跳过从今天到就职之间的这两个月，我想马上就去行宣誓礼，就任总统。"

"为什么？"

"因为现在每分每秒都会出现我必须解决的新问题，因为现在的政府对南方分裂完全听之任之。而我，虽然受人民之命来承担这些该死的义务，但现在却还不得不坐在家里，什么也不能做，什么也不能阻止……我可不是因为自己的缘故才在这里抱怨的。"（"他说这话时内心的痛苦溢于言表，这是我在他身上从未看见过的。"——斯皮德）林肯又说，"当今的政府没有和南方分裂活动作任何斗争，反而给它提供了很好的条件。如果这种思想在边境州传开的话,后果将不堪设想……我曾读过客西马尼园①的故事，在那里，上帝的儿子徒劳地乞求天父，让圣餐杯远离他。而现在，我似乎也身处此园，我的圣餐杯早已满溢了。"

而后，林肯把朋友送回卧室，临走时他忽然转回身说："乔，你肯定没有忘记我们流动法庭处理的那场官司吧，那次你的搭档把一切都搞砸了。

① 客西马尼园：《圣经》中的一座遍植橄榄树的花园。耶稣与众门徒常在此祈祷。

我看到你在一旁冲他使眼色，但他却全然不顾。我和布坎南之间现在就是这样。他让我输掉了我的那场官司，我却在一旁干着急使不上劲，完全没法阻止他。好了，晚安吧。"

此时此刻，他的性格再次清楚地表现出来：无限的沮丧之中仍带着男性的那种特有的刚毅，澎湃的激情中仍透露着他的质朴无华，即使在当前这种情况下，他也没有任何的夸张。他并没有说什么过火的话，没说为了度过这段艰难的岁月他宁愿放弃自己的生命云云，只是说愿意为此放弃生命中的两年，对于他来说，这代价虽高，却一定非常值得。他拿自己和耶稣那种虚幻的形象相比较，只不过是随便说说而已。话题一转他马上又回到了现实世界中。他提醒老朋友回忆过去的一场官司，并总结说："他（布坎南）让我输掉了我的那场官司。"第二天一早，林肯情绪不错，他跟老朋友说："我之所以着急，只是希望能在马被盗之前，及时赶到华盛顿，把马圈的门锁上罢了。"如今的美国准总统，在举步维艰的境况下，仍没有失去当年那个年轻农夫的幽默感。

同时，他对现实生活里的象征颇为重视，因为在他的内心世界里，农民的本质与哲学家的心性之间，生长着一颗古老的迷信之树，它掌控着他的这两种性格。一次，经过一天的工作，他精疲力竭地回到家，躺在那张旧沙发上。对面衣橱的门上有面镜子，他躺下的时候，在镜子里看到了自己的全身。不过他发现，他的脸在镜子中有两重映像，两幅映像的鼻尖相隔距离大约有三英寸远："这让我有点不安，甚至有些害怕，我站起身来再看看镜子，幻象消失了。当我又躺下时，再次看到了同样的映像，甚至比第一次还要清楚，这回我还发现两张脸中的一张比另一张苍白些，我一站起来它就马上又消失了。后来我就干脆起身去工作了。在紧张的工作中，我几乎把这一切都忘记了。可偶然，它还会再次出现在我的脑海里，让我坐立难安，就好像真的发生了什么不愉快的事一样。一天晚上，我回到家里向玛丽讲了这件事。几天后我又试了一次——我笑着——千真万确，那幻象又出现了。后来，我再没有发现过它。一次，我想做给玛丽看，尽管我折腾了好一阵子，却始终没有成功。玛丽对此颇为担忧。她说这是一种征兆，这预示着我会再次当选，但是，第二张脸比第一张苍白，却预示着，我无法活过我的第二个任期。"

这真的让他有点恐惧。在这些日子里，他多次问自己，是否应该为了保住国内的和平而提出辞职，再组织一次新的选举，同时也让自己的神经在新的环境里放松下来。一句话，通过牺牲自己的个人利益，避免人民战争的爆发：可他没有这么做，之所以没有这样做，按照他的性格来看，是现实的状况使然。而这会儿，他却被那幻象吓住了，他很想用自己的方式去解释这件事，总是记挂着那三英寸的距离，开始忘记了一阵子，后来又去寻找尝试，而且找到了，最后那幻象又消失了。从这些事实我们可以断定，这种幻想在他内心激起的忧虑一度挥之不去。

开始，玛丽也着实吓了一跳。然而雄心勃勃的她却不容许自己去听从命运的警告，因为若是她听从了那警告，和林肯一同退缩了，那她一生的目标就将化为泡影；不过，后来的事实证明了，这第一个发现了林肯将大有作为的女人，凭着她那可靠的预感，今天又已经预见到了几年后林肯生命的终结。

二十一、分裂

到了三月十二日，南部诸多要塞中，只有查尔斯顿港还属于合众国。驻守在那里的安德森少校处境十分艰难，甚至连他从华盛顿接到的命令都口径不一。后来，他向政府提出：若要他坚守要塞，就必须给他运送武器和给养。但他已经意识到，有人早就想把这座要塞拱手让给南方了。百般无奈之下，他退到了最坚固的堡垒萨姆特，死守不放。这时，南卡罗来纳州的州长开始抗议，他说安德森的这种做法侵犯了本州的利益，所以他命人运走了附近地区所有的武器器械。布坎南则别无办法，只得逆南方人之愿，加强安德森的军队武装力量，向他派了一艘给养船只，不料该船却遭到了南方的炮击，无奈返航。这便是战争中的第一场战事。在南卡罗来纳州的首府查尔斯顿，人们像过节一样跳起舞，降下了合众国的国旗。到了一月份，又有五个州脱离了联邦，它们分别是：佛罗里达州、亚拉巴马州、佐治亚州、路易斯安那州和密苏里州。这些州宣布脱离联邦之后便马上进入了战争防御状态。

这时在华盛顿，布莱克和加斯相继辞职，因为他们不想再为合众国承担责任了。国库秘书在国库亏空之际，公开宣布说：辞职后他将去新成立的南部联邦就任。布坎南终于决定有所举动了，他找到了比较明智的解决办法！为了避免一场全国性的灾难，他下令把一月四日定为忏悔祈祷日。而后，当老将军斯科特要在华盛顿的诞辰日举行阅兵仪式时，布坎南先是下令禁止，后来又表示同意；他还调遣军官来到堡垒，军官们来了之后，总统却紧接着又下令把他们调离。当时，满世界还沸沸扬扬地谈论着白宫档案馆的文件失窃案。

对于北方来说，可怕的事情一桩接着一桩。老百姓们希望能保住和平。仅仅为了几千个奴隶，或者说为了一种理想，就应该放弃富足的生活和繁荣的贸易吗？这值得吗？有影响的人士纷纷写信给南方，想要和那里的人取得妥协。国会里，议员们也在做着同样的努力。但事情毫无起色。人们还没有认识到南方发动叛乱的真正动机，没有意识到南方已压抑了多年的怒火。在合众国建立八十年之后的今天，他们依旧没有觉察到，在南方的社会里，一直不存在父辈们提出并孜孜以求的平等，平等只存在于北方，南部各州都以它们原来的那种古老方式繁衍生息，主人和奴仆，统治者和被统治者组成了社会，只有少数人会思考，把握着社会发展的方向。在这场危机中，南部无疑怀着更多的激情，因为那里有着激情滋生的土壤。

人们难道看不出这些侯爵们和公爵们的恼怒吗？就像古老欧洲的大贵族一样，他们已经习惯了随心所欲地去统治别人，安排自己和他人的生活。既然我们在过去的二十年或者更长的时间里一直把他们当成残忍的暴君，那么他们在议会开会期间狂妄地拍桌子瞪眼睛又算得了什么呢？他们心里肯定在想，这帮新英格兰的小商人既不会骑马，又不会射击，表里不一，幸灾乐祸，指着奴隶们的锁链振振有词，他们到底想干什么？多亏了这些锁链，奴隶们才能好好地待在一起呀！这群不知好歹的商人和小企业主们，是不是想亲自到热带的毒太阳底下去摘摘棉花，再用赚来的钱在纽约模仿欧洲建造宫殿，附庸风雅？南方诸州的领袖们气急败坏，他们发誓要夺回往日的独立和自由，堵住那总在谴责他们生活方式的人的嘴。是的，在他们摆脱联邦束缚的同时，他们觉得自己是在为自由而战，因为那些奴隶主们受联邦束缚的感觉并不亚于北方人眼里的南方奴隶所受奴隶主的压迫。

"有人建议，"南方人写道，"重新开始非洲的奴隶贸易。然而，国会却对此充耳不闻。我们应该占领墨西哥和拉丁美洲，开辟一条'奴隶之路'，如果以和平方式无法开辟，那就诉诸武力。上帝之所以创造黑人就是让他们来作白人的奴隶，给白人劈柴、挑水、种地。南方的居民是世界上最有美德，最有教养，也是最有实力的居民，只不过我们在太长时间里过低地估计了自己。北方人别想来统治南方，如果对祖国的热爱不足以阻止他们的话，那么对于棉花以及烟草的需要将会阻止他们。奴隶制是符合《圣经》，符合人性，也是符合真理的。"

对此黑人们自己是怎么说的呢？他们无法了解外面的世界，他们的牢房被严密地监视着。世世代代，满心疑虑的南方人从不让北方人接触到奴隶们。只是通过偶然的机会，奴隶们才得以了解北方人为他们进行的斗争，南方召开的所有会议都有奴隶服务，在那里，通过南方人对北方人的批驳，奴隶们间接地了解了解放者们的理论和要求。奴隶们站在那里表情木然，说话迟钝，以转移奴隶主的注意力，但实际上，他们恨不得马上就从门缝里钻出去，逃得无影无踪。

他们有的穿着白色的衬衫蹲在那里，手里拿着主人们的帽子和手杖，默不作声地望着前方出神，有的躺在门槛上，滚着几个玻璃球，或者手里拿着用晒干的果实做成的项圈把玩着；还有的仿佛是在打着盹儿。但是，当大厅里哪个人宣读起了北方人的某段演说词，或者是他们写在报纸里、宣言中的某段话时，奴隶们便会彼此会心地对视一下，这时，他们的眼睛就会像明亮的星星一样，闪烁着希望的光芒。

晚上，看守们都回家了。奴隶们和妻儿躺在自己阴暗的小窝里，他们就利用这个时间压低了声音传递着白天得来的消息；这时，屋里没有灯，众人都充满着希望，他们闪烁的目光似乎把每个人的心都照亮了。直到不知从哪个角落传出一声叹息，这种希冀才会消失。他们也不知道，父辈、祖父辈同样的希望已经幻灭过多少次了。

有时，他们会唱起牧师教给他们的歌谣，会唱得几近疯狂，歌词大多是写死后一切人就会平等，人与人之间也不会有肤色之分了。这也表达了他们在现世中解放自我、追求平等的愿望。

每一个黑人儿童都晓得约翰·布朗的名字，还有林肯，因为他们的主人们都说林肯是个共和党的"黑鬼"，于是不知不觉，林肯便成了黑人们的黑色救世主。

但是现在的林肯却依旧坐在自己的小巢里等待着，目前他还没有任何权利。赛华德从华盛顿给他写信来，建议他早日起程去那儿。是的，如果林肯也像他一样曾做过参议员，或者像道格拉斯那样在政界名震四方，他一定会早些动身前往华盛顿。但是他这幅陌生的面孔，在那里将会面临的不是批评便是好奇，没有任何人会给他支持，所以他不敢轻举妄动。或许他真应该听从某些人的建议，让共和党召集十万志愿兵，自己率军进驻首都华盛顿，比宪法规定提早几天接管政府，让自己作为胜利者，让这位热爱和平的人作为占领者进入他自己的首都。可是林肯不可能这么做。

他所能做的只是，私下写信了解自己的国家正在发生着哪些变化；像一个被囚禁的国王一样。当一位军官从查尔斯顿堡垒写信给他在纽约的哥哥，告诉他一些机密消息时，斯普林菲尔德的林肯也从中获得了一些对自己有利的消息。他听说年迈忠诚的将军斯科特没有得到原总统的重用，这正中林肯下怀，因为这样，斯科特便可能投奔北方。事实上，斯科特的确已经通过中间人来向他求助了。林肯间接地给了他一个答复："如果他能尽力保卫要塞，或是为夺回要塞做好准备的话，我一定会重用他，当然具体也要视布坎南下台时以及下台后的实际情况来定。"尽管林肯是人民选举出来的，但他做事依旧非常谨慎，他和合众国的保护者商讨大事的时候总是小心翼翼，就仿佛两个人都是间谍一样。和斯科特相比，林肯更信任华盛顿的川布尔，他们经常通信，在圣诞节的时候，林肯给他写信道："现在有消息说，军队接到命令，或者干脆就是总统的直接授意，要他放弃要塞。我简直不敢相信！如果这消息是真的，如果我们华盛顿的朋友没有异议的话，请马上公开宣布，我上任之后会把那个要塞重新夺回来。对于合众国来说，这就相当于是一篇战斗檄文，我们将会像南方一样积极备战。"

林肯还有另外一条途径了解南方的情况，他在南方有个私交，对于他来说，在这一时期南方温和派的代表人物非佐治亚州的斯蒂芬斯莫属。自他们二人共同在众议院任职以来，已经有十二个年头了。当时，他们虽然不能坐在一起，因为斯蒂芬斯是民主党人，但二人却心灵相通，因为他们都是务实的理想主义者。就是这个斯蒂芬斯所做的一次演讲曾使得当时孤身一人、名不见经传的林肯热泪盈眶。当时在演说中，斯蒂芬斯他反对对墨西哥发起战争。他说：自由的人们过早地忘记了他们的原则，他们过快地受到了权力的诱惑而不能自拔。此后，二人又共同建立了泰勒俱乐部，支持泰勒竞选。谁看到他们两人坐在一起，准会哑然失笑：一个瘦高个儿旁边坐着一个矮小虚弱的人，他们的共同点可能就只有那两张干干巴巴、布满皱纹的脸了。只是倘若他们自己去追求权力地位的话，那美丽柔和的头颅以及那双好看的大眼睛会使得斯蒂芬斯更有吸引力。然而，他却曾在日记中这样写道："我觉得我不会有什么大出息，这种思想会扼杀我。我太幼稚，没有男子汉气概，玩世不恭，我的性格和声音都显得太单纯。"

自那以后，两人便保持着来往，即便后来冲突激化，他们二人又都成为各自党派的首脑，这种关系也没有中断。在林肯被提名总统候选人之前，他曾给斯蒂芬斯写过信，这可能是他一生中所写过的最长的信了。信中他批驳了对方的一次演讲，当然是以一种老朋友的口吻写的。而到了十二月份，林肯读到了斯蒂芬斯的两篇动员演说，"大选的进行是符合宪法的，造反的确没什么把握，这样一场战争最终也完全有可能以蓄奴制的结束而告终，不是凭借战胜者所获得的权力就是凭借和平宣言。"这次演讲是南方发出的最后动员，它不但给林肯，也给整个国家带来了深深的不安。为了能够继续和这位演讲者保持联系，林肯给他写了一封彬彬有礼的信，请求他修改这篇演说。

但斯蒂芬斯却只让林肯注意报纸上的报道，他冷冷地回话说："这个国家正面临着巨大的危险，您在这场危机中肩负的责任比其他任何人都大。"林肯马上答复道："南方人确信一个共和党政府将会直接或间接地干涉它的奴隶制吗？如果他们真是这样想的话，我愿意作为您过去的朋友，至少，我希望并非是作为您的敌人，向您保证，这种恐惧是绝对没有根据的。"

"在这个方面，今天的南方面临的危险绝不比华盛顿时代更大。但是我断定，这不是问题的核心所在。他们认为奴隶制是合理的，希望将它予以推广，而我们则认为奴隶制是不合理的，应该加以限制。我想这才是问题的症结所在。这才是我们之间唯一的分歧！"

一种具有男子汉阳刚之气的风格，利用最后一次机会向南方的领袖保证对方行动的自由，同时，使用的语言又是那样朴实真诚，在双方关系破裂的边缘，林肯仍竭尽全力以说服老友，毕竟他们二人在关于人性等方面的问题上是很默契的。斯蒂芬斯对此的回答简明而严肃，他说林肯根本就是在无视一半美国人的传统。尽管如此，在自己那边，斯蒂芬斯仍努力挽回佐治亚州要脱离联邦的局面。新年之际，他给自己的兄弟写信，言辞十分理智："南方曾支持了杰斐逊八年，支持了麦迪逊八年……在合众国成立以来的七十二年当中，南方协助管理合众国长达七十年之久。这样看来，我们哪里是什么没落的少数？我们何须将自己置于北方暴政的仁慈与凶残之下？又哪曾让北方决定过，我们到底是活下去还是忍受他们的劫掠？"

但最终，斯蒂芬斯对佐治亚州的热爱还是超过了对合众国的责任，因为佐治亚州自然的河流、树木、人民和城市与他的生命息息相关，比起合众国的幻影，本州目前的利益显然更能抓住他的心。合众国已然是风雨交加，他却深深感到自己无力回天——于是不久后他还是选择了南方并决定为之奋斗。就这样，这个皈依南方的人被选为了新成立的南部联邦的副总统。

二月初，南方诸邦领袖齐集蒙哥马利，自命为"邦联制国家"，制定了一部与原来宪法颇为相似的新宪法，选举杰弗逊·戴维斯这个密西西比河流域的参议员为总统，斯蒂芬斯在不久之前的一次大型演讲中为此作出了解释：

"新宪法永远杜绝了从我们的制度——非洲式的蓄奴制里产生的可能引起骚乱的问题。而这正是我们脱离联邦进行革命的一个间接原因。迄今为止，杰斐逊以及其他国家领袖都持有这样一种主导性的观点，那就是，无论从社会、道德还是从政治角度看，蓄奴制都是不合理的。但我们新成立的政府正是建立在与之相反的观念之上，它的基石便是黑人与白人之间根本没有平等可言。黑人受制于白人是理所应当，也是再正常不过的。我们的政府是有史以来第一个建立在生理、哲学和习俗真理之上的政府。既然北方拒绝承认这种伟大的政治和宗教真理，拒绝承认没有比蓄奴制更加稳固的建国基础这样一条真理，那么我们分道扬镳便是必然的了。只有当人类的伟大目标和造物主创造的规律以及所作的决定相吻合，这种目标才能得到最好的实现。"

这就是曾把坚强的林肯感动得以至于落泪的斯蒂芬斯后来说的话，当他的头脑中家乡的利益超过整个人类利益的时候，这种力量就会如此迅速地击败理智。林肯没有让自己在这种进退维谷的情形中徘徊很久，但就凭借对他性格的了解，我们可以断定，他一定曾以另一种方式经历过这种考验。

二十二、前往华盛顿

"您当选了。我向您表示衷心的祝贺，并为此感谢上帝的恩惠。十九年以来，我们希望并为之付出努力的伟大目标业已实现。赞同奴隶制的一派已被战胜。现在我们可以在更加安全的基础上制定自由的政策了。您有领导权。当然您的责任也很重大，望上帝赐您以力量，帮助您承担起这份责任！"

这是林肯在当选的第二天接到的第一份祝福：它来自于自己大选时的对手蔡斯。在林肯组阁的时候，他第一个愿望便是任命蔡斯和赛华德作为内阁里的部长，尽管这二人都比较极端。赛华德花了两个星期考虑是否接受任命，最后终于接受了国务卿的职务；而蔡斯则在经过了三个月的深思熟虑之后，接受了财政部部长一职。而后，围绕着另一个部长职务展开了一场交易，这让林肯颇感诧异，他对一个老朋友说："我完全可以用我八次流动法庭的同仁们组阁，以避免这种明争暗斗。"

"但他们都是民主党人啊！"

"我知道，可我宁愿和我熟悉的民主党人共事，也不愿和我不认识的共和党人纠缠不清。"斯普林菲尔德的那家小旅馆一下子变成了一个权力交易所，仿佛全世界追求权力的人都跑到这里来了，想利用这次机会为自己或者共和党的朋友谋求一份差事。围绕着一个叫加美朗的人曾发生过一场尴尬的闹剧，有人要求林肯给这个人在芝加哥谋份职务，林肯起初任命了他，后来又想罢免他，最后却又不得不留下了他。就连法官戴维斯也想为自己和别人谋职。面对这一切，林肯心烦意乱，他说自己现在就已经厌烦了。与此同时，他和副总统哈姆林却谈得颇为投机，并在此基础上建立了友谊，这种友谊一直保持到他生命的终结。

当然，林肯的一些老朋友还是经受住了求职风的考验。当他再次见到斯皮德夫妇，大家在一起叙旧的时候，他忽然问道："斯皮德，你现在过得怎么样？经济上还算宽裕吗？"

"总统先生，我想我能猜得出您下面想说的话。我过得还算不错，您会说，'好吧'。我觉得，在您的政府当中没有什么适合我的职位。"在过去一段时间里，一直让朋友们搞得痛苦不堪的林肯这会儿释然了：终于有一位老友是真心来看他，而不是想从他这儿得到些什么。

全都是些旧时的相识，以前从没有关心过他，现在却不知从哪儿都冒了出来，就连那曾经虐待过林肯的姐姐，并鄙视过他的格里斯贝兄弟其中之一（曾经是林肯的姐夫），也突然像老朋友似的在大选之前出现了，他们硬和林肯拉关系，说他们无论如何都会支持林肯选上总统。林肯友好地回信说："当时从印第安纳州搬走的三个家庭里，如今父亲不在了……其余的人都还活着，年轻的已经结婚生子，我有三个儿子，最大的十七岁。密苏里州有共和党人的选举名单，如果你周围的人没有意见的话，你完全可以选我。但我劝你还是不要去冒这个风险，以免惹恼你的邻居们。请代我向你哥哥查里斯问好。"

在远赴"巴比伦"——也就是华盛顿之前，林肯又一次回到了自己青年时代生活过的安静的小城。在那儿，他骑马四处游荡，探望尚在人世的亲戚朋友们，当然他首先去探望了汉克斯和约翰斯顿。他还让人修整了父亲荒芜了的坟墓。人们看到他都十分高兴，回忆着以前发生的事情，有些老人还说，三十年前，他们看见过林肯赶着牛车从这里经过。只有那善良的继母显得十分平静，还轻声嘱咐了林肯一些什么。汉娜·阿姆斯特朗也是这样。林肯静静地听完她的话说："啊！汉娜，如果我被他们杀了的话，那我就不会再死第二次了。"

汉娜的儿子既吃惊又敬佩地听完这句话，似乎自己也想对林肯说些什么，可是葡萄酒已经斟满，现在得为林肯干杯了，他便又把话咽了回去。家里已经没有什么可整理的：把房子租出去，把少得可怜的几件家具安置好之后，林肯又去见了自己的一个外甥女，把一包资料和一份公文交给她，告诉她如果自己不能再回来的话，那她可以凭这份公文任意取用这里的东西。然后他又把自己的诗取走，把其他所有的书和信都烧了。

在此之前，他写下了自己的就职演说，而且只参照了克莱、杰斐逊和韦伯斯特的演说以及合众国的宪法。他把自己关在屋子里，独立完成了这篇讲稿。赫尔顿后来说："没有人帮他，他总是自己做一切事情，因此也总是独自承担责任。我从未给他写过一句话，他也从没要求我这样做过，我对他没有产生过丝毫影响。他只是有时候会问我一些文风方面的问题，因为在这方面我比较擅长。他还经常问我一些词汇和短语的用法；可当我提议要他换掉一个他认为恰好能表达出他思想感情的字眼时，他却绝对不会松口。"后来曾有人怀疑赫尔顿对林肯的演说、其讲话的风格以及组阁方案产生过影响，因为他和这位伟人结伴同行了那么久。而事实上，林肯的演讲稿都是由他自己亲手执笔完成的，而且几乎没有经过什么改动，在进行演讲之前就会悄悄地印制出来。

这时的玛丽满怀憧憬，春风得意，她嘴里总是嘟囔着："我们的升迁……"她去了趟纽约，在那里买了裙子、帽子和其他许多东西；还兴高采烈地给林肯买了一顶礼帽作为礼物；她是乘坐专列去那儿的，而且还拉上了自己的姐姐作陪，真是风光无限。在召开告别宴会的时候，人们看到她穿着巴黎时装，长裙拖地，珠链绕颈，葡萄藤作头饰，光彩照人。第二天就有报纸这样写道："林肯夫人身材姣好，举止高雅得体，一定会给白宫增色不少。"

第二天下年，临行之前，林肯来到办公室取了一些文件。跟以前一样，他又躺倒在那张旧沙发上，默默地望着天花板发呆。

"威利，我们在一起工作多久了？"

"十六年多了。"

"这些年里，我们从来没吵过架是吧？"

"当然没有。"

紧接着，林肯又提起他们过去工作中的几件事情。而后，他抓起自己的那捆文件，大踏步向外走去，走到门口却又站住，说："你知道，我想到了什么，威利？别把我们公司的牌子摘下来。让我们的当事人看看，林肯和赫尔顿的那个选择至今都没有变。如果我还能活着回来的话，到时候咱们继续一起当律师，给人辩护！"

说完他们俩便一起走出了办公室，而后林肯又说："对那个职务我已经厌倦了。一想到我面临的一切，我就感到害怕。"晚上，旅馆的大堂里摆满了行李，林肯让人拿来纸片往行李上贴，他自己则在纸片上写道："华盛顿，白宫，亚·林肯"，而后又自己把行李捆扎了起来。

为什么他不让别人做这些？从明天开始他就要成为一个国家的最高首脑了，难道他不该采用一种新的居高临下的姿态吗？林肯生来自尊心就很强，但同时他也尊重其他人的尊严，所以他似乎得努力才能学会去命令别人为自己做事。这时，旅馆的门房在一旁用好奇的目光打量着林肯自己打行李的样子。另外，应该让人把那块挂了十六年的公司招牌摘下来吗？有人可能会说，让牌子继续挂在那儿很不合适，因为若是某个街角的招牌上落着总统的名字，会有以此招徕顾客之嫌的。但林肯似乎并不在乎这种人的想法，他真正看重的人是不会这么想的，况且他也不是第一个这么做的人。总统在就任前一天晚上还在自己打着行李，这才是不折不扣的美国人的理念，我们完全可以称之为"美国的精神"。

二月中旬的一个阴冷的早晨，一百多个人来到小站上为林肯送行。车厢里坐着的都是林肯的老朋友，法官贾德和戴维斯，旁边是新任秘书尼古拉和"海"，两个州长，几位军官，他们旁边还有一张白净的脸孔，咧着嘴笑着，露出一排整齐的牙齿，他就是黑尔，林肯把他也带上了，因为在"扫罗王"悲伤的时候，"大卫"总能让他开心。

玛丽在站台上为林肯送行，她几天后再去华盛顿，和林肯一起去进行就职旅行。她在那次旅行中的表现将十分突出，她的勇气也将表露无遗。不过今天，林肯得独自离开斯普林菲尔德，这个他长久居住过并将不会再回来的地方。是的，他站在那儿，头上戴着那顶奇怪的礼帽。下雪了，他站到了车厢的门口，即兴讲了几句话："亲爱的朋友们，任何人都无法想象在分别时我内心的忧伤。我的所有成绩都归功于这个地方。在这里，我生活了四分之一个世纪，从一个青年变成了老人，这里有我的孩子们，其中的一个已长眠于这里的地下了。现在我要走了，不知道什么时候，也不知道是否能够再回来，因为现在摆在我面前的任务十分艰巨，可能比自华盛顿以来压在任何一位总统肩头的任务都要艰巨。没有上帝的帮助，华盛顿不可能成功。我觉得，我事业的成败也将取决于上帝的帮助。让我们相信上帝吧，相信他会与我同行，与你们同在！而且到处与善同在，让我们希望一切圆满吧！再一次祝大家生活幸福！"

雪花慢慢地飘落在送行人群的身上，也落在林肯的身上。作告别讲话时他那阴郁的声音和目光，他那关于逝去的儿子以及对前途充满忧虑的话打动了每一个送行者的心。当火车隆隆地消失在晨雾中的时候，所有人都认为，他这一去必定是荆棘铺路，凶多吉少。

他在北部诸州的行程足足持续了十天之久。所到之处，人们都想目睹这位新总统的风采。但他却经常会因此显得窘态十足，让围观的群众十分失望。当然有时候，他也会让出于好奇前来观望的对手们感到惊讶。一般情况下，他的情绪总是很低落，状态欠佳，面色苍白，神情忧郁，只有当黑尔弹起班卓琴，唱起黑人们欢快的歌曲时，他才会慢慢高兴起来。和别人一样，他自己也感觉，这种悦耳和谐的小夜曲以及人们为当选的总统举行的火炬游行，与当前的乱世相当格格不入。他在演讲时不得不斟词酌句，有时还要按照从亚拉巴马州传来的最新消息，对自己的演说词做些改动，因为那里，敌人们正在召开会议等着他。因此，他的演讲常显得有些七拼八凑。但是，他那平易近人的语言同那和蔼的表情，却已经足以深深打动听众了：

"肯塔基州的乡亲们，朋友们，兄弟们：现在我还可以这样称呼你们吗？"或者在纽约，他说："现在，亲爱的朋友们，我想我已经说得够多了吧？"（"不！不！"台下的听众们齐声喊着！）"在这点上我想我们的意见不一致，我就不得不独自做出判断了。"在匹兹堡，他引用了朗费罗一首名叫《造船》的诗，把合众国和一艘轮船进行了对比。在印第安纳波利斯，他说道："请大家想想，这并不是我个人的事业，而是大伙的事情。若是合众国的自由不复存在，对于一个五十二岁的中年人来说，这并不算什么。但对于三百万人民以及他们的后代来说，却是件大事……到底是否要保卫合众国，维持和平，这既不能由政客，也不能由总统，更不能由那些四处钻营谋求职位的人决定；能作此决定的只有你们！"而后，他又激动地讲到了特伦顿的战场，他坦率地说："我小时候就看过这方面的书，当时我就想，让那些人为之浴血奋战一定是件很不寻常的事情。我渴望了解他们全力以赴追求的那件东西，那甚至比国家的独立更为重要的东西。是它将在未来无穷的岁月中始终给全世界所有人带来巨大的希望，我希望能按照最初为之奋斗的人们的设想把它永远延续下去！"

在费城，他完全沉浸到了对父辈的回忆中，在那儿他一反常态，首次在这次旅行中谈到了该做什么不该做什么："我常常扪心自问，曾让这个联邦在那么长的时间中团结一致的究竟是怎样的伟大思想，总之它绝不会是那种脱离宗主国的思想。它乃是《独立宣言》的精神。我希望它不仅能给本国人民带来自由，同时也能给未来的世界带来自由。它使人们相信，到了一定时候，所有人肩上的负担都将被解脱，人人都将获得同样的生存权利。"

"我们的国家能不能在这个基础上得救呢？如果能，如果我能使它得救，那我将认为自己是世界上最幸福的人。但是，如果这个国家不放弃现在对蓄奴问题的原则便不会得救，那我宁愿就在这里被人刺杀，也决不会放弃那个原则！"

"如果人不犯我，我也并不希望流血和战争。但人若犯我，我只能以牙还牙，奋勇保卫国家。"

"亲爱的朋友们，刚才我所讲的话事先毫无准备。来这里之前，我完全没有想到要站在这里讲话，我原想最多不过让我帮着升升旗什么的。所以有些话讲得可能很冒失，不过我所讲的话里没有一句是我所不愿为之奋斗终生的。如果上帝要让我为之牺牲自己的生命，那我也死而无憾。"

宽敞的大厅里，每一个在座的人都能感到这席话所表现出来的真诚。即使事隔七十年之后，我们依旧可以体会到这种真诚；林肯在说到为伟大的事业死而无憾时，显然并非是说说而已，他懂得这句话的真正含义。而且几年后，事实也将会证明这一点。

涉及这次就职行程，在他到巴尔的摩之前就有一位侦探向他透露说，那里有人想要谋杀他。开始他并不相信，仍想照原计划安排行程；可紧接着赛华德的儿子也奉父亲之命来给他送信，提醒他提防巴尔的摩的刺客。林肯把双方提供的信息分析了一下，确认，这两个彼此并不认识的人带来的消息却大同小异，于是决定缩短行程。有几个朋友觉得，这样更改行程影响不好，但是林肯那种农民式的小心谨慎占了上风。就为了一些鸡毛蒜皮的小事，为了一次招待会，为了这些日子以来或许已经是第一百次的招待会，他就拿自己的身家性命去冒险吗？太不值得了！是的，如果在巴尔的摩将有一场战役打响，而总统的到场又能鼓舞士气的话，那他一定会去！就只为向人们显示他深入虎穴的勇气，让阴谋家们把他一枪打死，这种事情他不会干。不！在目前情况下，他宁愿从这最后一次招待会的后门溜走。事实上他也真的这样做了，他带了一顶便帽，把自己的专列撇在一边，上了一趟普通列车，跟乘务员说有一份重要邮件要交到华盛顿去，必须赶这趟火车，让车稍等一会儿。与此同时，电报线路员切断所有电线，中断所有打到这里的电报。

在这最危急的时刻，所有其他人，包括他的妻子、儿子、党内同仁和军官们都乘专列继续原计划的行程。只有一个人跟随他踏上了就任总统之前这最后一段充满了危险的旅程：他就是黑尔，林肯没有让他离开自己左右。

在时局动荡不安的1861年初，林肯踏上了充满艰辛的就职之旅。他在巴尔的摩离开了人们的视线，并于2月23日凌晨悄然抵达了华盛顿。

二月份的一天，早晨六点的时候，天色依旧昏暗，人们虽还无法辨清街道上的情形，但路灯已经熄了。华盛顿只有两个人知道今天要来这儿的是谁，这两个人就是赛华德和渥什布恩。他们从火车站接走了林肯和黑尔；而后，四个人驱车去了一家旅馆。这时，华盛顿整座城市还在沉睡当中。参与密谋的人现在一定也和林肯一样，在焦急地等待着来自巴尔的摩的消息，想看看这场计谋结果如何。没有料到的是，那位原来处境最为危险的人现在已经平安抵达了华盛顿，正在偏僻的街道上驱车赶路呢！他们偶然会遇到刚刚庆祝完节日、赶着回家的南方绅士；这些南方人也一定会以为，车里坐着的人是不知从哪来的某个小商人，只是来摸摸战争的形势而已，或者干脆就是哪个州派来的间谍。

没有任何人发觉，亚伯拉罕·林肯，这个陌生人已经借着夜色悄悄来到了华盛顿，来接任他那总统的职务了。

二十三、宣誓就职

在这个灰蒙蒙的早晨，若是林肯回想起他在十二年前即将离开华盛顿的那天，并把这两天拿来做个比较，他一定会发现，自己已经取得了何等的成就！但是当时纷纷扰扰的乱世以及林肯的性格，都决定了他不会这么想。他更可能想到的是，今天这间阴冷的旅馆房间和十二年前的那间多么相似，今天这前途渺茫的感觉和当年也是如出一辙，而且他内心的孤独感和那时也大同小异！现在，在这个时候，他的妻子也不在他的身边，她明天才能乘专列到达华盛顿。

在旅馆里，他挑帘远眺，最先看到的是什么呢？奴隶。自国家危机发生以来，他第一次置身于一个蓄奴州。在这里，他最先听到的又是什么？奴隶们的"迪克西歌谣"和其他军旅歌曲。当他在街头散步，他又看到了些什么样的面孔呢？那是些带着恐惧的和思索着的面孔，因为这里每个人都在提心吊胆地提防着别人，这个地方到处是奸细和政治谋杀犯。在这里他不认得别人，也没有人认得他，每个人都忙于自己的事务，唯有他例外。不难想象，昨天这里举办的沙龙里人们都在谈论些什么？人们恐怕都在交头接耳地议论："林肯这家伙在巴尔的摩出事了吧，不久后他就会被送回去，即便死不了，活着，也会被送回去。随后，杰弗逊·戴维斯便可以名正言顺地作为总统入主白宫。到时候整场闹剧就该收场了。"事实上，就在林肯就任的前几天，这里还有人打赌说他根本当不成总统。

另外，赛华德在他面前也表现得何等沉默寡言呀！他的脸上始终写着冷淡和不满。他向林肯提建议的时候，目光冷漠，连说的话都是冷冰冰的。

那林肯身边还有什么人对他的态度友好些吗？还好，黑尔还在他身边。除他之外的一切不是冷漠、沉寂就是例行公事。那报纸上有什么关于边塞的新闻吗？关于亚拉巴马州的消息——每天都千篇一律地重复那一套。还好林肯搞到了一篇来自欧洲的报道——布满阴霾的天空终于露出一丝阳光！"俄国沙皇解放了全国的农奴！"这个消息使林肯的心灵为之震颤。他就是要在美国完成类似的事业啊！然而，当这项伟业在美利坚的新大陆尚未建立之时，在古老的欧洲，在为很多人所唾弃的俄国却付诸实施了。就仿佛是午夜时分出现的太阳，它的光芒也远远照到了大洋的彼岸——美国。

当人们得知林肯已经来到华盛顿的消息之后，这个孤独的人周围的气氛又活跃了起来。就如同在斯普林菲尔德时一样，仿佛全世界的人又一次都跑到他这里，不是出于好奇，就是出于猜忌；当然也不乏有人是满怀着好意来看望他的。旅馆的楼梯走廊被来访者挤得水泄不通，一时间，旅馆只得门户大开，不加控制，哪怕是谋杀者在这里也可以自由出入。这时，道格拉斯也来了，这两个人，一高一矮，两年前还在讲台上互相辩论，就在前不久的大选中还互不相让地怒目而视；而今却握手言和，侃侃而谈了。只是今后道格拉斯是否会心甘情愿地委身于林肯麾下，这一点不得而知。

就在林肯抵达首都的第四天，华盛顿市长来向这位新总统表示欢迎，然而其间也是言辞冷漠，仅是随意发表了一些要采取什么革命措施等等的意见。这时的林肯有些按捺不住了，他回应说："关于我们的国家，我所生活的地区的人民和这里的人民之间，过去以及现在的不和谐，我已经思考很久了。我觉得那是一种误解。对于这里的人民，我始终抱有一种真诚的友好态度，就如同对待我所在的联邦州的人民一样。我并不想夺走宪法赋予大家的权力……一句话，我相信在我们彼此真正了解之后，我们一定能够更加和睦地相处。衷心感谢你们友好的接待。"一篇不错的讲稿：王者风范，却平易近人，既通情达理，又义正词严，结尾却又来了一句地道的大实话，让人听起来颇为突兀。

这些天，内阁席位之争愈演愈烈。每一个被提名的候选人都遭到了许多人的强烈反对。参议员们，众议员们纷纷跑来，企图为自己的朋友争取职位，并把自己的敌人排挤出去。斯普林菲尔德的交易所转移到了华盛顿，而且愈加一发而不可收。这位新总统与首都人民的初次接触，简直无异于一次充满利益角逐的集市。

赛华德在林肯身边少言寡语，显得很痛苦。一则他的新上司所坐的位置是他自己一直梦寐以求的；另外，新任总统甚至不让他来为自己撰写就职演说；要知道，以前，即便是最有经验的总统就职，也会请他撰写这篇重要演说的。赛华德认为自己被大材小用了。其实他又何苦一定要去承担这些任务呢？当林肯终于把亲笔撰写的就职演说稿给他，征求他意见的时候，赛华德惊诧于宣言中言辞的坦率，他立即回复道："请允许我坦白地说几句……您演说词中的第二和第三部分，即使加以修改，也会成为联邦州脱离合众国的把柄，弗吉尼亚州和马里兰州已经脱离了合众国，您说要用四十天至六十天和南部争夺首都……在波托马克以南恐怕没有几个忠于联邦的官员了……对此，我满怀崇敬之情向您建议，删掉上述两段文字……论据颇为有力，而且颇为重要，所以可以保留。但是除了论证之外，还需要粉碎南方人的偏见，灭掉他们的气焰，同时也要排解东部的沮丧和恐惧。最后请再加上几句动情的、冷静但却振奋人心的话。"赛华德是想以他的方式通过篇尾的闪烁其词来掩盖他外交家的审慎，改变林肯就职演说中的坦诚和率真。但是林肯却想通过他那清晰的逻辑把"曙光"和"晚霞"两种极端的东西结合起来。赛华德建议改用这样一段话结束演说："总而言之，我们不是敌人和陌生人，我们也绝不能成为敌人和陌生人；我们是同胞，是兄弟！即使今天的气氛已经使得我们之间爱的纽带绷得很紧了，但它不会断裂。那神秘的琴弦在广阔的大地上穿过如此之多的战场，穿过爱国志士的坟墓，以及每一个家庭和每一颗跳动的心，最后汇集出我们共同国家的一首古老的乐曲，就连这个国家的保护神也仿佛在与我们同唱这一首歌。"林肯对这个建议作了这样的修改：

"我真不想就此结束我的讲话，我们不是敌人，而是朋友。我们决不能成为敌人！尽管目前的氛围有些紧张，但它决不能使我们之间亲密的情感纽带破裂。回忆的神秘琴弦，在这片辽阔的土地上，从每一个战场，每一个爱国志士的坟墓，延伸到每一个家庭和每一颗跳动的心里，它一旦被我们天性中更善良的性灵所触动，便必将再次高奏出联邦的合唱曲！"

就好像是一位政治家向一位诗人建议了一个诗意的篇尾，而到了最后却还是这位诗人得以把它发挥到极致。赛华德提议删除的两段，林肯原封未动，因为他知道怎样才能给听众留下最深刻的印象。只是林肯低估了他这么做对赛华德可能产生的影响。在他就职的前一天，林肯忽然收到赛华德的一封信，显然后者的自尊心受到了伤害，赛华德在信中说，他实在不能接受国务卿这个职务。在即将上任的节骨眼上，这对林肯无疑是又一个打击！该怎么办呢？林肯最后什么都没做，只是把这封辞呈放在一边，静静地等待第二天的到来。

终于挨到了 3 月 4 日。一直到前一天为止，城里还有人在打赌说林肯当不成总统。可今天，他就要宣誓就职了。中午时分，年迈的布坎南坐着敞篷汽车来到林肯下榻的旅馆：他穿着一身老派的燕尾服，系着一根白色的领带，脸上沟壑纵横，头奇怪地偏向左肩，大沿的帽子压得很低，看上去很像个老神父。他接上林肯一行人驱车前往白宫。通往国会大厦的道路戒备森严。不一会儿，和每四年举行总统就任仪式时一样，从参议院的大门里走出一个方队。平台上的人并不多，因为许多人都害怕来这儿会吃枪子，所以都躲在家里不敢出来；不过即便如此，欢迎林肯的人群依旧在马路上形成了一道壮观的风景。所有人都注视着队伍中那个最高大的人，看着他手里拿着礼帽和拐杖，缓慢地、沉重地向这边走来，走上了东门口的演讲台。当他的老朋友、参议员贝克向众人介绍他时，台下人头攒动，掌声四起，人们向美国新一任总统林肯表示热烈的欢迎。

林肯抬眼四望，发现围在讲台三面的椅子上都坐满了本国的精英人物：左边一排是外交官，他一位也不认得；右边一排是诸位参议员，在那排紧挨着讲台台阶的位子上，他看到了道格拉斯；台下的前排座位上坐着他的妻子和三个儿子。台下的人也都仰望着台上的这个大个子。对他的装束，他的朋友们可不怎么满意。

他新蓄的胡子看上去就像把鞋刷子，颜色灰灰的，呆板僵直，十分难看；他那张没加任何修饰的脸实在让人不敢恭维，却表现了他独特的力量和激情；他身上穿的不是寻常的小礼服，而是一套崭新的燕尾服；帽子十分显眼，一眼便知道是刚从商店里买回来的；再外加一根乌檀木的巨大拐杖，拐杖头上还配着一个鸡蛋大小的金把手。穿戴着这套不寻常的衣服，林肯显得很不舒服，而别人对他的这身打扮也只能表示遗憾。走上讲台以后，他更加局促不安，因为他不知道该把帽子和拐杖放在哪里才好。他就这样站在那儿，在众目睽睽之下，手里拿着礼帽和拐杖，一副无助的窘态。几经周折后，他才把手杖挂在栅栏上。可礼帽怎么办呢？除非把它放在地上，不过，他不会那么做。这时，已看出他心思的道格拉斯走上前来帮了这位老对手一把，他接过林肯的帽子，替他拿着，一直拿到林肯再次需要它为止。

莎士比亚戏剧似的场面：林肯穿戴着妻子给自己新置办的时髦的服饰站在台上，这些服饰对他来说过于摩登了，以至于让他越发显得像个乡巴佬。平常他总是习惯脱下外衣，至多也不过是把它晃里晃荡地披在身上。而今，他手里被塞上了一根显眼的、对他却没有一点用处的手杖，俨然被装扮成了一个轻歌剧里的滑稽角色，同时当然也成了人们背后议论的谈资。他站在那里，第一次准备面对全国的人民讲话，可显然，一开始那根带着金把手的手杖和那顶难看的礼帽就给他出了个难题。他该怎么办？真是个可怕的场面！谢天谢地，上帝派了他的老对手道格拉斯来给他解了围。这时的道格拉斯可谓是一反常态，他好像特意要让自己在离林肯最近的地方去品味失败的痛苦似的。这个人实在是能屈能伸，无论在何种困境当中都能找到出路，而今天当然也不例外：他成了林肯的救急者，像个服装管理员一样，伸出了自己粗短的胳膊，从林肯那里接过了帽子，又像个仆人似的捧着它，坐在一旁，足有半小时之久，直到所有仪式都结束了，新任总统友好地向他点头示意，这位参议员才又把帽子递了回去。

道格拉斯参议员坐在那里倾听林肯的演说时，手里的那顶硕大的帽子会不会让他的脑子产生这样一个奇怪的问题：若是戴上林肯的这顶帽子，自己的脑袋是不是会被它完全吞没；而若是林肯戴上他的帽子，是否也会显得不伦不类。他或许也偷眼观察过这顶帽子，希望能发现里面藏着的小纸条什么的，因为众所周知，林肯习惯于把帽子当成公文包。或许，这顶帽子也让他想到了刚才戴着它的那个脑袋，从而促使他在心中暗暗比较自己和林肯智慧的高下。虽然道格拉斯至今都认为自己的智慧要略胜一筹，但不得不带着这种优势无奈地向自己的对手俯首称臣。

这时的林肯首先向众人证明，他的政党从未作过干涉南部诸州现有制度的任何尝试。"我今天在这里宣誓，思想上绝无任何保留，也绝无意用过于挑剔的标准来解释宪法或法律条文。"七十二年以来，曾先后有十五任总统在这里面对他们的人民，其中大多数人都功勋显赫；今天，林肯也来到这里，受命于危难。"如果过去，合众国的分裂只是一种风险的话，那么现在，这个危险就是实实在在地摆在我们面前了……我将使用宪法和人民赋予我的权力来维护属于政府的一切财产和土地，征收各种税款；但除此之外，我们决不会发动什么入侵行动，决不会在任何地方，在人民之间使用武力。……当然，总不乏有一些人，不惜以任何借口，图谋不轨，一心想破坏联邦。对此，我既不想肯定他们也不想否定他们；如果的确有这样一些人，我对他们无话可说。"而后，他又问，人民在何种情况下才会分崩离析？是否有必要使用武力？使用武力之后又会有什么结果呢？

"难道陌生人之间签订协约，要比朋友们之间制定法律来得更容易吗？难道陌生人之间履行条约比朋友们之间按法律办事会更为忠诚吗？就算决定了要诉诸战争，那也总不能永远打下去吧。更何况，当最后两败俱伤，双方都一无所获时，即便战斗停止了，同一个老问题还是会照样摆在我们面前……全能的上帝到底是站在北方一边，还是站在南方一边？不管内战中是哪方胜利，南方都得不到什么好处。想想看，若是北方赢了，南方的情况会变得更糟；而若是南方赢了，它能得到的无非就是使那里的奴隶制得到巩固，而现在它就十分稳固呀！"

讲到高潮处，听众席中掌声雷动，喝彩不断。包括前任总统布坎南在内的所有人都在侧耳倾听，但听得最认真得还是要数道格拉斯了。演说结束后，他走上前去和林肯握手致意，以表示对他的支持。这时，法官坦尼手拿一本《圣经》颤颤巍巍地走过来。老布坎南首先歪着脑袋站起身来，而后所有人都跟着他起立。于是老态龙钟的法官坦尼走上前来，人们看见他那穿着法衣的干瘪的身躯慢慢地向前移动着；他就是宣布奴隶德雷德·斯科特裁决案的决议并为之负责的那位法官。"合众国的朋友，林肯先生！"这位白发老人十分激动地接受了林肯的就职宣言，把执行国家权力的任务委托给了他。人们看到林肯敬畏地望了坦尼一眼，随后表情严肃地把他的大手放在《圣经》上，就像以前在肯塔基州的小木屋里，妈妈第一次给他看《圣经》的时候一样肃穆。他缓缓地说道："我庄严宣誓，我将忠诚地履行合众国总统的职责，我将尽我最大的努力维护、保障和捍卫合众国的宪法！"

接下去便礼炮齐鸣。过后，人们渐渐散开，前任总统挽着新任总统的胳膊把他带回了大厅。当时，只有一个人站在那里，留到了最后。这个人刚才站在最显眼的地方，似乎他是听众中最棒的一个，他是以一种挑战的姿态看完全幕的，他就是一个众所周知的来自得克萨斯州的参议员。他刚才双臂交叉在胸前，倚在美国议会大厦的大门边儿，带着一副鄙夷的神情听完林肯的演说，他是南方留在这里的最后一名议员，也是南方留在这里的使者、象征和奸细。他是林肯的敌人。

而后，马车载着林肯一家来到了白宫。玛丽的激动可想而知。到处都是男仆和女仆，这些沉默的帮手一定又让她回想起了青年时代在奴隶制故乡的生活。是的，她经历了一次足有八天之久的旅行，在此之前还有漫长的二十年，才终于到达白宫。现在，她终于到达盼望已久的目的地了。虽然精疲力竭，精神紧张，但是梦已成真！她极其迅速地把房子浏览了一遍，那美丽的花瓶、柔软的地毯，那椅子上的金边和打磨过的皇冠发射的光彩让她眼花缭乱，目不暇接！孩子们也是一样，他们的目光跟着母亲一起审视着这座房子。"有些地方需要重新布置，要做的事情很多。不过还好，我们有时间，至少有四年的时间。在这段时间里，除了死神谁也别想把我们从这座宫殿里赶走！"

林肯心情沉重地巡视着这座房子，默默地问自己，除了死神之外是不是还有什么力量会把自己和合众国逐出白宫？当玛丽正为墙上的软缎而惊叹不已的时候，林肯则在自问着：这些物件在过去的三个月里都曾听到了些什么？他知道，一个巧言令色的人已经把发生的一切都传给了南方。白宫里正在等待自己的，无非就是一张书桌，而且这张书桌会比最动荡的年代斯普林菲尔德的那张旧书桌摆得更满。当口述什么的时候，他的目光有时或许还会不由自主地在这华丽，但却冷冰冰的房里搜寻属于自己的那张破旧的皮沙发吧！

同一天晚上，林肯写了进入白宫之后的第一封信，这关系到他的下一桩麻烦事，是有关他那位想要退出的部长的。写完后，他在信封上注明了"白宫"字样。信中写道："尊敬的先生，二号的来信业已收悉。信中您提到，您不是必须去管理对外事物的，这引起了我极大的忧虑。我不得不恳求您撤销'退出'的决定。我想是公众的利益要求您必须这样做。请您三思，并在明晨九点之前给我答复。您忠实的仆人。"这里既有一种帝王般的威严，又有一种颇具技巧的审慎。其中有自己对赛华德个人的高度评价，同时又下了至明晨的最后通牒，结尾落款却十分礼貌和冷静。

如果把合众国比喻成风雨飘摇中的一艘大船，在踏上甲板的一刹那，这位船长肯定在想，不可靠的人们必定都已离开。现在在夜色中向窗外望去，他能看得到什么？他又在想些什么呢？下面那些身影是间谍、是政治谋杀犯还是奴隶？整座城市真的布满了叛乱者吗？难道没有善良的心灵，忧心忡忡的居民正向他这里灯光闪亮的窗口仰望着、思考着，揣摩这位新任总统的能力吗？那边是财务秘书处，国库已经空了，钱款都转去了南方那边的另一座房子——国防部里可能摆满了大大小小装着各种档案材料的书柜，但军队的枪支弹药却尽数掌握在南方人手里。北方目前就连一艘战船也没有。

远处，波托马克的边界就像海岸线一样，他站在窗户这里还能辨认出来。边界的那边，敌人已慢慢形成了规模，手里掌握着边界的要塞。对方拥有金钱、军队，他们的胸中燃烧着激情的火焰。明天，最晚在几个星期之后他们就要开火了。而今，自己到底是成为了白宫的主人还是白宫的囚徒呢？

第四部　解放者（1861—1863）

一、南方

在这样的冲突中，生与死相互撞击，两种力量都认为自己代表着正义，并决心去维护正义。但无疑只有其中之一绽放着未来的希望之光，而另一种力量只是淹没在过去的阴影之下；这种信念之战在利益、野心和金钱的迷云背后展开，就如同诸神支持和反对《荷马史诗》中勇士们的争斗一样，是尘世的战士们难以看到的。如果我们把这类冲突以及这种信念之战看作是一种悲怆的话，那么这场美国兄弟之间的人民战争便很像是古代的一场悲剧了。同古代的悲剧一样，它开始时也曾激发了人们的愤慨和恐惧，而结束后也会唤起人们如同在暴风雨之后面对空旷的原野才会萌发出的畅快。

狂热的奴隶制拥护者们烧毁废奴主义者的房屋

后人为"自由战胜奴隶制"而欢呼雀跃。尽管他们自认为，如果自己生活在林肯那个年代，一定也会做出和林肯同样的选择，但他们其实无权因为这样的假设而去谴责被打败的那一方。若是认为南方奴隶主的权力是建立在对一群可怜人卑鄙的压迫之上，并因此理应受到后人鄙视的话，那么我们无法让自己以及他人了解人类的迷惘；也更不能理解日后为什么会为此做出动用武力的决定。只有以坚定的信念做基础，武力才能成为一种必然的决定一切的力量。我们既无法正确评价少数像特洛伊人一样英勇战斗长达四年之久的战士们，也无法正确评价这位北方领袖等待的耐心与做事的分寸。在就任总统的一千五百天里，在那些时而捷报频传，时而士气低落的日日夜夜里，这位领袖既没有丧失镇定，也没有失掉信念，既没有丢开过幽默也没失去过睿智。面对困难他依旧保持着自己高尚的情操，在克服困难的过程中也进一步提升了自己的能力，甚至把自己的弱点也转化成力量，去实现一个——更确切地说是两个理想！而这两个理想已渐渐在他的内心融合成了一个崇高的整体。只有那些充分理解南方的激情、理解他们的尊严和冥顽不化的人，才有权赞扬林肯。

人们真的很难对南方做出评价吗？长期对权力的占有不是已经让侵略者的后代们认为，他们拥有权力是合情合理的吗？通过继承这条砍不断的链条，在长达由于几个世纪的无拘无束当中，所有国家的贵族都认为在由来已久的主仆斗争当中，他们自己始终站在正义和道德一边。他们认为，时间可以证明，权力理应由他们掌握，因为长久以来一直都是这样，于是，贵族们的青铜和铁铸造的武器，在时光荏苒中早已锈迹斑斑。哪一位骑士或者男爵曾不动一刀一枪便将他拥有的一切拱手让给过一个新的时代？在他们坚不可摧的城堡中把宫殿大门和平打开，仅仅是因为他们心中的道德观念已经苏醒？这种崇高的观念能叩开他们的心灵之门吗？

敲门的是纯粹的耶稣信徒吗？北方那些冷酷的商人——南方人这样想那些萨克森小农们的后代，除了追求利益别无他念，现在的确是够阔绰了，于是便又开始反对基督教的运动了，而且看上去还颇为坚定。虽然他们根本不懂得如何去治理国家，也没有什么文化底蕴，却还是在那儿异想天开地要将整个合众国的领导权。南方人自认为，他们才是诺曼底贵族的继承人，拥有美国上议院的风俗礼仪。而且迄今为止，合众国的十五位总统当中南方人就占了十二位，而且南方还接连十二次承担过治理联盟的责任。此外，南方还产生了比北方多一倍或两倍的部长以及高级法官。南方人认为，自己生来就是作统治者的，享有高贵的尊严，无论在战争或是和平时期都是合众国毋庸置疑的领袖，难道现在他们能甘心对别人的谴责置若罔闻吗？

这在二三十年前或许还行得通，可是现在——十年以来，他们已经不能再接受这类谴责了——为什么呢？因为总有成千上万的人移民到北方，他们都是些一事无成的败类，是"古老欧洲的渣滓"，他们在金色的加利福尼亚埋头苦干，因为想要尽快过上富有的生活，他们竟然也干起了只适合黑人们干的下贱活儿！在那里，当然不再会有人无偿为他们工作，他们自然也就开始"胡言乱语"起什么自由和民主了。在那里，金钱就意味着自由，在那里，蒸汽机代替了人力，于是黑人们不需要俯身工作了；在那儿的大都市里，到处可见平民式的卑贱与勤奋，人们开始宣传那就连上帝都否认的平等，因为平等对于他们丝毫没有危险！就这样，在过去十年里，北方聚集了一千九百万白人，而南方却只有八百万白人，鉴于此，北方在众议院里拥有的席位也就比南方多了三分之一。所以，北方通过多数获胜也就不足为奇了，事实上这根本没什么了不起！

带着这种思想，南方的领袖们——一小撮有钱有势的人必定是获得了双倍的自信，他们变得更加固执了。到了1860年的大选期间，积蓄了十年的怨恨一下子爆发了出来。庄园主们与城市人之争，猎人骑手与会计和工厂主之争，军官与文职人员之争，高贵的出身与急躁的新制度之争，阶级之争，一个种族和另一个种族的维护者之争，南方奴隶主们的激情、传统、骄傲以及尊严与社会福利思想的平等权利之争愈演愈烈。是的，这个年轻的国家又一次对欧洲说了"不"，并坚决地反对古老的欧洲遗风，然而这次发起反抗的恰恰就是南方——希望讨欧洲欢心的南方。

南方的优越感仿佛通过国家法律和国家经济被合法化了。权威理论不是早已证明了，这个联邦只不过是各个主权州签订的一个协约，一旦哪个州感觉受到这个协约的伤害，不就可以自愿退出联邦吗？至于上帝赐给南方的肥沃土地，那就更是无可非议了！当时一位南卡罗来纳州的参议员这样吐露了大多数南方人的心声："任何人都无权反对蓄奴州！骚动可能还要持续一些时日，但是棉花、烟草和小麦依然统治着世界。没有我们，北方佬就像是没有母亲，嗷嗷待哺的小牛犊，只有等着饿死算了。"

气焰嚣张的南方似乎已经是全民皆兵，就连妇女们也被要求进入防御状态。而这时，北方却丝毫没有动静，以至于政府不得不采取行动鼓舞士气。无论是按照自己的愿望还是出于北方内部的纠纷，人们都无法理解战争的意义。不早不晚，南方四州偏偏就在这个时候相继退出了合众国。而这当然事出有因：他们想通过这种恐吓让吓傻了的北方佬让步，就像几十年以前一样。恐吓若不成功，那么就真刀真枪地干上一仗！因为现在的确是到了最紧要的关头，南方不得不着手对付日益强大的北方了。如果没有人想从他们那里夺走什么，他们的奴隶也会安然无恙的话，那么已经等了那么多年的南方一定不在意再耐心地多等四年。等待四年以后，他们可以在新的大选中重整旗鼓，东山再起，过去他们不就经常这样做吗！何况偏向黑人的现任总统在两院中都不掌握多数票支持，在人民中也没有太多的拥护者。

　　首先是南方那没有节制的宣传造成了一种过激的局面。普通民众们无法长期承受这种日益升级的紧张气氛，他们必须要寻机释放。就像是一个正在进行爱情冒险的小伙子，尽管他对那个女性已经没有欲望了，但他还是被驱使着要去占有她。当时，就如托马斯·加尔所写的："双方都在摩拳擦掌，准备应战。"几个月内，南部四州竖起了象征自由的旗杆，街道上响起了马赛曲。这首最激动人心的自由之歌使得奴隶主们的政策变得更加疯狂，数以千计游手好闲的富家公子哥开始练习骑马射击，目的是在素质上压倒北方那一群贫穷、懦弱的白人以及数以百万计的黑人组成的队伍；在清一色的男性世界里，吹响的小号、飘展的旌旗和荣誉的光环让各位绅士们着迷，加之他们身边也没有敢发牢骚或者发出警告的所谓人民，脱离联邦之后，他们终于可以摆脱所有来自国家的束缚，摆脱那不听话的政府了！南方的每个人似乎都在战争的诱惑下失去了控制。

　　南方知道，在军队方面自己占据着绝对优势。诚然，他们的公民人数不占多数，可早在战争打响第一枪之前，南方便确保了自己比战前拥有多一倍的正规军，这些正规军完全可以铲除三倍于自己的北方军队，它完全有这个能力。只要不打持久战，南方可以说占据着绝对优势：处在战争的危险中，贫穷的白人们更加听从命令了，民主思想尚未"侵蚀"他们；此外，南方的军官在历次战役中战绩显赫，他们贵族式的生活方式以及优越的地位也使他们得到了更多的训练；南方内部几乎不存在党派之争，他们只有一条内部方针，即可以在战争中自由调集军队。与此相比，北方的情况又是怎样的呢？北方军队里的每一个志愿兵都有独立的思想，有着自己的个性。每当有什么命令下达，他们便会问：为什么要这样？而且他们的军官这会儿都还不知所措地待在办公桌前；慌乱的民兵们经过数星期的长途跋涉，原本想去包围敌人，可最后却忽然发现自己稀显糊涂地钻进了敌军的包围圈里，置身于法国志愿兵和间谍当中；党派之间的斗争使得对战斗进行指挥难上加难——北方人尚未意识到，危险已迫在眉睫，他们没有激情，缺乏凝聚力，他们仅仅凭借着一种理想发起这次重大攻势，然而就连这种理想也只有一小部分人相信它是正确的，而且就连这一小部分人在经历过战争开始的失败之后，也打算背弃它了。

让南方害怕的只有一条，那就是持久战。若是打起了持久战，北方可以源源不断地更新它那取之不尽用之不竭的人力和物力资源，随时操练军队，培训军官。而且更重要的是，北方可以对南方实行封锁，直到南方弹尽粮绝，山穷水尽。只是在此期间，北方政界的内乱以及对危机形势认识的不足，使得北方人反对持久战。南方当然希望那里的人们能保持这种观点。此外，要保证南方立于不败之地，需要有一个能控制各位将军的领袖，一个处于中心位置、强有力同时又深得民心的人，而这样一位领袖显然不是那位偏袒黑人的总统林肯。

二、内战爆发

宣誓就任的第二天清晨，在白宫里一觉醒来，林肯发现书桌上摆着一封信函：是从萨姆特要塞发来的。这封信是那里的指挥官给他这位新任总统写的。几个月以来，前任总统对那位指挥官的要求一直置之不理。于是现在这位指挥官又给林肯写了这份信函，他告诉林肯，自己只能在那个要塞继续支撑一个星期的时间，他急需援军。当林肯看到这封信的落款时，他可能已经想起了，这位安德森指挥官就是三十年前在与印第安人进行战斗中曾为他辩护过的那位军官。他默默地把安德森信函中的宣誓和自己昨天的就职宣誓比较了一下，不得不承认，二者完全可以相互媲美。只是自己昨天发表的宣言可能实现起来更为困难罢了。昨天他刚刚宣过誓，要维护合众国的所有利益；而那个要塞无疑也是合众国的财产之一。在那之后的很多天，林肯总是时不时自言自语地嘟囔："如果安德森从萨姆特要塞撤走，我就搬出白宫。"

萨姆特堡垒位于查尔斯顿港外的一座小岛上。堡内只有不足两百名官兵，有重炮镇守。一月份以来，由于北方内部党派倾轧，战事一度偃旗息鼓，这座堡垒也被搁置不管；一直没有驻军部队镇守。虽有人怀疑南方人正在这附近招兵买马，加强军事力量，但一直没有发生战事：个中原因，敌对双方心照不宣。

赛华德建议，马上放弃这个要塞，以免惹恼中部诸州；就连斯科特将军也说，北方无法守住这个要塞。这是这位斯科特将军的第一个懦夫言论。到头来，北方那位热爱和平的总统只好亲自去鼓励将士们坚定信念，战斗到底。而这种事情在今后几年里还会多次发生。这其中涉及的不仅仅是勇气问题，而是一个政治问题。放弃、撤军无异于立下一个先例，以后南方人便会更加肆无忌惮，不可一世；可如果现在马上向堡垒派驻军队，运送弹药，又恐怕被世人看作是在公开向敌人挑衅，有故意挑起战争之嫌，欧洲也会马上有所举动，国内的反对派更会趁机对北方大放厥词。

他们对于总统的不满已经够多了。一家偏激的全国性报纸发表文章说："现任总统怯懦无能而且毫无目标，赛华德的和平愿望几乎在完全左右着他。"林肯现在到底该做些什么呢？他拒绝了叛军代表的来访，这是他在此期间的唯一动作。北方的民主党人给他写信说，应该让军队撤出要塞，并不惜一切代价保住和平："我们简直无法和这个所谓的总统为谋！"此间，越来越多的军官逃离北方加入南方联邦，这种丑闻一时间沸沸扬扬，令公众哗然。林肯则认真地关注着人民的呼声、媒体的意见以及来访者的抱怨，他仔细琢磨着普通民众们的想法。就这样他度过了整整三个月。

终于有办法了！已经是三月底了，安德森那里的情况越来越紧急，要塞里的将士们现在可能已经开始挨饿了。此时的白宫却正在举办总统就任后的第一次大型招待会：身穿一套崭新燕尾服的林肯和身材姣好、光彩照人的玛丽站在一处迎接着来宾。上百双幸灾乐祸的眼睛在等待着林肯出丑。可今天，他却一直表情自然地和众人聊着天，自始至终表现得十分得体。明天的泰晤士报记者准又能写出这位新任总统讲的许多故事了：关于那位喝醉了的马车夫，或是他在西部生活时遇到的种种趣事。告辞时，客人们或许还会觉得，当前的局势应该还并不太危险。事实上，这歌舞升平的一幕不过是林肯有意安排，避人耳目的。招待会期间，他就以十分严肃的态度通知了各位部长，当晚要召开一次紧急会议。招待会结束之后，部长们都留了下来，林肯通知大家说，斯科特将军催他们赶快放弃萨姆特要塞，问大家该怎么办。那天晚上，每位部长回家时，心里都一定是忐忑不安的。几个小时之后，也就是第二天一早，他们还要再去参加一次会议，听取总统的意见。林肯决定派一艘船给要塞运送给养；在此之前要通知南部的官方，船只不过是去给要塞里断了口粮的将士们送粮食的。倘若南方反应正常，那么一举两得：一则政府的声望得到了保障，再则要塞里官兵的性命也能保住；若是南方真像几个星期以前所叫嚣的那样，动用起武力来，那么虽然战争会爆发，但挑衅的罪名却自然而然地会落到南方人的头上，是他们先开了第一枪，引发了紧张局势，他们理应为此负责。同时，北方人民的愤怒也会被激发出来，要知道，没有这种群情激愤，仗是打不胜的。

1861 年 4 月 12 日的凌晨，南卡罗来纳州查尔斯顿港的萨姆特要塞
遭受了南军炮火猛烈的攻击，南北战争正式爆发。

　　基于这种考虑，林肯下达了第一个命令。作为合众国陆海军的最高统帅，如果说在民事问题上国会有权反对总统擅自采取行动的话，在军事问题上，他却可以下一切命令，做任何事情。事实证明，在这场战争中，他也的确是竭尽所能。是他作为庄稼汉的想法和作为外交家的谋略共同发挥了作用，才让他想出这个办法来的。事情的进展完全如他所料。北方的给养船只从纽约出发的同时，南方便立即调集了大批军队向要塞进军。那艘没有任何武器装备的船只还没有靠岸，全副武装的南部兵团便把萨姆特要塞打了个落花流水，城头的国旗也被打成了两截，直到安德森投降并撤退为止。这个日子，全世界的目光都注视着这座要塞，四月十四日，南北战争事实上已经打响。但现在，还没有人能够预料，四年之后的这一天又将沾满谁的鲜血。

这一动作的后果是可怕的，也是伟大的。北方人异口同声地惊呼：合众国的国旗被撕碎了！一时间，数百万民众万众一心，呼喊着要报仇雪恨，各党人士义愤填膺，敌对势力之间不是握手言和就是彼此保持默契，所有人都感到，自从八十年前星条旗第一次在华盛顿的上空高高飘起以来，还从未发生过今天这么可怕的事情。在这种情形下，林肯必须把整个国家的力量拧成一股绳——只有这样才行！征募七万五千名志愿兵的命令一下，数日之内便有九万两千人踊跃报名，到了七月份这一数字又增加到了三十万人；当然，每个士兵只服役三个月，因为这是北方法定的最长服役期。

但是很多天过去了，仍不见一兵一卒被派往战场。用于调遣的军队仍旧只有寥寥三千多人。征集起来的志愿兵都到哪儿去了？怎样才能在最短的时间里把他们武装起来，并加以操练？战场又应该安排在哪儿呢？面临着一场人民战争，北方似乎还缺少一个考虑周全的进攻计划。

边界各州又会作何举动呢？首先是首都华盛顿的门户——弗吉尼亚州会怎么做？那儿已经派了人来请示总统，他们下一步应该怎样对待南部联邦。林肯马上引用了自己的就职演说，毫不含糊地告诉他们，那篇演说中就包含了他的观点："我建议你们仔细研究一下这篇演说，它已经很好地阐明了我的观点。"可是，不久后弗吉尼亚却宣布退出合众国。这样一来，波托马克河便成了南北双方对峙的边界。从白宫一眼望去就可以看得到边界那边的敌人，白宫这位新主人在五个星期前刚刚搬进来时所担心的事情终于成为了现实。

弗吉尼亚脱离联邦一事使首都上下惶恐不安。招募的军队去了哪里？首都华盛顿一下子成了一座被围困在敌军海洋里的孤岛，几乎直接暴露在敌人的枪炮之下，腹背受敌，就连旁边的一个深深的山谷也落入了南军手中。首都的人们到处在说：援兵明天就要来了！就要有给养送进城里来了！

但现在还需要施行一些紧急措施：用水泥桶在国会大厦前设置路障！再在上面搭上铁板！妇女和儿童先行撤出城区！对这一切进行指挥安排的是七十五岁高龄的斯科特将军、刚刚上任的陆军部长——不久前他还是以金融专家的身份现身，他旁边站着的就是林肯。

可是，时间一分一秒地过去，援军还是没到。他们压根就看不到一个援兵的影子！林肯焦急地在房间里踱来踱去："援兵怎么还没到？"有消息传来，援军被弗吉尼亚州截住了。听到这个消息，林肯把自己关在房间里，终日一言不发。几天之后，舒尔茨说，林肯的内心完全充斥着一种被抛弃的、束手无策的感觉。因为当时情形实在是太危急了，只要敌军派一只小分队悄悄渡过波托马克河，便可以毫不费力地把这位总统和所有的内阁成员统统抓起来。忽然，林肯仿佛听到了一声炮响，他一下子跳了起来："啊！他们来了！"一直以来，他无时无刻不在期待着这个消息！……不对啊，别人为什么都没有动静？他三步并作两步奔下楼去，问几个官员有没有听到炮声，他们都说没有。街道上，一眼望去，一直到军械库，都悄然无声，空无一人。他问了一个刚好经过的路人，得到的回答也是"没有听到什么声响"。难道刚才只是自己的一种幻觉？是的，在长时间的等待中，他的神经变得脆弱不堪，脆弱得就像他当初要参加婚礼时一样。堪称美国历来最高统帅中最不善战的他能经得住这场战争的考验吗？

最后，那让人望眼欲穿的载着士兵的火车终于鸣着汽笛驶入了华盛顿，整座城市的居民潮水般地涌向站台。纽约军团终于来了！大伙儿都松了一口气。可是其他地区的援军呢？"我开始意识到，那个所谓的同心协力的北方其实根本不存在！"林肯对军团士兵说道，"第七军团是个神话，罗德·伊斯兰德也是个神话，而你们是唯一的现实！"对于这几句不太合时宜的话，有人表示反对，有人觉得不可思议，但从中我们可以推想出林肯当时内心所承受的压力是多么沉重。像他这样一个在华盛顿人生地不熟，以前又从未做过领袖的人，不但一下子被置于整个美国的最高职位上，而且还遇上了这个国家史无前例的困境，现在既没有议会，也没有忠心于他的内阁成员，所有决定都得由他一个人做出，他只能孤军奋战。有史以来，还有哪位总统曾遭遇过这样棘手的问题吗？

所有人当中最聪明的莫过于李将军了，他安静地坐在弗吉尼亚州的家里，虽然一直对联邦忠心耿耿，反对弗吉尼亚退出合众国，但当总统邀请他担任统帅一职时，他却拒绝了。他说他不能参与入侵南方诸州的行动。而后他马上向他的上司，弗吉尼亚州的同乡斯科特将军辞去了军中的职务。"这简直比两万大兵压境还要糟糕！"老斯科特不无道理地说道。这时，巴尔的摩警告总统说，不允许再有军队进入巴城一步，于是赶往华盛顿的救兵就只能绕城而行了。可没过多久，巴尔的摩又传来消息说：因为他们是中立州，所以即便是北方人绕道走过也不行。林肯回信说："我们需要这些军队。可他们既不能飞过来，也不能从地底下钻过来。他们必须穿过马里兰州走过来啊！"不久后，华盛顿三面都和调集过来的军队隔开了。剩下的唯一一条通道虽然可以引进援军，但是敌人也可以乘虚而入。在南北军队第一次遭遇之后，北军撤回了城里，伤员们被抬进了国会大厦。

在这里，林肯第一次看到鲜血从一位战士匆忙包扎起来的绷带那儿透了出来，这是他兄弟们的鲜血啊！面对这一切，林肯想："这些无辜的年轻人，可能还根本不知道政治为何物，不知道到底是该反对还是该拥护奴隶制，便跑来打仗，原因是别人都在高呼着：'合众国就要瓦解了！'虽然国会大厦并没有血流成河，但鲜血一直无声无息地在林肯这个博爱者的眼前流淌着，流淌着。这告诉了他一个不变的真理，那就是，抽象的理念不应成为一场民族战争打下去的理由，美国人民的血不应该为非洲黑人，而应该为祖国而流！"

三、战争的意义

如果说，两个家庭会因为争吵而在一夜反目成仇，不相往来，那么，同一个家庭里的两个兄弟却往往不知道如何才能撕破脸和对方为敌。同样的道理，在美利坚南方和北方之间的这场兄弟之战经历了第一次战役之后，便偃旗息鼓长达三个月之久，双方都需要一段时间准备，同时也需要一段时间来克服内心的尴尬；这段时间是军备期，同时也是双方表示礼让的阶段。起先，南方并没有趁虚而入，乘胜追击，攻占空无一人的首都华盛顿，而是眼睁睁地看着这个不可多得的机会悄悄溜走，这一方面说明他们在一定程度上缺乏决策力，另一方面也表明了他们的那种尴尬情绪。

在七月份召集的议会上林肯作了一次出色的演讲。演讲中他谈到，他自己是如何从道义以及历史视角去理解南北战争的。欧洲和美洲还没有哪场战争的爆发曾有过这样一篇演讲作为阐释。首先，总统要求各州向政府提供四亿美元和四十万军队的支持，他说："这笔钱对那些捐款者而言，尚不及他们财产总额的二三十分之一。"而后，他又把当时的状况和国家建立之初的状况进行对比，总结了他们现在的富裕程度比过去高出多少，如今，"每一个人保护自由的强烈愿望，都绝不亚于当初我们的国人建立这种自由的愿望。"就连有关国家权力的问题，他也从金钱的角度做出解释："国家当初是花钱买下那片土地，南方才得以在那里建立家园。而如今，他们要脱离联邦却连一个子儿都不拿出来，这公平吗？"

不久后，他又谈到几个深层次的问题，并从南方新制定的《宪法》中总结出了南北两派的区别："我们的对手已经通过了一部《独立宣言》，其中删去了杰斐逊'人人生来平等'的口号。为什么会这样？他们还通过了一部临时宪法，在这部临时宪法的前言中，他们删去了由华盛顿签署的老《宪法》前言里的'我们——合众国的人民'这个表达，而代之以'我们——各个有主权的独立州的代表们'。"从这其中，林肯总结了这场人民战争的本质："在联邦这方，斗争是为了在这个世界上保存目前美利坚政府的形式和实质，主要目标是改善人的生存环境，从所有人的肩头卸去人为的重负，为所有进行高尚劳动的人扫清障碍。我们之所以建立人民政府就是在做这样一种尝试。现在我们的任务是，有效地维护政府，让它得以抵御内部强大势力想要推翻它的企图。我们必须向全世界证明，能够公平选举的人也完全有能力平定叛乱，我也必须向全世界证明，投票是枪弹的合法继承者，一旦通过投票公平地、并遵循宪法做出决定，就不允许再使用暴力去解决问题！这样，我们就可以向世人证明，凡是通过投票无法得到的东西也无法通过战争获得；这样我们也就能让世人明白，发动这场战争的人是何等愚蠢和狂妄！"

大家风范！他先列举数字，而后阐述观点，先是对选民们讲，而后是向全世界大声疾呼。他在全世界人的面前把合众国的本质称作是一种新的尝试，这是林肯自己头脑中的一种理念，其根本思想来自于他青年时代就经常提到的杰斐逊和克莱。放眼全世界，人类有更为伟大的事业要为之奋斗，所以除去国家和政权之外还有很多问题亟待解决。林肯毫不懈怠地关注着全人类崇高的目标，把合众国的建国思想视为做事的原则。他虽然把这一原则置于奴隶问题之上，但一直相信，总体而言，人类的自由高于合众国的利益。于是最后他大声疾呼，为了捍卫自由，现在是时候在世界人民面前进行这场兄弟之间的道义之争了——这正是他此时的心声！

但不久后，这场道义之争引发的社会问题比政治问题引起了林肯更多的关注。于是，他在几个月后的一次讲话中谈道，保住民主原则乃是这次战斗的主要目标，因为当时南方甚至有人提出要倒退回君主立宪制。除此之外，还有另一个问题尚未引起人们的注意，林肯在一个公告里写道："有一个与此相关的论点，它不像别的大多数观点那样老生常谈，所以我想简单讲一讲，请大家稍加注意。那就是，有些人力图让人相信资本即便不高于劳动，也和劳动处于同等的地位。这些人说，劳动只有和资本联系起来才会存在，也就是说，除非一个拥有资本的人指使另一个人去劳动，否则，谁也不会自发地劳动。而后，又会出现这样一个问题，到底是用资本雇用劳动者，让他们自由劳动更好呢，还是用资本买下他们，强迫他们劳动更好？说到这一步，得出的结论便是，所有劳动者要么是雇工，要么就是奴隶。而且还有人据此进一步推断说，一个人只要当过雇工，就只能终身做雇工。"

"但事实上，资本和劳动之间并不存在他们所设想的那种关系。也没有哪个自由人会终身被他人雇佣。这两种假设以及所有由此而得出的结论都是无稽之谈。劳动先于资本，资本只是劳动的产物，如果没有劳动，就根本不可能有资本。劳动超越了资本，因而应当比资本得到更多的尊重。当然，资本有其自身的权力，它也应该像其他权力一样受到保护。因此，在劳动和资本之间的确存在一种互利的关系，这一点无可否认。上述观点的错误只是在于，它认为社会的全部劳动都处于这样的关系当中。我们的社会里只有少数人拥有资本，他们害怕劳动，愿意用他们的资本去雇佣或者买下另一些人来为他们劳动。而社会上一直存在着第三个阶层，他们为数众多，不属于上述的两种人群。他们既不为别人劳动也不要别人为他们劳动。在大多数南方州中，大多数人既不是奴隶也不是奴隶主。男人们带着他的全家在自己的农场上、在家里、在店铺中为自己劳动，收入也归他们自己所有。他们既不依靠资本也不雇佣或奴役别人。……此外，一些刚踏入社会的人，手脚灵活却不名一文，他们最初只为了挣些工钱而去为别人劳动；然后设法积攒一些钱给自己购买土地和农具，开始为自己劳动；最后他们又雇用一些刚刚步入社会的年轻人做他们的帮手，也就是购买别人的劳动。这才是公正、合理和繁荣的制度，它会给所有人带来活力，让所有人都有机会取得成功。在我们当中，谁也比不上那些靠劳动白手起家的人更值得尊重。不是靠劳动创造的东西，他们连碰也不碰一下。在这一点上，他们比其他任何人都做得更好。这些人不会把自己已经享有的政治权力轻易拱手让出，也不会放弃前进的机会。为了保住自由，他们情愿接受任何挑战！"

　　这一番话若是出现在教科书上，或是由一位教授在讲台上说出来，听的人都会认为理所应当。可它出自一位总统之口，而且是在战争岁月里，就显得有些不寻常了。它是写给农夫们和雇员们看的，全国的农夫和雇员不久后就能在各种不同的报纸、杂志上读到这段文字；它也是写给南方那些穷苦的白人看的，让他们看过之后对那里的制度产生怀疑。不过，这段文字的真正魅力以及历史深意却来自于作者本身。作为一个懂得如何使用策略，懂得如何把握文风的人，他原本不应该在长长的战争公告的结尾处，脱离主题地谈论这种理论性问题。但由于他一直都在关注涉及全人类的普世性问题，所以他在全世界的面前写出了这番话。在那个世纪的六十年代，新的社会思想已经形成并传播开来。这个过去曾给人劈过木头、打过短工的林肯，无需去欧洲追溯自己家族的传统，他在这片自由的土地上土生土长，凭借自己勤劳的双手创造着财富，在世人面前丝毫不掩饰自己的过去。而今，他公然向南方的敌人，也向华盛顿的上流社会提出挑战，指出那些曾被雇用过，而后又凭着智慧和勤劳白手起家的人比其他人更应该得到尊重。

四、征服内阁

早上六点钟，尽管夏天的阳光早早就把它那初生的光辉洒落下来，但街上仍旧人迹稀少。有一个人路过白宫时，看到白宫的门口站着一个大个子，穿着蓝裤子，脚踏一双特大号的拖鞋。他们两人认识。于是大个子亲切地叫了他一声说："嗨，你好！我正在找那个送报的小伙子。如果您路过那边的街角，请让他过来找我一趟！"林肯还像在斯普林菲尔德当律师时一样，他这种农民式的问候方式在华盛顿当然也引起了人们的注意。现在每天清晨，他依旧站在大门口，对华盛顿的好奇以及内心的不安会让他自然而然地又回归本来久已习惯的生活方式。

其实，他只需要拉一下悬在那张巨大书桌旁的拉绳，铃声一响，他想要什么东西就立刻会被送过来；然而，每天只有当他坐到办公桌前的那把扶手椅上开始办公时，他才会用拉铃的方式叫来仆人。这时，他往往找不到秘书尼古拉，因为这位总统可能是合众国最早开始办公的人。他平时不习惯遵守任何自然规律也不愿遵守一般的规矩，他更喜欢随心所欲，对一些事情听之任之；只有在他意识到自己肩负重任的时候，才会强迫自己把各种事物处理得井井有条。他的办公室在白宫的南侧。每天他从楼上的卧室出来，都要穿过半个大厅才能走到办公室。如果他不像今天早上一样到大门口站一会儿，或者没有这么早去办公室的话，那么，在去那里的途中他就会被正在等候他的人们团团围住；直到三年以后，他才找到另一条通道，可以防止他在去办公室的时候被人打扰。

他的办公室很大，中间必须要摆上一张橡木桌子，以备内阁开会之用。旁边那用马鬃毛做的沙发虽然很简陋，但有两个，因为他最喜欢躺在那里，把他的长腿伸到沙发外面看书。能够搬来两个沙发供自己交替使用，可能是亚伯拉罕·林肯当总统以来碰到的唯一一件让他感到高兴舒服的事儿了。在办公室里，在壁炉的上边他曾找到杰斐逊的一张旧照，但肯定没有仔细看过。相反，他却找来了英国工人领袖约翰·布莱特的照片并亲自把它挂了起来，目的是向所有人表示，他十分看重这个极端派人物。林肯办公室的四壁挂满了各地的地图，似乎在告诉每一个来访者，现在正处于战争期间。

九点钟，九名内阁成员来到这间办公室开会。从他们身上可看不出现在正在打仗。林肯的组阁方案足以让全国上下大跌眼镜，因为他确定的内阁成员同和平时期的内阁成员没有什么两样。林肯在桌前的第一把椅子上坐定，向大家宣布了现在发生的重要事件，听了内阁成员们的见解与看法。他是那样镇定自若，信心十足。要知道，迄今为止，年满五十三岁的他还从未主持过类似的任何会议。那些见多识广的政治家们看他的目光里，恐怕或多或少会有些不信任，他们肯定在想，他们中的任何一个人都不比林肯差。为什么这个新上任的总统不挑选一些自己的朋友组成政府内阁呢？现在，他的身边全都是陌生人，一半是民主党人，一半虽是共和党的同仁，但又都是他的对头。当有人问他，为什么要任命四个民主党人、三个共和党人做部长时，他回答说："我自己也是共和党人呀，这样一来，两个党派在内阁里就势力均衡了。"这的确是一种明智的治国思想，尽管他们彼此仍旧还把对方视作对手。

可是，眼睁睁看着坐在他身边的赛华德半眯着眼睛打量自己的样子，难道林肯不会如坐针毡吗？即便他因此少了一份沾沾自喜，并不得不多一些持重的话，他恐怕也没有心情去感谢赛华德吧。是的，无论从天资、从资历、从学问、从名望上看，赛华德都完全可以坐上这第一把交椅；而现在，他却不得不听命于另一个人，因为大家选了后者当总统。赛华德那罗马式的鼻子和嘴巴显得那样高贵，英俊的面庞却因为痛苦而有些扭曲，眼睛里睿智的光芒也被雄心勃勃却不得志的阴云遮盖了。在新总统刚刚就任的几个星期里，若是有人向赛华德抱怨自己被大材小用，因而内心充满失望时，赛华德便会火冒三丈。有一次他说道："您是在说您很失望吗？对我这样一个人，本来有资格参加大选，却被人甩在了后面，不得不眼睁睁看着他们顺手抓来那个什么伊利诺伊州的小律师当了总统。您还跟我谈什么失望？"他虽然坐到了内阁成员的位子上，内心深处却一直对林肯的当选耿耿于怀。他最喜欢别人称自己为内阁总理，弄得大家常常因此而讽刺他；此外他还很愿意自诩说，自己又得知了什么秘密的消息。

坐在林肯对面的那个人，也对林肯满怀着醋意，他虽然不说什么反对林肯的话，但是对林肯的意见总是保持沉默；因为他也曾是林肯的对手，他也感觉受到了命运的捉弄。他就是蔡斯[①]。但是他始终都保持着一副严肃的表情，他的目光灵活，没有蓄胡子的脸上充满生机，当然他也的确年轻些。看上去，他仿佛正在期待着一个更好的机会把失败的痛苦转化成一种力量，投入到一项伟大的事业当中去。他在奴隶制面前绝不低头，那如火的激情和赛华德以及林肯不相上下。作为财政部部长，他完全能够冷静地控制那些财政数据，仿佛自己既是它们的主人，又是它们的仆人。他虽然有时候难免显得浮夸些，但他的自信却并不影响他对新任总统的敬仰；另外，他履历中没有什么模糊不清的地方，于是总统就能够放手让他按自己的想法去大干一场。按照他的禀赋和性格来看，所有的干涉都是多余的。

坐在林肯旁边的还有一位先生，同样是见多识广，气度不凡。看上去他似乎也带着些许怀才不遇的苦恼。他就是吉迪思·舒尔兹。第一眼看到他，人们就会联想起大海；除了那双锐利的鹰眼和下面的眼袋之外，他那白色的水手胡更衬托出了一张大大的嘴巴，长长的灰白色卷发使他看上去像是古代的一位老船长。他的整副面容很像一头海狮。但由此便猜出他就是海军部部长，似乎也不太容易。这个职务他担任了四年之久，成绩斐然。或许，那天林肯身边还坐着年轻的国务秘书弗克斯。他是英国的大敌，凭借着那浑身洋溢着的青春热情，他一定对他那处事审慎的上司有很大的帮助。

坐在弗克斯旁边的是他的姐夫，一个颇为年轻的人，尖尖的鼻子，目光锐利，双唇紧闭，面容冷峻。看到他的长相，可能很多人都会把他当成一个数学家，他就是邮政部部长布莱尔，一个颇有影响的大家族的成员，有着广泛的社交关系。和弗克斯一样，他也满怀激情地坚决反对叛乱，同时他也和弗克斯一样的实际。贝茨，总检察长，显得比其他人都冷漠得多，他来自密苏里州，身上带着些许小市民气，但为人耿直。他那双坦诚纯净的眼睛告诉人们，他更注意眼前的事情，而没有什么长远的打算。

若是林肯用他那双仿佛能看透人心的眼睛打量一下方桌周围的内阁成

---

① 蔡斯（Salmon Chase）：曾任首席大法官。

员的话，尽管那六位都各有特点，可第七位部长一定会引起他特别的注意。那是张没有胡须的脸，灰白的头发，前额饱满，大鼻子，目光敏锐，但双唇紧闭，一声不吭，仿佛在告诉别人，雄辩是银，沉默是金，他傲视他人，没有什么奉献精神。他就是当今合众国的陆军部部长，共和党人凯麦隆，一个内阁中的重要人物。他原本是个商人，因为不懂得如何带兵打仗，所以无法行使自己的职权，在位时间不长。

白宫久已没有这样一个散乱的内阁了。这样七位性格迥异的人组成的内阁有史以来绝无仅有。林肯的首要任务是要向内阁成员证明自己的能力，并让他们在工作中服从自己的领导。掌握这种领导权对他来说绝非易事。对于懂得如何看人用人的林肯来说，这无疑是一次考验；若是他能经受得住这次考验，那将是他长久以来取得的最大胜利，而战争中的北方也就有了获胜的前提。由于几个州相继脱离联邦，不合似乎已经成了自然的事情。成千上万的人们昨天还息息相关，却在一夜之间分道扬镳；不同的种族，不同的民族，在人民内部的利益问题上起了冲突：不仅在各次讨论中，在各个机关里，甚至在这个合众国的内阁里，火药味都很浓。这些内阁成员并不是因为他们对基本问题观点一致，而是为了确保各个党派以及各个联邦州的利益均衡。现在，他们显然都对分派给自己的不寻常的任务感到惴惴不安。要知道，对这些任务，门外汉常会比专家更加固执。

同时，所有人肯定也都对这个从未当过领导的领袖抱有偏见。想想看，他甚至从没在参议院中领导过哪个委员会，当然就更没有领导过内阁了。而面对众人的质疑，林肯并没有花大量时间学习如何领导内阁，他俨然就像是个驾轻就熟、精于此道的领袖一样。他放开手脚，闲聊似的和内阁成员交谈，耐心听取各方意见，从不直接发问；区分自己理解的和不理解的观点，最后只把自己认为正确的观点加以总结；他总是不动声色，别人根本看不出他会做出什么决定；他也不会让每天的私人访问束缚住自己的手脚。他的秘书说，林肯和内阁成员打交道时总是怀着极大的善意。这位秘书写道："他不仅尊重权威，尊重自己的感情和判断，也尊重内阁成员们的阅历和经验，而且怀着极大的虔诚。"

在起初的几个星期里，他以果敢的姿态确保了自己的领导地位。赛华德曾在三月初林肯就任之前有意引退，被林肯挽留下来。不过就在开战前夕他又写了一封信给总统，信中内容颇有责备之意：

"……第一，我们执政已满一个月，但不论在内政还是在外交上我们都没有出台一个政策；第二，参议院和许多钻营官职的人影响了其他关键问题的解决；第三，若是继续拖延下去，不推出我们的内外政策，不仅会招来人民对本届政府的非议，也会危及整个国家；第四，为了达到这个目标，我们必须摆脱那些钻营职位的人；第五，关于内部政策：我知道，我的观点比较特殊，不易被接纳，但是我的基本思想在于，我们必须在人民面前放弃解放奴隶的意图，把重点放在维护或是分裂联邦的问题上，把重点从政党的问题转移至整个祖国命运的问题上去。而后他又提出建议，放弃萨姆特要塞；第六，关于外交政策：我将要求西班牙和法国马上表明态度以便下一步向英国和俄国提出要求。我将向加拿大、墨西哥和拉丁美洲派遣代表，以便能够有力地反对欧洲对我们的干涉。如果我们从西班牙和法国得不到令人满意的回答，我打算召集国会，对它们宣战！"

"不管我们采取什么政策，都要坚持不懈地把它推行到底，而且我们需要有一个人勇敢地承担起责任，自始至终都直接地把政策推行到底。至于这个人选，要么总统亲自出马，并为此倾注所有时间和精力，要么就选择参议院中的某个参议员。这个建议一经接受，就不要再为它争论不休了。所有人都必须对此表示认可并坚决服从。这方面的工作都在我的特定职权范围之内，但我既不打算逃避责任，也不打算越俎代庖。"

这是赛华德发出的最后通牒。虽然上次他接受了上司的请求留了下来，但这次他仿佛是拿着枪站到了这位上司的面前，以一个举足轻重的部长的口气要挟林肯。他不能独自、或者说根本就不愿意主持外交工作。若在他说到总统可以亲自管理这项事务时，还算是保留了一点点礼貌的话，那么等到最后那句威胁的话出口时，这一点点礼貌也早已荡然无存了。从这封信里，林肯看出，无论是对待萨姆特要塞问题，还是对待自己的职责问题，赛华德都持一种自暴自弃的态度，这无疑会导致问题的错误解决。在从要塞撤兵的问题上，林肯反对后退，因为北军每后退一步都会招致南方更加无理的要求。而在赛华德所提出的职务问题上，林肯同样拒绝放弃。这两件事之间有一个共同点，那就是，在第一个问题上是一帮人，第二个问题上则是一位部长要求国家领袖在原则问题上做出让步。当初，林肯曾说，安德森若是无故退出萨姆特要塞，那他这位总统便搬出白宫。今天，林肯又决定，赛华德要想不再继续担任国务卿，除非是让林肯不再当总统。就在赛华德写信给林肯的当天，他收到了林肯这样的回信：

"亲爱的先生，和您分手之后，我一直在思考您的来信。我就职之始，在就职演说中曾说过，人民'赋予我的权力将被用来管理和维护属于政府的一切财产和土地，征收各种税款'。对此您当时是明确表示同意的；我还曾立即给斯科特将军下过一道命令，指示他不惜一切手段，尽全力保住并加强我们的要塞，这其中就包含着您现在提到的国内政策。昨天收到的有关圣多明哥的消息，确实给我们的外交政策增添了一个新内容；但在那以前，我们一直在忙着准备给各位使节发通知指示，等等，一切都在井井有条地进行着，涉及我们的外交政策一点儿批评的声音都没有。关于您在信的最后提出的一些建议，我要说，如果这些事必须那样做，我自然会去做。在一项政策的总体路线决定之后，我觉得并不存在任意改变或把它作为一个问题再次进行争论的必要；尽管如此，至于在执行过程中出现的问题，我仍希望，也自信有权，随时听取全体内阁成员的意见。您忠实的仆人。"

林肯的语气是命令式的。那种口气让人听起来就仿佛多年来他一直都是个指挥官。只要这位部长参与到这项计划中来，总统便会向他表示赞许，给他支持；若是这位部长压根就不需要总统的同意便辞职，那他当初大可不必留在内阁任职；至于要对欧洲的两个强国发动战争一事，林肯更是连提也没提。后来有一次，林肯私下说："现在的这场战争就已经够受的了！"于是外交事务的领导问题就这样简简单单地被确定了下来，而那分裂总统权力的企图也被利索地消灭在了萌芽之中，林肯说得清楚，如果他需要内阁出主意，他会自己召集内阁成员来助他一臂之力。回信的最后还是那个不露声色的落款："您忠实的仆人。"

现在赛华德该何去何从呢？离开首都吗？尽管他的自尊心很强，但一旦他认识到林肯的确技高一筹时，性格中正直坚强的一面便让他俯首承认了这一点。到了五月份，他把一份要发往国外的电报面呈总统，请他修正。六月初，他在写给妻子的信中说："将实力与活力集于一身的人并不多见，总统的确是我们当中的佼佼者。"

五、不一般的总统

无论是当年作为店伙计为顾客服务，还是后来作为律师给当事人打官司，林肯都经常不按常理出牌。而今作为总统，他和手下官员们处理问题时，也总是不拘泥于白宫的老规矩。在战争中没有人介意他的无拘无束，有时不拘于规矩礼节的做法反倒被认为是战时需要。从这种意义上看，国家与政府不寻常的战争状况可能比和平年月更适合林肯那不寻常的性格；战争时期频出的突发事件使规矩礼节可有可无，无拘无束反倒让人感到平易近人，舒服可心。

"我给您派去的这个人是我能找到的最棒的一个。假如非要再找一个能和他相比的人选，那我必须坦率地说，就连我也不会像他那样令您满意。"这是总统先生写给一位高级官员的推荐信。一次，他在任命另一位官员时写道："我对您还有一个特殊的请求，请您不要再跟'某某'斤斤计较了，因为他也是我的朋友，我跟他交往的时间要比咱们俩交往的时间长得多。如果您间或能为他做点什么的话，我将对您感激不尽。"此外，他还给另一个人写过这样一封信："尊敬的先生，啊！请上帝帮帮我吧！我听说我伤害了您。请告诉我，这是怎么回事。您忠诚的……"而当那个人回信说他也对此一无所知时，林肯在回信的背面写下了"……我真高兴什么也没发生"！

还有一次，他劝一个很信得过的人带一份秘密文书给得克萨斯州州长，此时他那种不拘常规的性格也派上了用场。"这是一份机密文件。除了我和我的内阁之外，没有人知道这事。现在我要求您像一位部长一样在我面前宣誓……请举起您的右手，好！现在您就好比是我的一位内阁成员了！"

"您为什么不派一名真正的官员去？"

"因为在那儿，每一位官员都会被绞死。"

"如果他们发现了我的身份，同样也会绞死我的。"

"如果我这么觉得，就不会派您去了。因为只有您会平安地去那儿，生活一段日子，而后平安归来，我才会让您来接受这项任务。"

就这样，他说服了这位信使。但当一位州长由于他们州的军队行期拖延，向他表示歉意，并解释说，是由于军需官尚未把一切准备好时，林肯则严厉地回信说："请您告诉那几位先生，如果他们再不快些处理工作的话，我们就要迅速地处理他们了。看在上帝的份儿上，给几个兵团发些军饷到底需要多少时间？他们还从来没有像现在这么重要过！"一次，一个参议员执意要他做一件他不想做的事，说："您总是称自己是人民的律师，这件事恰恰可以使您获得人民的喜爱和拥戴。"林肯则答道："我的当事人不能说服我逆自己的意志和判断去受理案件。……如果我的领导不适合您，那您今后有机会撤我的职。"

对于这样的参议员，他实在无法伴装尊敬；他只重视实实在在的东西，自己也恰恰因为实实在在而受到人们的信赖。

和其他个子特别高的人一样，看到一个和自己差不多高的人总是一种刺激。"嗨！您就是舍曼先生。那！现在让我们来比比看，谁更高些。"他就是这样问候一位参议员的，这位参议员一时之间被他弄得有些不知所措。一次，他在一艘战船上巡视的时候看到了一把木柄的斧子，便情不自禁地把它拿到手里，抓住斧柄的最顶端，水平地伸出胳膊，这种姿势保持了好几分钟。许多人都围过来看，林肯显得很高兴，因为就连船上最强壮的水手也做不了这样的动作。

到人民中去，和他们交往，是林肯生命中的一部分。没有等级观念或者其他的担忧会把他和人民分开，而且这种心态在他那里似乎与日俱增，并随着地位的上升有增无减。这也与当时的战争氛围十分融洽。白宫每周有两个接待日，平民可以进入白宫，作为民主的体现，这一做法一直保持到了今天。而在欧洲，哪怕是今天，欧洲也没有一座王宫或总统府立下过这样的规矩。到了接见日，平时总是邋邋遢遢的总统会衣着整齐地坐在扶手椅里，静静地倾听来访者的叙述。一个当时见过林肯的人说："他总是和蔼可亲，和他在一起总能让人感到心情愉快，他从不轻易对我们这些请愿的人说'不'，从不愿增加我们的痛苦。我从他那儿离开的时候，总感觉备受鼓舞，满怀信心。"林肯大多是让请愿者诉说，自己则在一旁认真地倾听，他能从一两个人的感情中了解到人民的普遍想法。对于来访者，他总是十分耐心。当他在走廊里不小心撞到几个贫穷的小姑娘时，他会马上向她们伸出手去，表示歉意。一次，他看到看门人在和一个请愿者争吵，便让某位参议员站在办公室等着，亲自跑出去问了个究竟，并带回了请愿者给他的一份材料。有时，他甚至还会自己跑去接请愿者进门。

当然，有一点他也很清楚，在满足请愿者的愿望时，有时自己会受骗。但是，看到一些女人们为了救出他们当了逃兵的儿子，假扮成寡妇或者是带着不知从哪里领来的孩子来求助于他的时候，他就会心软，明知是谎言他也宁愿受骗，因为他总觉得，仁慈宽容要比一味地惩罚更好，所以总愿意对人表示同情。战争给这个国家和它的人民带来的苦难已经够多了！

所有来到这里的人都是满腹怨气或是有所诉求的。

一次，他对其中的一个人说："仔细想想看，您把自己所有的财产都交给了布朗丁，让他背着您的那些金子走过横越尼亚加拉河的钢丝。在他摇摇晃晃走上钢丝时，您会去对他大喊：'布朗丁，再站直些！向前弯一弯腰，走得快些，身子别往前倾！'您会这么做吗？当然不会。您可能只会屏住呼吸，闭上嘴巴，松开拉住钢丝的手，直到他顺利走过去为止。现在的政府就正在承受着这种巨大的压力，而那根钢丝在你们的手里。请镇静些，我们会带你们渡过难关！"

另一次，有谣言说林肯访问一个军事研究所的目的是要罢免那里的一位将军。为此，他在一次简短的演讲里说道："当我们观察身处浓雾中的鸟兽，总会觉得浓雾不利于鸟兽逃生。但事实上并非如此。今天我之所以想对这次访问作一下解释，也就是这么一个道理。……它所牵涉到的问题，如果我把有关情况告诉你们，那你们也一定和我一样明白，然而我却不能告诉你们，眼下我能透露的只是，这次参观访问和委托或罢免一位将军没有任何关联。你们知道，陆军部长对新闻界一直控制得很紧，所以人们除了他们应该说的话从不敢多说一句，如果我在这里信口开河，我担心他可能也会把我抓起来。"

于是，所有人都对他表示理解和充分的信任。为人宽厚的他虽然无法

261

容忍某些人的傲慢，但平时他对那帮所谓专家和外交家们在自己面前的高傲无礼只装作没有看到。至于那些人回去之后怎么宣传总统那奇怪的举止，蹩脚的西装以及他那语义双关的故事，林肯都佯作不知。不过有一次，一个年轻的伯爵通过普鲁士大使的推荐和舒尔茨的引见来找林肯，想谋一个官职。他十分详细地介绍了自己的身世，说他家族的历史一直可以追溯到几个世纪之前。这时，林肯礼貌地打断了他的自我吹嘘："您根本不用为此担心。只要您能做一名好士兵，伯爵先生，我们是不会去追究您的身世的。"

凭借着这种幽默感，他对所有人都能应付自如。但是前来求职的人实在太多了，有时也会让他有些招架不住。在他就任总统的第一个星期里，求职者们给他带来的烦恼甚至比国家命运给他带来的忧虑更让他苦不堪言，虽然后者对他来说更有意义。"在斯普林菲尔德时，虽然求职者已经踏破了门槛，但和现在的情况相比却是小巫见大巫。我被他们闹腾得简直寝食难安。我简直成了这帮饿红了眼的家伙们追踪的野味了。"开始几天，从走廊到楼梯一直到二楼都站满了求职者。所有人都好像站在交易所里一样惶惶然如热锅上的蚂蚁，盘算着自己有几分胜算。推荐他们来的朋友们则在外面的空地上走来走去。即便是在马路上，新总统有时也会被拦住，被要求回答一些求职方面的问题。这当然也表明了这位新任总统已经凭借实力大权在握了。由于他能找到最能干的人，而且通过任命民主党人真正体现了本党的共和精神，同时他也从未给自己的亲戚安排过什么官职。在当时那个关系到国家生死存亡的紧要关头，他比平时更加鄙夷那些权欲过盛的人。他用这样一句话总结道："就在整座房子都陷入火海的时候，我却还不得不在这里绞尽脑汁，试图在房子里给一些人找合适的房间安身。"

他很少失去耐性，但面对某些厚颜无耻的人，他有时也会失去控制。曾经有个人想把林肯的名字写在某个广告里，林肯拒绝之后，他却仍然坚持，这时，这个人看到对面的那个高大的中年人突然从椅子上蹦起来说："您以为林肯是你们的品牌代言人吗？谁再提这个建议，那么，门在那边！请便！"还有一个残疾人来找林肯求职，却没带在战争中受伤的证明，林肯对他说："我怎么会知道，您的腿不是在果园里摔断的呢？"林肯是个农民的儿子，他懂得这类农民玩儿的小把戏，不愿意上当受骗。不过最后他还是给这个残疾人推荐了一个职位。

　　与生俱来的幽默感让他能从较高的位置观察身边的人。他冲人们点头，这种超然的姿态既不至于伤害对方，又常常会使他们感觉不知所措。而这则给了林肯调整自己的时间。这时候，他仿佛又回到四处奔波开办流动法庭的日子里了。他把一个个求职者都当成自己对方的律师，他们同自己一样既有有理之处，也有无理之处。在这段时间里，就连他做邮政局局长时的同事们也来向他谋职了。一次一个西部人拿着一份求职书来找林肯，看到林肯，他紧张得有些语无伦次。总统忽然把手搭在他的肩膀上问："您的兜里没装着哪位邮政局局长吧？"来人莫名其妙地望着林肯。"啊，您看，对我这是显而易见的……每个找我的人都有一位推荐人。我刚才想问的是，您带的至少是某个邮政局局长的推荐信吧！"

　　还有一次，林肯和他的私人医生为摆脱一个求职者私下商量了个办法。"您手上的那些斑点是什么？"当着那位求职者的面，私人医生问林肯。

　　"天花。这种斑我浑身上下都有。这种东西传染吗？"

　　"噢，当然，而且传染性很强！"

　　回头再看那位求职者，他早已逃之夭夭了。

六、行动

　　最起码该让内阁成员和政治家们相信他有能力处理外交方面的事务吧！可像他这样一个农民出身的律师怎么学得到那精妙的外交技巧呢？道格拉斯的那种技巧可是足足花了几十年的时间才在华盛顿的各种社交场合日臻完善的呀！赛华德会写照会；如今代替道格拉斯主持外交委员会事务的萨姆纳懂得欧洲各国的风俗；凯麦隆懂得如何让山谷和关口做自己的遮挡；可他呢，这位新任总统会什么呢？他只是个受人民爱戴的故事大王。在那些专业领域，别人都小心翼翼地避免让他插手。

　　不光是当时的政治家们对他有这种偏见，就是在他死后几十年中，年轻一代的政治家们也是这种看法。他们都没有看到，除了伟大的人格以外，林肯还十分聪明，精明能干，善于驾驭语言，也精于沟通交流。他在处理与中立州关系的过程中表现出的随机应变以及忍耐和细心，足以令世人刮目相看。这是一个头发已经灰白、年过五旬的人很难学得到的，而他似乎从当总统的第一天起就自然而然地拥有了这些能力。

他对待反对派报纸的方法也足以证明自己是个出色的外交家。势力强大的格瑞利和政府的关系可以说是既可载舟亦能覆舟。在斯普林菲尔德的一次会晤中他们二人曾不欢而散，可现在，只要格瑞利愿意把他的报纸做政府政策宣传之用，那林肯仍将以极大的信任告知他所有政府计划的内容。"这样他就成为本届政府的喉舌了。而又不会有任何人知道，我在背后起了什么作用。我非常信任他，他的作用十分重要。有了他的支持我就像有十万大军在支持我一样。"林肯总是不时地询问格瑞利对政策时局的看法，即便不接受他的观点，也会向他阐明自己拒绝接受的理由。"他和我应该并肩作战，我们之间不能有意见分歧。我们两人的目标是一致的。好了，州长先生，这封信写得太长了，它是我一个月以来写得最长的一封信，当然写给霍纳斯·格瑞利的信要更长些。"心理战术！若是收信人把这封信给那位举足轻重的格瑞利看了，那么他们两个人的积极性就都会被调动起来。

如何去应边界问题，对林肯来说十分棘手。战争的成败一定程度上就取决于这些重要的中立州的态度。由于国内现在处处意见不合，所以必须要尽快加强联盟党的力量。田纳西州和阿肯色州现在只有为数不多的人拥护北方，他们的微薄之力不足以阻止这两个州退出合众国，所以这两个州何去何从尚无定局。特拉华州虽然没有接到官方的号召，但仍旧给北方派来了招募起来的军队。而能够保住马里兰、肯塔基和密苏里这几个州对于合众国也至关重要，因为这些州里既生活着奴隶主，但又不是蓄奴州，所以保住它们是可能的，并且对其他州的影响也颇为良好。密苏里州州长原想拒绝为北方招募军队，但那里的德国人却坚决支持北方，他们不顾州长的反对，自愿要求参军；而另一方面，南方则想保住他们在伊利诺伊州以及宾夕法尼亚州的落脚之地。所以，这几个摇摆不定的州，如果说开始尚可以使用计谋去争取的话，那么现在就只能通过武力来赢得了。

在这种情况下，外交家的头脑告诉林肯，应该避免在法律方面向他们施加压力，也应该避免说一些过激的话。比如，当肯塔基的州长要求撤军时，林肯这样回答道："我衷心理解阁下维护肯塔基州和平的愿望,因为它也是我的故乡。不过我似乎丝毫也没有在信中看出您维护合众国的愿望,这令我分外遗憾。"只用了一句话,他便礼貌地又不无嘲讽地点中了整个问题的要害,不动声色地把"故乡"这个概念从"肯塔基州"提升到了整个合众国,以这种无可辩驳的方式让那位州长先生认清了自己的狭隘。二十五年前那被缚的半个新郎用以摆脱胖新娘的方法在这封信里又体现了出来。

不久以后,他便开始亲自接待外国使节,因为他们对于美国南北战争的成败而言举足轻重。林肯仿佛是个执政多年的统治者一般,接待使节时他的态度因人而异。比如他知道应该在谁的面前表现得平易近人,不修边幅。一天晚上,有四个面容庄严的加拿大人来拜谒林肯。在那儿,他们碰到了另一位前来拜访林肯的教授。这位教授讲述着战争给国家的工业带来的危害,引经据典,滔滔不绝。只见林肯跷着二郎腿,拖拉着一双大拖鞋,裤脚那儿还露着里面蓝色的厚袜子,丝毫不为之所动。等那位教授讲完之后,林肯给大家讲了一个有关黑人的奇怪故事便结束了这次谈话。事后,那几位性格迥异的客人在谈起这次会见时情绪都十会激动。每个人都以自己的方式赞扬林肯:那个教授是因为总统列举了翔实的数据,那几个加拿大人则因为林肯那种古朴的尊严而对他赞赏有加。还有一次,在接见一位瑞典和一位挪威军官时,林肯朗诵了一首译成英文的瑞典名诗,这首诗歌描述了他们家乡的美丽景色和一个古老的传说,使得两个客人兴致大增。

泰国国王曾赠送给林肯一把长剑和一些其他东西作为礼物。他写信向国王表示了衷心地感谢,说:"陛下的礼物业已收悉,贵重金属精心而制的宝剑,陛下和两位可爱的公主的照片以及那两根长长的象牙,它让人一眼便知,这象牙产于贵国。只是,要请陛下见谅的是,按照我国法律规定,总统个人不能接受如此贵重的私人礼物……议会将把这些礼物收回,交由政府保存。"而后,他又为泰国送来的作战用的大象向泰国国王表示感谢,"如果我们在现在的情况下能够把它们派上用场的话,那么,我们的政府会毫不犹豫地接受这伟大的礼物。只是我国所处的地理位置纬度过高,无法饲养这些大象,而且在海路和陆路运输的时候,我们现在也都使用蒸汽机作为运输工具。但不久后,我便会有机会……您忠诚的亚伯拉罕·林肯。"

在口授这封信时，他的眼睛里闪耀着智慧的光芒。现在，政府里还没有专门人员负责与泰国的交往，赛华德既没有这种想象力，也不掌握这种行文的风格，根本写不出这样既礼貌又暗含着点讽刺意味的信。而林肯这么一个乡村里走出来的律师，既没见过什么世面，也没看过什么书，却偏偏掌握着这种技巧；政务倥偬之中，他仍能设身处地地为其他国家着想，百忙之中抽出十几分钟的时间去考虑与泰国的往来，就因为泰国国王送了他一把装饰宝剑，尽管事实上这让他感到不可思议，而且，尽管那些送来的战象对他根本没有什么用处，他也不想过多地去过问它们，但他还是要向泰国国王表示感谢。

很奇怪，当年那个内向，甚至有些怕羞的人现在竟能对各种环境应对自如。随着生活的变迁，他在各种环境中的安全感与日俱增。现在，虽然被不信任、批评和嘲笑包围着，他却仍以谦虚好学的态度和顽强的精神巩固并加强了自己的权力，在战争的千百次危机里以说服而不是命令的方式控制了整个局势。在这个年轻的民主国家里，因为各州反目成仇而引发的这场人民战争，最终也只能借助领袖在选择、行动以及和解方面天才的调解指挥能力才能得以平息。

诚然，在这一阶段，尤其是在军队里，政治的腐败以及攫取职位的现象已经潜滋暗长起来。

七、波托马克溃败

当时，欧洲没有哪个国家的备战状况像美国，特别是美国北方那么差。北方有士兵，而且自萨姆特要塞沦陷之后也有激情，有劳动力也有资本，但就是缺少将军，更没有像样的元帅。陆海两军的最高统帅是总统，可他同大多数前任一样，对带兵打仗一窍不通。而且，即便他是一位德高望重的老将军，他也无权按照自己的判断来任命军队的统帅，因为所谓的军队最高统帅之上还有更高的统帅，那便是公众舆论。在这个国度，舆论的力量之大甚至比英国还严重，和其他欧洲国家相比就更不消说了。各个党派，各个州都借助媒体、政治俱乐部、专业委员会以及议会的力量努力让自己一派的将军取得军队领导权。为了实现他们的目标，他们不惜向政府施加压力并以武力相威胁。

若是不向州长们许诺重要的职位，又怎能说服他们为战争征集军队呢？即便到了后来，普通兵役制已被列入法律条文，总统也还得照顾到全国各地的重要人物以及集团的情绪，避免怠慢了哪一方。先是那些总指挥部的职业军官不想受制于文职官员；其次就是一些下级官员，就像大多数一知半解的人常喜欢做的那样，他们只顾着相互诋毁对方作战不利。总统内心的道义感以及责任感对此提出了抗议，特别是战争之初的经历使他明白了相对于外表的聪明，内心的彻悟为上，而与浮夸的政策相比务实为上。

"您必须得给这个捎信人一个职位，哪怕是派他去管理电机也好，您能够为我做这件事，也必须得做。"这是林肯在匆忙地差人去给斯科特将军带信。这样的便条，林肯给斯科特将军发出过数百张。信中所提到的那个人对于林肯个人可能完全无足轻重，可能林肯昨天还不认得他，而且这人肯定也没有什么能力，可林肯却不得不出于各方考虑而推荐他。写这些便条的时候，他一定百般无奈地深深叹了一口气吧，他肯定被搞得烦透了。林肯一向都是个十分正直的人，从来没有为自己，也很少为朋友们谋私利。而现在，并非为了国家军队，而仅仅是为了某个党派的利益，他却不得不动用手中的职权，向斯科特将军强调："为了我做这件事。"

同时，自身知识的不足无时无刻不在煎熬着他。他深深感到，有些知识单靠自学是无法掌握的。他通过自学成了律师，间或也去约束一下法官；他干得一手漂亮的手工活，曾夺下一个蹩脚木匠手里的锯，给他示范；他知道如何盖木头房子，怎样跟人摔跤；懂得驯马养牛；懂得行船航运；有时也会为发起战争而找到绝妙的理由。可在做出有关战争问题的最后决定时，他的内心却怀着极大的不安。他总是感觉自己必须暂时依靠部长们来做出决议。而且他也清楚，南方已经搜罗了许多出色的将领，其中之一便是大名鼎鼎的李将军，而北方却找不到一个人，能让国家放心大胆地把军权交给他。

站在高大的窗户跟前，林肯的目光越过宽阔的波托马克河望向对岸，透过望远镜他还能清楚地辨析敌军的蓝色旗帜，那面旗帜也同北方的旗帜一样在上帝赐予的微风中摇摆着，也有诸多人为它宣誓效忠。一次，在繁忙却又没有任何收获的一天结束之后，傍晚，一个在加拿大工作的间谍来到他的房间，把截获的一批英国寄往南方的信件拿来给他看。总统对这个人说："自从我搬进白宫以来，我就仿佛只闭着一只眼睛睡觉。只有当求职者在我面前喋喋不休时，我才把两只眼睛都闭上。"他匆匆浏览了一遍截获的信件，对其中一些熟悉的名字颇感惊讶。筛选之后，他把信件分类放好。这时，那位来访者看到他脸上"那深深的悲伤和忧虑的痕迹。他的目光忧郁而且严肃。他沉默着，失望之情溢于言表。虽然眼睛周围的皱纹显得更深了，嘴唇也闭得更紧了，但他的态度依然友好、宽容"。

此时此刻，报界正在大肆鼓吹应当向里士满进军。因为众人都害怕欧洲会出兵干涉，所以想趁敌人也处在准备阶段时，一鼓作气，杀将过去。另外，南方之所以把首都定在华盛顿附近，仅仅是出于顽固和傲慢吗？为什么他们不在南部的大后方，比如说在新奥尔良或其他地方定都，却偏偏把政府中心建在了离华盛顿只有一百五十公里之遥的里士满呢？原因是这样的：弗吉尼亚是个举足轻重的地方，从那里，南方更容易向边界各州施加压力；而且南方也想向世人表示，他们散散步就可以直抵华盛顿，他们马上就能打回来！所以，尽管西部战场广阔，此次战争的主战场却局限在东部一个小小的区域。

新兵源源而来，比人们期望的还多，但缺乏训练，几乎没有人领导。同时，合众国的首都离双方的边界又近在咫尺，于是一万大军便在边界附近安营扎寨。就连总统也必须在敌我边界上奔波，颁发旗帜，访问野战医院，参加阅兵，等等。当总统目睹着爱国的激情如同行军时掀起的尘土一样，在前线高高飘扬的时候，却发现他自己无法捕捉住这种情绪，因为北方还是没有找到得心应手的将军。"现在，我急需能指挥作战的人才。"最后，林肯任命了两位默默无闻的将领，布埃尔被任命为俄亥俄军团司令官，麦克道尔被任命为东北军区司令官，只有西部军区，他委任了著名的弗莱芒特作少将司令，于是全国的信心自然而然就都落在后者一人身上了。

尽管举国上下都满怀着希望忐忑地看着林肯和斯科特，林肯却认为，现在还没到总攻的时候，他指出了铁路交通不利的问题，建议先从侧面对敌人进行打击，分散敌人的兵力，以避免大规模的失败。但斯科特却对此充耳不闻。他在七月的一个星期天下令东线全线进攻，结果在波托马克河的一条支流布尔河沿岸惨遭失败。东线军队仓皇逃回首都。由于战役打响之前，许多参议员和其他一些关心战事的人纷纷驱车出城，为的是能分享战胜的快乐，然而这样一来，失败也就显得尤为惨痛。一时间，战败的消息一传十，十传百，情况被传得严重不堪，北方上下沸沸扬扬。最后人们都相信，南方人一定会乘胜追击，直逼华盛顿。在这种蔓延开来的混乱中，就连部长和议员们也变得惊慌失措，而此刻的总统却比以往任何时候都镇定，他在城里做好了一切准备之后，给战败的司令官发了电报："拯救华盛顿和军队吧！"林肯在这一夜拜访了他的老朋友，林肯充满信任地说："陆军部长不愿让我在战事方面过多地发表意见，这帮家伙对我倒是颇为严格。不过，在我自己掌握了这方面的技巧之前，我必须得听他们的。"

在这个首战失利的夜晚，林肯决定自学作战技巧。只是，对他来说，当务之急是得找到一个新的司令官。此时此刻，举国上下都在期待着一个年轻英雄的出现。斯科特已经七十五岁高龄了，显然无法满足公众的愿望。那么应该选谁来接替他呢？林肯思前想后，深感现在怎么也找不出一个既受军队拥戴，又为人民熟知，而且还有经验的人选来。到底谁能有这么大的影响力？要知道，在这个紧要关头，影响力举足轻重。而且同时这个人选又必须从开战后的前三个月里吸取了经验教训才行。麦克莱伦把原来的弗吉尼亚州一分为二，建立了忠于合众国的西弗吉尼亚，迅速地使这个新州恢复了元气，把亲南方势力赶了出去，得到了公众的一致褒奖。他虽然在带兵打仗上没有多高的天赋，但比起别人也已经算是非常不错了。那么问题只有这样几个：他是现役军官吗？过去是，现在他在铁路行业任职，不过在对墨西哥战争中，他曾被公认为是个天才的军官，甚至在克里米战役中还获得了胜利，只是这些已经无从考证了。他是共和党人吗？不是，是民主党人，这很好，这样一来全国人民都会看到，他并非因为党派缘故，而只是由于在作战方面的能力才被任命为司令官的。不过，他果真是个天才人物吗？不得而知，只是听说他被人们称作"拿破仑第二"。

这个麦克莱伦三十出头，长相颇讨人喜欢，是位高贵的绅士，一个与南方人一样注重礼节的优秀骑士，表情严肃，大鼻子，络腮胡，眼睛深陷，面颊苍白，像孩子一样分梳着头发。人们都这样形容他：简直就和拿破仑一样矮小。而这时的他也的确以拿破仑的激情开始做准备了：他先把东部的军团命名为"波托马克军团"；骑马外出时，身前身后也总是簇拥着众多的随从，他自己则骑在高大的战马上，威风凛凛。"我要成就一番伟大的事业，重整士气，打败叛军！"他在一封给妻子的家书里就是这样写的，仿佛他就是杰斐逊。还有一次，他说："人民呼唤我，要我去拯救祖国，那我就必须这么做，无论面前有什么样的荆棘险滩，我都会勇往直前！"听到他的豪言壮语了吗？是的，一清二楚！

这位新任司令官以息战开始了自己的工作：因为他认为自己必须先花三个月的时间操练这十五万人马。此时，林肯的眉头却紧紧锁住。此时的田纳西州东部已经受到南方威胁，并一再向华盛顿请求援助，这个位于南方中部的北方立足点无论如何都必须保住。但林肯却不得不依着他们的计划，是的，依着他那位新上任的元帅先生的情绪行事，林肯仿佛是一只关在笼里的小鸟，没有任何行动能力。公众普遍认为，内阁应当信任这位"拿破仑第二"。就在这之后的第一个星期，一位老朋友向林肯透露说，麦克莱伦的野心是要当总统。林肯不动声色地说："对这一点我并不介意，不过在此之前他必须要打赢这场仗。"眼下，除了让麦克莱伦在波托马克河畔训练军队，而后向西进军之外，林肯没有任何其他办法。唉，希望西部会迎来下一战胜利！

八、北方的将军

在圣路易斯，一位英武的将军也同样骑着一匹骏马，同样手持闪闪发光的指挥棒；毕竟弗莱芒特有着轰轰烈烈的过去，至少有些关于他的传闻：他是西部的急先锋、开路人、高贵的理想主义者，共和党曾将他提名为本党的第一位主席，林肯也曾为他工作过，而且就在五年之前。这段时间似乎太短，因为弗莱芒特到现在还难以忘记五年前的情形，但这段时间又仿佛太长，没有什么新政绩的他现在已经渐渐被人遗忘了。眼下，林肯和整个内阁都很看重他。虽然在波托马克河畔的战役中，他和同仁们一样，起先十分风光，而后保持沉默，因为他们都缺乏作战经验，但他有一样杀手锏来保护自己：他为自己训练出了一个特殊的护卫队，在这个护卫队的保护之下，他神龙见首不见尾。有时他或者只是极不情愿地，或者根本就不对政府来电或来函作答复。在轻视华盛顿这一点上，东西方的军队是一致的，他们之间也就只有在这一点上保持默契；此外，双方几乎在所有问题上都针锋相对。

和东部司令官不同的是，西部这位统帅即便在和平年代中也没有给军队办过什么好事。妄自尊大的他不久便成了军需供货商骗局的牺牲品，这种事情对陆军部长来说似乎也算不得陌生。眼下弗莱芒特正忙于瞒着总统私自任命团长呢。没过几个星期，他的铁墙之内便传出了指控：他这位当时落选的共和党主席阴谋建立一个西北联邦。因为这种谣言完全没有根据，所以林肯也没去过问。然而这件事却表明了，当时北方的政局确实不容乐观。

八月一个爽丽的清晨，林肯在报纸上读到，那位弗莱芒特司令官颁布了一个公告，说他要马上把所有曾拿着武器对付合众国或是与南方有染的密苏里人的财产充公，并立即释放那里的所有奴隶。林肯大惊。带着一种政治家的自制力以及国家领袖的责任感，从战争之初他便压抑着自己对奴隶自然而然的同情和解放他们的愿望，只字未提奴隶制问题。因为他知道，开始时他只有用拯救合众国为口号，才能在忠于联邦或是保持中立的边界州里获得大多数民主党人的拥护。倘若他说明，战争是为了维护奴隶的利益而进行的，这场战争是一次解放战争而不是统一战争的话，那他毫无疑问将失去整个北方的拥护，甚至还会导致北方在这场战争中的失败。所以，即便是在起草查抄令时，他也避免提到奴隶问题。而现在却来了一个不识时务的将军，笨手笨脚地踏入了这个政治雷区，而且对总统的命令置若罔闻！第二天，北方舆论哗然：北方极端报纸为弗莱芒特的论调大喝其彩，写道："果敢的将军比优柔寡断的总统更胜一筹！"然而边界州，特别是肯塔基州州长却因为这种战争动机而火冒三丈，又以退出合众国相威胁。现在的林肯该怎么做呢？他该把这个将军革职吗？

万万不可。恰恰相反，林肯给他写了一封十分友好的信：

"我认为您公告中的后边一部分可能会引起极大的危险，它必然会使南方许多支持联邦的朋友转而反对我们，甚至还会毁掉我们在肯塔基原本颇为乐观的前景。所以请允许我提出这样一个要求，您一定得对后面那一段进行修改，并申明是自愿所为。让它符合国会通过的《财产法》第一和第四条的精神。我是出于慎重才写这封信的，绝没有批评您的意思。我将派专人送信，以保证以最快的速度把信送达您的手中。"

对这件事林肯竟然如此轻描淡写，真是奇怪！他力图对这个比自己名气更大的人表示尊重，想尽量不动用手中的权力，并表现出了极大的宽容，虽然眼下的这种危险已经几乎容不得他这么做了。然而结果怎样呢？起初，那位将军音信全无。后来，他写信给总统，让总统亲自修改公文，此外，他还把他那位野心勃勃的，人称将军府"总指挥官"的妻子，派来拜访林肯。

这不是开玩笑，事情千真万确就是这样的：这位"女将军"害怕丈夫被撤职，所以决定亲自来找林肯大闹一场。她午夜到达白宫，便要求立刻会见总统。见面期间，她对总统作了最恶毒的谴责，并威胁说，弗莱芒特完全可以建立一个新政府。面对这样的情形林肯该怎么做呢？对她以牙还牙吗？事实上，他仍保持着他那半个庄稼汉的品性，有人说他不懂得礼节，举止笨拙。他后来却说："我必须使出浑身的解数，以避免和她争执起来。"他不能采取强硬的手段，因为他以及整个国家现在都没有能力承担和弗莱芒特闹翻的后果。但他也不想为取悦公众而贸然行事。所以，尽管将军提出的建议无益于林肯的声誉，他还是接受了，以自己的名义对将军的公文进行了修改。结果这样一来，北方的数十万民众纷纷指责林肯懦弱无能，胆小怕事，他们继续把那位将军奉为英雄。不久，数家报纸也纷纷撰文评论说，应该让弗莱芒特代替林肯掌管国家大事，有报纸写道："为了保住肯塔基州，我们还要失去多少尊严？"

然而，在林肯的心里，策略战胜了虚荣，他不为舆论所动，继续以他的方式思考着这次突发事件的更深层原因："我十分尊重弗莱芒特，但是事情是这样的，一场运动的先驱人物往往不是把这场运动成功地推行到底的最佳人选。这个道理古已有之。比如，是摩西①引导犹太人发动起义的，但他最后却没能找到迦南，他只不过是为耶和华开路而已，整个事业将由耶和华成就。事情就是这样，因为第一个改革者总是不得不承受更大的阻力，往往因此而被打倒，而遭受唾弃。最后，当人们终于醒悟，发现他们的确需要一次改革的时候，这份事业才会比较容易地在另一个人的带领下彻底实现。"

不久，林肯委派亨特去辖制弗莱芒特，他在委派书中写道：

"他需要一个经验非常丰富的人协助他。您能为我接受这项任务吗？您德高望重，我当然不能向您下命令，但您能否为了报效国家而帮我这个忙，自愿接受这份职务呢？"

不过亨特不但战绩平平，而且写信给林肯时也同样显得蛮横无理。于是林肯在给他的回信中，言辞之间颇有责怪之意：

"我必须得说，对您如此无理的一封信，我实在很难平静地作答。正如来信所说，我原来对您的信任已经丧失殆尽，事实的确如此。您并没有其他行为不当或失职之处，您的问题在于您向我一再诉苦的信件……我过去是，现在也仍是您的朋友；作为一个朋友我想对您讲句心里话，您这样做是走上了一条通往毁灭的捷径。记住'尽职之心，荣誉所归'！"

最后，当林肯不得不撤弗莱芒特的职时，他派出的信使却不知道在哪儿能找到这位将军，到头来林肯不得不施展计谋让他自动现身来接受这封撤职书。

堂堂合众国的总统在对待他的司令官们时不得不如此温和地晓之以理，动之以情，真是有些不可思议！

麦克莱伦现在怎么样呢？我们这位朋友现在在波托马克河畔都干了些什么？他训练那十七万大军已有三个月之久了，军队也被重新加以编排。现在难道他还不准备动手吗？总统是准备直接命令让他攻打对方呢，还是继续以他的方式向麦克莱伦提出建议呢？麦克莱伦可不要什么人来给他出主意，更不会听从总统的什么建议。相反的，他总是在给总统的私人信件里抱怨说，总统经常访问兵营，给兵营带来了很不好的影响："每天我都

---

① 摩西：圣经人物，带领以色列人走出埃及。——译者注

在忍受来自政府的压力，我已经受不了了。感到内阁会议出奇的无聊，我对它已经厌恶之至。那里端坐的都是些我有生以来见过的最愚蠢的猪！"

这是勇士对哲学家们的嘲讽：但既然这位勇士比哲学家们更强，那他为什么不在战场上表现他的英勇无畏呢？是敌人过于强大吗？据传敌我双方兵力是三比一。麦克莱伦可不信这些。事实上，之前他没有打过一次胜仗便白白得了个"拿破仑"的绰号，现在他可不想吃个败仗让自己丢了这个绰号，一下子名誉扫地。他日复一日地要求军队稳住，长达数星期地和敌军对峙，按兵不动，士兵们终日无所事事，度日如年。当敌军由于怕他偷袭而撤离的时候，他也不过佯追了几步，就再次驻地为营。他每天都重复着这样一句话："波托马克线平安无事。"到了这个时候，全国上下才变得不安起来，起初人们只是小声发发牢骚，而后便是嘲讽，最后所有怨怒都变成了对他的质疑。难道这个民主党人是有什么政治图谋吗？他肯定更愿意在后方保持消极姿态，伺机爬上哪个更高的位子，而不愿意在战场上成为一名真正的将军吧！

但拉他下马是不可能的，因为总统在维护他。是的，在七十五岁高龄的斯科特将军光荣谢任之后，总统便任命了这个年轻的麦克莱伦做了联邦军陆军总司令。这是为什么呢？因为总统别无选择。此时此刻，麦克莱伦却丝毫无视总统的尊严，总统只能在一旁眼巴巴地等待着这位将军下令进攻。这时，就连报界都耐不住性子了，开始对此表示不满。此情此景之下，林肯应该对麦克莱伦大发雷霆吗？绝对不行：因为他要的不是什么声誉，他只要麦克莱伦为北方打胜仗！一次，这位将军回家时正碰上总统和赛华德二人在他家里等他，他却仿佛没看见一样，径直上了楼，让人传下话来说他非常遗憾，但他实在是太累了，不能和他们谈什么。赛华德听后怒不可遏，林肯在一旁却表现得非常平静；但此后，他再也没有去拜访过他，下命令的口气也越来越强硬了。

自此，两人之间的关系蒙上了一层阴影，他们的友谊基础越来越不稳固了。"目前局势日渐恶劣。"麦克莱伦在给总统的信中写道。他在波托马克河和它的支流那里按兵不动，已经有半年之久了。他说他是在那里观察动静。林肯眼见士兵们不断地被征集到那里，却又在那儿销声匿迹，心中十分焦虑。他写道："现在，就好像是用铁锹在谷仓的地上铲虱子一样，什么都铲不着。"还有一次，林肯说："如果现在麦克莱伦将军继续按兵不动的话，会为整个历史所不容。如果他不想让军队发挥作用的话，那我愿意把军队借来一用，我要让他看看，这样庞大的一支军队都可以干些什么！"尽管如此，他仍旧在国会的监督委员会面前替麦克莱伦说好话。这时的西方军团也没什么动静。这位总统，总是应司令官们的要求向他们提供新的军队、武器弹药、战马以及其他给养，而各路军队却都无意发起进攻，这令他十分懊丧。他觉得自己仿佛是受了骗一样，但又无力干涉。所以几乎可以这样说，面对战争，北方所拥有的只是一位不晓得如何带兵打仗的最高统帅和几个不愿出兵打仗的将军。

在这种压抑的情形下，处理陆军部长的丑事又占去了林肯的一些精力和时间。凯麦隆过于轻信军火供应商，给军队士兵买来的袜子，轻轻一扯便会七零八落；护膝则太薄；旅行背包是用胶水粘起来的。这一条条罪状被一股脑地拍到了他的头上。许多人说，是因为他收受了贿赂，这种事情才会发生。于是，政府专门组织了一个委员会调查此事。这时，林肯出面为凯麦隆说话，他宣布，他本人和内阁该为所有过失负责。即便是对这种人，林肯也宁愿牺牲自己的清白，承认自己也有责任，而不愿意让这位同仁独自受人攻击。

然而，凯麦隆有一件事做得让林肯颇为不满，那就是他自作主张开展了奴隶解放运动。几乎在发生那件丑闻的同时，他私自准备了一份公告，宣布："所有发动战争企图推翻政府的人将因此而被视为自动放弃宪法所赋予他们的一切财产权、特权以及人身安全的权利。因为奴隶的劳动以及服务是反叛者所拥有的主要财产，所以按照其他的战争法律，他们的这一财产将一律被没收。"林肯又一次不得不出面阻止。当时正值1862年新年之际，在林肯看来，解决这一问题的时机尚未成熟，而事实也的确如此。于是他命令邮局将凯麦隆下令印刷的所有小册子都暂时扣押，并让人把那一段话都删掉了。

林肯就是这样，当他的部长们个人遇到什么困难时，他总是全力相助，但是在有关国家的问题上，他却从不对他们姑息包庇。尽管他个人也十分同情他的部长，痛恨那帮和政府作对的人，尽管两宗事情上，采取另一种态度都将会更有利于他的名声，但他一贯只关注事业成功与否，而不在乎到底是由谁来成就这番事业，所以即便当他发现自己的对手能够给处于危险之中的国家带来什么益处的话，他也会不惜让自己忍受委屈而毫不犹豫地提拔他。他任命斯坦顿为陆军部长更加充分地证实了这一点。

斯坦顿原来是一名律师，后来当上了布坎南政府的国防部长。林肯过去总共见过他两次：一年以前，在他宣誓就职时，他曾瞥见过他；还有一次便是七年以前了，那是在辛辛那提。那一天，林肯的自尊心所受到的伤害是过去二十年以来从未有过的。在审理国家和铁路之间的一桩大案时，人们从东部请来了两名大律师。出于政治上的需要，他们还聘请来了一名西部的小律师，而这个小律师便是林肯。一直跟在斯坦顿身边的林肯，原本是应该站出来担任辩护律师一职的。因为很早以来，林肯便对这个案子颇为熟悉，可以说，他是最了解此案情况的人，这是他生平第一次长途跋涉来参与办理这件当时让全国上下都十分瞩目的案件。可一连几天，在法庭上他一直都没有发言的机会。到了该他出来辩护的时候，斯坦顿却无礼地中断了他的工作，亲自上场为主要代表辩护。而且不仅如此，事后斯坦顿还对他的朋友说："我不能和这个荒野村夫一起出庭，他衣着不整，简直就像只大猩猩。"整整八天，他们同住一家旅馆，斯坦顿一直在找机会挑衅和中伤这位来自西部的同事。

可后来，在处理战争问题上，他却表现得十分刚正不阿，毅然退出了上届卖国政府。林肯当选总统令他十分诧异，不仅仅因为他本身是民主党人，而且也因为他从来都没把林肯放在眼里。大选以来的几个月，斯坦顿在华盛顿对林肯可谓是极尽讽刺挖苦之能事：他曾说现在那只"西部大猩猩"正坐在他的家里害怕地发抖呢；他还和麦克莱伦说，既然那帮研究人员在斯普林菲尔德就能找到一只大猩猩，他们又何苦跑到非洲去呢？这些侮辱性的话虽不至于传到林肯的耳朵里去，但是对于他的态度，林肯却也十分明了，而且辛辛那提的那一幕也一直深深地留在林肯的记忆深处，以至于自那以后，林肯再也没有去过那座城市。

可现在，林肯却要请这个斯坦顿来担任陆军部长——这个战争时期最重要的职务。这意味着此之后，他们二人便得朝夕相处了。他毅然决然地这么做，原因就是，斯坦顿毫不动摇地拥护联邦，集见识、谋略和勤奋于一身。他体魄强健，头颅丰满，额角宽大，鼻子坚挺，目光锐利，站在那里，别人一眼就可以看出他是一个不折不扣的实干家，一个真正的男子汉。其实他和林肯多相配呀！两人一样地刚正不阿、有能力、严肃认真。若说林肯办起事来考虑过于周全的话，那斯坦顿办事则稍显莽撞；若说斯坦顿做事武断的话，那林肯则总是三思而后行。看起来，这两个人的性格确实可以互取长短，相得益彰。

果然，不久后他们便成了好朋友。

九、在战争中学习作战

亚伯拉罕·林肯开始了对战略战术的钻研。严冬数日没有战事，每一个司令官不断找出新的借口来说明他们为什么不能发起进攻，并一再向林肯提出新的要求，战争眼看着转为了持久战，司令官们之间的分歧也与日俱增。这时，林肯终于认识到应该由他自己来完成这项任务了。不久后他还发现，处理外交问题和处理人际关系其实并没有什么两样，于是他就把日常交往中的技巧运用到了国与之间的交往中去，结果收效甚佳。现在，既然按照宪法，他是陆海两军的最高统帅，自己身边又没有足可委以重任的将领，这样的现状，再加上对别人的不信任以及一种重大的责任感都驱使他做出决定，通过学习，亲自去承担起这份责任。

其实，带兵打仗也没什么神秘的。他不是已经在几乎没有人指导的情况下学会了写字、讲故事和许多科学知识吗？他不是成功地从一个凭一双手吃饭的樵夫转而成为一家店铺的伙计，躺在柜台上学习法律和文法吗？在做流动法庭的律师时，他不是在旅馆的床上读书到深夜，终于敲开了欧几里得几何学的大门吗？在与道格拉斯竞选参议员的时候，他起先怀疑自己的能力，后来不也认识到，别人和自己一样，也要喝水吃饭，作参议员所需要的也不外乎就是运用智慧了解他人吗？如果放在以前，他不得不像古时候一样，亲临战场，率领军队和杰弗逊·戴维斯一决高下，那即便他的能力足以胜任，他的性情也会促使他拒绝这么做。不过现在，命运向他提出的要求却是，他必须要自己动手，除此之外别无选择。

林肯的秘书后来说，当时，特别是在十二月份和一月份这两个月里，林肯没日没夜地埋头于一堆战略著作、地图、军队领袖的档案、军队给养以及发动进攻方面的书籍，如饥似渴地学习着。他天生善于比较，富有想象力，具有做一名统帅的天赋。庄稼汉的经历又使他自然而然地实事求是并且足智多谋。可以这样说，他具备了取得成功的前提条件。此外，他还记得当年同印第安人打仗的情形，而且在去年一年中，他也总结了不少经验教训。当前的战争局势在他的脑子里已经形成了一幅清晰的图像。于是，在经过一番勤奋钻研之后，林肯在地图前思考良久，一个包抄敌人的策略慢慢在他头脑里成形了。至此，通过自学他又学会了使用军事策略。我们虽然不能具体说出他的作战方法，但是战争的结果一定可以给我们一点启示。

现在，将军们不得不对他刮目相看了，他不再是那个笨拙的门外汉了。而他也开始以一种新的态度去对待那些将军们了。"至于我的观点，"他一月份还这样给西部的比尔将军写信道，"我不想对您下什么命令，只想提个建议，希望您能尊重我的意见；但如果您违背了自己的判断，盲目听从我的建议，那我就只能责怪您了。当然，我若是向您发出命令，那您一定要从命……"在这段开场白之后，"我想和您谈谈我对这次战争总的看法：在数量上我们占优势，在迅速集结兵力方面敌人占优势。如果我们不能设法对敌人进行突袭，并一鼓作气打他个落花流水的话，那我们必败无疑。为此，我们必须在同一时间不同地点以优势兵力对敌军紧追不舍，敌人绝不可能在所有战场上和我们抗衡。如果他们削弱一个据点的力量去加强另一个据点，那我们就可以去攻打前一个据点。"

麦克莱伦又告病说他无法进军。林肯向他提了一些问题，他却只是匆匆忙忙地用铅笔写了封回信。于是，林肯询问了麦克莱伦的上级军官，了解到了麦克莱伦的一些秘密。新任的陆军部长虽然当时还是麦克莱伦的朋友，却毫不含糊地批评麦克莱伦说："军队不是战斗就是逃跑。看看正在奋战的西部人，波托马克河畔的花天酒地该停一停了！"而林肯依旧保持谨慎。他邀请麦克莱伦将军来参加内阁会议，让怒气冲冲的部长们亲自向他发问，这位将军却狡辩说，只要总统不下命令，他就拒绝回答任何问题。听到这儿，总统问他，到底打算什么时候发起总攻，甚至，他是否曾经考虑过这个问题。

"当然。"这位将军简单而又神秘地答道。

"好吧，那么这次会议到此结束！"林肯宣布，并因为避免了一次决裂而感到由衷的高兴。但事后，斯坦顿却暴跳如雷："我们有十个将军，却个个害怕打仗……即便麦克莱伦手里掌握了百万大军，他也会说，'敌人可足足有两百万啊'，而后便懒洋洋地坐在军营里，呻吟着要得到三百万人！"

林肯没有表现得多么愤怒，他只是继续孜孜不倦地学习带兵打仗。因为现在，他正在潜心钻研着军需问题，所以，对于将军们的不合理需求他常会毫不客气地予以拒绝。他去了附近的一家船厂，让人给他解释了有关战舰的所有原理，跟自学时一样，他思维敏捷，头脑清晰，悟性很强。后来他曾给海军部长写了这么一张便条："我想，刚刚我看到了三艘轮船驶向海军基地。请派人过去了解一下，这三艘轮船是干什么的？"

如果哪位发明家带着一件新发明的武器到他这里来，这个连向野兔都拒绝开枪的总统便会在靶子上小试身手。他会和秘书一起，抓起一张议会信笺去白宫的草地，用这张纸当靶子，开枪射击。他的枪法还真是不错呢！"我想，这杆枪我们还能造得更好些。"他把一块松木削成了一个瞄准器固定在步枪上，于是这枪便射得更准了。这是林肯在战争中作为总统起到的领导作用之一。有时，他还会和某位海军上将一起在自己房间的壁炉里试验火药的性能，并派人继续对此进行研究。

终于，林肯拿定了主意，他亲自下了第一个重大的命令："兹命令以1862 年 1 月 22 日为整个合众国的陆军和海军反对叛军战斗的总行动日，其中特别是在门罗堡垒及其附近的部队、波托马克兵团、西弗吉尼亚兵团、肯塔基州部队、凯罗的部队和炮艇分遣队，以及位于墨西哥湾的海军兵团都须做好准备，采取行动。"

这时，就进攻计划他和麦克莱伦又发生了争执。麦克莱伦想经由一个半岛袭击敌军，而林肯则主张让军队直入里士满。林肯说："如果以下问题你能做出令我满意的解答，我将放弃原来的计划，同意你的意见。第一，你的计划是否比我的计划需要耗费更多的时间和金钱？第二，你的计划是否比我的更容易取胜？第三，按照你的计划取得的胜利是否比按照我的计划取得的胜利更有价值？第四，事实上，你的计划并不能破坏敌人的交通线，而我的计划却能做到这一点。这是否可以证明你的计划不如我的计划更好呢？第五，万一出现不利情况，你的计划是否比我的更难找到一个安全的退路呢？"

对此，麦克莱伦的回答模棱两可。但即便如此，麦克莱伦仍旧坚持他的计划不松口，所以最后林肯所下达的这个重大命令只是在一定程度上得到了实施。日后，各方批评家纷纷写文章评论说，若是当时完全采纳了林肯的计划，那么北方早在当年的二月份就可以轻而易举地取得一次胜利了。

战争最暗无天日的时候，也是林肯生命中最暗淡的时光。在政治上他受到各派的攻击；在社会上他遭到许多人的讽刺，将军们也鄙视他。他真不知道，这种可怕的境况何时才能结束。就当他在争吵不休的顾问中间寻找着自己新的支持时，他的两个小儿子病倒了，后来又在医院里受了传染，几天以后，比利，他十二岁的儿子，他最为疼爱的儿子，永远闭上了他那双童稚好奇的眼睛。在这之前整整五天，这位父亲和一位护士小姐一直守候在孩子们的病榻前，听着孩子们痛苦地呻吟。那位护士小姐是个虔诚的基督徒。孩子死后的那个晚上，林肯询问了她的境况，得知她是个寡妇，她的丈夫和两个孩子都已经"进了天堂"，而她却一直毫无怨言地承受着这一切不幸，内心对上帝的热爱似乎比幸福的年月中更加深厚了。为什么会这样？因为人们相信上帝能使一切变得更加美好。

"从一开始您就能接受所有这些打击吗？"

"当然不能，但时间可以医治一切创伤。人遭受的打击越多，也就会变得越坚强。"

"好。我也应该去承受我的痛苦……这是我有生以来必须面对的最严峻的考验。我真不知道命运为什么要这样安排！"

护士告诉他，有很多人正在为他祈祷，他说："这很好，我需要他们的祈祷……我甚至希望，我也拥有他们那样虔诚的信仰。说不准哪一天上帝也会赋予我这种信仰的。"而后，他又谈起了自己的母亲，多年之前她就在荒凉的印第安纳州故去了。"现在我还能记起她祷告时的样子，那祷告声也仿佛一直陪伴在我左右。"

那个夜晚，在病房半明半暗的灯光下，他满脸愁容，仿佛一下子瘦了一圈。他把他的长腿搭在墙上，讲述着。他慢慢意识到，自己再也见不到比利了，为此他心如刀绞。而这个时候，那原本就有些歇斯底里的玛丽如同疯了一般在一旁咆哮。而林肯只是静静地坐在那儿，耳边似乎又响起了母亲的祷告声。他问身边的那个陌生的护士，到底需要多长时间才能忘记这种痛苦。可这样的问题又有谁能够回答呢？孩子生病期间，他依旧政务缠身，每次他强打精神走出病房，赛华德都早已在病房外等候多时了。一次他给林肯带来了一封欧洲某国发来的电报，电报中语气强硬，颇有威胁之意；还有一次，是斯坦顿带来了前线失利的消息；再或者就是碰上某一位可怜的妇人，想求林肯让她的儿子免受军事法庭的惩罚。他们哪里想过，战争已经让这位总统痛失了爱子，失子之痛正在折磨着他呢！

林肯只把严格执行军法当成是一种警告的手段，所以时常不顾陆军部长的反对赦免犯人，而这种警告手段收效还颇为不错。一个年轻的士兵由于在站岗的时候打了会儿瞌睡便被判执行枪决，林肯说："双手沾上这样一个年轻人的鲜血，我死不瞑目。一个在乡下土生土长的年轻人，日出而耕，日落而息是十分自然的事情，夜间执勤时打个盹儿实在无足为奇。"

战争中，一个在白宫服过役，对林肯十分忠诚的年轻军官不幸牺牲了。林肯给这个军官的父亲写信说："您儿子的英年阵亡对我的打击可能毫不亚于对您二老的打击。那么激昂的立志报效祖国的热情，那么多的希望都如此之快地离我们远去了。无论从身材，还是从外表米看，他还完全是个孩子，但他却有着非同一般的指挥才能……在日常交往中，他待人总是谦逊温和，彬彬有礼。虽然我们认识还不足两年，我的事务又十分繁忙，但我们仍结成了忘年之交。他从不纵情声色，也从不口吐秽言或出言不逊……我如此冒昧地寄上这篇对我年轻的朋友，和你们英勇早逝的儿子的悼念之词，希望不至于打扰您二老圣洁的悲伤情绪。"

还有哪位国家领袖在一场浴血的战斗中写过这样忧伤的信呢？字里行间没有任何有关祖国或英雄之死的官话，没有居高临下的口气，完全是抒情式的伤感。不久后他又获悉，他的老朋友，当年万达利亚的同贝克阵亡了。此刻的他面色苍白，呼吸急促，不一会儿便泪流满面。他用双手捂住胸口，踉踉跄跄地离开了将军楼，沿街走去，连卫兵的敬礼都没有理睬。就在一年前，他不是还和这位朋友在斯普林菲尔德家里的壁炉前谈论过客西马尼园的圣餐杯吗？

他必须化悲痛为力量，马上振作起来，因为国人正等待着，希望听到他做出决定呢！

十、朋友

现在，正是林肯需要他的老朋友们的时候，可他们都到哪里去了？他们原本应该聚集在林肯周围才对呀？然而，大多数朋友现在表现得却连林肯过去的对手都不如。在战争刚刚打响的头几个星期，道格拉斯赶来面见林肯，激动地说，在伊利诺伊他受到党内指示，在那里争取舆论反对北方。他说他将会听从林肯的安排，决定自己在伊利诺伊的去留。矮小的道格拉斯和高大的林肯又站在了一起。不过这次，前者不再词锋犀利，话中带刺，不再幸灾乐祸，假意慷慨，也没有捧着林肯的帽子，这次他来就是想问一问他的总统，他该做些什么。而林肯，过去虽也曾千方百计地想把他的这个对手赶出伊利诺伊，现在却决定委派他留在那儿，向政府以及北方军队提供支持。道格拉斯去了，但几个星期后，他不幸中风身亡。林肯命人在白宫降半旗以示哀悼和尊重。为了能够入住白宫，道格拉斯曾奋斗了一生，最后却无果而终。

偶尔能见见老朋友，可能是最令林肯高兴的事了！可是有些朋友却令他非常失望，比如，黑尔已经当上了军官，在被提拔的过程中从林肯这儿得到过不少帮助，然而他不但丝毫不感恩，日后甚至还写过信反对林肯。而其他的朋友，则又一一成为林肯推荐信中的"我的好友之子"或者"我的一位特殊朋友"。为此，林肯对赫尔顿的称呼虽最为短小却最是亲切："亲爱的威利，你三十日的来信已收悉。至于那些账务问题，请尽管按照你的想法处理。你知道，我现在很忙，没时间继续写下去，就此搁笔。上帝保佑你，你的朋友亚·林。"倘若赫尔顿愿意来帮他，林肯肯定会很高兴，但是赫尔顿从来不想挤到这里来，他从没为自己提出过什么要求。

如果看到哪位昔日老友，这位愁眉苦脸的总统马上就会焕发生机。有时，他告诉待卫说自己忙得很，可办公室里他却兴奋顽皮得像个孩子，他大声地讲着故事，询问着老熟人们的情况。而后，他还会用他骨节突出的大手在地图上比画着给老朋友讲目前的战争局势，告诉他自己的和将军们的作战计划。一次，一个将军硬闯了进来，于是双方一阵惊愕和尴尬，"那，他是为我们制造加农炮的发明人之一，我可不得不接见他。"林肯向将军介绍道。事后那位将军说："我们的总统把自己和伊利诺伊来的一个老马车夫关在一起，讲着乡巴佬的故事，早把我们的国家大事抛在脑后了！"

还有一次，听音乐会时，他坐在一个低低的包厢里。在熙熙攘攘找座位的人群里发现了一个老朋友。他马上大喊起来："胡巴德，到这儿来！"随后便举起长长的胳膊在铁栅栏那儿使劲冲老朋友挥手。因为一时找不到铁栅栏的钥匙，他便让这个老朋友在众目睽睽之下，爬过栅栏，坐到了自己身边。

是的，除了几个老友对他依旧友好之外，其他朋友们都对他侧目相视，以示不满和敌意：因为他们不能原谅他收回弗莱芒特《解放奴隶宣言》的举动。收到老朋友们给他的谴责信，他从不扔在一边，总是亲自给他们回信："这封信竟出自你手，说实话，真让我惊讶。那是你自己协助拟定的一项法令，而现在你却反对我按此法令行事，这实在是奇怪。"他说保住肯塔基是至关重要的，这关系到密苏里州和马里兰州的去向，也关系到整场战争的成败。"如果你不那么惶惶不安想要寻找新的立场，像以前一样和其他友善的朋友们站在我的背后支持我，那我就一定能够取得胜利。你永远的朋友。"

可有时，苦恼和无奈会令他无法忍受。他会立即给对他不满的朋友回信："你说，你觉得应该告诉我，我是在用对付敌人的办法对待朋友。但我认为这不是事实，事实情况是，当我的敌人用刀向我刺来的时候，我的朋友们却绑住了我的双手。这如果不是因为他们缺乏作为朋友的真诚，就是因为他们没有头脑。其实，这类自称是我朋友的人提出的要求，在这场战争中比任何其他麻烦更令我不知所措……我是个很有耐性的人，总希望能够容忍宽恕别人，但这是有限度的，因为我必须承担起挽救政府和国家的重任。我只会做自己力所能及的事。但大家最好弄清楚，并且永远记住，只要我还有计可施，就绝不会在这场游戏里认输。"一次，他得知一个朋友对他有意中伤，便写信给这个朋友说："我只做自己力所能及的事，但我将会竭尽所能拯救国家。我不会心存恶意暗箭伤人，因为我担负的责任过于重大，容不得我施什么诡计！"

林肯原来的一些拥护者因为觉得他做事过于谨小慎微而对他心灰意冷。但与此同时，林肯也在自己身边的对手当中赢得了几个新的拥护者，他们已经开始对林肯刮目相看了，其中首当其冲的是赛华德和斯坦顿，此外还有整个内阁。参议员萨姆纳也在内阁成员之列。几年以前，他曾差一点在一次政治谋杀中丧生，现在他接替了道格拉斯的职位，成为外交委员会的主席。他和林肯一样，个子很高。从一开始便给林肯留下了深刻的印象，而且萨姆纳行动之间流露出来的儒雅风度又正是林肯所缺少的，因而他也就更加吸引林肯了。这位高贵的先生，表情坦然，额角宽阔，鼻子挺直，在欧洲受的教育，所以通身都洋溢着欧洲绅士的魅力，在这一点上和南方的领袖人物们颇为相似，但他的举止和性格又和南方人迥然不同，他无需奴隶成群，便有着大家风范。

多年以来，萨姆纳一直狂热地反对蓄奴制。他有些教条主义，以至于当有人指出，问题还有另一面的时候，他会厉声回答"根本没有什么另一面"！像他这么主观粗暴的人很难理解林肯的良苦用心；而善于比较分析，勤于思考的林肯却能很快地接受萨姆纳的性格。几十年前，当林肯在波士顿初次见到萨姆纳时，萨姆纳曾对这个陌生人爱答不理；当林肯入主白宫之后，萨姆纳也曾对这位新总统的行为举止表示过不理解。这个在哈佛大学受过教育的新英格兰人，英俊，潇洒，一身傲骨却不得人心。对他来说，参议员一职似乎已经带给他一些尊严了。开始时他把林肯称作是西部来的野小子。林肯身上的欠缺也使他深感遗憾，这种感觉虽不至于让他像斯坦顿一样出言不逊，但他一方面出于对国家利益的考虑而对此表示过不满，另一方面则对林肯本人也表示过同情。林肯对他颇为偏爱，觉得仔细倾听这位举止高雅的人滔滔不绝简直是种享受，而萨姆纳却常表示无法接受这位农夫出身的总统缓慢思考问题的方式，让他特别不能理解的要算林肯的幽默感了。有时林肯本想给他讲个笑话活跃一下气氛，到头来却让萨姆纳丈二和尚摸不着头脑，烦躁地走来走去，屡次要求林肯解释故事中的某个情节到底是什么意思。

但不久后，他们之间建立起了对彼此的信任。自此，萨姆纳也成了总统的最佳政治顾问。在反对蓄奴制这个问题上，他们肩负着共同的使命，而且他们俩都是和平主义者。早在十五年前，萨姆纳就曾在一次大型演讲中说："我们的时代中不会再有非正义的和平，也不会再有正义的战争了！"可到了现在，这两个和平主义者却都不得不去参与一场人民战争。他们二人都承认，拯救合众国乃是此次战争的第一要务，只是萨姆纳似乎更倾向于把战争的矛头指向蓄奴制。

当时，除了萨姆纳之外，很少有人理解林肯。当人们七嘴八舌纷纷嘲讽他、攻击他、否定他的时候，少得可怜的几个诗人和政治家对他的赞扬之声显得势单力薄。诗人瓦尔特·惠特曼就极力推崇林肯一贯的朴素风格。出门时为了保护他的人身安全，有三十个骑兵簇拥着他，短剑出鞘以示对他的尊敬，于是他也就显得越发不起眼了，"他戴着顶灰土土的黑色硬边帽，穿着一身再普通不过的西装。"他的态度和那些带着卫队招摇过市的将军们完全不同，在惠特曼的作品中，林肯总是那样简朴。

爱默生也了解林肯的为人，他曾写下过这么一句话："林肯承上帝的旨意来为美国做事。他对美国的贡献比所有其他人都大。"卡尔·舒尔茨是一分为二地看待林肯的，他颇为欣赏林肯的为人，曾写下了这样一段话："他尊重别人广博的见识和知识，但不会因此而产生对别人的恐惧。事实上，他既不惧怕任何人，也不怕任何事，因为他已经意识到了自己能力的极限，有时他会主动放弃自己的独立信念。面对比自己强的人，他会毫不犹豫地冲上去和他较量或者合作，就仿佛他一生都在和这种人打交道一样……对别人的功绩他一向都加以肯定，一点儿也不怕那些功绩会湮没了自己的成绩。诸如此类的严肃问题从没有让他感到过束手无策。他继续运用一个健康人的理智按照通常的逻辑来对这些问题做出判断……没有人比他更愿意接受真诚的建议，也没有人像他一样对硬塞给他的批评表现得那样宽宏大量……受到了攻击或是被人误解之后，他不会跟那些人断绝来往，只会要求和那些人友好地交换意见。"

林肯活着的时候，舒尔茨还曾在一封信中表达了自己对他的看法："他没有什么天才似的抱负，也永远不会对哪一个自由的集体构成威胁。他就像是人格化了的人民……他领导的政府是有史以来最有代表性的。在这里，我可以大胆的预言——今天听起来还或许有些奇怪——五十年后，甚至无需五十年，林肯的名字就将被写进美利坚合众国的史册，而且就排在华盛顿的名字旁边……到时，他的对手们的子孙后代将会对他感激不尽。"

英特雷当时在外交领域供职，他对人的心理有着更为深刻的认识。因为他同时和俾斯麦也交往甚密，所以他可以把这两位伟大的政治家做个比较。在第二次和林肯接触之后，他写下这样一段话："我去了林肯那儿，想和他谈上半个小时。能有这个机会我真是很高兴，否则我离开华盛顿时就不能对林肯有清晰的印象了。他十分睿智，为人纯朴、坦诚，高尚、实事求是。我觉得他真实、公正、果敢。诚然，他不太了解应该如何处理国家事务，特别是外交事务，但他也无意掩饰这一点。虽然他是在国家的危难时刻就任总统的，对此我们不得不表示遗憾。但是，他的谦恭却将化解对他的所有批评之辞……只要能保证其决定的绝对完整性和公正性，那这个国家就一定会牢牢地掌握在他的手中。"后来他又写道："他是真正忠诚的美国式民主的代表。从不居心叵测，随心所欲，以自我为中心，他不是一个优雅的先生，但却是真正的美国公民。真诚、能干、简朴、聪明、幽默、乐观、勇敢、果断；有时当然也会犯错，但在主动改正错误的基础上他会不断向前摸索，向着他认为正确的目标前进。"

十一、第一夫人

眼下玛丽却失望透了。一直以来她梦想着要达到一个目标，并为之奋斗着。最后出乎所有人的预料，她达到了这个目标，真的一跃成为了白宫的主人，成了国家的第一夫人，再没有别人压在她的头顶上了。可她得到了什么呢？战争！除了战争还是战争！战争让她没法举办大规模的庆祝活动，就连她举办的唯一一次舞会，也给她招来了数家报纸的谴责；而且她每在公众场合露一次面，都会引来社会的一通批评，这简直让她无所适从。数十年的精心策划，却唯独忽略了一点，那就是，一个从斯普林菲尔德的小圈子里来的律师是无法一下子融入华盛顿这个花花世界里去的。事实上，这次成功使她和林肯都有些措手不及。不过面对困境，他们二人的心境截然不同：玛丽觉得自己的雄心壮志大为受挫，而林肯则不为舆论所动。那些由于婚姻或者政治原因被困在北方的南方妇女们，却偏偏对同样生在长在南方的玛丽看不顺眼，纷纷向她表示鄙夷，仿佛就因为她的丈夫是那个维护黑人利益的总统，所以她便成了这批南方女眷被困在北方的罪魁祸首了，搞得玛丽有些莫名其妙；甚至，当她们看到玛丽的马车驶过，都会从窗户前飞奔回屋，在钢琴上胡乱弹奏一曲南方的防卫歌曲以示抗议。面对印发出来的或是小声嘟囔着的批评之间，林肯泰然自若，而玛丽却心烦意乱，无法忍受；因为她来到华盛顿的目的是为了炫耀自己，而林肯来到这里是为了脚踏实地，有所作为的。

对玛丽而言，首要的，同时也是最严肃的问题当然是她的穿着打扮。在林肯当选和就任之间，她就去纽约定做了一大堆衣服，现在，她又开始寻思着要去看看朋友们的女裁缝手艺如何了。最后她选中了一名人称华盛顿第一艺术家的黑人女裁缝给自己做衣服。这个黑人以前曾经为敌方的总统夫人杰斐逊·戴维斯的妻子做过衣服。对戴维斯的妻子，玛丽怀着一种既轻视又羡慕的态度——这种心态可能也对她的裁缝人选产生了一定的影响。于是，这个过去当了三十年奴隶的黑人便成了玛丽的私人裁缝。可以说，这个裁缝是和这位黑人解放者的妻子结为朋友的唯一一个黑人；是的，她渐渐真的成为了玛丽的女友，并且一直都是她唯一的女友。一开始她就给玛丽制作了十八件衣服。她缝制的第一套衣服曾让人啼笑皆非，因为这件衣服是玛丽去参加一次宴会之前才赶制出来的。那是一件玫瑰色带祥云图案的拖地长裙，身后带着长长的拖裙，领口很低，穿在玛丽身上正好完美地勾勒出了她那丰腴的体态，就像穿在所有其他性感又虚荣的女人身上一样，十分打眼，而且它还挡住了玛丽那略显臃肿的臂膀，让她的身材显得玲珑有致。第一眼看到玛丽的这身装束，林肯便吹了声口哨说："上帝啊！我们的小猫长着一条多么长的尾巴呀！"玛丽气得刚想发作，林肯又说："噢不！这件衣服实在太美了；只是如果头和尾巴离得近些的话，也会同样好看。"他按照印第安的习俗把她的这些装饰称作是"战斗文身"。按照老规矩，参加宴会时总统应该和一位有身份的女士先走到餐桌前，玛丽则应当和一位男士跟随其后。然而玛丽对此却颇为不满，她可不准其他女人在自己之前走进宴会厅，于是她径直挽起林肯的手臂走进大厅。这样一来老规矩就此寿终正寝。

不过，玛丽也很清楚，他们夫妻二人肩并肩走在一起时的情形一定有些滑稽。一次，在一个小型宴会上，林肯用他那种宽容幽默的方式打破了这种尴尬，他站出来说："女士们，先生们，我们便是总统夫妇，白宫里最高和最矮的人……"因此，玛丽从不肯和林肯一起照相。一次有人给她拍了一张照片，照片上的她显得又苗条又高大，她便让人把这张照片和林肯的单人照巧妙地拼成一张双人合影作头版刊登之用。她还下令说，必须要把照片上未经许可的所有欠佳之处统统修掉。

萨姆纳是唯一一个让林肯夫妇二人都喜欢的人：林肯看重他的智慧才能，玛丽则看重他的彬彬有礼。除了萨姆纳之外，玛丽身边总围着一些来历不明的人。开始时也同他们交往过的维拉德写道："玛丽给林肯带来了不少痛苦，她不仅在分派普通职务时横加干涉，甚至在委任内阁成员时也在一旁指手画脚。此外，有些人利用她容易受影响的特点对她大献殷勤，并借此对林肯施加影响，加以控制。而她却对此一无所知，还以和这帮人来往而津津乐道。这帮人中有一个名叫维可夫的，是一个具有骑士风范的贵族，很多人都在文章里写过他，他是纽约一家报社安插在白宫里的内线，善于交际、温文尔雅、自信，又自命不凡。""我曾看到维可夫肉麻地夸奖林肯夫人的美貌和她使用的香水。换了别人，听了他这番恭维话准会面红耳赤，把这个不知羞耻的人从身边赶走。可林肯夫人却因此对他宠爱有加，简直把他捧成了御前大臣，在服饰品牌等问题上对他言听计从，俨然把他当成家庭顾问，向他咨询包括如何选择香水在内的私人问题，每一次沙龙都把他尊为上宾，甚至还邀请他和自己同乘一辆马车。"

访问军团时，总统夫人会挑选那些最会向她献殷勤，并把最好的东西拿出来招待她的军团。南方来的妇女打扮成仆人模样，到她这儿来佯装找活干，其实是想窃取情报，对此她并不总能觉察得出。事实上，她的家庭便把她和南方联系在了一起：她的三个兄弟，以及她同父异母的几个妹夫大多在敌军供职。开始时，一位堂兄还告诉她的表姐说："亲爱的丽兹，我希望你不会对待在那里感到失望。你就在那里等着，不久后我们就会攻占华盛顿去接你了。"

据说对南方那些维护奴隶主利益的贵族军官，玛丽暗自同情。这是不是事实虽不得而知，但是她骄傲的性格，受过的教育以及她的亲戚关系却令人难以相信她的内心没有对南方产生同情。特别是在战争刚刚打响的时候，白宫曾经发生过动摇。当林肯想让玛丽的一个姐夫在北方军队任职时，他拒绝了，虽然他和林肯一样也来自肯塔基州，虽然他的父亲坚持拥护北方，但这位姐夫却说他宁愿去南方供职。

玛丽给伊利诺伊的另一个姐夫谋了个职位，这原本是完全可以理解的；但是当姐夫一家把这一切归功于林肯，没有去感谢玛丽时，她却大为光火，说自己受到了侮辱。事实上，一切都是通过林肯才办成的，比起现在的那帮钻营职位的人，林肯大多情况下还是愿意推荐自己的老朋友。当然有时他写的信也会让一些老友感到不安。他给姐夫爱德华斯这样写道：

"尊敬的先生，得知你事业败落，我深感痛心。现在我仍旧希望，你的事业只不过是遭受了一点打击，而不至于彻底毁掉。至于不久前你向我提的那个请求，我得先搞清状况再办。可这阵子我恰巧又忙得根本没有时间去了解。但无论如何，只要无害于政府，也无害于任何个人，我一定会为你去争取那个机会。如果你能亲自来一趟，给我讲明你对处理此事的看法，那最好不过。我为你能给我机会，让我给你帮点小忙而感到由衷的高兴。"

他还给斯图尔特写了一封信，说：

"亲爱的斯图尔特：

丽兹表姐给我看了你的信，让我派她担任斯普林菲尔德邮政局局长这一问题使我深感为难。你看到我已经任命××担任了一个地区的督察长，并让我一个朋友的弟弟担任了土地局局长，现在已有人声称川布尔和我已经把所有的官职都分给亲戚朋友了，你觉得我目前还能继续这样干下去，让这些批评坐实吗？我从文件得知，人们想通过投票选举一个邮政局局长，你们能不能公开提议丽兹，让她去击败所有的对手呢？她现在就在我这儿，请暂时先不要告诉她，以免让她感到尴尬。"

　　他和各个党派争夺着最高指挥权，处处碰壁并受到对手的窥视，由他提出的即便是最清晰不过的建议，也总会有人挑毛病。而与此同时，他还要为姐夫、妹夫以及表姐夫们谋职，对此，这位处于全国的中心、满心忧虑的人心里又是作何感想的呢？在他给爱德华斯写信的时候，他可能会再次想自己逃离他家的那个一月一日。他可能也会告诉自己，其实他的第二次新婚对他生命的影响更加可怕。从现任妻子玛丽那里他都得到了些什么？诚然，她丝毫也不怯懦，当华盛顿身陷囹圄，孤立无援时，她全然不顾自己和孩子的生命和安危，坚定地留在林肯的身边。但这会儿，她的嫉妒心也达到了十分可笑的地步，若是哪个女人和林肯单独待在一起超过五分钟，她就要记下这个女人的名字。在一次招待会之前，她甚至还告诫林肯，不要像个小男孩似的和那一大堆年轻女子们打情骂俏。她哪里晓得，只有通过这种轻松适度的调侃，林肯才能捕捉住他对女性的那种莫名的激情，而这是他一生都在追求的。面对玛丽的唠叨，这位整个美国的统治者该怎么办？是摆出一副白宫主人的架子，气愤地呵斥她吗？林肯从不这样做，听了玛丽的唠唠叨叨他只是点了点头，而后走到办公桌前，拿出纸笔列出了一长串可能让玛丽不喜欢的妇女的名字交给她，告诉她，明天的招待会上他会跟这些女士们开开玩笑。

　　是的，除此之外，玛丽还为林肯生了几个孩子。随着孩子们年龄的增长，随着时局的日益恶化，林肯对孩子们的爱与日俱增。四个孩子中只有两个活了下来，老大已经读了大学，小儿子塔德刚满八岁，虎头虎脑，心性敏惠，又很温顺，是整个白宫的小可爱。他被允许随时走进父亲的办公室，可以长时间陪着他；在访问兵团时，瘦骨嶙峋、人高马大的林肯戴着顶礼帽，骑在马背上，身边总跟着一个小男孩，小男孩骑着一匹小马，戴着一顶小灰帽，小灰帽下面是一张红扑扑、兴高采烈的小脸，小塔德的到来每每都会让兵营的士兵们心情愉快。晚上来拜见林肯的人也常常会在总统工作的书桌旁看到一个小男孩，坐在地毯上看书，再不就是看到父子两人一起埋头读着一本书，小的在学习，老的则想放松一下疲劳的神经。

工作时间，林肯的秘书会把各种信件分放到不同的抽屉里。有一本复印本他却从不去动。因为最重要的东西，林肯总是亲手复印而后收藏起来，就像他说的那样，比起单封的信件来，复印文本更不安全。在他的办公室里，总会发生让人哭笑不得的滑稽场面。当给来访者读完一篇他刚刚找到的当代幽默作品之后——比如说黑人们就要从南方移民到这里来，等等诸如此类荒诞可笑的故事，总会有某位优雅的新英格兰客人便会起身告辞。不仅如此，事后他还会向朋友们打听，总统哪儿来的那么多时间做这些无稽之谈。林肯内心追求自由，放荡不羁的一面使他无法总是保持沉默，当他读诗，听音乐或是听那些叙事歌谣和英格兰民谣的时候，他还会像以前一样快乐，而且他最为欣赏的仍旧是那些逃避现实或者回忆往昔的作品。因为即便是现在，处在事业的顶峰，性格忧郁的他也一直怀着一种浪漫主义的世界观认为，青年时代的时光比现在的时光要美好得多。

十二、废奴问题

渐渐的，内战的政治目的开始发生转变：开始时发动战争是为了拯救合众国，而现在，战争目的已经变成了废除蓄奴制。由于第一个问题尚未解决，而第二个问题只有在第一个问题解决的基础之上才能得到解决，所以就发生了一系列的矛盾和冲突。所有已经发生的事情，以及更多的尚未发生的事情都取决于总统个人，取决于他的智慧和能力。林肯肩负着所有责任，也做出了许多政绩。

战争因反抗叛国起义开始时，北方人同心协力；而当战争趋于持久时党派纷争却又出现：那是民主党人和共和党人之争。首先是这两个党派中的缓和派和激进派之争。在当时扑朔迷离的局势中，在人们以法律方式取消蓄奴制之前，蓄奴制似乎正在美利坚地区自生自灭，这让诸党派感到深深的不安甚至恐惧。北方的奴隶解放者在问，总统为什么不将那些从南方逃到这里来的或者被抓住的黑人奴隶编入联邦军队？因为按照战时的法律，总统是美国的最高统帅，做出这么一个决定可谓轻而易举。边界州里的反蓄奴制者们则在问，为什么军队对待被抓的或是投奔而来的黑人那么不友善？而同时，那些边界州的奴隶主们却在叫嚣着，为什么在南北边界上，北方人要和他们作对，保护奴隶？

南方人做事当然也颇有心计，他们的宪法不但没有继续禁止与非洲进行奴隶交易，而且也没有禁止从北方输入奴隶。这样一来，中立的边界州一方面担心奴隶价格下跌，同时却又不确定南方会不会从此不再从他们这儿买进奴隶。

在这首反对林肯的不和谐的乐曲中，林肯应该怎么做呢？有一点是肯定的，那就是，他不能完全按照自己的想法去做，他只能以一名政治家的态度来权衡到底应该支持蓄奴制还是反对蓄奴制。因为他已经掌握了北方的军权，而北方拥护奴隶制的民主党人和反对奴隶制的共和党人实力相当。所以对于北方的局势，他尚可以应付。就像他的将军和陆军部长主张的那样，倘若贸然采取行动解放奴隶，不但会失去边界州的拥护，甚至会失去整场战争。早在大约三十年以前，亨利·克莱（和林肯一样的一位反奴隶制者，林肯在很多方面的榜样）曾警告说："显然，普遍的以及不分青红皂白的解放运动所引起的危害可能比奴隶制本身更大。"

此外，欧洲的一些所谓中立国对合众国北方造成的威胁也不容小觑。对北方他们通常采取一种仇视的态度，特别是英国。因为对南方进行封锁无疑会使英国棉花紧缺。但想要赢得英国的支持，就不能继续把维护那个曾一度对英国紧闭大门，现在仍旧让他们不爽的合众国作为这场内战的目的。于是在这种局势下，林肯命人在北方的旗帜上写下了废除奴隶制的口号。这样一来，道貌岸然的英国人就不会再去衷心拥护南方的那批奴隶主们了。

诚然，林肯所了解的黑人们可悲的处境对他的触动实在太深了，这一切折磨他的时间也太久了，以至于，他一度不愿把这个问题在内阁成员们面前提起，就连对赛华德也不例外。对于这个问题，他宁愿写信给斯皮德和他探讨，因为很早以前，他们二人曾就这个问题争论过，而且现在，斯皮德也可以算是林肯在肯塔基最信得过的人。林肯显然也和萨姆纳多次谈到过这个问题，而且二人还取得了一致意见：应当向边界洲提出建议让合众国赎买他们的奴隶。林肯在寻找一种过渡性的解决方法，他提出在特拉华州通过补偿奴隶主们的方法逐步解放奴隶。他还亲自给拒绝这项提议的参议员们写信，告知他们以及报界，赎买四个边境蓄奴州的奴隶，合众国得花掉八十七天的战事费用。他告诉性急的萨姆纳，他们必须继续等待，直到这项决定的宣布不至于导致北方内部分裂为止。这一想法惹得萨姆纳一直抱怨林肯在这一问题上优柔寡断；而林肯此时则正在责怪他的将军们迟疑不决，正是因为北方战事不利才导致合众国出此下策的。萨姆纳向林肯建议，在六二年的新年之际，把《解放奴隶宣言》当作新年礼物送给议会以及整个国家，他试图用名誉方面的收获说服林肯，但林肯却马上打断了他的话："别再说了，我自己知道，和这条法律联系在一起的名字是永远都不会被人忘记的。"

林肯二十八岁时就曾说过，若是不能让自己的名字在同时代人的心目中留下印迹，那他会死不瞑目；二十五岁时他就开始崇拜历史上的英雄们。同三十年前的那个年轻人一样，现在当了总统的他也不会满足于现状，只有人类的普遍问题才能燃起他内心的熊熊烈火，而恰恰是眼下，这种雄心壮志在他内心又爆发了出来。你看，他是如何举起他那骨节突出的长长的手指指向优雅的萨姆纳："我自己知道。"他仿佛不愿意表现出自己内心最深处的想法，你们能够感觉到此刻他内心的沉重吗？一年多以来，这种重负一直压在他的心头，使这个博爱者的美好愿望、对过去内心痛苦的回忆以及理想主义者那心醉神驰的希望合为一体，驱赶走了所有政治上的怀疑。这时，在他的内心，务实者和梦想家、律师和哲人的斗争比他一生中任何其他时刻都更加激烈；他伟大的性格在他克制了内心欲望的那一刻也更为清晰地表现了出来。

小儿子夭折已经有两个星期了，战事毫无进展，就在这时，林肯突然派人去找萨姆纳说马上要跟他谈谈。"我要给您读一下我准备致议会的一篇答文，想听听您的意见。我今天就要把它送去。"这个一向踌躇不决的人这次却敦促着自己做出行动，仿佛是害怕其他考虑会再次影响这个决定似的。是的，他仿佛向自己做出保证，当舒尔茨按自己的观点给他讲述了欧洲人的态度，并在纽约为此着手准备建立协会，并二月份就拟定了三月初一次演讲草稿时，林肯高兴地对他表示支持说："就这么讲。到了那一天，我也要说点什么！"林肯将致国会的咨文用电报发到纽约，舒尔茨和他的听众们都因此感到十分惊喜。由于听众们倍感振奋，所以舒尔茨午夜时分在古柏学院朗读了这篇咨文。几年前，林肯就是在这所学院里首次征服这座城市的。

这份致国会咨文只是提出要逐步限制蓄奴制的蔓延，它以一种十分审慎的态度请求国会仅仅做出这样一个联合决议："合众国对同意逐步废除奴隶制的所有州进行财政支持，由该州酌情用以赔偿因为制度改变而造成的公私损失。"林肯认为递进式地、部分地解放奴隶乃是一种维护和平的方法："按照我的判断，逐步地而不是突然一下子全部解放奴隶的行动对所有人都有好处。联邦政府提出这样一个建议，绝不表明联邦当局有权去干涉各州范围内的奴隶制，因为只有每个州自己以及它的人民才拥有这一问题的决定权。"议会马上通过了这一决议，联邦政府愿意为每一个奴隶出三百美元的赎金。然而，这却并没有引起任何一个边界州的重视，各州继续一味地保持沉默。经过四天不安的等待，到了第五天，林肯召集来了五个边界蓄奴州的代表，中肯地向他们阐述了这一决议，但仍旧收效甚微。

不过毕竟还是有所收获的，边界州至少表明了它们将按照宪法规定，逐步实现有偿解放奴隶的美好愿望，当然他们同时也强调说，如果他们不想这么做，应该还可以采取其他方式。现在激进派和温和派联合起来，制定法规，禁止陆海军继续逮捕逃亡的奴隶，双方都承认利比里亚和海地为奴隶国家。一家报纸评论说："轰击萨姆特要塞的炮火推毁了我们四分之三的分界线，这篇致国会咨文又摧毁了剩下的四分之一。"

自内战打响以来，总统又一次感到自己是国家希望的核心所在。他变得更加大胆，他终于实现了十四年前自己作为一个没有名气的议员所提出的那个方案，当时他虽然提出了这项方案，却没能让它得到公开的讨论。方案的内容是：华盛顿所在的哥伦比亚地区宣布废除奴隶制，向忠于国家的奴隶主们提供补偿，并马上为黑人儿童建立学校，以便让他们接受教育。

可就在几个星期之后，有一位将军又干了件蠢事。一天清晨，总统在报纸上读到，亨特将军在西部发表看法说：在一个自由的国度里，蓄奴制和战争管制法是不相容的。他宣布"佐治亚州，南卡罗来纳州以及佛罗里达州的所有奴隶将永远获得自由"。类似的事情已经是第三次发生了。林肯随即反驳道："我，亚伯拉罕·林肯在此宣布，合众国政府对于享特将军发布上述公告的意图一无所知，直到现在为止，政府仍不能证明上述文件的真实性。何况，不论是享特将军还是任何其他司令官或者个人都未曾从合众国政府得到授权，发布通告，宣布任何一州的奴隶获得自由。所以，无论是真是假，他所宣布的内容都完全无效。这里我还要进一步宣布，至于我作为陆海军司令是否有权宣布奴隶获得自由，是否在某个时候，某种情况下必须要采取类似行动，都留待我自己去裁决，我绝没有任何理由让战地司令官做出这一决定。"

看到别人在这个节骨眼上，笨手笨脚地动用总统职权范围内的权力，林肯会迅速做出回应。一方面他不能批评某个将军或是党内同仁，同时又要反驳他们在舆论界散布的观点，否认他们的说法以解燃眉之急。出于类似的考虑，林肯不断地给持观望态度的边界州州长们写信，软硬兼施："我并不想说服您接受我的观点，只是想让您了解一下我的想法。如果您愿意，您将不会无视当前的局势一意孤行。因此，我请求您平心静气地继续思考一下这个问题。在考虑到政党和个人的关系之后，您一定会对这个问题予以足够的重视……我的建议并不是表里不一的。我们所计划的变革将是十分温和的，就如同天降露水一样，它不会摧毁或者破坏任何事物。难道您真的不想接受这一变革吗？过去的任何尝试都不能给我们带来这么多的益处。现在，上帝把完成这个光荣任务的使命就放在您的手中，倘若您不接受上帝的旨意，是会受到后人谴责的！"

然而严厉的驳斥和温和的劝说都没能让任何人回心转意，林肯再一次被激进的参议员们围攻了。参议员们认为，林肯应该把解放的奴隶编入军队，因为战争就是因他们而起的。在这种情况下，这位总统应该何去何从？这位早在将近三十年以前就曾为黑人们的自由而奋斗的先驱，如今却遭到了其他人，或许是他在这场战斗中的晚辈们的斥责，就仿佛他已经老眼昏花，老态龙钟，如当年的布坎南一样，跟不上新时代的潮流了。林肯对此作何感想呢？"我的先生们，"他回答参议员们说，"我已经把成千上万的武器交给了田纳西州、肯塔基州、西弗吉尼亚州以及北弗吉尼亚州忠诚的公民们：他们说过，只要有武器，他们将以此保护自己。现在我已经把武器给了他们。他们中的人认为不能让黑人入伍，如果我这么做了，那他们就将把枪口对准我们，那样我们失去的将会比获得的更多……因此我不能像你们一样看待这个问题。或许你们说得也不无道理。但，我能做的只有这些。"

当时，一个了解时局同时也了解林肯的人说，总统当时一定是有些绝望。这并不奇怪，他的内心像一座受到攻击的堡垒，当然他的内心坚不可摧，就如同他要去攻打的南方堡垒一样。

十三、麦克莱伦

战争爆发已经一年了，但西部几乎没有什么大的举动，特别是里士满附近更是一点动静也没有。麦克莱伦一直拖延着不愿直接进攻，他坚持要先用战船把整个军队运送到约克河和詹姆士河之间的小岛上去之后再作打算。为什么要这样？难道他压根就不想采取行动？内战的宗旨在他那里变成了一种假惺惺的骑士精神。他是不是惧怕他在南方的老师，觉得自己的本事是从他那儿学来的，面对老师的权威自愧不如了呢？或者他在某种程度上正支持着他的对手，因为他对他们根本恨不起来呢？还是与南方的渊源阻碍了他发起进攻，因为他私下里宁愿为南方而战？抑或是作为一名民主党人，他想通过自己的一再拖延，拖得南北双方精疲力竭，最后达成妥协，而自己则以总统的身份站出来控制全局呢？在最后一次进军之后，令人不解的是他没有撤回部队，让它回来继续保卫首都。终于，林肯发现了他的不轨，起了疑心，至于这种怀疑究竟有多深，我们不得而知。但林肯开始关注麦克莱伦的行动，甚至对一些连陆军部长都一无所知的细节也不放过。他给这位捉摸不透、而自己在公众面前尚且需要的总司令写的信可谓滴水不漏："请允许我再重复一遍，您现在非出击不可。对此，我无能为力。希望您还记得，我一直坚持认为，沿海湾而下开辟战场，而不去马纳萨斯或其附近作战，只是转移困难而不是克服困难。不久后全国上下都会注意到——其实现在人民就正在注视着——优柔寡断、不肯及时向深沟高垒的敌人进攻，不过是马纳萨斯故伎重演罢了，请您相信，我是怀着前所未有的友谊给您写这封信的，我从未像现在这样决心给您更充分的支持，尽管我一贯都支持您。不过现在您必须得采取行动了。您忠实的仆人。"

是的，这位"拿破仑"的心思就像女孩子一样敏感。即便他犯了过失，别人也得好言好语地对他；即便他终日无所事事，他的总统也必须顾及他的情绪，而且还要表现对他充满希望，相信他此后会有所建树。一次，林肯下令调走了他那儿的一支军队去另作他用，而这是麦克莱伦最为忌讳的，所以林肯向他致信以示歉意，信中写道："您若是了解我当前的艰难处境，就一定会理解我的做法。更何况作为国家的最高统帅，我也完全有权力下各种命令。"又是上封信的语气：温和的言辞暗含着威严，就像一双铁手戴上了绒线手套一样。也是以同样的方式，林肯反驳了麦克莱伦的抱怨："我还要告诉您——这当然不单是对您个人而言——虽然我的参议员和众议员们有自由发表言论的权力，但是作为军人，他们不可以继续写这种侮辱性的信了，否则，他们将会因此而失去这种权力。"

最后，几经踌躇，总统终于决定在东西部全盘处理人员问题，因为在战争时期的这个节骨眼上，人员问题眼看要引发乱子了；弗莱芒特将军现在虽然有能力，却一直迟迟不肯进攻去捉拿杰克逊。所以总统在撤销麦克莱伦最高指挥权的同时，也收回了弗莱芒特的一部分指挥权，把所有这些权力都转交给了哈勒克，一位重要的战略理论家。说起他，更多人想到的更会是一位思想家而不是一名军人。他方脑袋、胖身材、忠实、稳重、实事求是，但只会纸上谈兵；一直到战争结束，这位总指挥官都追随在总统的麾下。这位总统已经学会了足够多的东西，也观察了足够长的时间，现在完全可以自己根据形势做出判断了。所以他的语气也渐渐强硬起来。他的自信心在知己知彼中逐步建立，就如同在争夺参议员议席的那场辩论中一样。在发起进攻的过程中，他发出这样几封私人电报：一封给麦克道尔，"除了驻扎在佛雷德里斯堡的军队之外，您难道不该调集您剩余的兵力来这里保卫首都吗？作为这个军团的指挥官，难道您不应该待在这里吗？好了，就是这个问题。"他又给麦克莱伦发电报说："您不能去切断铁路线吗？您对那些战壕到底有什么看法？在攻占里士满之前，您必须要打过去！您能否再靠近一些，向城里扔些炸弹？"他继而给弗莱芒特写道："我听说，

第四部 解放者（1861—1863）

297

您现在待在莫菲尔德。而在此之前，您曾接到过一个命令，应该向哈瑞斯堡进军。您这么按兵不动是什么意思？"

当时，北军在海上的优势地位似乎也被敌人的大胆进攻破坏了。南方为自己定制了第一艘潜艇。虽然他们事先就知道，这艘潜艇在开炮的时候也有可能让自己粉身碎骨，但南方的海军还是浮出了水面，击毁了北方一艘很大的战船，当然同时也把自己炸毁了。而后，南方又出动了它们第一艘武装巡艇，代号"玛瑞麦克"，在佛罗里达的东海岸击沉了数只北方的战船。林肯的秘书说："这个消息使得内阁会议产生了开战以来最严重的骚乱。"如果这艘巡艇继续肆虐，会不会把北方的整个舰队毁掉，北方的封锁线会不会因此而被冲破呢？对此议员们议论纷纷，莫衷一是。这时，只有林肯依旧镇静地坐在那儿，他将不同电报加以比较，而后向军官们提了许多问题和想法。就在第二天，纽约的铁船"莫尼托"便打败了敌舰，挽救了局势。而后，林肯决定亲自去南方一趟，他只要蔡斯和赛华德两人陪同前往；他们一行三人亲自在当地考察地形，从陆路以及海路上寻找进军诺福克的最佳路径，当北方军队遵照林肯的建议节节胜利进军时，南方军队为了不把战船留给北方，自己一把火把它们全烧了。后来蔡斯说，虽然他本人不喜欢林肯，但若是没有林肯，他们不会去南方，也就不会进军诺福克，当然也就难以目睹敌船的覆灭了。紧接着，北方军队又以大胆的军事行动从陆路上占领了南方最大的城市新奥尔良。

可是里士满却仍掌握在敌军手中，里士满决定着一切！六月底，犹疑不决的麦克莱伦将军终于下达了进攻的命令。不久，他们距离敌方首都就只有七公里之遥了，可在那儿他又一次停了下来！这次安营扎寨的后果是致命的，它给敌军留出了充足的时间集结兵力，于是北军在战斗中被敌军大败。后来，观察家评论道，原本麦克莱伦是可以给南方一点颜色看的。对此，这位"拿破仑第二"自己是如何解释的呢？"再给我一万人，明天我就能打个胜仗！"他既气愤又有些绝望地这样电告华盛顿说，"不该让我对此负责！是政府没有为我的军队着想！……如果我现在还能挽救军队的话，那么我要坦率地说，我这么做既不是为您也不是为华盛顿的任何一个其他人。您所作的一切，足以毁掉这个军队！"曾经长期蒙蔽了所有人的他，现在开始害怕大家对他失望了。

林肯只当他是个疯子，因为现在还不能失去他，所以对他也就像是对待一个不正常的人："您的上封电报……让我感到非常痛心。"林肯接着写道，"我把能提供的一切都给了您，一直以为您必定会竭尽全力。而您却一直认为您想要什么就有什么，这根本不符合实际情况。"第二天，他又写道："无论如何要设法保住您的部队。我们一定尽快给您增援。当然援军不可能几天内就到。我无意说您需要增援部队就是不忠。我认为您度量狭窄的地方就在于，您总以为我没有尽快给您派去援兵。但事实上，您和您的部队遭遇任何不幸的时候我都感同身受。您即便是和敌军不分胜负，或是您打了败仗，那也是我们为使敌军不能长驱直入首都华盛顿所付出的努力！……如果我们把保卫华盛顿的军队抽走（如您所希望的那样），那么在我们能够调集军队保卫首都之前，敌军可能早已经占领这里了。"

还从来没有哪位总统对他打了败仗的属下这么客气。通常情况下，属下若是职业兵，便对他下命令；若是民兵，便交由国防部处理。但这次战争的特殊性改变了责任的划分，而总统的性格又决定了他待人接物的态度。是他自己愿意这么说的，因为他不仅仅是在处理公务，更是按照自己的直觉，在国家最危急的时刻，履行作为国家领袖的职责。整个国家也对此做出了回应：纽约证券交易所价格大跌，经济萧条之势日渐明朗。这会儿北方政府又征集了三十万大兵，服役期为三年，为此人们纷纷议论说，这些新兵又被填入麦克莱伦的那个无底洞里去了。

是的，现在，或者说是从现在开始，林肯必须要把所有权力都掌握在自己手中了。他以十分缓和的口吻给各州长写信，说服他们征集他所需要的军队，让他们尽快派出援兵，不要拖延时间。同时，他也说服州长和将军们破除前嫌；他还经常关心地询问，战地上的犹太士兵中间有没有犹太教律法师。他亲自去视察了阵地，而后匆匆赶往波托马克参加一个军事会议，召见那里的各级军官，在那支军队里，他不会再盲目相信任何人了。

"您认为我现在有多少士兵？"

"大约八万吧，七万五总是有的。"

"他们的健康状况如何？现在敌军在哪里？"对此军官们众说不一。

而后，林肯就逃兵问题给麦克莱伦写了封信：

"听说随你登上半岛的部队总数有十六万人，可最近我同你一起计算人数时却只剩下八万六千五百人了。我相信在你进行的各次大小战斗中，死伤和失踪的人数至多为两万三千五百人，那就是说还有五万人不知去向，即便再有五千人死了，那现在另外的四万五千人至少还应该在你的部队当中，可他们却不在军队里。我相信他们中的半数或三分之二的人完全有去前线打仗的能力。对此问题你是否比我了解得更多呢？如果这些人现在还在你的手边，那你在今后的三天之内，便可以攻入里士满了。怎样才能把那些人重新召集回来？又怎样才能确保将来不会再出现如此大规模的逃兵事件呢？"

这位平民总统不只是写写而已，他还进行了计算，采取了行动。亚伯拉罕·林肯，战争的反对者，打猎时不愿向任何动物开枪，在以前的战斗中放过一个印第安人，而现在却俨然成了一名军事家。对他所提出的一系列军事问题，麦克莱伦回了一封信，信中还谈到了政治方面的问题。不久后，麦克莱伦又秘密地给华盛顿写信说："我为傻瓜卖命已经精疲力竭了……我们曾详细讨论过华盛顿的人，并一致认为，他们全是些卑鄙无用的家伙。我想他们一定愿意看到这支军队被彻底毁掉。"对此，林肯只是回了几句："不论什么时候，若是你感觉自己有能力发起进攻，都绝对不会有人拦你。"

他又找来了赛华德，和他仔细商议了此事，而后写下了一份漂亮的书面命令："我将把这次战斗坚持到底，直到最后一刻。无论我们是战胜还是战死，或是被打败，或是我的任期结束，抑或国会和国家放弃了我。"这就是林肯明确的想法，合乎逻辑，又满怀激情，那样的坚强有力，就如同他那双大手一样，他曾只用一只手就在战舰的甲板上平静沉稳地水平抓住一只斧子，当时，这曾引来多少水兵的赞叹呀。而今他仿佛又把国家的命运紧紧抓在那双大手里了！

十四、酝酿

战争的发展使解决奴隶制问题的决定不容拖延了：战场上的情形越恶劣，奴隶们的机会就越大。因为人们需要他们来补充军队，稳定北方的激进派并影响欧洲。信函、报界和各类团体纷纷对此发表意见。凯瑞森也催促林肯表态；一位瑞士的政界人士向他透露，拿破仑三世有意帮助南方，贵格会教徒、牧师们也纷纷到他这里请愿；肯塔基州也来了一些人。

林肯再次写信给边界州的领袖们：

"我并不想埋怨或责怪任何人，但既然对我在今年三月的致国会咨文中所提出的逐步解放奴隶的决议，你们全都投了赞成票，那么我觉得这场战争现在实际上已经结束了，因为那时提出的计划，无疑是迄今为止结束战争最有力和收效最快的方法了。如果能让那些叛乱州看到，在任何情况下，你们所代表的各州都绝不会去加入他们的邦联，他们就不可能继续战斗下去了。但是，如果你们决心要在各自的州里留存奴隶制，那就没有办法不让他们对你们抱有希望。……但事实上，省下那些军备费用，不把它们源源不断地拿去填战争那个无底洞，岂不是好事？战争已使贵州的制度越来越无力支撑了，如果现在我们就尽量缩短战争时间，节约开销，岂不是好事？……"

除了这一番庄稼汉式精于推敲的言论之外，他还为农场主们和商人们准备了一席话。面对奴隶解放运动的两位著名先驱，他满怀激情地呼喊："倘若边界州能接受我的建议该有多好！那样，您二位和我就都没有白活了！"

然而，边界州却再次拒绝了他的建议，消息终于传到了他的耳朵里。那天他正和维尔斯、赛华德以及赛华德的儿媳坐在同一辆车里前往公墓，斯坦顿的一个儿子死了，他们来给他送葬。长路漫漫。这天萦绕在他左右的悲伤氛围必然也勾起了他内心那永远不能淡忘的苦痛。和往常不同，这一天他把自己的悲伤情绪完全释放了出来，说了许多平日里不曾透露的心里话。人是大非的问题他总愿意放在心里，即便是那年三月份他面临的一个举足轻重的抉择，他也没和内阁商量就决定了……而现在他第一次同身边的同僚们谈起了这个问题：

"我们必须尽全力拯救这个政府。我不会去制定自己能力所不及的目标。但你们必须清楚，不到最后一刻我绝不放弃……我现在已经得出了结论。为了拯救整个合众国，我们必须动用武力，我们必须解放奴隶，否则我们就只有死路一条！"

"我们必须解放奴隶，否则我们自己就只有死路一条！"于是，之前那个理想化的战争目标就此发生了转变。起初发起战争的原因，如今变成了进行战争的手段；而过去被用于为这次内战做辩护的伦理，现在成为了结束这场战争的手段。这几个星期以来，尤其是在这几天里，林肯的思想斗争异常激烈，因为他切实地感觉到了这种发展的矛盾性！既然命运选中了他来实现这一人类的伟大理想，那么他就只能在现实中先使用一些小手段达到某些阶段性的目的，通过这种真实而又带有些许悲剧讽刺意味的"曲线救国"的方式，慢慢接近他青年时代的理想。

是的，他不是在做梦，而是在一步步有计划地接近自己的目标：南方是奴隶们在耕种土地，只有这样白人们才能安心地去前线打仗。现在一旦宣布解放奴隶，许多奴隶必定会逃跑，敌人的力量也便因此而被削弱；与此同时，南方流失的劳动力会到北方务农，因此北方的力量就加强了。但若是通过立法来解决这个问题，即便是以最为温和的方式也无法得到边界州的认同，这一点在林肯的头脑里日渐清晰，所以最后他决定用战争的力量来代替国会的力量。早在三十多年前，亚当斯不就曾经预言过吗？倘若有朝一日南方成了内战或是奴隶解放战争的战场，那么海陆军最高统帅可以凭借他至高无上的权力来做出独立的部署吗。林肯改变了战争的目的，也就杜绝了一切形式的消极和平，毕竟在经过了如此艰苦的斗争之后，民众拯救合众国的愿望已经大打折扣了。在这种情况下，林肯找到了一个新的道德标准：为奴隶解放而战，从这一刻开始，每一场胜利都预示着对奴隶制的胜利。

开战后的第十五个月，起初导致北方人意见不一的原因已经显露出来：由于北方自己也有四个蓄奴州，所以民主党人认为不足以为是否蓄养奴隶一事而兵戎相见，因此起初北方有将近一半的人并不支持战争。在取得胜利之后，战时准则将成为北方的法律。但现在出现了这样一个矛盾，倘若北方人只去解放南方的奴隶，对自己的蓄奴州则听之任之，这岂不成了双重标准？在受到唾弃的南方人废除了奴隶制的同时，北方的所谓崇高、博爱的奴隶解放者们却依旧背负着蓄奴制的罪恶，这岂不贻笑大方？

林肯下定决心之前所想到的这些问题，在一年以后，他都写信告诉了肯塔基州的一位好友："从一开始我就反对奴隶制，如果奴隶制不是不合理的，那么世界上便没有什么不合理的东西了。我一直都这么想，从未改变过。不过，

302

我以前从没想到过作为总统，我有着极大的权力来按照这种情感和思路为国家采取什么行动。在就职宣誓时，我也不想通过宣誓去获得这种权力，而后在行使权力的过程中再去打破我的誓言。我理解，在一个普通的处于和平时期的政府里，我的誓言将会在我行使国家权力时，限制我按照自己的抽象判断回答奴隶制是否符合道德底线这一问题。然而如今在不寻常的战争时期，难道我们仍应为了保障宪法里的某些条文而不惜牺牲合众国吗？"

"按照自然规律来说，我们应该既保护我们的躯干又保护我们的四肢。但是有时候我们不得不断一臂而保全身；相反，放弃躯干去保全一肢，显而易见是十分不明智的。所以我觉得，在特定的条件下，一些不合乎宪法的措施可以被写入法律，有时为了保全合众国，采取这种措施是必要的。合理与否，由我来权衡，我将忠于自己的这种责任……当我在六二年三月、五月和七月向边界州发出郑重的呼吁要求他们有偿解放奴隶时，我认为，当时只有那样做才能避免将来无条件地解放奴隶，可惜他们拒绝了我的建议。现在我觉得，良心驱使我不是放弃合众国和宪法，就是迅速将黑人们武装起来。我选择了后者。而之所以选择它，是为了维护整个合众国的利益。"

为此，林肯的内心必定是经过了一番激烈斗争的，对于这一宣言他也是花过很多心思的，尽管在下定决心之前，他的同僚们曾否定过他，也曾不断向他提议走一条中庸之道。但林肯仍旧作出了这个决定，就像当年决定结婚时一样突然。他电告法院的朋友斯维特，让他立刻来一趟。眼下，对他而言，一个没有偏见的青年时代的朋友所发表的忠肯意见要比一打专家们的主意更为重要。

斯维特一早便到了华盛顿，他未进早餐便先去了白宫。林肯向他询问了几位老朋友的近况之后，给他读了凯瑞森极力主张解放奴隶的一封信；而后，还没等对方说话，林肯便开始自己阐述这个问题，讲了它在南北双方可能引发的反响以及可能出现的情况，自问自答着，这段独白持续了一个多小时。后来他那唯一的听众写道："他说那段话的时候，我看得出，他并不想把自己的观点强加给我，只是想进行一下自我修正。他只不过是在自言自语罢了。"林肯讲完自己的观点后，根本没有问他这位朋友的意见，就让他代自己向几位老朋友问好，并祝他回家一路顺风，这次拜访就这样结束了。

　　紧接着，他事先没打招呼就突然召集内阁开会：他告诉自己的内阁成员，在这个问题上他已经拿定了主意。他之所以请他们来并不是要听取他们的建议，只是要给他们读一下自己的宣言，在此之后他们可以发表自己的见解。林肯这时所表现出来的自信，简直会让不了解他的人把他当成一个独裁者。而后，他便坐到那张绿色的椭圆形桌子前，面对着一言不发的内阁成员宣读起来：

　　"我，亚伯拉罕·林肯，美利坚合众国总统，兼美利坚合众国陆海军总司令，在此宣告，此后战争将是为了下面这个目标而进行：恢复合众国与各州之间的宪法关系。我召开下次国会会议的目的是，再次建议国会通过一项实际措施，对所有当时没有反叛合众国，以及当时已自愿采取或今后将自愿采取措施，在各领域内立即或逐步废除奴隶制的蓄奴州给予资助，对此项资助的接受或拒绝由各州自行决定。并在事先取得非洲人后裔本人以及移民地政府同意的前提下继续进行。"

　　"从公元 1863 年 1 月 1 日起，在合众国的任何一个州或任何一个地区内，凡其居民当时仍在反叛合众国，那么那里充当奴隶的人，从即日起都应永远获得自由……本行政当局将于上述 1 月 6 日通过公告，指明哪些州或哪些州的哪些地区的居民仍在反叛合众国……"

　　而后，宣言禁止任何军官利用职权将被俘的奴隶遣返原来的奴隶主庄园。所有在被占领区域充当奴隶的人"将被视作战俘，永远摆脱他们被压迫受奴役的状态，并不允许被再次卖做奴隶"。但属于非叛国州奴隶主们的奴隶必须被返还。

　　美利坚民族，已经在奴隶主们和反蓄奴制人士之间的斗争中精疲力竭了。而后，这场争执又慢慢上升为一场白人同胞为了黑奴而相互屠戮的战争。而今，反奴隶制人士终于等到可以利用正义的权力解放奴隶的时刻了。行使这种权力究竟对谁有好处呢？答案是确定的：北方蓄奴州那些以奴隶朋友自居的奴隶主们的奴隶，肯定不会从中获得什么好处；得益最多的可能莫过于南方那些不听从命令的奴隶主掌握的奴隶们。其实在这种矛盾复杂的情况下，一个棘手的问题一直纠缠着林肯这位合众国头脑清晰、品德高尚的思想家：使用武力固然可以，但难保一定能使问题获得解决。从现实出发，林肯不得不理智地做出这样的决定，暂且不过问北方的奴隶问题，先去解开南方奴隶的锁链。

林肯起草的宣言令全体内阁成员大为震惊。斯坦顿说："这个举措比我所有的建议都更为大胆。"他和其他人提出的建议，总统都已经考虑过了。赛华德提议说："我赞成这个宣言，但我有个问题，现在就将它公之于众，到底是不是时候？战场上的失利使北方到处经济萧条，民众的情绪也一蹶不振，我怕这样一项重要的决议会带来其他不良后果，公众可能会把它当作是政府穷途末路之下使出的最后一招；把它当成一声求助的呼叫……所以，我建议，暂缓发表这篇宣言，直至我们在全国范围内获得了相当的军事胜利为止，当前面对严重的失败，我们绝不能铤而走险。"

林肯马上接受了这一建议，同意暂时把宣言锁进抽屉，拭目以待战场上的胜利。

十五、南方的主角

南方的那个所谓"总统"，年轻的时候就因为其英俊的外表而闻名，就像林肯年轻时因为丑陋的相貌被远近皆知一样。可以这样说，他拥有了林肯所不具备的所有优势，同时也缺乏林肯所拥有的几乎所有品质和优点。

当林肯在困境中挣扎、成长，凭借坚实的臂膀，凭着对命运的信赖，做船夫、做工匠、打短工、当伙计，艰难度日时，当他因为内心的渴望而拼命读书，汲取知识时，也就是十四岁到二十四岁之间，那位与他同龄的杰斐逊·戴维斯①却作为一名富家公子而接受着良好的教育。从西点军校毕业之后，戴维斯成了一名青年军官，而这时的林肯还躺在纽萨勒姆的店铺里学着语法呢；当林肯痛失未婚妻，毫无目标地在人生道路上游荡时，戴维斯中尉已经成了某位上校的乘龙快婿；此后的一年，当林肯负债累累，在毫无把握的情况下操起律师这一行的时候，富有的兄长已为戴维斯买下了一块田产和一些必需的奴隶，一对小夫妻过上了独立幸福的生活，甚至

---

①　杰斐逊·戴维斯（Jefferson Davis，1808—1889）：南北战争时南方邦联的总统（1861—1865）。

无需去等待什么军中晋升了。三十多岁时，林肯和戴维斯都对政治产生了浓厚的兴趣，虽然戴维斯起步不比林肯早，但两年之后他便进入了众议院，自此便成了众议院的固定成员，不久后又当上了参议员。而林肯则近十年无功无位，更无权力可言，当他四十七岁参加参议员竞选又一次徒劳无功时，戴维斯已然平步青云当上了陆军部部长，开始了对中央政府政策的影响。

戴维斯面目清秀，棱角分明，满脸的自信。外貌在一定程度上显示了他将选择的道路。他一直都为雄心和自信所驱使，认为只有自己的观点才是最正确、最高尚的。对他来说，宽容就代表懦弱。由于他的地位、家庭和他对上帝的信仰，他坚信自己立得住，站得稳，活得踏实。他总觉得自己是绝对正确的。然而，事实上他那聪明的头脑和并不开阔的心胸却使他更适于坐第二把交椅。他从不愿和比他地位低的人掺和在一起，总是和高身份的人待在一处，以抬高自己的身价，他喜欢洒脱地大笑，也比较合群，只是从没有人听他讲过什么有趣的故事；如果他接受了一个职位，他便会严格地遵守规矩，就像安排自己的生活一样精确无误。有时，他的属下甚至会被他这种准确性和不知疲倦的工作精神吓住。作为农场主，他积蓄了很多财产，奴仆成群；作为陆军部部长他又掌握了大量的军队；作为演说家他坚定而极端；但论起说服力，除了他的同僚之外，没人会信服他。

此外，他步履稳健，说话抑扬顿挫，严格遵守他所制定的宪法，不时会对自己表示完全满意。像他这样一个一帆风顺的人又怎么会懂得什么是压抑，怎么会懂得在做事之前先询问一下自己的良心呢？这种性格使他从不会对自己的观点产生怀疑。他从未生活在人民当中，人民的思想对他来说当然也就算不得什么。穷人们的确可怜，人们得去帮助他们，如果他们是黑人，那么人们也应该给他们药品去救治他们，给他们《圣经》去安抚他们；但无论是富人还是普通白人都不应该放弃他们统治黑人的世袭权力，谁要是不识时务地放弃了这种权力，便是伤害了独立自由的精神。不过，像戴维斯这样一个外表健康、铁打似的男人，一个精干的骑手，即便不如林肯强壮，也肯定会比林肯更敏捷，但很久以来一直在与一种病痛作着斗争：年轻时他害上了眼病，一犯疟疾他的眼病就随之而来，有时竟会导致间歇性的失明。所以在这个问题上，他又比林肯少了一样东西，那就是绝对的健康；但是他那勇于奉献，甘心与他同甘共苦的妻子却又是林肯所望尘莫及的。

戴维斯的现任妻子是在他原配去世后的续弦，虽然比他年轻二十岁，却了解他的弱点。这位现任妻子十七岁时在和戴维斯订婚前，曾给母亲写过这样一封信："他总是固执地认为自己的观点才是唯一正确的，这种过分的自信伤害了我。不过尽管如此，和他相处还是十分舒服的，他的声音很有磁性，总能很好地表达自己的意见。我相信，他完全有可能冒着生命危险从疯狗嘴里救出一个人，然而对那人被疯狗咬伤的部位他却会置之不理。"

戴维斯的这种性格，特别是他的财富和他的影响力，都使他绝不会同意对有关南方生死荣誉问题做出任何妥协。早在开战十二年前，他就曾在演讲台上大声疾呼："我们这些南方州的代表绝不能容许任何人来侮辱我们祖先留给我们的制度。……若是内战由于这一问题而爆发，那我们将战斗到底！对我而言，所有点起反奴隶制火把的人都是纵火犯，都是背叛祖国的黑鬼！"在后来的危机中，作为一名具有代表性的演说家，他说起话来极其注意修辞，他带着那洋溢的激情处处都和林肯对着干。当这个参议员即将离开华盛顿，准备接受南方政府的总统职务时，他在告别演说中激动地说："我切实地感到，尽管过去发生在我们之间的争论十分激烈，但今天，面对我们万能的主，我还要对大家说，我祝福你们一切如意！……总统先生，诸位参议员先生！既然我已经告诉了大家我的想法，那么接下来我所能做的，就只有最后一次祝大家生活幸福了！"

紧接着，他就在里士满接受了南方政府的总统职务。在就职演说将要结束时，他抬起头来，挥动着手臂道："我衷心感谢大家！同时我也满怀感激之情地感觉到，上帝一定会与我们的南方联盟同在，虽然它持续的时间可能会很短，但它的意义却十分重大。我的主啊！我把自己郑重地交在您的手中，请您为我的国家和事业祝福吧！"记得林肯曾在连任总统的就职演说中说过："南北双方都呼唤上帝，每一方都希望上帝能佑护自己的事业成功。然而上帝却不可能同时帮助双方！"

　　这两个世界是对立的，从本质上说，交战双方并没有多么大的差异，它们之间的对立主要表现在双方性格与经历迥异的领袖身上。林肯说过："如果奴隶制是合理的，那就不会有什么不合理的东西了。"而在这之前，据说戴维斯曾在国会会议上对北方的对手大喊："即使奴隶制是不合理的，那也不关你们的事！"这两句话所表现出来的思想简直相差万里。后者，由于自己优越的条件，坚持认为，他们从祖辈那里继承来的权力不容侵犯，他以承担起对自己和政府的责任来回应对手的谴责。而前者，则从道义感出发，不给任何人增添负担，把责任问题暂且放在一边，所关注的只是这里有一件不公正的事情发生。虽然林肯了解政党的任务，虽然戴维斯也不是个不合格的基督徒，或许在这方面他比林肯还要合格得多。但是这二人显然一个是哲学家，另一个是政治家；一个是理想主义者，另一个是现实主义者。这二人成为双方的领袖并非偶然，他们恰好代表了双方的思想，两个人内心世界的冲突也代表了双方的斗争。

　　和这二位截然不同的是李将军，"他的出现是美国历史上的奇迹。"这是一个了解李将军的人，他们那个时代的第一批将军之一对他的评价。李将军悟性极高，青年时代就努力进取。他的父亲在自由战争中受伤而死。在此之前，父亲曾以索弗柯勒、米尔顿、洛克以及波普等人为榜样教导他。父亲死的时候，他还是个尚未成年的男孩。自那以后，他便几十年如一日地独自照顾孀居的母亲。二十一岁时他娶了华盛顿的孙女为妻，并以此为祖上增了光。华盛顿的这位孙女作为阿灵顿的继承人守护着先辈的丰碑以及他们的精神，在国家创建者当中也应该有"李"的名字。他的爱国之心不比林肯逊色，他同样也担心合众国解体；然而，命运却阴差阳错地驱使他去带领军队实现这种分裂。他不像戴维斯那样自以为是，而总是宽宏大度，以礼待人。至于他的家族对于奴隶的态度，早在多年前，李将军的岳父（虽然他生活在南方，确切地说是生活在弗吉尼亚州）就遵照华盛顿当年的意愿在自己身边逐步释放着奴隶，他还在遗嘱中写入了释放自己奴隶的日期。

　　李将军那种明确的、坚持不懈的精神充分表现在他作为炮兵工程师的工作中和他美满的婚姻生活，以及他对七个子女的教育中。他给妻子的家书也成了整个国家的宝贵财富。他那纯洁的品性，高贵的举止，炯炯有神仿佛能看透人心的眼睛，都说明这个人并非野心勃勃，他认为"责任"是语言中最高尚的一个字眼，他只想从内心的平静和平衡中寻求幸福。他的言辞和林肯一样让人感到陌生，但是他的性格和林肯截然不同。林肯是在经受过太多次偶然事件的打击之后，才终于找到了自己命运的轨迹，而李将军则从一开始便知道自己的位置，他更适合做总参谋。他宁愿在西点军校训练年轻学员，也不愿意率领骑兵冲锋陷阵。虽然在对墨西哥战争中他以勇武著称，但他却和林肯一样也十分憎恨战争。在攻占了一座堡垒后，他在返乡时写道："对士兵们我并没有过多的担心，可我的内心却因为那座堡垒内的普通百姓们滴血。一想到那里妇孺们得惨状，我就感到心痛……你根本无法想象战场上的情形是多么凄惨。"由此可见，这位美国最伟大的战略家，内心深处其实却是一个不折不扣的和平主义者。

当这样的一个人看到自己毕生心血铸就的稳固基石动摇了的时候，他的情感会被卷入一个怎样的旋涡中呢？合众国受到了威胁：对于李将军来说，这个消息对他的震撼无异于听到他的妻子对他不忠，或是他的儿子犯了罪。作为一名士兵，他没有任何政治立场，作为一名清教徒和自由习俗的继承者，即便在家里他也不会去理睬邻居们和同仁们叫嚣的忠诚信念。在关于奴隶问题的冲突日益紧张的时候，他写道："在任何一个州，奴隶制都是道德上和政治上的一种罪恶。"可谓一语中的。"我认为白人比黑人的罪恶更大。"这恰恰就是林肯的根本思想之所在，几乎一字不差。紧接着他又说，比起非洲黑奴的境况，这里的黑人生活得还算好得多呢："他们所承受的这种痛苦，对于他们种族的形成是必不可少的，希望这种痛苦能为他们带来日后幸福的生活。至于他们为人奴仆还要多久，恐怕只有上帝知道。"找到了这么一个模棱两可的答案后，他马上就合上了政治书本，又埋头于他的地图、计划和绘图中去了。

罗伯特·李在美国南北战争时任南方军总司令。

309

然而，时代的风暴再次翻开了这本政治书。林肯当选后，李将军也觉得是时候做个了断了。他给儿子写信说："我所预见到的国家灾难莫过于联邦的瓦解，因为这意味着所有罪恶的集合。我们将因此抱恨终生。我决心，牺牲除了荣誉之外的一切来阻止这类事情的发生，因为脱离联邦无异于叛国……如果一个国家仅仅靠着刀枪才能艰难地得以维持，如果一个国家的内部争斗和人民战争代替了同胞之情的话，那么它便不再会吸引我了。……一旦合众国分崩离析，政府四分五裂，那我就返回自己的老家，和那里的人民共同分担苦难，并且为保卫自己的家乡倾尽全力。"说得还是同样的模棱两可，还是一颗正直的心，带着那种企图逃避冲突的愿望。

三个月之后，命运敲响了他的大门：林肯派人来找他，因为据说他是最有能力的将军，林肯要任命他来统领北方大军。一个可怕的考验！这是革命，还是叛国？不久前他不是还谈到这个问题吗——为什么偏偏要他来统领军队，和自己的家乡作对，甚至去毁掉它呢？这不可能，他做不到。于是他断然拒绝了这一任命。两天之后，他便辞去了军中的职务，他仿佛已经听到其他州的召唤了。在写给斯科特将军的辞职信里，他对将军表示了诚挚的谢意："将军，多年来承蒙您的关爱和好意，我感激不尽，却又无以报答，我衷心希望获得您的谅解，并辞去军中职务，对您的宽恕我将至死不忘。对我而言，您的大名和威望将随着时光的推移而日渐珍贵。"写给这位昨天的上司和今后的对手的最后一封信表示，李将军放下军刀，告老还乡。

可他真的能抽身隐退，逃避内心的矛盾吗？不可能，因为三十年来，他一直浮沉于戎马生涯，从他记事起，他就在弗吉尼亚的森林、小山和湖泊之间，观望着日出日落。这里的边境离南北边界很近，情势危急。而阿灵顿，这块国家的圣地，又恰恰是他受命管理的地方，他是这里的主人。若是人人都必须拿起武器，而他，作为一个骁勇善战的名将却坐在家里无所事事，或只是去照看一下伤员的话，那他如何去面对自己的亲戚和朋友？不行！除了那不理智之举之外，他几乎别无选择，因为那样做虽然算不得正确，却是自然而然和无法拒绝的。他，这个认为奴隶制不合理、认为合众国至高无上、认为脱离联邦建立一个新的南方联盟就是叛国的人，却因为自己的家乡就位于南北边界，处境特别危险，而接受了这一任务。加之，他在这块土地上作战，也可谓轻车熟路，他所能获取的成绩一定要比在北方率军打仗辉煌得多。

只是，他追求正义的愿望仍旧十分强烈。虽然他对自己的判断力非常自信，但还是托人捎信给他当时在北方任少尉的儿子，让他按照自己的判断原则和良心来选择自己的道路。"我不想用自己的愿望和选择去左右他。这样的话，倘若我一时糊涂走错了路，那他可能会比我做得更好。走什么路这个重要的问题，一个人必须按照自己的原则来决定。"林肯式的伟大，不折不扣的宽阔胸襟。一年之后，他的宽容还会表现得更加淋漓尽致。前面曾提到过，他的岳父在临终遗嘱中决定，他所有的奴隶将于1862年全部获得自由。作为他的继承人和一名清教徒，李将军严格遵照遗嘱释放了所有奴隶。这位南方奴隶军队的统帅亲自为自己的奴隶们签发了通行证，让他们越过防线去投奔敌方。

李将军的得力助手杰克逊是个和李将军同样出色的人，他们二人既有相似之处，又有不同。杰克逊也出身于一个良好的家庭，青年时代清贫的生活，把他造就成为一个有责任感和决断力的人，他也是个虔诚的教徒。每天他都在固定的时间进行祈祷，这种习惯陪伴了他一生。在战争岁月里，这也使得他比其他人更为坚强。杰克逊，和林肯一样的迷信，却由于内心的虔诚而比林肯更为平静，安息日那天，作为一名基督徒他既不读信，也不作战，而且似乎越发地沉浸于宗教之中，临死时，他留下的最后一句话是："很好，一切都很正常。"

这里的"一切""正常"，其实就是指一切都符合正义的要求，在任何事情中都保持一种节制的态度，可以说他拥有着水晶般透明的内心世界。在追求正义这一点上，林肯和李将军是一样的。这种思想的重要意义，不仅仅表现在军事方面，而且更多地表现在更深沉的人性层面。当听说杰克逊负伤时，李将军给他写信表示慰问，信中写道："您失去了左臂，我则因此仿佛痛失了我的右臂。"他们二人不只会冲锋陷阵，而且都写得一手好文章。此外，杰克逊和林肯以及李将军一样，也向往和平。像他们这样的将军，在整个欧洲都绝无仅有。深深植根于内心的基督徒精神使得杰克逊一开始就排斥这场南北战争："你们不知道战争带来的灾难有多大。可

311

我已经看够了，它所带来的苦难比任何其他灾难都更为可怖……对于南方来说，在联邦内部为争取权力而斗争要比脱离联邦之后再去争取权力要明智得多。"但是，战斗的号角尚未吹响之际，南部的家乡就向他发出了召唤，于是他马上响应了号召，回到南部，参加战斗去维护奴隶制。尽管平时他其实一直都对黑奴抱着深深的同情。

在执行公务时，杰克逊和林肯的风格十分不同：出于一种责任感，他绝不向任何人低头屈服。即便是一次有位神父来请求他赦免几个逃兵，也是白费唇舌。当时，杰克逊先是沉默不语，后来，当神父说道："将军，想一想您在上帝面前的责任吧！"他便一下子跳起来把神父赶出了帐篷，嘴里还喊着："这是我的职务。你去做好你自己的事吧！"这种坚强来自于他那不可比拟的勇气，而这种勇气又恰恰来自于上帝，因为他曾说："我的信仰告诉我，在战场上我就像在床上一样安稳。上帝已经决定了我的死期。对此我无需多费脑筋，相反，我会时刻为此做好准备。"

杰克逊的阵亡颇带有一些讽刺意味：在军中广受爱戴的他恰恰是被自己士兵打出的一颗流弹所伤；而后在用担架把他送往战地医院的途中，因为一个抬担架的士兵挨了一枪，所以他又从担架上摔了下来，死神就这样张开大口，毫不留情地吞噬了上帝这个最虔诚的信仰者。有人说，若他活着，战争的结果可能还会是另一番样子。当然事实上这场战争是胜是败归根到底并不取决于某一位将军的生死去留。北方的强大实力以及它所实行的封锁必将让它取得最后的胜利。

不过，北方取胜还需要等待几年时间。

十六、焦急的等待（一）

交战双方的背后还站着欧洲；总的来说，欧洲是同情南方的。拿破仑欲出面干涉美国战事已经有两年时间了。但他一直没有明确表态，因为他的真实目的既不实际又有些危险，那便是占领墨西哥。对美国的内战，俾斯麦则保持中立，但后来他也承认说：他还是更同情南方的绅士。只有俄国沙皇公开支持北方：在这场战争爆发之初，他刚刚废除了俄国的农奴制，他觉得支持北方是一个最合适的做法，可以从根本上和道义上掩饰他的反英政策。

若是欧洲决定采取干涉行为，那么英国的态度就会变得举足轻重。众所周知它是完全偏袒南方的。对于英国商业界而言，美国北方是它的竞争对手，对它没有丝毫用处，而南方则是它不可或缺的合作伙伴，能向它提供大量的原材料。现在，北方实行封锁，南方的主要产品棉花没法输入英国，英国的经济命脉轻工业因此正面临崩溃。历史学家们没有理由去谴责南方脱离联邦，因为就在八十年前，美国才刚刚从英国脱离出来，而各国的政治家们也更是巴不得美利坚合众国早日分裂，因为如果不这样的话，那不出五十年，美国便会成为海上霸主；即便是那些伦理学家们，也有一些是袒护南方的，还有一些则是因为南方势力较弱，而他们习惯于同情弱者。格来德斯通认为发起战争的原因十分荒谬，狄更斯也认为无论有什么原因都不应该发动战争。狄斯罗里严格保持中立，而达尔文、泰尼森、约翰·斯图尔特和米尔则坚决表示了他们对奴隶及奴隶解放者们的同情，以挽救英国的名声。在这批有识之士背后，除去一些中产阶级市民之外，还站着英国的工人阶级。虽然工厂的倒闭使他们不得不忍饥挨饿，但他们却坚信，一个人自由与否绝对不应该取决于他们的肤色深浅。

当时，北方一个勇敢的海员拦截了一艘刚从一座南方港口起航的英国船只。这艘名叫"特仑特"的船上载着两个南方代表。他把这两个南方代表押解上岸，武力扣留了他们。这样一来，英国的参战似乎已是不可避免了，而且不仅如此，北方所有的敌人因此也都获得了向北方宣战的理由。伦敦和纽约双方舆论发生了论战，一方要求释放人质，否则就发动战争，另一方则大规模地颂扬那位海上英雄。这时，林肯却不动声色，面对诸多口出狂言的部长，他意识到这件事不能像当年的布朗事件一样被过分夸大，同时他也认识到世界历史发展的轮回，他下定决心再次冒天下之大不韪，宣布说："我恐怕叛国者们会成为众矢之的。关于中立权，我们必须遵照美国的原则来处理。我们必须按照这种游戏规则和英国打交道。如果英国现在表示抗议，要求释放人质，那我们必须这样做，而且我们还得向他们道歉。"结果，英国人果真很看重这一点，于是林肯的这一举动，使迟到的南方代表遭受了英国的冷遇。在危急时刻，林肯又一次挽救了国家。

战争期间，在处理收复的土地时林肯亦是小心翼翼，不轻易实行任何惩罚措施，他只是说："破了的蛋是无法修补的——除了接受它过去在联邦中的地位之外，路易斯安那别无出路，而那些被打破的蛋则必须被排除在外。现在行动越迅速，无法修补的东西便会越少。本届政府当然不能总是把全部赌注都押在这场游戏上，而听任敌人们一个子儿都不押。那些敌人应该明白，在经过了长达十年图谋毁灭政府的活动不能得逞之后，他们当然不可能一无所失地回归联邦。但如果他们还想恢复原来的联邦的话，那我想，现在已经是时候了！"

在给阿肯色州州长的信中，他写道："请尽可能给人民机会，让他们在这次选举中表达自己的愿望……无论如何，要保证绝大多数人能发表自己的看法……当然选出来的必须是愿意像以前一样维护宪法，对它不抱任何怀疑的人。"

此时此刻的林肯正焦急地等待着战场上的胜利，到那时候，他就能让抽屉里封存的那篇宣言重见天日了。然而他着急也是白搭，等来的只是时局的愈加混乱。八月底，北方的新任将军被李将军打败了，又是在布尔溪，北方的军队四散溃逃，逃回首都，引起华盛顿各界人士的极大恐慌。李将军又一次侵入马里兰州。这次失败的部分责任应归于麦克莱伦，他没有按照命令准时进攻，好像是故意要让自己的这位同仁吃败仗似的。然而这件事不但没让麦克莱伦引咎辞职，林肯还坚持巩固了他的地位，为的是重振低落的士气。然而对此，所有内阁成员都表示反对。事实上，虽然麦克莱伦很适合这种工作，在军中的威信也颇高，虽然他作为民主党人比起一个本党的同仁更难以让林肯发落，但林肯留他做统帅的时间还是太长了；不久林肯就会发现，他错误地估计了对方道德品质的低劣程度。

个中详情我们不得而知。但可以肯定的是，在这种情况下，林肯发了誓，这个誓言既不能归于宗教，也不属于信仰，迷信，而是介于两者之间，总之，他似乎是用这个誓言掩盖了自己内心的恐惧。他向自己，也向上帝保证，如果敌人再次被赶出马里兰州，他就发表他的那篇宣言，解放黑奴。那可是林肯一生所写的唯一一篇充满激情的宣言，如果说他平时总是话中带刺，总喜欢讲幽默故事或是逗逗乐子，那么在这篇宣言里他那与生俱来的激情可以说被发挥得淋漓尽致。如果把他对征象的观察，对梦境的解释，对宿命论的信仰，以及置身梦境时所说的忧郁绝望的话作一比较，我们就会知道，他和所有其他伟人一样，在关键时刻或是绝望的时候总会在一片混乱里默默地理出些头绪，明确自己的原则，并按照它的指引采取行动，无论他是面对上帝还是面对自己，或是像他所说得那样，是同时面对二者立誓。他称之为上帝或是基督的东西，无非是一个抽象的名字，一种声音或是干脆就是一片迷雾。

他那顺从、迟疑的内心在期待中又一次充满了不安。当年他坐在斯普林菲尔德的家里虽然已经当选了总统，却无权采取任何行动，那不就是两年前的事吗？而今，虽然自己已经真正成为了陆海两军最高统帅，可面对眼前的问题他依旧束手无策。只能望眼欲穿地等待着前线尽快传来捷报，而后再去打开他那锁住的抽屉。周围发生的一切都使他想要尽快把那解放奴隶的宣言昭告天下，然而眼下，他的理智和他当初立下的誓言却又迫使他不得不暂时保持沉默，尽管他已经为此字斟句酌地准备了好久。

一些积极反对奴隶制的神职人员前来拜谒他，林肯对他们说："等到时机成熟了，我想，我将尽全力履行我的义务，哪怕为此付出生命也在所不惜。我的先生们，我们是必须为此付出整个生命的！"据说，他说到最后一句话时黯然神伤，显得有些疲惫，但脸上依旧挂着一丝微笑。另一天，有十几个贵格会教徒冲到他这儿，大肆批评他的演说，搞得林肯有些不知所措，不得不为自己辩护。当一个人说林肯违背了自己起初的信念时，林肯坚定地回答道："这是应该的！因为我瞧不起那些今天不能比昨天变得更为聪明的人！"而后，他又以一种庄稼汉式的口气对另一个宗教狂徒说："我的先生，仅仅通过命令是无法解放奴隶的。我们可以命令别人把小牛犊的尾巴也当成一条牛腿，但是牛犊是不可能因此而真正拥有第五条腿的！"

有时候，他也会在自己的温和中加上一点神秘和讽刺，对于这种风格，那些从芝加哥来的神职人员必定是领略过的。针对他们的呈文，林肯作了书面回答，说他更倾向于一种与之相反的观点："……双方的神父都确信自己懂得上帝的意图。我却觉得，在这种信念中，不是这个教派不对就是那个教派不对；或许在某些方面，双方都是错的。我希望我下面这段话不会被人视作心存不敬，那就是：如果上帝有可能在一些与我的职务息息相关的问题上把他的意志昭示于众的话，那么他最可能做的就是把他的旨意直接昭示给我。因为我并不愿意自欺欺人，我的一个最迫切的愿望便是去了解上帝对这件事的旨意。如果我真能了解到这一切，那我就一定会尽力把它付诸实施。不过，现在已经不是圣明显灵的时代了，所以，你们也别告诉我去指望获得某个直接的启示。我必须得去研究与此事有关的种种具体事实，断定什么是可能的，弄清楚怎么做更加明智。"

"目前这种状况，一个解放黑人奴隶的宣言究竟能带来什么好处呢？我们不愿发布一个全世界人都认为根本不能付诸实施的文件，就像教皇针对彗星所谈的空话一样。现在我连在叛乱各州实施宪法都做不到，我的话又怎能使奴隶获得解放？国会最近颁布了一项法令，对逃到我们阵营里来的反叛奴隶主的奴隶们提供保护，你们有什么理由认为我那《解放奴隶宣言》会比这项法令给奴隶们带来更大的影响呢？比如，在上次布尔河及布尔溪附近的战斗结束以后，一支从华盛顿派出的队伍打着白旗前去掩埋死者，带回伤员，而叛乱分子却抓住那些赶来帮忙的黑人，把他们拖回去重新带上了奴隶的枷锁……而是否应该把这看成是实际的战争措施，要看它对于平定叛乱到底是有利还是不利，再来决定。"

"如果我们把黑人武装起来，我担心，要不了几个星期，这些武器就会落到叛乱者手里；而实际上，我们迄今为止甚至远没有足够的武器来装备我们自己的白人军队！……在联邦军队里有五万士兵来自边界蓄奴州，如果由于你们所要求的那一宣言，而使他们投向叛乱者一方，那后果将十分严峻……只要上帝向我昭示，我都将谨遵执行。我希望在同你们这样无拘无束地详细讨论你们观点的过程中，没有伤害你们的感情。"

他就这样无情地打破了这群神父们的幻想，就仿佛这里所谈及的问题涉及了人类的幸福，仿佛是这群人戏剧性的登场使得他不得不这样做，因为他们要求不要总是推测、预算，要做些实际的事情。而林肯在讲话中用上帝开头又用上帝结尾，又让神父们感到，在他写信的过程中，上帝无时无处不在。在此之后，讲台上，小册子里，报纸上，人们又开始纷纷谈论这位冷酷心肠、不同情奴隶的总统，人们谴责他，说他为了避免使用公众想要听到的那个词，用"黑人问题"代替了"奴隶制"；因此，共和党人也在几个州的选举中遭受了重大的损失。《纽约论坛报》的权威人物格瑞利则在一封公开信里谴责总统在处理路易斯安那州的问题时缺乏决断力，原因是他"因受到了边界蓄奴州政客们的建议、计划以及威胁的影响而害怕了……让我们不解的是，倘若让我们的一大部分正规军军官率领志愿军为维护奴隶制而战的话，可能会比单纯去镇压叛军取得更大的成绩"。对此林肯该如何作答呢？是死撑着面子，派信使给格瑞利送一封官方答复去，还是采取其他行动呢？就在报纸发行的当天，林肯便以同格瑞利同样的方式，亲笔写下了一封公开信，其苏格拉底式的对话形式使这封公开信成为了名副其实的佳作：

"即便信中有些说法我认为是错误的，我也不准备在这里对它进行批驳。即便信中的某些推断，我认为是有争议的，我同样也不准备在这里与你争论。倘若信中语气专横无礼，流露出某种急躁情绪，出于对一位似乎从未谴责过我的朋友的尊敬，我也将一笑了之……"

"我要拯救联邦。我要在宪法允许的范围内寻求拯救它的最便捷途径……有些人表示，如果不同时拯救奴隶，那他们便不去拯救联邦，我不会迁就他们。如果有人主张在解救联邦时必须同时摧毁奴隶制，我也不会同意。在这场竞争中，我的首要任务不在于拯救奴隶或消灭奴隶制，而在于拯救联邦。如果无需解放奴隶就可以解救联邦，我愿意；如果必须解放一部分奴隶，对另一部分听之任之，我也愿意。我对奴隶制和黑人所做的事情是出于这样一种信念，那就是这样做会有利于联邦；我所做的事情中，只要我认为会有损于我们的事业，我就会尽量少做；而一旦我相信这些事情会有助于这个事业，那我就会尽量多做。我要尽量在错误刚一露出苗头时就及时地纠正它，在新观点一显露出其正确性时就及时地采纳它。这里，我根据对自己政府职责的理解阐明了我的意见，丝毫无意修改我经常表达的个人愿望，也就是，所有地方的所有人都应当是自由的！亚·林肯。"

欧洲历史上还没有哪个国家的元首曾经发表过这样的公开信，即便是在和平时期也没有过。就算在美国，这一举动也是史无前例的，哪位总统曾经因为报纸上的什么狂妄文章而这样及时地做出过应答？林肯就是这样在对手的耳边，条理清晰地反驳了对方的论点，他的反驳能让西部的庄稼汉和东部的律师们理解得同样清楚。它政治性强，逻辑严密，实事求是，而且符合道义标准。在给格瑞利写信之后，他用缓和的语气给朋友们讲了一个故事："我和格瑞利之间的事让我回想起了发生在一个高大青年人身上的事情。他矮小的妻子总喜欢捉弄他，又不准他反抗，于是他便大大咧咧地说，让她去闹吧，我反正无所谓，而对她来说，不捉弄别人她可活不下去呀！"

十七、焦急的等待（二）

不，那份解放奴隶的宣言他还都锁在抽屉里，轻易不会拿出来，他不会那么感情用事。长期以来他一直身处逆境，从未停止过奋斗，他能够头脑清醒地对待所有问题，并做好准备去解决它们。在这个时期，他知道自己的肩头担负着重大的使命，行动起来便比以往更多了几分理性。他任总统期间做事的一贯态度表明，比起黑人问题他更重视自由，而以牺牲合众国作为代价换取自由，在他来看却是绝对无法想象的。在和黑人们的交谈中，他的这种态度显露无遗。

黑人们就站在他的房间里——这些来拜访林肯的黑人是某委员会的几位领导人物，为首的是个黑人神父。他们来林肯这里是想听听，对他们已被释放的黑人兄弟的移民一事，林肯有何看法。林肯请大家坐下，提到了政府为此调拨的款项，而后又极其坦诚地这样介绍了目前的情况：

"许多黑人由于生活在白人中间而忍受着巨大的痛苦，许多白人也因为你们的现状而备受折磨。总而言之，我们双方现在都苦不堪言。如果我承认了这一点，那我们至少找到了一个我们为什么要分开的理由。我想，今天到会的都是自由人吧？"

"是的，先生。"

"你们可能很早就获得了自由，也可能生来就是自由人。但在我看来，你们的人种正遭受着最严重的不公正对待，这是任何一个民族都无法想象的。即使你们已不再是奴隶，你们也远远未能达到与白人同样的平等，白人享受的许多好处都和你们无缘。而人类所憧憬的却是在自由基础上的人人平等。在我们生活的这块广阔的土地上，你们当中没有哪个能说黑人和白人是平等的。就是在那些你们能受到最好待遇的地区，对你们也仍有许多禁令……这是我们大家，你们和我一看便知的事实，是我想要改变也改变不了的……如果不是为了生活在我们中间的黑人和其他有色人种，就不会爆发这场战争……因此，如果我们分开的话，将对大家都好。我知道，在你们当中有很多自由人，他们的生活条件相对好一些，所以他们不会像那些现在还身为奴隶，只有通过移民才能获得自由的黑人那样坚决地要移民国外……"

"在我们的民众中有一种倾向，说起来可能有些残酷，他们不愿意让你们这些自由黑人和他们生活在一起。如果现在你们能够帮助白人开始做移民这件事，就能打开一扇能让大批黑人获得自由的大门。相反，如果让白人们从一开始就直接和那些尚未获得自由、饱受奴隶制折磨和摧残的黑人们打交道，那这项任务对很多白人而言不免过于艰难了。如果一些有教养的黑人，比如在座的各位，能带这个头，那我们很容易就能事半功倍……就拿华盛顿将军本人来说，如果他自始至终作英国的臣民，诚然不会吃那么多苦，但也不会流芳百世。正因为他后来所从事的事业有利于他的民族——尽管他自己没有后代，但为了周围人的子孙后代他做了很多事，所以他是幸福的……我不知道，白种人究竟有什么让你们如此留恋。我完全看不出你们为什么会喜欢白人，可显然你们始终对他们恋恋不舍……无论是白人还是黑人，都是依自己的利益行事……我希望你们能够认真考虑……不仅考虑它对我们这一代人的益处，也考虑它作为一个造福于全人类的事业所带来的益处！"

在这里林肯扮演了一个诱导者的角色。从他的话中我们可以听得出，他是在暗示黑人，让他们自己决定移民，否则，政府就只有制定政策命令他们那样做了。奴隶制的确罪大恶极，这毫无疑问，但就因为这样，黑人和白人就理应自然而然地彼此称兄道弟，和谐相处吗？在他和道格拉斯辩论的时候，他不就已经说过："我不想看到一个黑人女子沦为奴隶，并不意味着我想娶她为妻。"

今天，黑人们就这样围坐在他的周围，他是屋里唯一的一个白种人，这种情形对他来说有生以来还是第一次。虽然来到这里的黑人们都受过良好的教育，举止得体，彬彬有礼，看上去和白人似乎没什么两样，但是林肯却清清楚楚地感觉到了他们之间的差别。他们坐在林肯的周围，用他们黑黑的，忧伤的眸子恳求似的望着林肯。每当林肯提出一个问题，总会有几个黑人的嘴唇翕动，尊敬地吐出"是的，先生"几个字。用如此温顺甚至谦卑的口气说出来的这几个字眼，就仿佛是在提醒大家，拜访者的父辈曾经身套锁链，作过白人们的奴隶。"针对你们仍有许多禁令，这个事实即使我想改变也改变不了。你们没有理由来爱我们！"紧接着，林肯又提到了华盛顿，想让黑人们明白，他们应该为了所有黑人兄弟的解放牺牲自己的利益，远离家乡。

那份宣言还一直躺在抽屉里默不作声，等待着战场上的胜利。林肯照例每天早上，有时候晚上去一趟国防部。在那儿的电报室里，他能读到最新的电报。一次，他对一位军官说："我有时候来这里，是想摆脱那些一直在追踪我的人。他们来到我这儿总是说'只耽误您一分钟时间'。但事实上，他们却是想把他们的故事从头到尾讲给我听，而后再让我满足他们的要求。"他就坐在那个电报室里读着那里收到的所有电报，了解着最新的消息，以避免自己对某件事情一无所知。接下来，他可能会亲自起草一份电报，慢慢地斟酌，左手托着太阳穴，眼神飘向窗外，右胳膊支在桌上，嘴里念念有词，嘟囔着他要写下的每一句话。完全和他年轻时代一模一样！直至每一句话听起来通顺了，他才把它写下来，过后几乎就不再增删什么了。他的这种习惯已经保持了三十多年。当年在印第安纳的小木屋里他就总是先用烧焦的木头写写画画，而后再小心翼翼地把字誊写在当时对他来说价格不菲的纸张上的。即便是经过了千百次的练习，即便如今他高登总统之位，他也一直没有改变当年的习惯。

后来，据那位军官说，这间小小的电报室对他的意义可不仅仅是在这儿读读电报而已。对林肯而言，电报室就像是以前的小商店。就在几年前，林肯不是就愿意坐在商店的杂物堆上和别人闲聊，像是在那样一个旁人找不到他的闲适去处，不离群地隐居吗？如今来到电报室的他，依旧是躺靠在椅子上，伸出的右腿从膝盖往下都耷拉在空中，他就用这种奇怪的姿势极为认真地读着电报，一封接着一封，忽而又从第一封开始读起。一次，他说："那，现在除了葡萄干之外，其他东西都已经消化了。"那位军官不解地望着他。

"这让我想起了以前在西部时住在我们附近的一个小女孩，她食欲很好，常常吃得太多。有一天，她吃了好多葡萄干，又吃了大堆糖果，于是病倒了。她一边呻吟一边说：妈妈，我觉得现在好多了，我想除了葡萄干之外，其他东西都已经消化了！"

一直都在盼望胜利的林肯有些耐不住性子了。正值夏天，他便带着全家去离华盛顿三英里远的一座十分普通的小房子里度了几天假。那所房子离战地疗养院很近，所以他经常能够看到运送伤员的队伍。"看到他的表情和动作，我知道他内心十分悲伤，"一位陪同他的朋友说。一次，林肯突然站住说："看看这些可怜的小伙子吧，我简直受不了了。这种痛苦和死亡真是可怕！"这位朋友提醒他说："您不是曾经说过，'别怕，胜利一定会来的吗'？"林肯叹息道："是的，但它来得实在是太迟了！"

一次，林肯从几个年轻的贵格会教徒那里得知，有人强迫他们违反自己的原则参军入伍并使用武器，于是林肯马上下令放这几个贵格会教徒回家去。为了严明军纪，斯坦顿对此表示反对。林肯则对他说："但这确实是我的愿望啊！"还有一次，二十四名逃兵被判死刑，林肯却坚决拒绝在那份判决书上签字。将军说，若是不杀一儆百，那么士气便有可能继续消沉下去。林肯回答说："将军，我们国家的寡妇已经太多了，请别要求我再去增加几十个悲伤的寡妇吧，我是绝不会那么做的！"

去慰问前线将士的时候，他会表现得比最年轻的少尉还要谦逊，因为他总是告诫自己，自己根本没打过什么仗："在这方面我的确连少尉也不如。士兵们把我团团围住，我想在这个时候作任何演说都是不合时宜的。"他曾对一个军团的士兵说："你们的团长曾在这里说过，你们对于我解决国家困难所采取的方法表示满意。为此，我要向大家表示衷心的感谢。但是我更想说的是，你们为国家所作的一切比我要伟大得多！"

　　林肯的幽默感可不仅仅是用在一些无聊的闲事上的，有一件事便可以证明这一点。一次，林肯在阅兵的时候，一位军官跑来对林肯抱怨说，将军曾当面威胁说要枪毙了他。林肯看了看这两个人，非常戏剧性地大声说道："那，如果我是您，他虽然对我这么说，我却不会去信他。想想看，如果他真干得出这种事的话，您早就不在这里了！"

　　在授旗典礼时，有人曾这样描述过林肯的两种表情，一种表情里充满了国家领袖和智者的威严，而第二种表情里却带着些许狡黠之色，当时的林肯就是用后面这种表情打量着旗杆，后来他说，他觉得旗杆似乎有些太细了。

　　有人问他，敌营里有多少士兵，他答道："现在有一百二十万。"

　　"上帝呀！有这么多吗？"

　　"千真万确，我们所有被打败了的将军们都不止一次地强调说，敌军力量比他们要强上三五倍，而我又不得不相信他们。这样算起来，我们有四十万大军，四十万乘以三，那敌军人数无疑就有一百二十万了，真的！"

　　在不安的等待中林肯终于爆发了，这是他此间唯一一次发火。一年半争分夺秒的努力之下，局势却毫无进展，这令他几乎达到了崩溃的边缘。那是一个晚上，在一天疲劳的工作之后，一个负伤的上校走进林肯的房间，告诉他，自己的妻子奔赴战场照顾他，然而在回家的途中，她乘坐的轮船却不幸触礁沉没，以致她如今尸沉海底，说到悲痛之处泪流满面。这位上校说，他这次是来向林肯请假的，他要去打捞妻子的遗体，但因为一场战役在即，他的上司不准假，如此种种。当时林肯没穿外衣，他坐在那儿，身边放着一堆文件，像是在思考什么，一直一言不发，突然，他跳起来，大声喊道："难道就不能让我安静一会儿吗？难道我一分钟也没法摆脱这没完没了的拜访吗？您为什么为了这种事情跑到我这儿来？您为什么不去国防部，那才是管这种事的地方！什么，陆军部长拒绝了您？那他或许是对的。您也为我想想，我还有很多其他事情要处理，我简直搞不懂您是出于什么想法跑到我这里来的，是为了唤起我的同情心吗？难道您不知道，我们现在正在打仗吗？所有人的周围都是痛苦和死亡！因为战争，人情和友爱都快耗尽了。您难道不知道我们现在只有一个责任，那就是去战斗吗？……您的妻子不该跑到战场上去，她应该放心地让您接受国家医院的照顾才对！您也不该拿您家里的事来找我。现在举国上下没有哪个家庭不面临着妻离子散的苦难，大家总不能都跑到我这里来诉苦，让我帮助他们吧！我的担子已经够重了！"

听了这席话，那个军官惊慌失措地逃离了白宫，他之前只听说过林肯是如何如何仁慈，万万没有想到自己会看到这样的一幕，他垂头丧气地回到了旅馆。第二天一早，有人敲门，他开门一看，站在面前的正是总统本人。总统激动地握着他的手说："昨天我太粗鲁了，连声抱歉也没有说。我实在是累得精疲力竭了。但我真的不该那么无礼地对待一个为祖国奋勇杀敌的人，特别是当他满怀悲痛来向我求助的时候。我后悔极了，请您原谅我吧！"一切都已经办妥，总统已经找过斯坦顿并和他商量好，这次他给这位军官带来了放假许可证，而且车就停在楼下，他们两个人可以一同乘车直接去码头，让这位军官赶最早的那班轮船。

十八、下定决心

九月中旬，战场上终于传来捷报，麦克莱伦总算发动了进攻。在安提塔姆，他打败了李将军，虽然这次胜利不是决定性的，但李将军却被迫撤军了。要知道，在东部狭长的战场上，迫使敌军后退几公里都是不小的胜利。这场胜利对于焦虑的北方和持怀疑态度的欧洲来说都十分重要。兴奋的林肯电告麦克莱伦："给他点颜色看看，不能让他逃了。"紧接着自己又去军营中劝说他；然而这位将军却对此置若罔闻，追了几步便鸣金收兵。

在这个关键时刻，最重要的是要在政治上利用这次胜利，因为就在不久前，英国还曾准备承认南部联邦，而南方的这次失败一定会让英国改变主意，或者至少会延缓它的这一举动。

胜利使得林肯内心的激动上升到了极点：他大显身手的时刻终于来了，他必须把握时机行动起来，在这段日子里，在安提塔姆战役前后，他写下了这样一段话：

"上帝的意志统治着世界！在一场激烈的斗争中，对抗的双方都声称自己是按照上帝意志行事的。然而事实上，至少有一方是错误的，甚至双方都是错误的。上帝不可能对一件事同时既赞成又反对。在目前的内战中，上帝的意图很可能和双方的意图都不尽相同。正因为人能够行动，所以人是用来达到上帝目的的最好工具。我几乎可以断言，是上帝希望进行这场战争爆发，并希望它暂时不要结束。本来无须人与人之间做什么斗争，上帝仅将他无形的力量作用在人们的心灵之上，就可以拯救联邦。然而战争仍然爆发了。既然已经爆发了，二者中的哪一方究竟会在什么地点取胜，那就要看上帝的旨意了。所以战斗还将继续！"

由于这段独白所包含的逻辑极少会有人想到，而林肯写下它时正值乱世，所以它也就显得越发珍贵。人们可以从中窥见林肯的内心，一个哲学家一般的内心。没有自以为是，没有对敌人的谴责，甚至也没有自诩了解上帝意志的独白，说的都是林肯晚年称之为命运的东西。文中没有丝毫痕迹可以说明他信仰人为创造的上帝或是上帝的儿子耶稣，相反的，他的宿命观让他相信，或许命运有着其他不为人知的理由来维持这场战事，否则它为什么不直接制止这场战争呢？整篇文章都仿佛在阐述一个问题，其答案并非找不到，而是天意不愿向人们透露而已；文中字里行间都流露出林肯对周围所发生的以及现在为之奋斗的一切所持的怀疑。有两次，他都用"然而"打断了自己的思考，这是林肯自青年时代以来在作文和说话中惯用的手法，这种手法就仿佛是把大调三和弦转接到小调里去一样，时不时就会将人带入到他那与生俱来的忧郁伤感中。

就在说了第二个"然而"之后，他马上又重新振作起来，因为无论是所谓命运的意志也好，战斗的思想也好，对他来说，有一点是确定的，那就是，奴隶制是不合理的，应该予以废除。

取得安提塔姆胜利后的第五天，他在事先没有通知会议内容的情况下，召集内阁开会。林肯，过去在听到战场失利或是首都受到威胁的消息时，坐在惊慌失措的部长们中间曾经是那样镇定自若，而今，虽然战争前景看好，是的，就在一个普普通通的九月的早晨，他却变得心急如焚；他要把那份伟大的宣言公之于众，同时也最终向尚不了解他思想的同仁们敞开自己的心扉！这是他二十年以来矢志不渝的期待，在过去一年中由于南方得寸进尺，加之他的多方面考虑，他不敢断然做出这样的举动，今天，他终于可以不慌不忙，有条不紊地让那份宣言重见天日了。在做出这一最终决定的时候，除了政治家特有的忧虑使他对此举后果产生怀疑以外，他与生俱来的谨慎，以及他自由不羁的流浪汉性格也阻碍了他，这种性格不是曾让他在面对婚姻时两次坚决地说了"不"，并且还在结婚当日逃过婚吗？所以今天，在内阁成员们惊奇、怀疑的目光下，他仍旧感觉十分窘迫。那么他是如何化解这种窘迫的呢？他拿起了最新一期的幽默报纸，给大家读了一篇他最崇拜的作家阿特穆斯·华德写的讽刺作品。

在座的内阁成员可能没人理解他的这一举动，甚至很可能还有几个人在心里暗自骂他，而如果他们知道了林肯召集此次会议的真实目的，那他们对林肯这种不合时宜的幽默感的气愤可能还会加倍。这位总统就像是个本性难移的吉卜赛人，即便在他生命中最庄严、国家最危急的时刻，没有笑话和故事，他也活不下去。不过不一会儿，林肯终于丢开了报纸，对大家说道：

"如大家所知，我就战争和奴隶制的关系进行了很长时间的思考……早在叛军兵临弗里德里克斯堡时，我就下了决心，只要我们把叛军赶出马里兰州，我就公布这个解放奴隶的宣言……我向我自己许下了这个诺言……（这里，他稍作迟疑）也向我们的造物主许下了这个诺言。现在，南方人被赶出了马里兰州，我决定履行自己的诺言。我并不要求你们对此提出自己的看法，因为我已经下定决心了。我这样说，并没有对诸位有丝毫的不敬，只是我了解大家的意见……如果你们对宣言的措辞，或是一些无关紧要的地方有什么修改意见的话，我很愿意听取，也很感谢大家……我知道，别人可能会比我做得更好。如果我得知公众对哪个人比对我更加信任的话，我一定会按照宪法的规定让他来担任我的职务，我会毫不犹豫地那样做。虽然我很清楚，现在民众不像以前那样信任我了，但我仍旧相信，经过周到的权衡和比较，大家一定找不出另一个比我更合适的人选。即便有，也没有什么宪法允许的途径可以让他名正言顺地代替我。既然我还待在这里，我就要竭尽所能做好分内的事情，为国家担负起责任，选择一条我认为正确的道路。"

听到说话中的停顿了吗？听出语气中的尴尬了吗？看出他周围那些人木然的、不约而同的沉默了吗？感觉到他在说这番话时的孤立无援了吗？为什么他谈到了是否应该有另一个人替代他的问题？为什么他会以一种近乎粗暴的口气说，他根本不想听部长们的意见？因为他必须以自己男性的力量强迫自己做出这个重大的决定，在表达的时候，他几乎怕得发抖，就像一个年轻人几经犹豫，一再拖延，最终决定向自己心爱的姑娘表达爱意时一样。因为他，生就一种诗人的气质，总是因为周到的权衡而无法下定决心，迈出那重要的一步，似乎直到最后关头还在寻找一个能够代他完成这些任务的人选。但是，既然他还待在这儿，那他就会竭尽所能做好分内的工作，或者，像他紧接着所说的那样："我相信上帝，他告诉我，我没有做错什么。"

现在，各位部长仿佛完全明白了他的意思，在他讲完之后，他们似乎连他说"我的造物主"之前的迟疑都觉察出来了。在这个伟大的时刻，来自西部的这个贫穷农夫要解放奴隶的强烈愿望，把一股人性的暖流撒在了内阁会议上。在稍许争论之后，林肯又用生动的口吻向大家讲述了在困境当中，他怎样像个孩子一样感到受挫和委屈，他说这次把叛军赶出马里兰州的胜利乃是促使他迈出最后一步的信号。

就仿佛要再次对不同意见予以反击一样，林肯宣布将在1863年的新年伊始发布《解放奴隶宣言》。

十九、千头万绪

宣言产生的影响是灾难性的。北方一片混乱，交易所关闭，选举结果欠佳，民主党人更是在一旁煽风点火：成千上万的白人就要去为"无理地"掠夺国人的财产而抛洒鲜血了！南方，更是没有人为之所动，他们无须增派士兵制止奴隶们逃到北方去，因为奴隶们都安安静静地在田地里耕作呢，就仿佛什么也没有发生过一样。南方的报纸则在大肆宣扬：南方没有一个奴隶想要被释放，因为奴隶主们对他们那么好，他们感到心满意足。欧洲各国也纷纷来函施加压力，只有一个声音向此举表示欢迎，这个声音来自于英国的数千名纺织工人。虽然因为棉花匮乏，工厂倒闭，缺衣少食，流离失所，英国的纺织工人们却依旧感谢林肯在处理这件事情上表现出的博爱之心。只有他们能够理解林肯，因为林肯和他们的想法相似，因为林肯曾说过："财产乃是身外之物。"

"我担心，我们最终将发现真正的困难实际上并不在某几位将军身上，而在于我们自身。我不想贬低任何人，起码不想贬低关心和帮助过我的人。但我必须坦白地说，比起同情，我更需要胜利；比起那些被谴责没有给予我同情的人来说，从同情者身上我也没有更多的收获。在我看来，就这两类人在战场上的所作所为而言，他们半斤八两，没有多大差别。在用鲜血来证明自己的忠诚这一点上，贝克等共和党人可谓不遗余力，但他们是否就比那些非共和党人，甚至曾被视为脱离联邦的同情者以及遭到严厉谴责的人做得更多呢？"

林肯这边也暂时不露形色。他给副总统写信说："宣言发表已经有六天了。虽然报界以及知名人士对它赞誉有加，颇可以让爱慕虚荣的人踌躇满志，但是汇率却连连下跌，军队的征召速度也慢了下来。如果我们正视这种状况，就会发现，现在有很多不尽如人意之处。比起六天前，我们战场上的军队大为减少。……北军只是口头作答，说说而已。哪知道说几句无关痛痒的话根本杀不死叛军呢！我多么希望自己能以更加乐观的心态给您写信啊！"

不仅如此，发表这篇宣言还引起了党内的动荡，因为几乎各个政治团体都在极力扭曲他的观点。而除了奴隶解放者们对他的举动表示欢迎之外，就连他的老朋友们和一些党内同僚们也都对他大肆批评。一个很典型的例子便是卡尔·舒尔茨。林肯在给他回信时，阐明了自己周围的诸多困难。

"如果我本来能够做得更好，却没有干好，那我应该接受别人的指责。而我认为我已经干得够好了，所以应该受到指责的是您，而不该是我。就我看来，您愿意接受那些非共和党人的自愿帮助，我是完全同意的，我也希望能获得这种人的协助。但是有谁能对别人的内心做出客观的判断呢？如果我必须放弃自己的判断接受您的意见，那我同样也应该接受别人的意见。一旦我拒绝了别人劝我拒绝的一切时，那我可就一无所有了！甚至连您也会失去。所以亲爱的先生，请您相信，有些别有用心的人认为，您所扮演的角色和您认为我所扮演的角色一样蹩脚……"

在整场战争中，精英们之间的问题就是这么棘手，就连舒尔茨这样忠心耿耿的同僚都跑来质问和谴责总统，这样的谴责让总统所面临的境况更为复杂了。什么也无法使他从挚友的谴责中走出来。写了这封信的几天之后，林肯便请舒尔茨来他这里。早晨七点，林肯穿着他那巨大的拖鞋在卧室里接待了舒尔茨。在壁炉跟前，他拍了拍老朋友的膝盖说："现在，坦白地说说看，年轻人，您是不是真的把我当成一个卑鄙而无用的人了，像您来信所说的那样……在您面前我还像是个总统吗？虽然对您的说法我其实不太在意，原本也不该在意。不过我想，我们还是能够彼此理解的，您认为我们之间的问题是否可以解决呢？"接着，林肯又向他解释了自己在处理新任将军们的一些问题上所秉持的原则。

可惜安提塔姆一役胜利之后，北方军队并未能像林肯在加急电报里所说的那样，像整个北方的民众所希望的那样，乘胜追击，一路进攻，直捣叛军的首都。麦克莱伦在阅兵时故意给总统安排了一匹劣性马，目的是为了在将士们面前，让这个倔强的平民总统出出洋相；机关算尽，却白费心思，当那位将军在他的随行人员中间伴着鼓乐声和礼炮声上马时，只见那位平民总统一只手托着他的礼帽，威风凛凛地骑着马走在他的身边，检阅着将士，显然这位农夫的骑术了得啊！

到了现在，麦克莱伦那一直以来时隐时现的野心已然欲盖弥彰了。早在安提塔姆战役打响之前，在半岛上，他就曾会见过民主党的代表，时任纽约市市长。当时，民主党人说要推举他作为候选人参加 1864 年的总统大选；而为此，他所要作的只是和南方和解并尽快结束这场战争。几经考虑之后，他书面接受了这一提议，后来在另一位将军的提醒下，他才又临时把那封回信给毁了。战役结束之后，当那危险的客人再次来拜访他并带走了他肯定的答复时，几个长期主张进攻的军官听到风声后马上辞职。麦克莱伦的卖国行径到底有多严重，在这场内战中似乎很难说清；但如果林肯仍旧要想打败李将军的话，那他现在必须撤掉麦克莱伦。这一点林肯已经很清楚了。一次他曾这样说："麦克莱伦根本不愿意去碰叛军！"在此期间，他和朋友在军营里过了一夜，第二天一早，二人视察士兵晨练时的情形，林肯指点着他们问这位朋友说："您知道那边的那些人是什么？"

"是波托马克军团。"

"不，那是麦克莱伦的保镖护卫队。"

五个星期过去了，这位"拿破仑"仍旧不愿进攻，理由是，马匹疲乏，不适宜作战。这时，林肯简洁地给他发了封电报："我有个问题，说出来您可别怪我，在安提塔姆一役之后，贵部的马匹到底都干了些什么，以至于它们现在如此疲乏？"他又写道："敌人进攻走得是圆弧形路线，您的路线则是这条弧线的内侧一弦。而你们双方的道路好坏程度相当。若是换了我，我会尽可能地逼近敌人的路线……并尽力在里士满对它进行打击。如果我们不主动出击，就根本不会取得胜利，不是吗？"在这样的讽刺之后，他的结束语是："这封信绝非命令。"同时，林肯让哈勒克以厉令命麦克莱伦进攻。紧接着，他又给麦克莱伦发电报说："请您如实回答我这个问题，在所征集的军队到达之前，不采取进攻行动，是您自己的意思吗？"

十一月份，林肯终于下定决心，撤掉了民主党人麦克莱伦的职务，让共和党人伯恩赛德接替了他。但可惜为时已晚，因为当时，叛军的力量已经得到了巩固。伯恩赛德十二月份亲自率兵进攻，却在费雷德里克斯堡大败。

就仿佛命运硬要和林肯以及整个美利坚合众国作对似的，这个时候内阁又爆发了危机。参众两院的反对派纷纷对赛华德表示不满，说他对几个参议员做出的提议不闻不问。他们找到林肯，要求撤去赛华德的职务，而后者当然马上向林肯递交了辞呈。因为蔡斯和斯坦顿两人也跟赛华德有龃龉，所以他们二人也相继提出辞职，这时的林肯，被他的这二位左膀右臂搞得相当狼狈，深思熟虑之后，在首先保住斯坦顿和蔡斯的前提下，他从中斡旋，以巧妙的方式成功地平息了这场风波。

当九位参议员来找林肯，向他控诉赛华德的种种不是时，他们惊讶地发现，他们面对的是除赛华德之外的整个内阁，他们每个人都必须在内阁面前陈述自己的想法，而蔡斯则须在一旁为赛华德辩护。在这次会面中，林肯本人也为赛华德作了辩解。

紧接着，林肯又派威尔斯去拜访赛华德，告诉他，他不该辞职，而是应该来找林肯商量。而后他又派人找来了蔡斯和斯坦顿。于是，几个人要在总统这里碰头了。蔡斯和斯坦顿来了之后，威尔斯也赶了回来。

"您见到他了吗？"坐在壁炉边的林肯迅速地问道，他是想知道赛华德的情况，却又不愿在蔡斯和斯坦顿面前提起赛华德的名字。"是的，他同意了。"

蔡斯对林肯说他要辞职，因为他是此次内阁危机的始作俑者。林肯目光灼灼地盯着他问："那您的辞呈呢？"

"在这儿，今天早上刚写好。"

"请给我！"林肯伸出长长的手臂。蔡斯一下子犹豫了，仿佛想把辞呈再收回来，但林肯已经把它接过去了，而且马上就打开了它。林肯说："这可是个快刀斩乱麻的好办法！"这时，一直站在壁炉旁边的斯坦顿开口了，仿佛在这场骑士般的战斗中他也不想退缩似的："辞呈我昨天也写好了，但我没有带来。现在，就请您当作已经把它拿在手里了吧。"

"您还是回您的国防部吧，我不需要您的什么辞呈，这儿没有您的事。我手里的这份才是我想要的。我的观点非常清楚。"林肯又转身对蔡斯说："内阁风波已经结束了，我也不想再留您了。"

他们走后，林肯分别给他的两位部长赛华德和蔡斯写了两封类似的信，信中说："我的先生们，你们二位分别把辞呈提交给我。我当然知道该如何处理这种问题，以满足二位的个人愿望。但是，经过十分慎重的考虑，我郑重决定，为了公众利益我不能那么做。我不得不请求你们继续负起你们各自的责任！你们忠实的仆人！"

开始时的那个庄稼汉、船夫、后来的小律师，当然首先是个通晓人性弱点的人：林肯就像是泰勒兰德或者古代的其他外交家那样，平息了这场内阁风波。尽管某些外交家式的策略对他来说既陌生又讨厌。

二十、签署《解放奴隶宣言》

对军队的失望让林肯懂得了应该如何严明军纪。在一个年轻的旅长由于疏忽大意而被俘之后，林肯说："我们丢了那么多马匹，真是可惜。至于那位军官，我每天都可以任命一个新的旅长，但是那些马匹却是失而不能复得的呀！"他给肯塔基州的一位高级官员写信说："在您请求我命令那支军队重返肯塔基州作为对他们进攻的褒奖时，我想您一定没有认真考虑过这样一个问题……开这样的先例会让我们整个军队士气涣散……我当然也希望这次战争不要打得那么激烈，能够给我们点喘息的时间，但战争总是残酷的，它是绝不会允许我们休几天假出去散心的。"有人告诉林肯，一位少校曾说，这场战争无非是把双方军队搞得精疲力竭，而后在丝毫不触动奴隶制的前提下，双方就会达成妥协，草草了事。听了这番话，林肯马上下了一道命令："我认为，绝不应允许一位军官发表这种言论，请立即免去这位少校在合众国中的所有职务！"尽管平时这个少校被公认是忠于联邦的，也绝不姑息。当一个奴隶贩子请求林肯赦免他的罪行时，林肯断然拒绝了他，并且马上在死亡判决书上签了字。不过，当时他的心情一定不比那个奴隶贩子好多少。

林肯天然地对黑人以及印第安人抱有类似的同情：事实上，无论是在种族斗争中，还是在阶级斗争中，林肯总会对弱者产生同情。所以可以说，林肯比许多经常去教堂做礼拜的人更像一名真正的基督徒，虽然也不乏有人对此抱怀疑态度。明尼苏达州的印第安人发动暴乱，暴乱平息后，人们要求处死三百名暴乱分子。林肯首先想到的是，那到底是不是事实，于是他派人去查明真相向他汇报："如果对此次暴乱肇事者以及头领的判决没有和其他人的判决明显区分开的话，那请您先派人仔细查清谁是头领，然后再把决定寄给我。"同时，他又要求最高检察院对此进行审查，"请告诉我，是由我自己决定，是否只处死其中一部分人呢，还是将此事交由当地的官员处理？"

在认真审查之后，他在致国会的咨文里说："一方面我怕因为心慈手软而导致暴行再起；另一方面又担心惩罚过于严厉而让人感觉本届政府残酷无情。只有经过证实的强奸罪才应被绳之以法。我责成有关机构进行认真核查，出乎我意料的是，实施这种犯罪行为的只有两例。"

到了最后处决的时候，只有三十九名罪大恶极者被处以了死刑。当年，年轻的林肯作为志愿兵与印第安人作战时，不就没杀过一个印第安人，相反却救了一个印第安人的命吗？而今，人到中年的林肯作为全国的最高统帅又救下了二百六十一名印第安人的性命。这一天，他一定比不得不下令处死那个奴隶贩子时要兴奋得多。

新年来临之前，林肯颇有些疲惫不堪，灰心丧气：本年度议会十二月份就将召开，作为总统，他和南北双方敌对分子的个人斗争越来越激烈，具有决定性意义的新年已经一天天逼近，战争所带来的幸福感却飘忽不定。朋友们关心他，对手们则公开对他的宣言冷嘲热讽。当时，一个六年没见过他的老朋友一见到他，就被他那枯槁的形容吓了一跳。这位老朋友说，"所有的清新和朝气都消失得无影无踪，他的脸上多了一份死一样的苍白，原来闪闪发光的灰眸子也失去了光彩，总是黯然地看着前边，目光经常游移地飘向远方，这是我以前在他那里从未见到过的。"

时间一天天流走，动荡的一年即将结束，而战场上的情形却仍没有好转。国内有很多人认为林肯一定不敢如期公布宣言。的确，在此期间，林肯必须为宣言的实施做好充分准备：南部一些并未脱离联邦的小地方被稳定了下来，这样，惩罚措施便可以得到更加有效地实施了。与此同时，他还在处理着层出不穷的新问题，考虑着如何安置那些即将被解放的奴隶们：怎样名正言顺地征他们入伍，如何让各级军官们明白，无论是黑人士兵还是白人士兵都应当被一视同仁。此外，林肯还派人研究了会让海地黑人脚趾皮肤溃烂的河蚤，并寻找医治这种疾病的良方。他找来了一位黑人牧师，和他就一些问题进行了一番交谈。临走时，那位牧师激动地说："他像真正对待一个人那样对我，我丝毫也没有觉察到我们肤色的不同。"

林肯当然也了解目前所出台的措施中存在自相矛盾之处，在读到英国人就那些措施写的讽刺杂文时，他黯然神伤。文章里讽刺说，林肯若是在哪个地方无法发威，他就要去废除那里的奴隶制；而在他统治的地区，奴隶制依旧毫发无损。在对这个问题思虑了那么久之后，林肯比任何人都更清楚地知道这种讽刺所能引发的危险。他一语中的道："我们就像是捕鲸鱼的猎手一样，在我们终于把鱼叉插入鲸鱼那巨大的身躯以后，我们必须要注意把好船舱，否则鲸鱼摇摇尾巴就会让我们船毁人亡了。"他认为，现在是该改变战争目的，为解放黑奴而战的时候了。他希望能征集被解放的黑人们参加到为解放他们而建立的军队中去，这样，黑人们就可以为自己而战了。林肯异常激动地表达了令他十分鼓舞的这种思想："现在，一部分黑人终于要变成真正意义上的人了，将来，他们会十分自豪地想起，当年他们曾凭借自己的沉着和冷静，扛起枪炮，与白种人一道完成了一项伟大的事业！"

说这话的时候，他的那种幽默感依然未泯，在临近新年的一天晚上，一个自以为是的牧师跑到他这里劝他，林肯对牧师说："我的牧师，我想您很清楚，彼得鲁想干而又没干成的是什么。"

他还曾说过这样一段话："上帝既然允许人类以自己的同类为奴，又允许这场战争持续下去，那他一定是从中发现了什么奇怪的东西。我渴望胜利，对方也渴望胜利，我们双方都认为自己有望实现自己的梦想。上帝应该怎么对待我们呢？年轻的时候，我曾读过《伊索寓言》，那本书已经很旧了，书是木头做的，泛着黄。那本书的一个故事里说，有这么四个白人，为了让一个黑人变白，便把这个黑人放在一个容器里，用石灰和水给他漂白皮肤。他们以为这样就可以让他变白。但忙活了一通之后，他们却发现那个黑人得了伤风死掉了。即便我们好不容易熬过了战争，黑人的命运将会何去何从，我们却也不得而知！"

满怀激情的林肯有时也会变得这么没有信心。在新年临近的时候，他对在宣言上签字的重要意义有了更为深刻的认识。他要发表的宣言只是九月份完成的宣言的框架：

"按照宣言……我，亚伯拉罕·林肯，美利坚合众国总统，现按照宪法授予我合众国陆海军总司令的权力，并作为镇压武装反叛合众国国家权力和政府的战时措施，于本日，公元1863年1月1日宣布……"（此处提到了南部十个蓄奴州以及其中拥护联邦的州的名字）

"凡在上述州以及地区之内被当作奴隶的人，将永远获得自由；合众国政府，包括陆海两军将承认和保护他们的自由。"

"在此，我还想对被宣布获得了自由的人们讲几句，除非是出于自卫的必要，否则禁止任何暴力行为。在此，我建议他们，在任何可能的情况下，要为合理的报酬辛勤劳动！"

"我进一步宣告和通知，上述这些人只要条件合适，都可以参加合众国的武装部队，参与防守堡垒据点、兵站和其他地点，以及在上述武装部队的舰船上服役。"

"这一法令是正义的，是《宪法》所认可的，也是军事战略的需要。我请求公众能够认清这一点，请求上帝能为它赐福。

在此，我谨签名并加盖合众国国玺，以昭征信。

公元一千八百六十三年即美国独立第八十七年，一月一日于华盛顿。"

在林肯独自起草的原文里，没有倒数第二段。新年前夜他给内阁成员宣读这一宣言的时候，别人给他提了一些小小的建议。其中蔡斯提出，在发表这样的宣言时，应当运用上帝的力量。

"我几乎完全忘了这一点！"说罢，林肯就加上了那一段话。当天下午和第二天早上他又亲自把宣言抄写了一份。他紧张极了，以至于因为几个军官吵架，他便给总司令哈勒克写了一张十分严厉的便条："如果你在如此困难的境况下不助我一臂之力的话，那就太让我失望了，因为现在是我最需要你的时候……如果你不愿意这么做，那你的军事才能对我来说毫无用处！"

不过，紧接着，他就又收回了这张便条，加上了这样一句耐人寻味的注释："该件被撤回，因为哈勒克将军会认为这太过粗鲁了。"

他不得不走出去，因为人们成群结队地涌来，祝他新年快乐。到了下午，他才得以重新回到自己的办公室。他一边把笔蘸到墨水里，一边对等他在宣言上签字的赛华德的儿子说："有生以来，我从没像现在在宣言上签字时感觉这么安全。不过，刚刚我和那么多人握手，胳膊又酸又麻，都有些不听使唤了。将来，一定会有人仔细观察我的签名，如果他们看出我的手在签字时发过抖，那他们一定会说，看来林肯当时还是心存顾虑啊！不过，无论如何，这个字我是签定了。"

就在这签字的最后时刻，他恐怕还在怀疑他这一历史使命的正确性。不过他也清楚，怀疑只是暂时的，而历史赋予他的使命却是永恒的。他已经预见到，这个暂时措施不久便会发展成为一种普遍的新理论，父辈的基本思想也会因此而得以实现。他充分感觉到，他写下的这几笔终将使那些受到不公正奴役的人们获得自由，所有黑人都将甩掉脚上的锁链，成为自由人，当然也包括他在南部第一次看到的那个混血女奴。于是，他坚定地握住笔，慢慢地写下了：亚伯拉罕·林肯。

上图即为《解放奴隶宣言》原文，
1863年1月1日，林肯用颤抖的手签署了这个具有历史意义的宣言。

第五部　人民之父（1863—1865）

一、格兰特

1860 年，当举国上下都为应该支持还是反对林肯而争论不休的时候，伊利诺伊州的一座小城里，一个店伙计正在若无其事地向鞍具匠和修鞋匠们推销着皮革。他，四十岁左右，中等身材，面容消瘦。大选可不关他这种人什么事，何况因为在本地待的时间还不够长，这个店伙计压根就没有选举权。他是刚刚来投奔他的父亲和哥哥的，房子和店铺也都是他们俩的。六年以来，他带着妻儿四处漂泊，到处找活干以养家糊口，在人生道路上一直都不得志。

二十多岁的时候，他曾经一度过得不错：他先是担任少尉，后来又晋升为上尉，无论是在战争年代还是在和平年代，都衣食无忧，加上他又颇受上司的赏识，小日子过得还真算红火。当时的他几乎已经从西点军校的阴影里走了出来。作为一个皮革匠的儿子，在那所军校里他总是时不时受到那些贵族少爷们的侮辱。而且事实上他也并不热衷于戎马生活。尽管孩童时代，他就十分大胆能干——八岁时，他就已经在农场里帮父亲喂马了。虽然长大以后就读于西点军校，后来又在对墨西哥战争中因为高超的骑艺而闻名，但他对射击、杀戮和血腥的凯旋没有一点兴趣；他喜欢生物，憎恶枪械，因此也反感战争。此外，他那近乎女性化的羞涩使他毕生都不愿意在别人面前袒胸露臂；而且他那双手也太柔美了，根本不适合在疆场上拼杀。因此种种，别人给他起了个绰号叫"小美人"。

这个曾经和林肯一样遢遢且嗜酒成性的人为北方最终取得决定性的胜利做出了重大贡献。林肯为在晚年能找到一位和他自己同样朴实、真诚且机智、踏实的将军而深感欣慰。

他做事从不主动。虽然受母亲——

一个卫理公会教徒的影响，他也信仰上帝，但和命运相比他更相信事情的偶然性。至于他的名字，也有一段往事：他并不是一出生就有名字的，在他出生后的第六个星期，父母才给他取名。他们为他选的两个名字听上去都有些稀奇古怪，一个是尤利塞斯，另一个是赫若姆。后来，他的资助人给他在西点军校注册时，使用了尤利塞斯·辛普森这个名字，他也便随他去了。自此之后，他那所罗门式守护神的原名便摇身一变，成了一个巨人的名号，当然对他也就更不合适了。他安静、孤僻、我行我素，对女性也没有太多的激情。他的妻子是个奴隶主的女儿，长得并不怎么美，还有点斜视，他们两人生活在一起只不过算是相安无事罢了。

他只有一个嗜好，就是喝酒，这可能是他二十五岁在墨西哥战争中担任军需官时养成的习惯吧。虽然他曾一度建立过禁酒协会，但他自己始终没有完全摆脱过酒精的束缚。他越来越贪恋杯中之物，以至于三十二岁时，他不得不因此而放弃自己的官职，尽管他完全有能力继续担任上尉的职务。当时，同僚们凑钱给他当路费，把他送上了回家的路。他的父亲一连给司令官写了好几封信，央求司令官原谅自己的儿子，希望他能继续让自己的儿子留在军队里任职，却都被拒绝了。当时的那位司令官就是后来南部同盟的总统杰弗逊·戴维斯，十年之后，他一定会因为当时没把那个三十二岁的上尉留下来而捶胸顿足，因为就是这个原本可以为南方效力的上尉后来率领北军打败了南方。

在离职之后，这个上尉便背井离乡，四处漂泊，终日沉醉在酒中。在接下来的几年里，他也曾尝试做过许多事情，却都一无所获。他曾经下地干过活，却又不得不放弃；他曾去过圣路易斯附近，在那儿的集市上买卖木材；也曾当过某个住宅区的经纪人、工程师、催账员等，但一直没有找到一份稳定的工作。最后以至于他每到什么地方，那儿的朋友们就都纷纷躲到其他地方去，因为他们怕他又是来借钱的。终于，他在父亲经营的店铺里找到了一份安稳的差使，可以安顿下来了，而且这里也没人认得他——这个有两个名字的怪人。

战争中，他又打出了另一个名号。在林肯第一次发出号召，征集军队的时候，这位过去的上尉就召集了一队志愿兵，把他们带到了斯普林菲尔德。可是等到要正式应征入伍的时候，他却又把这队人马的指挥权交给了一个他曾经训练过的上尉。而他自己则穿着便装，右手提个手提袋，嘴里叼着烟斗，和平时一样摇摇晃晃地跟在后面。他就是格兰特[①]。虽然一听到战斗的号角，他便马上奔赴到了战旗下，仿佛过去军队里的节奏还在吸引着他一样；可是后来，他却又转而摆脱了野心勃勃和所有出风头的愿望悄然退居其次。四十岁生日那天，他衣冠不整地出现在斯普林菲尔德的大街上，注意到他的人一定会联想起另一个人物，几个星期前他也邋里邋遢地在同一条街道上游逛，尽管他已经当选了总统。不过当然，格兰特的名声可比那位新任总统差得多了。甚至他重操旧业也是克服了很大的心理障碍和困难才得以实现的。为了购买马匹和制服，他再次不得不开口向别人借钱，就在这种窘迫的境况中，他终于参战了。而这场战争也决定了他的后半生。

这次他是憋足了劲，一心想干出点样子来。由于他做事认真，又加上经验丰富，不久他就成了军队里不可或缺的人物。两个月之后，他便喜得升迁，当上了两千名志愿军士兵的上校团长。而后，他率领部下打到了密苏里的东南部和南北边界地区。当时，由于北方缺少军官，所以军队里每一个能人都会得到重用，而格兰特无疑又是他们中的佼佼者。他在战争中取得的第一个胜利，是夺取小城派丢卡。这场胜利不是通过战略战术，而是通过一篇呼吁书实现的。这篇公文使人们第一次了解了这位军官语言的简练和性格的刚强。在这篇公文的读者中有个人慧眼识真金，发现了他是一个不可多得的可造就之材，这个读者就是林肯。他读了格兰特的那篇《致被占领城市居民们的呼吁书》："我们之所以来到这里，是为了保护大家，打击叛军，是为了协助你们的政府维护自己的尊严，保住这里的和平。我们根本不想和大家进行什么信仰之争。我们的目的只是要对付叛军和他们的同党。请你们和往常一样工作生活吧，不要害怕什么，因为政府的军队就在这里保护着联邦的拥护者，并惩治它的敌人。等到事实表明，你们完全有能力保卫自己的家乡，确保政府权力得到实施，人民权利得到保障的

---

① 格兰特（Ulysses Grant），是林肯领导下的联邦军总司令，第十八任美国总统（1869—1877）。

时候，我会马上撤兵离开。"

这个人以及这番话给肯塔基州的州政府留下了十分深刻的印象，于是这个州立即表示将效忠联邦。林肯则评论说："能够说出这番话的人，完全有能力控制整个西部。"

这个人接下来在战场上的作为再一次使得举国民众大为震惊，他在多纳尔森堡附近大败敌军，迫使敌将在情急之下不得不来函询问，他退兵的条件是什么。格兰特回信说："必须立即无条件交出要塞。"这个强有力的回答令北方民众为之振奋。他的名字一时间也在人民的心目中成了让敌军"无条件投降"的代名词。仅仅参战十二个月，这个曾处处碰壁受挫的皮革店伙计就升任了少将，并为北方赢得了一场本年度最重要的战役。不过，格兰特现在又会时常像以前一样喝得酩酊大醉，他的上司也又开始对此大加抱怨了。可尽管如此，林肯却坚持要他留在军队里，后来又任命他为田纳西军区司令。但不久后，哈勒克将军、内阁成员以及报纸杂志纷纷对他表示不满。而且有一次，他还在给自己上司的一封信里出言不逊。事后，就连他自己都以为，这次他肯定得受处分了。面对舆论的谴责，他一直保持沉默，既不解释什么，也不申辩什么。当总部把本该传达给他的命令传达给了他的下属，后来又没征求他的意见便擅自行动时，他也从不抱怨，从来没有对哈勒克耿耿于怀，也没有因此而给下属"穿小鞋"。他沉默寡言，政治上总是不偏不倚，又不爱出风头，所有这种性格都让一些人认为，他只不过是个普普通通的军官而已，而他之所以取得了两次胜利只是偶然情况，是"瞎猫碰上了死耗子"。可他依旧故我。骑马打仗，他从不带手套，而且只穿便装，像他这样的军官在素米披挂整齐，威风八面的将军们中间显得很是奇怪，这和那个总穿着皱皱巴巴的裤子、邋里邋遢的现任总统站在一群西装革履、衣冠楚楚的政客们中间相比，简直是有异曲同工之处。事实上，恰恰是格兰特的这种无拘无束的性格吸引了总统，他抵挡住了所有对这位少将的攻击，坚持说："再等等看，再给他一次机会。"

林肯和格兰特有类似的生活和成长经历，从很小他们就以从事体力劳动为生。林肯十六岁的时候就被公认为是最优秀的伐木人；而格兰特则在十岁时就只身坐车前往四十英里之外的一座城市生活。然而，曾以力气谋生的他们却都更相信人类的智慧，不愿仅仅依靠体力过活。他们与生俱来的那种朴实无华的品质是那么根深蒂固，以至于格兰特在西点军校那帮自命不凡的纨绔子弟中整天耳濡目染也没有改变。他们两人对自己的外表都无意修饰，做事毫无规矩可言，生活也没有计划性，而且又都有些害怕女人；和他们的同行们相比，他们遭受偶然事件的打击都很多。都是命运让他们一下子坐上了现在的职位，迫使他们发挥自己的重要作用。他们运用干脆利落的处事方法在复杂的政治问题以及作战问题的旋涡中各自做出了最为简单有利的决定，他们所发出的号召都是既清晰又果断。

1863 年 7 月，由米德将军（1815—1872）率领的八万八千名联邦军和罗伯特·李将军（1807—1870）所率领的七万五千名南军弗吉尼亚军团士兵在宾夕法尼亚的葛底斯堡展开了一场南北战争中最重要，同时也是美国国土上所打过的最惨烈的会战。数以千计的士兵丧生疆场，双方伤亡总数超过了五万名。

此图展示了激烈的战况：一名南军士兵正奋力举起一面已破烂不堪的南部联邦旗帜，试图坚持下去。然而南军最终还是输掉了这场最为关键的战役并从此一蹶不振。

当然，他们二人也有不同，林肯在任何问题上都有节有度，而格兰特面对酒精却没有节制。他之所以借酒消愁，是因为他那种拘谨消极的性格无法像林肯的性格一样实现自我平衡，而这一点显然在青年时代就影响了他的前程，后来，即便在他功勋累累时也让他难以得到应有的认可。林肯无论在受教育程度、思考能力以及哲学思维等方面都胜过他，林肯的头脑当中潜藏着永不枯竭的力量，这种力量能使他一步步走出黑暗，踏上辉煌的人生里程。从年轻时起，林肯便具有丰富的想象力，这也是格兰特所缺乏的。正是这种想象力使得林肯能够准确无误地对自己周围的人做出判断。因此种种，格兰特只有经过和林肯的私人交往才能慢慢认识到自己和他的相似之处，而林肯则远远地便能辨出他们俩共同的地方。在对战争具有决定意义的那年年初，林肯就从诸多的军官当中提拔了格兰特。

如果没有林肯的判断力，格兰特可能永远都不会成为民族的英雄和战场上的赢家。

上图展现了战场尸横遍地的景象。在那场可怕的战役结束后，那数以千计的尸首一直停放了数月都未得掩埋。

二、节节胜利

在开战后的第三个年头，确切地说就是在一八六三年的四月份，新任总司令才下令进军至关重要的维克斯堡。倘若这场战争只是南北双方之间的决斗，那么南方可以说已经胜券在握了，或者说，北方至多也就是凭着打持久战，慢慢消耗南方的兵力，再凭借自身的优势力量，慢慢缩小南方的势力范围，方能赚到些便宜。实际上，对这场战争的成败真正举足轻重的乃是北方实行的南部封锁。南方因此无法从欧洲进口任何东西，包括原料和武器，同时它出口的途径也被切断了。最后，南方就只剩下两个港口尚可以在北方的监视之外进出少量的商品，不过，只要密西西比河畅通无阻，它就还可以从得克萨斯州绕道墨西哥保证从欧洲进口的粮食来源。因此，对北方来说，最为重要的就是要夺取南方的那个仓库和门户——维克斯堡。

像当年攻占新奥尔良时一样，北方还得水陆并进，河道里要使用带有加农炮的战船。格兰特十分大胆地截断了城堡和北方联系的交通要道——就像当年波拿巴第一次进军意大利时一样。在多次战役中他先后击退了两股敌军，包围了那座城市，切断了它的粮食和补给供应，并与此同时对它进行了毁灭性的打击，最终迫使叛军在美国独立日那天开城投降，大约三万守军放下武器束手就擒。紧接着，他又拿下了休德森城堡，从而为北方打通了密西西比河。两年之后，当第一艘北方的轮船从圣路易斯开往新奥尔良时，林肯深深地松了口气，心潮澎湃中他写下了这样一句话："形势正在好转，这条母亲河又可以畅通无阻了，瞧它，正欢快地奔流到大海的怀抱里去呢！"

同期，另一名司令官却在给北方的最后胜利拖后腿，他就是胡克，合众国的新生力量。自一月份以来，他就接替了毫无战绩的伯恩塞德，当上了北方的总司令官。然而，胡克做事过于鲁莽，以至于五月份他就在钱瑟勒斯维尔一役中被打得落花流水。这次失败使李将军有可能在日后发起第三次进攻，当然也是最后一次。是的，李将军又一次卷土重来了，他的人马从马里兰州直打到了宾夕法尼亚的边境，让北方人大惊失色。重新启用麦克莱伦的呼声越来越高，但由于胡克的坚决反对，林肯最终还是放弃了麦克莱伦，任命了米德作总司令。米德是个瘦削、呆板的人，看上去很像是个教书先生，事实上除了纸上谈兵之外，他几乎一无所长。

当这位北方新任的司令官和南方的李将军两军对垒的时候，他们二人以及整个美国都感觉到了，战争的结果不久就会水落石出，因为，此时此刻，只要南方再取得一次胜利，那欧洲诸国马上就会相继承认南部同盟的合法地位，而北方反战的民主党人也会因此而获得人民的拥护。

可就在战役打响后的第三天，也就是格兰特在另一个战场上获胜的同时，米德也打了个胜仗。六三年七月初，在葛底斯堡战役和维克斯堡战役中，北方均大胜南方。如果这时北方能够乘胜追击的话，那么此时此刻就可以给这次南北战争画上一个句号了。此时的北方形势相对乐观，华盛顿也已经不再腹背受敌、岌岌可危；而南方只剩下了大西洋沿岸地区。北方对它的封锁是彻底的。此外，杰克逊将军的阵亡也加重了南方的危机。南方之所以又支撑了将近两年，是因为北方一度作战不利，贻误时机；同时，这也和李将军声震四方不无关系。

自从林肯重用格兰特以后，他便不再亲自指挥战斗了。当初他研究战略战术本就不是想要独揽大权，而是被孤立无援的情势所迫，不得已而为之。当时，他在向各路将领提出自己的意见时也总是加上这么一句，"……这并不是命令。"其实，如果从一开始，北方将领就能认识到林肯的远见卓识并接受他的意见，那么战争的进程可能就是另一番景象了。当初，林肯就曾提醒胡克，让他立即渡河作战，因为如果军队被困在河上，就会像一头公牛半跨在篱笆上一样，前不能用角，后不能用蹄，只能听任狗群的撕咬。那之后，林肯又写信给胡克说："如果李将军的先行部队到达了马丁斯堡，而后续部队还落在弗雷德里克斯堡和钱瑟勒斯维尔之间的话，那我想，这个庞然大物一定有哪个部位非常薄弱。能不能想办法把它拦腰截断？"可是，他这种农民似的想法，那个自负的胡克将军根本没放在眼里，结果却是搞得自己战场失利。后来，外界纷纷评论说，那位作战专家的做法实在令人不敢恭维，而恰恰是"外行总统"的看法反倒是正确的。

如果说林肯高估了胡克的能力的话，他却没看错胡克的为人，而显然胡克的性格为人更加降低了他的能力。早在林肯任命他为波托马克军团的总司令时，就曾给他写过一封信，信中颇有些疑虑之意。这信根本不像是要对他委以重任，反倒像是给一个与此毫不相干的将军写的一样：

"我必须得告诉您，在某些事情上我对您不尽满意。我相信您是一个英勇善战的军人，这当然让我非常欣赏。同时我相信您，没有把政治和您的职业混在一起，我想您这样做也是对的。您的自信是一种必不可少的可贵品质。您有雄心壮志，这在适当的范围内也可以说是益大于弊。但是，我听说，在伯恩赛德将军指挥兵团期间，您曾极力和他作对，并表现得野心勃勃，不可一世，我认为这种举动，无论对国家还是对您那位可敬的同仁都十分不公平。"

"另外还有可靠的消息说，最近您曾扬言，军队和政府都需要一个独裁者。对此，我不想再追究什么，而且几乎已经把它抛在脑后了，所以现在我才会说服自己任命您为司令官。只有打胜仗的将军才能扶植起独裁者。

我现在对您的要求只是要在战场上立功，而我也甘愿为此冒一下独裁统治的危险……此外，我很担心您过去向部队灌输的那种挑司令官毛病、对司令官不信任的思想，现在会转而对您自己不利。不过，我将尽全力帮您刹住这股歪风。一旦军队里有这种风气盛行，那么不管是您还是拿破仑再世，都别想打什么胜仗。您现在一定不能草率从事。请您抖擞精神，小心谨慎地去前线一展身手吧！"

这是林肯的一种新的写信风格，近来在和各位将军、政府官员、士兵和请愿者们的周旋中他曾多次使用。他这不再是求教、咨询或是建议的口吻，而是用了一个上了年纪、经验丰富的人的权威口气；一种"人民之父"的口气。虽然他清楚人无完人，自己也不例外，但也知道，自己乃是一国的领袖，所以他态度严厉。当然，在这种强劲的和弦之中也不难听出幽默的银铃在叮当作响，信中使用了颇多讽刺，他虽然对很多人非常失望，但依旧与人为善，这里的幽默恰恰说明了这一点。

战争局势一直阴晴不定，这深深牵动着林肯的心，让他寝食难安。在他写了这封信的几个月之后，胡克就在一次会战中大败。林肯也深受打击。一个目击者描绘了他当时的情况："三点多钟时，他走了进来。我永远都忘不了他那绝望的神情。他手里拿着一封电报，原本就有些泛黄的脸色如今变得煞白，就和他身后的墙纸差不多，人们说，那是种'法兰西灰白'。"他用颤抖的声音说："请给我念一下。从战地发回来的消息，现在军队正从河的南侧撤退，不少人可能已经葬身河底了！"当这个人大声朗读的时候，"林肯的表情像个幽灵一样，更加让人心生怜悯了。他双手交叉在背后，急躁地踱着步子，嘴里嘟囔着：'我的上帝！让我怎么向全国的民众交代呀？'而且他马上派人准备船只，准备亲自和哈勒克去一趟战地军营。"

不久，当米德又打了胜仗，成为国内民众眼中的英雄时，林肯又给他写了封信，询问他能否委派失意的前任胡克将军在他的指挥之下统率一个军团。写这封信时，总统的态度十分谨慎："你可以在回信中开诚布公地谈你的看法，我向你保证，绝不会把你的来信或是信中的内容让任何其他人知道，让你难堪的。我是想在决定他的问题之前先了解一下你的意见。你无需为了让我高兴而违背你完成事业的宗旨，无需作任何违心的答复。"

其实在林肯的心目中，统领全军的总司令一职非格兰特莫属。当初他在给格兰特的信里就向他表示了信任；后来，他又对格兰特的对手们说："我们缺不了他，因为他才是真正在为北方作战。"当有人在林肯面前指责格兰特嗜酒成性的时候，虽然林肯也很反感酗酒，但他却借用了当年乔治二世在有人谴责他的将军希尔夫时所作的回答，为格兰特开脱："那么，您知道他喝什么牌子的威士忌酒吗？如果您知道，请务必告诉我，我得派人多买几桶回来，分给其他将军们喝！"

在夺取了维克斯堡之后，格兰特收到林肯这样一封信："我想，我们二人还尚未谋面。我写这封信的目的是为了向您表示感谢，感谢您为国家立下的汗马功劳。我还想另外多说几句。在您最初到达维克斯堡附近的时候，我原以为您会指挥部队越过山谷，但您却没有这么做……当时，我真觉得这次远征是凶多吉少了。我只能指望您在战术上比我懂得多，是我的考虑不够周全。当您转而向北前进时，我也曾担心这是个错误。但现在，我必须亲口承认，您是正确的，是我错了。您的非常忠实的亚·林肯。"

这正是林肯的伟大之处。其实根本没有人知道他想过什么，怀疑过什么，更没有人故意刁难他，让他坦白自己的想法，至少那个战胜的将军不会。但他因为自己曾经对这位将军不信任而感到不安，感觉对不住他，应该补偿，向他表示歉意。正当格兰特战绩辉煌之时，林肯觉得必须得解开自己心头的这个结，向对方坦白。他根本不去考虑，倘若对方误解了自己，很有可能会大大降低自己的威信。当然，林肯了解自己周围的人，也很清楚，自己是在跟谁打交道。

现在的林肯比以前更懂得如何评价别人，如何待人接物，分而处之，这都展示了他对人性清晰的认识。他也知道，过多的干涉和在意有时会对别人造成潜在的伤害。

三、智斗法兰狄甘

"按照公民的意愿办事绝对不会出错，无视他们的愿望才会徒劳无功。所以，重视公民心愿的人会比那些只会炮制法律，独裁独断的人办事更为省力，因为使法律和决定得以实施的恰恰就是公众的意志。"

这是真正的美国式的根本理念。这个从西部荒林里走出来的人完全承认自己对公众的依赖，而这也正是他进行艰苦奋斗的力量源泉。随着前线军官之间相互倾轧的不断收敛，随着党派纷争的不断减少，南北双方的斗争达到了白热化，无论是反战的民主党人还是恋战的激进派人士都希望能赶快结束这场旷日持久的战争；在这一问题上，他们的不同之处只是，前者想通过达成普遍的妥协给它画上一个句号，而后者则是希望通过激烈的战斗来做一个了断。和以往的战争一样，在这场战争中，战时法规和征募军队又一次成了反对党拉帮结派诋毁政府的借口。

林肯想把自己在战争时期的最高统帅权扩展到处理日常事务中去，然而在美国，这种事比在欧洲的任何一个军事国家都更难。即便是某位著名法学家能从大革命时代找到一个有利于林肯的先例，我们也不难看出，那种权力的实施是难以得到保障的。国防部有权出于政治原因在国内抓人，但对这种越俎代庖之举又能作何解释呢？这是一个政治问题。此外，什么是真正的战争需要，什么又是某个政党心怀鬼胎的党派伎俩呢？这又是一个政治问题。林肯签署了议会提出的一项补偿法案，同时提出申请，要求扩大自己的职权，原因是，按照一部旧有的法律，总统有权在某位部长突然去世或者病重时任命新的部长。

战争后期，在处理某些事务时林肯变得十分严厉。这个曾经释放了上百个逃兵的总统如今下令逮捕了几百个煽动停火的谣言家。而这两件事都给他带来了麻烦，当年有人骂他是懦夫，而今有人斥他为暴君。

但这个暴君的名声却越来越响亮了，因为人们了解了他维护合众国的良苦用心，特别是在战争即将结束的时候，赛华德和斯坦顿共同颁布了一项法规，保护那些南方派来的卧底、代理人以及某些失败论者免受攻击，虽然这项法案和林肯意见相左，但他还是表示赞成，因为如果他想要把这场半数人都公开反对的战争进行到底，并且取得胜利的话，那他必须这么做。可就是现在，仍有人在长南方的志气，灭北方的威风。就在不久前，整个国家，当然也包括南方的叛军都听到了某个议员在议会讲台上的叫嚣，他说他同情南方；总统的全部思想就是妄自尊大，而这种思想无疑会导致争吵和杀戮。

"我想，在座的各位以及所有其他人长期以来就都相信，南方是永远都不会被打败的，永远不会！"

这个议员名叫法兰狄甘。此后不久，他就失去了在华盛顿的议席。不过，当时他在俄亥俄地区的势力已经足以让反对派对总司令违令不从了。于是，那位总司令宣布，凡是和叛军勾结或是助纣为虐者，均将被作为叛国者或是间谍加以指控，并按军法处置。在一次大型集会上，法兰狄甘将矛头直指林肯，并称：总司令所发布的命令乃是大多数人所鄙视和不齿的竞选阴谋。这种阴谋令所有热爱自由的人无法忍受，而这正是"林肯国王"的杰作。这位演说者还声称，当时北方已经有五十万人参加了秘密社团，其中的几千人还佩戴着南方的标志，而且这"千真万确"。"杰斐逊·戴维斯比林肯更加光明正大！"虽然，那位总司令本人也隶属民主党，但听到这番话，仍不禁义愤填膺，他派人到法兰狄甘家里把他抓了起来，并施以监禁。

此举让林肯颇感意外，他并非觉得那位总司令的动机不对，而是认为应该以一种更为巧妙的方法处理这件事。可是除此之外，他又能如何去对待那个煽动者对他的造谣诋毁呢？在那个人的嘴里，林肯简直就是个无恶不作的魔头！面对空荡荡的四周，林肯常常会颓然意识到自己能力的有限，在被形形色色的斗争搞得焦头烂额时，他也一再扪心自问，到底如何才能把问题处理得更好，若是自己让贤给他人会不会对局势更为有利。每当他对此百思不得其解的时候，只要他想到自己乃是国民的儿子，永远肩负着他们的希望和信任，便会摆脱那种自我谴责，得到些许安慰，化苦恼为自信。而今却有人公开称他为"林肯国王"，他该如何作答？

不过，他马上就有了个新点子：他不仅修改了对法兰狄甘的判决，把这个政治狂热者从监狱里放了出来，而且还在南北双方达成一致之后，派一队士兵在南北边境上把他交给了南方人。这出恶作剧引发的效应是巨大的。在南方，众人齐声欢呼：北方政府终于做出了民主的行为；而在北方却是谴责之声四起，上百篇评论中称，法兰狄甘并不是战犯，他犯的是叛国罪，不应被随随便便交给叛军，这是对国家的不负责任。而此时的林肯却面目从容，因为他知道，除去记者和道德论者的说教，还有一种东西力量更为强大，那就是美国人的幽默感，因为此事，法兰狄甘日后一定会被贻笑大方，甚至一辈子都难以翻身了。

此时此刻，法兰狄甘一定正形容尴尬地站在他那"亲爱的"敌人们中间，进退两难呢。如果他如愿以偿得以建议南方妥协，即便是南方听了他的话，他也会担心南方在北方势力的减小会削弱民主党在那儿的影响力；而若是他建议南方入侵宾夕法尼亚州，又一定会引起北方的公愤，使他们万众一心，同仇敌忾，齐抗叛军。于是，他只得含含糊糊地建议南方，再坚持一年；到时候，北方会举行新一轮的总统大选，而"林肯朝代"也就会成为过去时了。表面上看，南方总统对他很客气，还友好地接待了他，而事实上，他却根本没把法兰狄甘当成一回事。不久后，这位迷失了方向的骑士就乘船突破封锁线逃到了加拿大。从那儿，他给北方写了一封公开信，声称，南方已经决定要奋战到底，直到最后一兵一卒云云，但并没有引起谁的注意。而当他再次返回故乡时，林肯便懒得再去过问他的事了，因为那次强制性移交已经使他的影响力一落千丈了。

在对这件事的处理上，林肯和其他政治家们不同。他并不竭力维护自己的权力，而是放手把问题交给人民去商量解决。在逮捕了法兰狄甘后不久，他给一个反对自己的州长写信说："……法兰狄甘的被捕，并非是因为他有损本届政府的政治前景或是总司令的个人利益，而是因为他给军队造成了危害，而我们国家的命运恰恰是依赖于军队的存在和它的力量的。既然他要和军队为敌，那么军队必然要对他进行军事审判，这是完全符合宪法的……坦率地说，如果当时处理这个问题的人是我，我也不知道自己会不会下令逮捕他。这并不是推卸责任。我相信，战场上的指挥官是处理这种特殊问题的最佳人选，这是一条普遍的规律……当听说法兰狄甘先生被捕时，我感到十分遗憾。之所以感到遗憾，是因为我觉得似乎的确存在逮捕他的必要。无论如何，在不破坏公共安全的前提下，我很愿意尽快释放他。此外，我认为，随着战事的发展，开始处于极度混乱状态的舆论和行动都渐渐形成了一定之规，日益趋于正常化，所以以后我们就没有必要采取强硬措施了。"这封信使得成千上万的群众又重新聚拢到这位总统的周围，因为即便是对待自己的对手，宽宏大量的他也会公平以待。

当法律和政治事件交织在一起，处理过程中，林肯总是以他的那种正义感作为原则。在听说密苏里州的一位将军想要驱逐一名神父之后，他马上派人找来了这个神父，向他询问了事情的原委。然后，林肯给那位将军写信说："和他交谈之后，坦白地说，我也觉得他的确有亲南方之嫌。但是，我认为他的道德品质倒是完全可以信赖的。他宣过誓，要忠于联邦，事实上他从未违背过誓言，没有任何不轨行为，也从未玩忽职守，因而对政府不构成任何威胁，我不知道，是不是仅仅出于怀疑就必须把这么一个人驱逐出境？"和当年作律师时一样，他的正义感依旧是那样不可动摇。当初在斯普林菲尔德，就是这种正义感支持着他为营救一个小人物，而毅然依法给某位显贵判刑的。

第一封涉及法律和政治事件的复杂问题信件是写给纽约州州长西蒙的，他是林肯的死敌之一：在征兵问题上两人就曾针锋相对，互不相让。记得开战两年时，议会风波骤起，因为一些议员提出，兵役制是对公民自由的粗暴干涉。风波平息之后，兵役制才被作为一项正式的法律加以实施。但由于费用问题，一些联邦州多次对此表示反对，骚乱也时有发生。因为这项法律规定，战争结束之后会给志愿兵以财物上的补偿，在这种利诱之下，一些人心甘情愿地参了军，一些人被迫遵守了这项规定，还有一些人则花钱雇别人替自己参军——这在这项法律中也是被允许的。而那些拿了钱去代人当兵的人一有机会便会逃出军营，再重复类似的交易。

对在大城市征兵，西蒙始终持抵制态度。林肯曾邀请他来自己这儿作客，而对方却在三个星期之后才答复说没有时间，但会给林肯写信。可是哪知道就连这封信自此也如石沉大海，踪迹全尢。其实，他是不想因为和总统有瓜葛而丧失了自己的"清白"。同样，对于斯坦顿的邀请他也置之不理。那年夏天，纽约爆发了一场由外国人发起和领导的暴乱，目的是制止征兵。整整四天，暴徒们在纽约城里烧杀抢掠，无恶不作。许多黑人惨遭杀害，一家黑人孤儿院也被放火烧毁。面对此情此景，那位州长却在公开讲话中与那批暴徒称兄道弟，态度暧昧，劝他们冷静些，他会替他们做主，出面帮助他们。哪怕就在这样混乱的形势中，林肯依旧顶住了美国这座最大城市的风暴，坚持战斗。

一年之后，愤怒和失望在他身上如洪流破堤一般爆发了出来。当时，芝加哥暴乱又起，目的也是反对征兵。《芝加哥论坛报》的一个代表和另外两个人去拜访了斯坦顿，表明了反对征兵的态度，紧接着他们又来到了林肯这儿。林肯重又带着他们三人返回斯坦顿处，共商征兵一事。起先，林肯只是静静地听着他们聒噪不已，一言不发。"可突然，他抬起头，他那灰暗愤怒的目光直视着我们，'我的先生们！当年，除了波士顿之外，芝加哥是最主战的。西北部也和新英格兰一样要同南部作殊死的搏斗。你们中的大部分人应当为那里流淌着的鲜血负责！因为是你们号召发起了战争！你们要求解放，我去实现了。而在你们得到自己希望得到的东西之后，在我为了如你们所愿，能够尽快结束战争而不得不征兵的时候，你们却站在这里歇斯底里地说反对？难道你们就不感到羞耻吗？实话告诉你们，我完全有权让你们做比征兵难百倍的事情！好吧，现在就请回家去征集一支六千人的特种部队！还有您，麦迪尔先生，您的行为真像个胆小鬼！起初您和您的报纸比西北部任何其他人任何其他报社都更主战。您原本可以号召起许多人来的。可如今，您却在这里大喊大叫，说什么你们个人受到了威胁，别人应当珍视你们。快回家去给我们送些军队来'！"

这种情形是很少见的。没有人能料到一向温和的林肯会这样爆发。他的愤怒无可指摘，他的责骂也有理有据，因此这一席话强烈地震撼了几个来访者，以至于他们几乎被面前这个愤怒的朱庇特①说服了。谁也难以相信，这愤怒的朱庇特就是一向说话讽刺调侃，轻描淡写，一向与人为善的林肯。

四、难以说清的战争

南方已然成为了一座孤岛。自从最后一条通往欧洲中立国的途径被切断之后，南方几乎没有一个船长敢再冒险去冲破海上的封锁线了，这也就使得那里的所有物品，包括粮食、衣服和弹药都严重匮乏；食盐的供给无法保证；冬天缺煤；夏天没冰；没有皮革，不得不用木头做鞋穿；病人的

---

　　① 罗马神话的主神。

境况更惨，他们平时连顿像样的饭都吃不到，就更别提什么对症的药品了。整个南方，人们食不果腹。由于缺乏给养，士兵的人数也越来越少。除非使用专制和铁腕，否则南方一定会被此起彼伏的暴动吞没。凡是十七至五十岁的男子都被征入军队。可尽管如此，出钱找人代服兵役的现象仍旧层出不穷。于是，有人气愤地说，这原本是一场富人们的战争，可去充当炮灰的都是穷人。不过这些老百姓当然是不敢公开发表这种言论的，因为所有言论和报道都受到严格的监控，稍不留意就会大祸临头。是的，只有和杰斐逊·戴维斯日益膨胀的战时法规相比，人们才能认识到林肯制定的法规是多么谨慎和合理。

到了战争后期，若说南方还有什么优势的话，那就是，自始至终南方人都一直满怀激情。和北方反战者到处煽风点火、造谣生事相比，南方几乎听不到反对派的吵嚷声，尽管他们的骄傲情绪已经受挫殆尽，但他们仍旧顽固不化，以至于他们不仅不努力交换战俘，反倒一直试图对此加以破坏。当时一些被北方组织俘获的南方士兵以及在北方居住的南方人共同宣誓，他们绝不会再举起枪对准北方。在他们宣誓之后，北方就把他们遣送回了南方老家。可是，这些人回乡之后却又不得不按照南方的法规，正式解除誓言，被重新编入军队，继续同北方作战。当时，有人也建议林肯玩同样的把戏，被林肯断然拒绝了，他说，那是一种违背所有道德准则的堕落行为。于是，北方人只好把胸中的愤懑一股脑地发泄到南方战俘身上。其中最倒霉的是那些二次被俘的黑人们，他们一队一队地被带到刑场，未经审判便被开枪打死，以求杀一儆百。在这种群情激越之中，一些北方军官又开始像新奥尔良的巴特勒一样，在被占领区里施行残酷镇压了。战争的最后一年，北军在弗吉尼亚州的所作所为已经远远超出了报复的范畴。就连一些北方人也害怕那些行为会招来报应。

随着时间的推移，这场内战的性质越来越模糊。秘密社团也随之层出不穷，它们名目繁多，有的叫"自由之子"，有的叫"金环骑士"，还有的叫"骑士勋章"，诸如此类，不一而足。而这些秘密社团不伦不类的道德标准又正合某些社会底层人的口味。这些人没受过什么教育，手里有枪，有的还干着间谍的勾当。林肯本人和他的政府平时只是过问日常事务，间或才会派人去调查这些组织,抓几个头目,始终都不愿意组织一次全面清查。他一直希望能凭借自己的智慧、耐心和幽默去赢得他们,更好地处理这个问题。对敌人们,他总是戏称"那些南方的先生们"!而且他还正式强调,南方不是外国,而是美利坚合众国的一部分。"你们知道,军队里有一句话我不能苟同,那就是:'把这群强盗赶出我们的国土!'……我们的将军们难道从未想过,南北双方的土地都是我们的国土吗?"

内战的双重性质常常令林肯犹疑不定。麦克莱伦终于打败了他过去的师傅和今天的对手李将军;但没有乘胜追击,而是在犹豫之间白白丧失了一个取得全面胜利的大好机会。对此,林肯私下曾表示过对他的不满。当米德在葛底斯堡战败,继而提出辞职的时候,林肯给他写过这样一封信,信中说:"当时,我自己正处于极度的苦恼中,无法自拔,所以才把怒火发泄了一点出来。自从葛底斯堡战役以来,我几乎一直受到一些所谓证据的纠缠,说你本人、库奇将军和史密斯将军不愿意和叛军开火,不想动一兵一卒,只想放他们逃走。如果你想对这些所谓证据作更多了解的话,等到我们大家的心情都好转之后我再仔细讲给你听吧。"而后,林肯又逐个分析了战役中没有被充分利用的机会,"此外,我亲爱的将军,我认为你并没有充分认识到李将军逃跑的严重后果,那无异于放虎归山,实在是后患无穷。要知道,当时他就像是你的囊中之物,只要继续把他团团围住,再加上我们近来取得的其他胜利,我们就可以给这场战争画上一个圆满的句号。"

不过,林肯最终还是没有把这封信寄出去,这可能是明智之举。尽管如此,他仍旧担心,北方率军打仗的将军们那种错误的荣誉观到头来会害了整个国家。林肯就是这样,一旦觉得自己所谈论的正义感有假仁假义之嫌,那他就宁愿不把这番言论公之于众。事实上,一连几年,他曾经对不同的将军产生过疑虑,这次之所以没有表达出来,其原因就在于,他想要为国家保住这个打过胜仗的将军。

是的,他把敌人的土地同样看作是祖国的一部分;他的妻子有兄弟正在敌方和北军作对;他还因为那个未曾谋面的外祖父而具有一半的南方血统;这一切使得这场内战让他几乎每天都不得不忍受煎熬。这位"人民之父"，现在究竟在想些什么呢？在他的将军们身上，他肯定也发现了和自己一样的思想斗争：雄心壮志驱使他们奋勇杀敌，争取胜利，但为此他们不得不放弃仅存的那点骑士精神，去斩杀他们在南方供职的同仁。这场声势浩大的内战，用林肯哲学家一般的眼光来看，不就是一场游戏吗？只是直至今日，它的游戏规则尚未确定，结局也不得而知。

因此，他并不阻挠谈判者为战争进行的调停。他曾放心地派两名反战派的领袖越过边界前往南方，去和戴维斯谈判：可是，这两个人只讲了一些宗教问题和对法宣战的问题，最后带着全盘改变了的观点无功而返。格瑞利是主和派的代表人物，他对林肯的政策一向持反对态度。开始时，他对林肯在奴隶解放问题上的犹豫不决表示不满，而今，他又因为林肯在同一问题上的坚定不移而感到不快。现在，他所希望的是交战双方能够达成妥协。第二年夏天，他致信总统说，有两个南方代表带着戴维斯的信正在加拿大边境等候。林肯私下打听了《纽约时报》，认为格瑞利的消息不准，但又不便对他的建议置之不理，于是，他想出了一个聪明的主意，既然有人想得到别人的重视，那就让他去为自己那荒谬的建议负责去吧！于是林肯派格瑞利本人去了边境，让他自己去查探清楚，那两个代表到底带没带信件。受到了这番戏弄之后，格瑞利自然不肯善罢甘休，他继而向总统发起了更加恶毒的攻击。而林肯胸有成竹，他平静地反驳道：年轻时在西部，人们总是不断地修补他们的鞋子，一直修到皮子都糟得没法再修为止。格瑞利就像那块皮子一样，已经无药可救了。

早在一年以前，林肯就给"所有相关人士"写了一封公开信，信中说："所有要实现和平，统一联邦，废除奴隶制，主张对指向合众国的枪口以牙还牙的建议，政府都将加以考虑，并酌情予以采纳……提出建议的人也都将得到表彰。"

事实上，这是对所有主和派以及他们媾和尝试的一种否定。不久后，当林肯的老朋友，现任南方联邦副总统，民主党温和派领袖斯蒂芬斯在法兰狄甘的怂恿下，要携带"杰斐逊·戴维斯总统"的信函来华盛顿斡旋时，被林肯断然拒绝了，林肯说："斯蒂芬斯先生的愿望是不切实际的。联邦和叛军之间的交流完全可以以其他方式进行。"

五、解放奴隶

　　"上帝一定是喜爱所有普通人的，否则他就不会把他们创造出来。"这句话道出了林肯对白人工人以及黑人工人们同样的感情。这样说不会触怒任何人，这句话可不是哪个死啃书本的人能想到的。一次林肯还说："如果上帝真的允许奴隶制存在的话，那他在创造人类的时候，就会让那些只吃喝玩乐而不劳动的人只长嘴不长手，让那些只劳作却得不到享乐的人只长手而不长嘴。"

　　在日常的繁琐事务中，在时而成功时而失败的压力中，在党派的纷争中，林肯始终没有失去自己奋斗的指路明灯，他总是抬头注视着前方。在探索和奋斗中，他渐渐意识到，在纷繁复杂的世界上，存在着一条最值得珍视的规则，那就是在斗争中守住道德底线。在战争接近尾声时他说："我们这个世界似乎缺少对'自由'这个概念的正确定义。大家都自诩拥护自由，却不知道，我们所谓的自由其实并不是一码事。一些人认为，一个人可以让自己使用自己的财产做一切自己喜欢的事情，这就是自由；而另一些人则说，一部分人可以让其他人用劳动去做一切这一部分人所喜欢的事情，这才是自由。打个比方说吧，一个牧羊人从狼的嘴下救出了一只羊，羊当然十分感谢他的救命之恩，但此时此刻，狼却在咒骂这个牧羊人，说他干涉了自己的自由，因为他从自己这里夺走了那只羊。而当那是一只黑羊的时候，狼便更会觉得自己委屈了。"此处，农民的精明，逻辑思维的严谨和政治家的清醒融合在一起。总而言之，林肯借此想要告诉世人，他所要建立的是全民的平等！

　　在自己的人生道路上，他从未比现在更充实过。这种平等的思想是他一生中最为重要的思想，他对此所做的淳朴简明的解释在人民中广为流传："每当我听到谁说拥护奴隶制时，我就恨不得让他自己去尝尝当奴隶的滋味！"一次，有两个妇女从田纳西州来到华盛顿，想要请求林肯释放他们被俘的丈夫。其中一个妇女在三次拜访林肯时都一再强调，她丈夫是个虔诚的教徒。最后，林肯释放了那两个人，却对那个妇女说："请告诉您的丈夫，我虽然无权评判宗教问题，但是依我看来，如果一种宗教指引它的信徒背叛自己的政府，同时不教化他们去救助这世界上正在受苦受难的人们，反倒让他们安于不劳而获，坐享别人用血汗换来的面包，那么这种宗教一定无法让它的信徒们死后升入天堂。"对这番话，林肯自己颇为满意，日后他曾称，这段即兴讲话是他一生中最短小精悍的演说。在一次义卖中，他说："我从未见过哪个人自愿去当奴隶。可想而知，没有一个人想得到的东西一定不会是什么好东西。"

然而迄今为止，《解放奴隶宣言》里涉及的一些问题仍悬而未决，当然，几乎所有人都了解它的历史意义。有人提出想画一幅画，来描绘林肯朗读宣言那次内阁会议的情景，于是，林肯就一边坐在那儿讲述那次开会的细节，一边给画师充当模特。他感觉，那次会议仿佛不是在两年前开的，而是已经开过上百年了。经过那么多的痛苦和煎熬，直到今天，激进派们仍旧不信任他。萨姆纳坚持要迅速全盘照搬法国大革命的模式，提出"法律面前人人平等"的口号。但是，《在全美国境内禁止蓄养奴隶的宪法补充法案》虽已获得参议院的接纳，却在一八六四年夏遭到了众议院的反对。一直把《解放奴隶宣言》视作战时措施的林肯认定，战争的结束必将同时意味着这项措施的终结。现在，他决心要把这个问题交给人民自己解决，也就是要让人民通过一项附加法案来彻底解放南方黑奴，当然最好也能解放那些黑人士兵。

如今，宣言的主要目标已经成为了现实：南北战争最后一年的年初，在北方旗帜下战斗的黑人总共有十万人，而到了战争结束时，这个数字攀升到了十五万人。虽然南方嘴上高喊着，这是白人的耻辱——这也符合某些欧洲国家的论调——但是南方人何尝不是也雇用了一些其他的有色人种，比如印第安人，加入了他们的军队？而且在说这话时，他们也压根没有想到，在战争的最后几个星期里，自己在这方面将会有过之而无不及。这时，民主党人又开始攻击林肯，要求他马上收回宣言，以尽快寻求和平。只要南北双方能够一起凑合着过日子，他们就心满意足了。林肯不为所动，他对此的回答是："只要我当一天总统，就一天不会允许那些通过宣言或是经由议会释放的奴隶们再度受人奴役……与你们一样，那些可能把合众国卷入一场战争的东西正是我极力想要消灭的！"

解放奴隶的措施一开始就遭遇了困难。按照林肯原本的想法：先解放黑人，而后把他们送出本国。他预见到，倘若让黑人和白人马上共同生活在美国大地上，很可能会造成另一场灾难。因此，他在圣多明哥边境建立了一个殖民试点，把获得自由的黑人们送到那里去生活。然而没料到的是，那里的原住民却把这些黑人交给了一个骗子。这个骗子以自由协议缺少政府印章因此不符合规定为由，堂而皇之地宣布黑人们的自由无效。对此，被送到那里去的黑人们极为不满，林肯也被搞得心烦意乱。最后，在他的敦促下，黑人们重新乘坐专线客轮返回了华盛顿，并被编入军队保护国家。

起初，只有为数不多的几个州长冒险尝试启用黑人士兵，其中之一便是即将连任的田纳西州州长约翰逊。林肯给他写了一封信，鼓励他说，像他这样一个既有能力又处在州长地位上的人应该组建一只精良的黑人部队。"我认为，您是蓄奴州一名出色的公民，而且您本身就是个奴隶主，也就更加懂得，有色人种乃是重建合众国的一股巨大力量。只是现在，这种力量还没有被利用起来。我想，只要看一眼我们派到密西西比河边那全副武装、训练有素的五万黑人士兵，就足以让叛军魂飞魄散了。只要我们下定决心这么做，谁能怀疑我们做不到呢？"同时，他还提议要对黑人战俘和白人战俘同等对待。可没过多久，形势却突然急转直下。在马里兰州一条河流的入海口处，有色人种组成的部队在白人军队中引发骚乱，导致一名军官被杀；密苏里州也出现了类似的混乱和谋杀事件；此外，肯塔基州还有人报告说，那里的民兵组织四处捉拿黑人，不征得黑人个人同意，在没有任何有关法规的前提下便擅自强行把他们编入了军队。

这些事件一时间搞得人心惶惶。林肯在一封公开信里对此作了分析。这封信是在斯普林菲尔德一个忠于联邦的民众集会上宣读的，目的之一是要反驳一个当时并不在场的对手："……在这里，我想对那些对我不满的人说两句。我知道，你们渴望和平。你们之所以对我不满是因为当前我们尚未获得和平。但是，要取得和平，不外乎要通过以下三条可行的途径：第一，用武力平息叛乱。这方面，我们正在努力。你们赞成这种做法吗？如果赞成，那我们就是一致的，如果不赞成，那还有第二条途径，那就是解散联邦。这种做法我是坚决反对的，如果你们赞成，那你们应该明明白白地说清楚。倘若你们既不赞成使用武力，也不赞成解散联邦，那我们就只好妥协了。……你们说，你们不愿为解放黑人而战。那么看看黑人们吧！他们中有些人却似乎很愿意为自己而战；不过这都无关紧要。你们就权当是为拯救联邦而战好了。我发表宣言的目的就是要支持你们保卫联邦……我认为，在你们为联邦而战时，哪怕黑人们仅仅是停止帮助叛军，叛军的力量也会大大减弱。你们不这么认为吗？我觉得，如果军队里有更多的黑人士兵作我们的帮手，那么就会有更多的白人可以腾出手来去拯救联邦了，不是吗？当然，黑人做事也和其他人一样必须有一个动机。假若我们什么都不替他们着想，他们又为什么要来帮我们做事呢？他们既然冒着生命危险来帮助我们，那他们必定要有一个目的，而这个目的恰好就是我们对他们获得自由的承诺。而且，我们一旦做出这个承诺，就必须对其信守不渝！"

就是用这种苏格拉底似的语气，在开战后的第二年里，林肯还在不厌其烦地和民众们讨论着本次战争的起因、目的和前景，因为只有当人民对此有了充分的认识之后，北方取胜才是有可能的。林肯知道，自己的听众是农民、庄园主和商人，是成千上万的父亲、妇女和士兵们，所以他讲的都是些他们听得懂的逻辑。他不用极端的字眼，不夸大其词，很少舞文弄墨，炫耀文采，语言通俗易懂，风格和道格拉斯的截然不同。他的这番话是一个多年和人民同呼吸共命运的人才说得出的。

在对这个问题所作的另一次演讲中，他曾以同样的一种英明长者的口吻说："我拥有强大的责任心。我决定要充分利用黑人们的坚实力量。为此，我将对美利坚合众国的人民负责；对基督教世界以及历史负责；在我生命即将结束的时候，我也将对上帝负责！"

六、振奋人心的相聚

这一天华盛顿街头热闹非凡，来自四面八方的人士齐集首都，因为今天格兰特即将抵达这里，他将被任命为陆军总司令，授衔中将。在此之前，只有合众国创建人华盛顿曾获此殊荣。街道上熙来攘往，军官、外交官，打扮高贵入时的女士们都聚集到了白宫的大厅。这时正值 1864 年 3 月，战时冬日的沉寂已经过去，形势明显有利于北方。后方的人们迫切希望战争结束，他们自编了歌谣来表达任命一名新统帅的愿望，歌中唱道：“亚伯拉罕·林肯，给我们一个真正的总司令！”

当晚，和几年前的林肯一样，格兰特神不知鬼不觉地抵达了华盛顿。陪他一同前来的是他的小儿子，这两个人即便在战场上也形影不离。他们一行人下榻在一座不起眼的旅馆里。一切安顿好之后，他才又悄无声息地，像个普通军官似的踏进了白宫的大门。这是他首次面见总统。

这位老兵一直远离首都，因为他反感政治家们的张扬生事，对阴谋和丑闻也有一种莫名的恐惧。今天，他没让人通报便走进了白宫，他相信自己一定可以在人群中辨认出高大的林肯。这时才九点半，时间还早。白宫大厅里人声嘈杂，沸沸扬扬，还好，他的妻子无须在这乱哄哄的人群里挤来挤去。还是林肯先发现了他。两人握手寒暄时就被人们团团围住，几乎动弹不得了。一个矮个子、身穿棕色衣服的军人站在高大的、身着礼服的总统身边，二人的表情都十分严肃。尽管他们两人都久已习惯了给众人下达命令，但这会儿，尴尬之情却溢于言表。

他们终于从人群里被“解救”了出来，卫兵们用一张沙发挡住了围过来的人群，总统这才得以把格兰特介绍给各位内阁成员。但是，众人们也想瞻仰一下这位将军的风采。于是，在战场上一向无所畏惧的格兰特不得不站到沙发上，以便能让众人如愿以偿，而他自己却显然因此而浑身不自在。日后，他曾这样回忆说：“那是我在这场战争当中经历的最为可怕的一场‘战役’！”

为了能让他事先对任命仪式有所了解，林肯给了他一份为他准备的讲稿，让他先熟悉一下，并解释说：“之所以准备这份讲稿，是怕您还不习惯在公众面前讲话。”林肯告诉他，讲话时一定要注意两个问题：一是要竭力避免引起其他军官的妒忌；二是要对波托马克兵团表示赞赏。可是第二天内阁会议上发生的事情却完全出乎人们的预料：就像当年华盛顿在一次就职演说时一样，格兰特只是宣读了他自己用铅笔写在半张纸上的两三句话，而且全然忘记了林肯的嘱咐。他们二人之间之所以产生这种小小的分歧，原因不是别的，而是格兰特不愿意受政治家们的约束。

临行前，有人曾提醒他，不要向林肯透露自己的作战计划。而他发现，林肯根本没有过问这件事情。两人进行了虽然短暂但十分坦诚的交谈，谈得颇为投机。尽管如此，格兰特仍旧不喜欢华盛顿这座城市，因此，当玛丽邀请他参加一次为他准备的宴会时，他推辞说："我必须在预定的时间之前赶回田纳西州。"

"不过，您要是不去，总统夫人的宴会就会像一本缺了哈姆雷特的《王子复仇记》了！"

"我珍视这种荣耀，但无奈时间宝贵，我必须赶回前线。对我来说，一次宴会可能意味着给国家损失掉一百万美元。"

他告辞之后，林肯说："我不知道该怎么评价他。他是我所见过的最安稳的年轻人，比我所认识的任何一个人都更不显眼。我甚至怀疑，他以前就来过我的办公室，只是我没有注意过他罢了。我相信，他在哪儿都会这样。唯一能够证明他行踪的就是，他所到之处，相关机构都会马上运作起来……有人曾经对我说，我应该亲自制定作战计划，我虽然并不认为自己真的有这个能力，但如果你们真希望这样，我会尽力去做的。有人曾表示希望我能承担起这份责任，亲自行使将军的职责，我也表示会酌情处理。目前格兰特还没有向我透露他的作战计划。我对此一无所知，也不想知道什么。不过现在我十分欣慰，因为我终于找到了一个无需我在一旁敦促就懂得如何打仗的人，让他来做我们的总司令。其他将军一般都在干些什么呢！他们往往是四处走走，观察观察形势，找出自己军队缺少的、而我又不能给予他们的东西，而后向我提出要求：如果没有什么或者什么，他们就无法取胜。他们提出来的要求常常是需要骑兵，因为他们知道我们一直都缺少马匹。格兰特刚刚出现的时候，我也想听听他到底需要些什么必不可少的东西，我琢磨着不会又是骑兵吧？仅仅是哈普斯渡口就有一万五千人还没有配备马匹。为此，我还专门写信问过他，他的回答让我颇为吃惊，他反问我说，'为什么不用这些士兵组成一支步兵部队，或者干脆就把他们解散呢？'"

在这场战争即将结束，他的生命也接近尾声时，林肯终于找到了一位和他自己一样朴实、真诚、睿智又踏实的将军。在前来华盛顿时，格兰特把原本自己统率的那支部队交给了他的好朋友谢尔曼。谢尔曼办事雷厉风行，为人开朗乐观，也是一个不可多得的将才。工作时，他总是勤于律己，严以待人；日常生活中，无论待人还是接物，他都充满爱心。他一直都把骁勇善战的格兰特尊为自己的老师。这会儿，他为对付叛军将领约翰逊已经铆足了劲，并最终把叛军赶出了亚特兰大。到了九月份，他又占领了敌方腹地，从而为发动下一次进攻占据了一个重要支点。

可以说，格兰特是第一个没有向总统提出苛刻要求的将军，原因是，他并不期待什么；反之，林肯也从不对他指手画脚，因为林肯期待得太多。"由于在新的作战计划实施之前，我们未能谋面，所以我想写这封信向您表示我的满意之情。就我的了解，您在此期间所作的一切都无可挑剔。对您作战计划的细节，我知之不多，也不想知道。您做事谨慎而且自信，对此我非常满意。也正是因此，我不想对您施加任何限制……如果您需要什么，请务必告诉我，只要我力所能及，定将全力满足您的要求。愿上帝保佑您吧，也保佑您英勇的军队和您正义的事业！"这是林肯的又一封出色的信函，所用的又是那种长者的语气。

在专家们看来，作为统帅，格兰特并不及李将军。格兰特的策略正如他自己所说的那样——只要遭遇敌人，便对它狠追猛打。有谁能扛得住日复一日的力量损失呢？北方占领的土地越多，可以征的兵就越多，而敌人的力量损失得也就越多。尽管如此，李将军还是一次又一次地从他手中溜走了。就像下棋一样，一方棋子没有损失，另一方的棋子虽所剩无几，但依旧不断地给前者出着难题，各种原因不言而喻，那就是，后者的确技高一等。在此之后，是春天进行的一次战斗。六月份，北军在战场上失利，这让格兰特的军队士气受挫，但林肯仿佛成竹在胸，并不怎么担心。七月份，正当格兰特的十五万大军兵临彼得斯堡和里士满城下时，李将军的一个部下也率兵直捣北方首都华盛顿，情形就如同三年前一样。

敌军距离华盛顿近在咫尺，甚至毫不费力就可以拿下华盛顿的某个要塞了。而这时，华盛顿市内只有些许新兵；波托马克军团正在远方作战，远水救不了近火，首都危在旦夕，总统和政府要员们的唯一一条出路就是突围。当时，一艘轮船随时待命，以解救联邦政府。而今，林肯可能实在太累了，他甚至没有时间和精力去惧怕死亡。他独自信步来到要塞，任凭子弹在自己的耳边呼啸而过，神情自若，还让人电告总司令："我们要谨慎，更要保持清醒的头脑！"后来，部长维尔斯说，他曾看见林肯一个人中午时分坐在外面的阴凉里，背对着敌人，自在地倚在要塞的护墙上，那股闲适洒脱的劲儿简直不亚于之前在白宫里作客的格兰特。

最后，格兰特的援军及时赶到，赶走了敌人，给首都解了围，敌军则安然渡过波托马克河，撤走了。

七、艰难时刻

整个国家的命运都取决于下届总统大选。如果说，上次大选使得当时的冲突更加激化了，那么当时南方相对温和的态度在一定程度上缓和了那种情绪。现在，形势依旧紧张，只是目前冲突的走向更多地取决于总统大选的结果，而不像上次那样取决于战争的爆发。倘若这次，某个民主党人当选了，他可能不会像林肯当选时那样，一直等到三月份才走马上任：因为只要十一月份他当选了，就已经在一定程度上灭了北方的士气，长了南方的威风，因为交战双方都清楚，民主党人的目标是和解，能否取胜对他们无关紧要。而倘若是共和党人当选了，那就将意味着：北方一定会战斗到底。

在党内，林肯也面临着艰难的选择。开始时，激进派认为他过去的政策模棱两可；等到他后来决心要废除奴隶制时，他们又说，这只不过是他为了能在战争中取胜而采取的权宜之计。格瑞利等人明确表示将会推举另一位总统候选人。他们起初的意中人是巴特勒·罗斯克兰，后来，他们又改为推举弗莱芒特。对此，林肯只是评论说："看到这种局面，没有谁会比杰斐逊·戴维斯更高兴了！"

眼下最令他头疼的事不是前线的战事，不是缺乏得心应手的干将，而在于他的内阁。蔡斯是个十分出色的财政专家，对国家也曾有过很大的贡献。

363

但他野心勃勃，一心想要登上总统的宝座。他先是在党内发表了一篇公文，说他无意作总统候选人，而后，又向林肯递交了辞呈。林肯回答说："朋友们已经把文件交给我了，但我还没有阅读。他们已经把他们认为合适的内容讲给我听了，我并不想询问更多的东西……关于你是否能继续担任财政部长一事，我只能以公共事业为出发点来考虑并做出判断。而从目前来看，我还没发现有改变现状的必要。"

对蔡斯的举动，林肯表现得十分冷静，他一贯如此。"蔡斯总是站在反对派那边，想要向人们证明别人对他的不公正；而他决不会不公正地对待别人。其实，通常他的工作是完成得不错的，起码比再换一个财政部长好。不过注意，我这里说的是'通常'。现在，他感觉很不得劲儿，要知道，只有当他成功地搞得别人也不得劲儿的时候，他才会感觉舒服。殊不知，那无论对谁都是一种不幸呢！"

一连几个月，他们两个人的关系都不冷不热。有时听说蔡斯烦躁不安，林肯还会暗自高兴。一次，他对一个朋友说"你是在农村长大的，是吧？那么你一定知道什么是马蝇啦！……一次，我和我的兄弟在伊利诺伊的一个农场里干活，我吆马，他扶犁。那匹马原本很懒，可有一段时间它在地里却跑得飞快，弄得我都有点跟不上它了。到了地头，我才发现，原来是有只很大的马蝇叮在它身上，于是我就把马蝇赶走了。我兄弟问我为什么要这么做，我说，我不忍心让那匹老马挨咬。我的兄弟说：'哎呀，有了它，马才跑得快嘛！'如今，若是有一只叫作'总统欲'的马蝇正叮着蔡斯先生，那么只要它能让蔡斯先生'跑'个不停，我就不会去赶走它。"

讲这些话时，这位美利坚合众国的总统就坐在安乐椅上。当他说"一次，我和我的兄弟……"的时候，就仿佛一部描写生命历程的小说就要开场，一种客观务实的风格跃然眼前，它曾经也将会不止一次地赐福给美利坚民族。这种风格来自于荒凉的西部，来自于人民，它一直和林肯形影不离。最后，在共和党决定总统候选人时，林肯再一次成功了，正是他表现出的坦然使得怀疑他的人又转而拥护他。人们曾经反感过的那些品质：那种真诚和严肃，智慧和审慎，他那慈父般的目光和语气，那深入人心的演说艺术，再加上他那张饱经沧桑的面容，渐渐让他赢得了许多人的信任。

他所采取的措施一直是有争议的，这些措施常常被误解，受到攻击。那么，到底是什么使他依旧享有人民的爱戴，得以贴近人民的内心呢？答案很简单，那就是，当别人向他表示质疑时，他所给出的睿智的答复，是他那些仿佛和人民商量似的演说，以及他所写的那些公开信。在清楚了这一点之后，他的朋友们在报纸上刊登了一篇《林肯的故事》，并就此为他的总统竞选拉开了帷幕。此间，在接见一个代表团时，林肯讲了这样一段话，这对他的竞选十分有利："我的先生们，我不想在这里自夸，说自己是这个国家最优秀的人。我只是想起了一个荷兰老农夫的故事，在一次旅行中他对同伴说：'要过河的时候换马绝不是什么好主意'。"短小精悍，一针见血，即便是年迈的老妇也能理解，但同时既尖锐又得当，连富有经验的律师也会叫好！

六月份，在巴尔的摩举行的提名大会上，包括蔡斯在内的几个人突然退出会议，令众人瞠目。引起更大轰动的则是他们的这样一段评论："我们钦佩林肯的睿智，忘我的爱国心以及对宪法的忠诚。在过去的几年里，他日理万机，出色地完成了许多任务，此外，我们也十分拥护他的《解放奴隶宣言》！"

按照林肯的愿望，他将通过一项宪法法案证明这份宣言的合法性，而这一点也写进了他的选举方案。其实，对他的重新当选而言，这一点可能是个最为危险的雷区，尽管如此，他也不愿在这个问题上含糊其辞。除了蓄奴州中密苏里的一些激进共和党人以外，几乎所有党内同仁都再次推举了他。

他为此写的接受函言辞十分平静："我认为，重新推举我作总统候选人并非是对我个人的肯定。只是大家都相信，要把当前未竟的艰难事业进行到底，我作总统可能比任何其他人都更为合适……我的根本宗旨已经得到了认可，所以我满怀感激之情并欣然接受这次提名。"这一次，他没有再像四年前那样去请教学校的语法老师，即便他去了，那位老师也又会劝他再去找其他高人修改，而其他人恐怕也只会再次推辞，因为如果现在有这么一位总统向林肯请教，林肯也会这么做。作为新一届总统候选人，从

365

穿着到办公时的表情，他更得时时注意。他不愿意因为成了下届总统候选人就影响今天做总统的尊严。

此时的民主党人内部意见也不一致。一半人主张继续战斗，另一半人则主张不惜一切代价结束战争。法兰狄甘属于后者，而西蒙属于前者，两派最后只在一个问题上达成了一致，那就是双方得出了同样的结论，即当前的战争是失败的。所以此时此刻，他们所需要的总统既不能是个失败主义者，也不能是个轻举妄动的冒失鬼。最好能找到一个被撤了职的将军，因为这样一来，那些认为当前战争很失败的人会选他，而那些希望能够速战速决的人也会选他。于是，众人的目光落在了麦克莱伦身上。他难道不正是本届政府最有代表性的牺牲品吗？对此麦克莱伦犹抱琵琶半遮面地暗示，如果这场战争由他领导，情形一定会好得多。而对本届政府在最后一年中取得的胜利，他和其他民主党人都竭力轻描淡写。当他们看到，格兰特又发动了新的进攻，而形势再次有利于北方时，他们也装作不知，继续攻击华盛顿政府，谴责它围困彼得斯堡的战略一败涂地，劳民伤财，批评它巨大的战争开支，并对军队中士兵开小差的现象听之任之。总之，他们的立场十分特殊，他们是想靠在战争中削弱民族凝聚力来从中渔利，让自己胜出。

他们在芝加哥发表的宣言中指出："在我们经过了四年的努力，想通过战争来重新获得联邦统一却一无所获时，正义、人性和自由都要求我们现在马上行动起来，竭尽所能结束战争，或通过其他手段尽快取得和平，以便建立一个所有州份都合力参加的议会，这才是众望所归。"

显然，他们是在质疑林肯过去几年的成绩，怀疑林肯不想保住和平。然而事实上，不想建立大联邦的恰恰是林肯的对头杰斐逊·戴维斯。关于未来的首要问题尚且悬而未决，他们又给今后几十年埋下了不安定的种子，因为没人知道，南部联邦到底是否有权脱离合众国。民主党的这种论调以及他们提出的候选人都让共和党人十分担忧，麦克莱伦的参选迫使林肯不得不尽快结束当前的这场持久战，以求快速取得和平，而这根本不符合林肯目前的部署。在这种情况下，忧心忡忡的林肯甚至请西蒙给民主党人带话说，如果民主党人能够在前线战胜叛军，他将会把总统一职拱手奉上。

这一决定是林肯在读过民主党人的宣言之后做出的，在一定程度上是对民主党人的让步，但民主党人依旧没有丝毫和解之意。这些天，《纽约商报》有文章评论说，政府是为了自己的利益才发动了战争云云。对林肯来说，这种伎俩早就不陌生了，早在一年前，民主党人就开始以这种方式表达对本届政府的不信任，他们还含糊其辞地表态说，将会对林肯投弃权票。对此林肯只回应了一句庄稼汉式的大实话："他们完全放弃投票才好呢！"

被提名之后，局势又变得像四年前一样危机四伏。林肯生命中的最后一年恐怕也是他最一筹莫展的一段时间。各方人士对他四面夹击，企图逼迫他在大选之前主动放弃。有人说他的参选毫无希望，格瑞利也和那些人串通起来散布他的谣言；共和党首脑则向他提出建议，马上提出几项和平议案以挽救这次大选；两名出色的奴隶解放运动者还在一篇宣言中称他是个利欲熏心的阴谋家；西北部甚至还有人计划在八月份发动一场政变结束战争。而此时，选举委员会又出尔反尔地请求他放弃候选资格，另外推举一名候选人。他们所提到的那个人便是格兰特。

早在去年，几家报纸就称格兰特将会成为下届总统。当时有个朋友询问了格兰特对此的看法，格兰特书面回答说，他有自己的事业，而且那是他现在唯一要完成的事情，即便他有朝一日想要当总统的话，也一定不是在林肯时代。就在格兰特的这位朋友收到格兰特的回信时，他得知总统要来拜访他。林肯来后，两人讨论了一阵子政治问题，而后，格兰特的这位朋友便把格兰特的回信交给林肯。看罢，林肯感慨地说："您无法想象，这封信让我多么欣慰。如果那只'渴望当总统的蛀虫'开始咬噬某个人时，没人知道它会钻得多深。至于它是否也正在折磨着格兰特，之前我也没把握。"后来，格兰特的那位朋友才听说，原来林肯就是专门为这件事来拜访他的。

六月份，有人提出要组织一次集会，表面上是对格兰特进行表彰，实际上是想提名他做总统候选人。他们希望林肯也能出席，但林肯婉言谢绝了，他回信说："很遗憾，我不能参加这次集会。不过，我仍将尽己所能帮助格兰特，以保全他个人以及现在在他指挥之下的军队。我想，他和他勇猛的士兵现在正面临着一次严峻的考验，我相信在这次集会上您一定会用您的方式去支持他们的。"这番话里，轻松的笔调和循循善诱再次融合在一起，通俗易懂但同时也指出了格兰特的局限。

因为林肯一直都不清楚，那只在荣誉和众望所归中滋生的"蛀虫"到底对格兰特起了多大作用，所以他派了一名亲信去战地军营，打探格兰特的口风。他担心，由于那只"蛀虫"的缘故，这位将军不再把心思放在带兵打仗上。得知客人来意之后，格兰特拍着椅子扶手大声说："什么？竞选总统？我不愿意，你们不能逼我这么做！"对他这个一贯沉稳持重的人来说，这种举动着实少见。

"您告诉过总统先生，您无意参选了吗？"

"没有，因为我觉得没有必要。对我来说，能打胜仗才是最重要的，而他能再次当选同样重要！"

听到回音后，林肯如释重负："我就说嘛，在打败叛军之前，您让他竞选总统！"这时，林肯觉得自己也有必要表明一下态度了，于是他保证说："只要格兰特拿下里士满，我就向他拱手让出总统职位！"类似的话，林肯过去也对别人说过，但这次乃是他的肺腑之言。和麦克莱伦争，林肯不怕，因为他深信对方不是自己的对手，然而格兰特却不同，他的确是个万里挑一的好军人，就像林肯是个好政治家一样。战争时期，格兰特是林肯的左膀右臂，林肯三年以来所从事的事业也是格兰特的政治目标，他们二人不能在总统大选中公开争斗，只能私下较量。因为担心这位将军成为自己的竞争对手，林肯的心里一度充满不安，但既然这位将军只是专心于率军打仗，他心里又产生了一丝丝的轻松感。

针对林肯，蔡斯可谓要尽了种种手段，林肯已经对他完全失去信心了。蔡斯不是多次提出辞职，想以此威胁林肯吗？现在到了林肯让他履行诺言的时候了。因为在大选过程中，蔡斯针对林肯这样一个举国皆知的自由捍卫者的所作所为对他自己产生了不良影响，所以林肯瞅准了时机批准了他的辞呈。

在这次大选最艰难的时刻，林肯竟然又提出要征兵，朋友们纷纷劝他三思而行，他却说："我决心已定。老百姓们必须要了解现在的局面。我的再次当选必将意味着要以武力镇压反叛。即便我在大选中失败了，我们的联邦也绝不可以失败。"于是，他坚定地顶住了内外的压力，公开宣布："我们之所以开始这场战争，是为了达到一个目的。那战争何时才能结束呢？我请求上帝，等到我们达到那个目的时就让它结束吧。"从这掷地有声的话语里，我们看到一个斗士的身影，而这正是慈父般的林肯在今后几个月里的写照。

征兵的决定又使得风云四起。有的报纸骂骂咧咧地写道，这是"暴君的独断专行"！说"林肯强奸民意，全然无视人民、舆论界以及避难者们的自由和宪法的规定，抵制南方的和平意愿，在短短的时间里极尽独裁者之能事，使得烽烟四起，民不聊生。即使他最后不能当选，也会不择手段地毁掉政府"！他的一位老友斯维特从纽约写信来说："林肯那些对手们，包括西蒙、蔡斯和弗莱芒特居心叵测地想要在布法罗签订一项协约，重新提名一位总统候选人。民主党人一致反对征兵，民主党中的主战派想要在芝加哥提名一个忠于联邦的总统候选人，主和派则希望通过和戴维斯结成联盟把政府掌握在自己手中，而后再以南北两军作为后盾发动一次大规模的起义。今天我们就截获了要运往印第安纳并将在那里分发的三千把手枪。我们正面临一个可怕的阴谋，最可怕的事情已经依稀可辨，这让我联想到了法国大革命。"

阴谋，最可怕的东西，为什么不干脆谋杀！听听林肯那平静的应答吧！"如果我的继任者也不会让他们多么满意的话，那他们又何必费时费力地来谋杀我呢？在一个像美国这样传统观念并不根深蒂固的国家里，只要人们下定决心，谋杀总是有可能的。"

八月中旬，就在那艰难的危机中，在众怨的巅峰，宾夕法尼亚州的一个小城里，一位店主一觉醒来，发现自己店铺的窗玻璃上有人用金刚石刻了这么一句话："1864年8月13日，亚伯拉罕·林肯服毒而死。"那位店主当时没太在意，因为8月13日已经过去了，而且他或许认为，那只是某个疯子所为。可八个月后，当全国民众都在斥责那个谋杀林肯的刽子手时，他方才回忆起，1864年8月中旬，真有一个名叫"布思"的演员在他的店里住过。

八、再次当选

夏天，林肯曾在"士兵之家"一个布置简陋的房间里住过。一天晚上，卡尔·舒尔茨和他同坐一室，倾听了他的独白。说话时他看上去显然是在倾吐心声，仿佛要摆脱自己的忧伤，让头脑透透新鲜空气似的。那些人真的有必要攻击他动机的纯洁性吗？难道这样做就能证明他们自己更加高尚吗？说到底，这么做公平吗？林肯说："尽管当时我是被大家一致提名为总统候选人的，但他们现在异口同声逼我退出竞选，要我让位给贤者。如果我愿意，我可以这么做。其他人可能在做他们自己的事情时会做得很好，对此我不想否认。然而，我当过总统，而那位贤者却没有。如果我现在自愿放弃，把位子让给他，首先他本人极有可能根本就不愿意，这样一来那些赶我下台的人就很可能要重新推选新的总统候选人，并为此争得头破血流，最后，由他们自己推举出来的总统恐怕又难以合他们的心意。这样看来，我的隐退只会使当前的形势更加混乱。我一直勤勉地履行自己的职责，公平地对待每一个人，避免冤枉任何一个人，这一点上帝可以为我作证。可到头来，我以前的那些朋友们，本来对我比较了解的人，现在竟然都开始说我被权力欲迷住了心窍，说我为了保全自己的职位，一直在干着这样或那样有损于公众利益的、不道德的事情。可当那些人想要推我下台的时候，他们又何尝考虑过公众的利益？我希望，我真希望他们考虑过！"

当时，屋里的光线已经暗了下来，点灯之后，舒尔茨发现，林肯的眼睛是湿润的。

不久以后，一位部长劝林肯休假两周，因为他快被工作压垮了。"其实这对我没用。不管去哪，我都摆脱不了自己的思想。我摆脱不了这个弱点，但我坚信，在我脑袋里待着的东西绝不是虚荣或者野心。我觉得，十一月份国家的命运就尘埃落定了，而民主党人的所有建议都将在毁掉合众国的过程中慢慢消亡。"

——麦克莱伦是主张以武力来镇压反叛的。

370 "只要有一点头脑的人都会看出，民主党人的战略是打不垮叛军的。

它只会在牺牲掉北方所有白人士兵之后一无所获。现在有接近十五万个能干的黑人正在为国家服役，其中大多数正在为我们北方而战。民主党人所要求的是解散黑人兵团，和南方奴隶主们修好，重建奴隶制。这会使那些在南方曾帮助北方战俘逃跑的黑人，再次成为我们的敌人，而这一切只为实现那个意图取悦南方奴隶主的幻想。这样一来我们要面对的就不仅仅是一个敌人，而是两个敌人了。你们想要拱手向我们的敌人奉上这样的好处，而后再低三下四地求他们跟我们搭伙组建联邦吗？如果你们真的要开除那些现在正为我们服役的黑人士兵，让这十五万人在战场上倒戈，那我们的确只要三个星期就可以结束战争。曾有人多次向我提议，让我重新把那些黑人抓起来，以获得奴隶主们的尊敬和感激。我认为绝不能那么做，否则我便会成为时代和历史的罪人！"

在这一年的八月，林肯悲凉的内心疑虑重重。他深深地体会到了沮丧的滋味，那种每个预言家都无法不去品尝的滋味，对于他这个大彻大悟者而言，仿佛一切都在远远地逃避着他，使他不禁自问，是不是已经到了他自己也该逃离自己的时候了。如果他现在放弃的话，不就意味着让一个激进的或者温和的继任者在十分有利于北方的情况下，转而再去分裂联邦，或者在完全没有保障的前提下把南北双方勉强地凑合到一起吗？可即便他林肯不自动放弃候选人的资格，麦克莱伦不照样有可能取胜吗？那个在南方长大，浑身带着奴隶主习气的民主党人，崇尚金钱和贵族地位，难道他不会受到个人喜好的驱使，重新逮捕奴隶，从而既失掉这场战争又葬送了自己的理想吗？现在早有传闻说，若是麦克莱伦能在十一月份当选总统，这个家伙会马上夺权，绝不会等到明年三月再行使总统的职权。对此林肯也放出话去，无论发生了什么样的情况，他都将坚守自己的岗位，直至法律规定的最后一天任期。可是假若麦克莱伦当选之后，又像四年前那样建立第二个政府该怎么办呢？早在四年以前，在十一月和三月之间，林肯就被同样的问题折磨得几近绝望。难道这段时间里，国家会再次由于内阁成员各怀鬼胎，明争暗斗而无法保证政府统一吗？这可比任何其他事情都重要得多。是不是可以在这少有战事的冬日岁月里，充分利用一下麦克莱伦的征兵能力呢？想到这里，林肯决定，倘若在十一月和三月之间出现建立第二政府的特殊情况，他将重新建立一个临时政府，他确定了紧急情况下各部部长的人选，并让相关人选必须在一份备忘录上签字。

这份备忘录上写着："和过去几天一样，从今天早上的情况看来，本届政府很有可能不会继续当选。果真如此，那我有责任和新当选的总统合作，以便在总统选举和宣誓就职之间那段时间里保全联邦。之所以有必要这么做，是因为根据他在此次选举不择手段谋求胜利的举动判断，他到时绝不可能主动那样做。"

后来林肯私下透露说，当时他是想在麦克莱伦当选的情况下，利用他的影响力征兵。同时，这样做还可以防止麦克莱伦按照原有的计划篡权夺位，并且这样一来，林肯也可以在这四个月中继续完全信赖自己的老同事们。

可是怎样才能让同僚们在这份备忘录上签字，保证效忠于自己呢？林肯在内心权衡着，四年的共事是否已经使他们成为自己的盟友了呢？维尔斯和斯坦顿对他都是忠心耿耿，只是他们二人之间相互猜疑，彼此妒忌，长期以来，这两位海陆两军的首脑总是处在一种不尴不尬的关系中。"如果斯坦顿说我是头驴子，那我一定不是别的。因为他说话总是有根有据，而且一般情况下，他也知道自己在说什么。"颇有影响的布莱尔在对林肯不利的情况下被林肯革了职。而一开始时忌恨总统的赛华德如今因为林肯的事而和同事们闹翻了。总而言之，林肯那种违反常规的处世方式使得他很难领导几位同仁组成一个集体，共同奋斗。所以从整体上看，他的内阁相当的不稳定。而且就在这个内阁中还有两位新上任的未经考验的成员，在他们面前，林肯还不得不掩藏自己的想法。但他的确又需要他们签名。怎么办？最后在召集内阁开会时，林肯先把那份备忘录折起来放在桌子上，而后请各位内阁成员在不阅读文件的前提下签了字。之后，他把这份文件封起来带走了。

对此，内阁成员们虽然都很惊讶，但最后也都平静地在文件签了自己的名字。此举在很大程度上证明了林肯因为一贯坚持道德标准而拥有巨大影响力。他坐在那里——不是在朋友们中间，而是在同僚们中间，其中至多只有两个人和他有私交——他就这样平静地让他们轮流在那份折起来的文件上签字。如果数年以后，人们要选出最能表现林肯性格的重要文件的话，那么这份文件一定在被选之列，因为它体现了一位经验丰富的长者防患于未然的智慧。

然而，让人始料未及的是，局势不知怎么一下子发生了逆转。就在秘密签字后不久，有消息传来说，谢尔曼进军佐治亚州大获全胜，不日即攻克了佐治亚首府亚特兰大。林肯终于可以给反战的民主党人一个有力的反击了。他随即命令全国为刚刚取得的胜利感恩一天。现在，西部军团可以深入敌人腹地，而林肯也重新看到了希望的曙光。这时，加拿大边境上抢劫银行、袭击以及谋杀事件屡见不鲜，这告诉人们，在战争中发动暴乱会带来多么严重的后果；舒尔茨为了能像四年前那样为林肯的竞选做宣传而放弃了将军的职务；就连蔡斯也决定，在几个月的敌对之后，重新和林肯平等合作。在这样一种胜利的氛围中，民主党人若是继续在演讲台上历数战争的失败就只能损害他们自己的名声了。看到麦克莱伦自己也要求现任政府连任，民主党派越发不安了；而南方也在无意中帮了林肯的忙，在交换战俘时他们总是先询问北方战俘，回去后他们会选谁。为此，民主党派又丢了不少面子。另外，士兵们也纷纷普遍拥护父亲一般的亚伯拉罕为总统。

林肯当然知道如何响应这种呼声，在接见俄亥俄军团时，他说："……我之所以暂时入主白宫是出于偶然。我是一个活生生的例子，我的经历可以证明，你们每个人的孩子将来都有希望进入白宫，就像我父亲的孩子已经做到的这样。为了使你们每个人都能凭借勤奋、实干和聪明才智，通过我们自由的政体获得广阔的发展空间和公平的机会；为了使你们每个人都能在人生的竞赛中享受平等的权利，进行正当的努力，这场斗争必须进行下去。这样，我们才不会失去我们生来就有的权利。"

大选那天下午，林肯同往常一样坐在国防部的电报间里，手里拿着几份电报。不过那天，电报的内容不再是关于将军们的战斗状况，而是关于选民的情况。在此期间，或许林肯想到了四年前的那天，自己坐在斯普林菲尔德的家中等待遥远州份和城市发来消息时的情形。无独有偶，像四年前一样，经过半年的心力交瘁，在竞选的最后一天，他无需再东奔西跑。斯坦顿朗读电报，林肯则仔细地聆听，而后再评论一番。当两个人都默不作声时，林肯突然大声地问一个秘书："您听过皮卓勒姆·奈斯贝的笑话吗？"

"我曾经瞥过两眼，不过觉得没有多大意思！"

"好，那就让我们举个例子吧。"他从口袋里摸出一本黄皮书，大声
朗读着这位作家写的政治笑话。这回，是林肯念，斯坦顿听；等到又有电
报来了，斯坦顿再念给林肯听，而后，林肯再继续讲他的奇闻趣事。在这
种紧张的时刻，就连林肯这样善于自控的人也不得不用笑话来放松自己的
神经。虽然这些笑话曾使得诸多有教养的人对他嗤之以鼻，但他始终不愿
放弃它们，仿佛早在五十年前，那位善于观察周围人和事物的作家，就洞
察了林肯的内心——在所有政治家中最自然朴实的内心世界。

凭借绝对优势，林肯再次当选总统。总共二百三十三票中他得了
二百一十二票；所有选举州中只有三个州没有选他，其中就有肯塔基州，他
的故乡。林肯第一次当选和第二次当选时的票数之差完全源于南部的退出。

当选的第二天晚上，林肯便在一个公众集会上说道："我感谢上帝，
让人民这样理解我。不过，虽然对你们的这种信赖深怀感激之情，我却完
全了解我自己，我的感激里不掺杂任何个人的沾沾自喜。我也并不会以击
败任何人为乐。"此后的一天晚上，在听完一曲《小夜曲》之后，他在讲
话中又提到了关于其国家思想的老话题：

1863 年 11 月，林肯在葛底斯堡国家公墓落成典礼上发表了永垂青史的演说。这幅画
描绘了林肯演说时的场景。目前此画挂在伊利诺伊州斯普林菲尔德市的州议会大厦中。

"一个政府如果没有足够强大的力量来维护本国人民的自由，那它能
不能有足够的力量在危急时刻保护自己呢？很久以来，这一直是个很难回
答的问题……将来一旦出现和现在类似的情况，那么现在的一切一定会再
次发生，因为人性是不会改变的。和今天一样，未来的任何一次巨大的民

族危机中，都必将出现软弱的人和坚强的人、愚蠢的人和明智的人、坏人和好人。所以，我们应该好好反思今天发生的一切，从中吸取经验教训，但绝不能因此而总是伺机报复，以仇报怨。"

"不过这次竞选……也表明，人民的政府，即便是在声势浩大的内战当中，也能经受得住全民选举的考验。直至今日，这在全国范围内还是没有先例的。这可以表明，我们是多么坚强，多么有力……只要想到，别人没有因为这个选举结果而感到失望，我就心满意足了。"

"在此，请允许我请求那些原来和我意见一致和意见相左的人们携手并进！好，现在，在我即将结束这次讲话时，请大家和我一起为我们英勇的士兵和水手们，为他们机智骁勇的指挥官们衷心地三呼万岁吧！"

没有一个胜利的字眼，没有丝毫战胜者的洋洋自得，没有流露出一点对于人性的怀疑，完全是一次简单的致谢。他只向众人提出了一个请求，而且是以一种温和得近乎卑微的语气说出来的：在这种危机重重的情形下，不要再相互倾轧了！

从对待竞选胜利的态度中，可以看出他那种与人为善和灵活聪明的处世方法，而他正是想以这种姿态和南方寻求和解，并重建联邦。而且现在他已经开始着手处理这件事了。

九、重建计划

"我愿意按照我的良知、我的判断来领导政府。只要对得住我的良心，即便我下台了，或者在这世界上失去了所有朋友，我也在所不惜。"如果近期战场上没有捷报频传，证明了他政策的正确性，那么他这种管理国家事务的想法极有可能阻碍他再次当选。由于他一直遵循这种治国之策，所以在他当政的最后一年，议会常有人攻击他，说他超越了自己的职权范围，想要在有关重建这样重大的问题上自作主张，擅自行事。

其实，一直令他感到疑惑的还另有一事，那就是议会到底是否有权，或者在何种程度上有权拒绝来自被占州新的以及原来的参议员和众议员。而涉及边界州，这个问题则更为棘手。这一年，密苏里州的中立立场受到人们的怀疑，政局十分不稳。林肯给那里的州长提了个建议——直至今天，这个建议仍应得到所有军事政府的普遍关注，"请加强您的军队，让它足以顶住敌人的袭击，保住和平。但是千万不要让你的军队去纠缠和迫害你的人民。要知道，做到这一点并不容易……如果敌对双方都对你发起攻击或是都和你保持友好，你将很有可能正确地处理这个问题。你所要避免的是，受到一方的攻击，同时却受到另一方的褒奖。"

自 1863 年起，路易斯安那州和田纳西州就想要组建新政府，再次加入联邦。就在这一计划将要付诸实施时，人们却发现，就仿佛把要扯断的线重新接起来似的，这件事情简直无从下手。于是林肯马上着手给这两个州出谋划策，从中协调，俨然就是个老道的外交家。做这些的时候，他十分谨慎，以免让人觉得他自以为是，盛气凌人，这样也可以避免自己再次受到议会以及其他州的攻击。那年夏天，他给路易斯安那州的一位将军写信说："……虽然我清楚地知道，路易斯安那州怎样做才最正确，但我觉得，我不能插手干涉此事。如果你们制定一项新的宪法，确认《奴隶解放宣言》的地位，并在本州尚未实际推行《奴隶解放宣言》的那部分地区实施这一宣言，那我一定会感到十分高兴。倘若建立某种切实的体制，使两个种族能够逐步摆脱他们现有的关系，以一种新型关系相处，一定不是件坏事……"

等到这一政策初见成效时，他又给路易斯安那州州长致信说："……您现在要讨论的就在于'选举权'的问题，我在这儿想给您提个建议，仅供您参考，能否让一些黑人也加入到选举行列中来，比如说那些有头脑的黑人，和那些曾作为士兵为我们英勇战斗过的黑人。今后的艰难岁月里，这些人一定能帮助我们，在新时代中维护宝贵的自由。"当时，林肯就关系国家命运的重要问题做出决策时，语气总是带着些许不确定。不过同一时期，由于他内心异常烦躁，他在给田纳西州州长约翰逊写信时，用得却是一种近乎催促的口吻，这对他来说是很少见的：

"现在，整个田纳西州已经扫除了武装叛乱分子。我想用不着我来提醒，你也肯定清楚地知道，现在已经到了重组一个忠诚的州政府的时候了。一分钟也不容耽搁！你和你的朋友们一定能比我们这里任何人都更好地判断，应该采取什么样的方法解决这个问题。在此，我只想提供一些建议。

重组绝不是要把这个州的控制权及其在国会的代表席位重新拱手让给联邦的敌人，更不是要对自己的朋友们实行政治流放。如果田纳西人的全部斗争以约翰逊州长的下台和哈里斯州长的粉墨登场告终的话，那么，他们所作的斗争于州于国家都有害而无益。一定不能使情况发展成这副样子。你们必须使它以另一种结局告终！"一生中，林肯只在一两封信里使用了这种拿破仑般命令的语言："一分钟也不容耽搁！"仿佛正有一股力量在推动着他安排一切似的。

这时议会则又爆出了另一种意见，有人主张撇开总统的主张不顾，按照新的重建计划行事。众所周知，早在再次当选之前，林肯就独自将重建宣言和黑人解放联系在了一起：在被占领州里，政治犯只需宣誓，自此之后遵守宪法和法律，拥护奴隶解放政策就可以被释放。此时，议会中多数议员认为这一系列措施过于温和，林肯所主张的赦免也被他们讥为是一个错误，而且他们觉得它过于宽泛了。或许林肯已经预感到自己可能没有足够的时间在战后和平时期逐步完成重建了吧。总之，他再次敦促议会，力求迅速实现一直萦绕在心头挥之不去的心愿——解放奴隶。

"战争即将结束。我们迟早得把军队从南方撤回。我希望您做的事情是：以各种方法尽力让被解放的奴隶们拿到选票！在撤军之前，我们必须要使他们成为我们的选民。撤军之后，选票便成了他们唯一的自由保障，他们需要这个。现在，我可以很清楚地预见到将要发生的事情！"当时林肯就想到了和平时期的任务，只有和平才是他内心所渴望的终极目标。他仿佛听到了内心的呼唤，要他去为人民的利益保障和平！

在开战后的第一年里，在内外双重压力之下，他的力量源泉几乎枯竭，那时，这眼"泉水"流得十分缓慢，几乎听不到什么声响；可到了现在，它又是泉声汩汩了。即便在做了总统之后，他青年时代关于"人人平等"的看法依然未改，为此，工人阶层对他赞赏有加。在他再次当选之后，英国曼彻斯特的工人代表给他写来贺信，他也回了一封热情洋溢的信，表达感激之情；这是他和外界进行交流的重要信件之一："……矢志不移地维护宪法是政府现在以及今后采取措施的核心……可是扩大或缩小这些政策所产生的道德效应却不是政府力所能及的……心平气和地去研究历史可以让我们相信，合众国的所作所为及其影响，总的来说，对人类是有益的。所以我希望各国均采取比较克制谨慎的态度……我们某些公民不忠诚的行为，使欧洲的工人阶级正经受着更加严峻的考验。因为有人迫使他们承认上述行为，这种情况让我更坚定地认为，你们在这个问题上表现出来的坚决态度乃是之前任何时期、任何国家都未曾有过的最崇高的范例。这也确实证明了，在我们生活的地球上，真理、正义、人性和自由必将无往而不胜！"

今天，当我们翻开这些尘封的信件时，只有掸去因为千百次变故落在上面的灰尘，才能重见它昔日的光彩。这就是林肯当年对这个问题的看法，当他的目光经历了数年的风风雨雨之后日渐浑浊的时候，他却一直没有忘记寻找机会，让它再次像繁星一样璀璨发光。在协调不同阶层的问题上，他找到了一个新的可以实现的目标。当纽约工人们让他做他们工会的荣誉会员时，他欣然应允：

"正如你们贺信所表明的，你们已经清楚地意识到，目前这场叛乱不仅仅是想保住非洲的黑人奴隶制，它还是对全体劳动人民的利益宣战！为了证明，早在战争之初我就考虑过这个问题，在这儿，我想给大家宣读我1861年11月致国会咨文中的一段，关于这个问题，我不可能比那次表述得更透彻了。"于是，他给代表们念了致国会咨文中"有关资本和劳动"的那一段，而后说："没有谁像劳动人民一样，深切关心着对这场叛乱的镇压。但你们也一定要警惕，不要在你们中间产生偏见、分裂和敌对。去年夏天发生的骚动中令人吃惊的一点是，'一些工人被另一些工人绞死了'。这类事情本不该发生。除了家庭关系之外，人类的同情心可以算是人与人之间最牢固的纽带了，它应该把来自不同民族、使用不同语言和血统的劳动人民联系起来。当然，这一切也不该导致对财富的敌意和对企业主的敌视。财富乃是劳动的果实，是极其可贵的，是世界上一种具有积极意义的存在。一些人富有意味着另一些人也可以富有，因此，财富是一种对勤奋和实干的鼓励。那些无家可归的人没有理由去捣毁别人的房舍，相反，他们应当辛勤工作，最后自己也盖起房子，并同时为其他人做出榜样。他们所盖起的房子可以向别人证明，只要他们辛勤付出也能有安身之所，为自己遮风挡雨，免遭风雨的侵袭。"

在这里，林肯的表达艺术发挥得可谓淋漓尽致，仿佛在这里说话的并非是他这个人，而是他那坚定的思想一样。从未有人如此简明扼要、如此流畅地阐释过这个复杂的问题。而且，即便在六十年之后，在一系列对此问题的唇枪舌剑之后，林肯这番话听起来仍旧如第一次倾听时一样清新易懂，这实在是难能可贵。其原因在于，他并不是以一个思想家或是政治家的身份，居高临下地向工人们灌输自己的见解，而是以一种有政治头脑，有思想见地的农夫和普通老百姓的姿态讲这番话的。历经沧桑的他从未失去过自己的淳朴本色。

十、在葛底斯堡的演说

他早已谈不上有什么个人的私生活了。紧张的工作、内部的敌对，外界的打击以及来自父辈精神的激励和他个人努力带来的威胁早已把他的生活填得满满的：这样的日子已经有三四年了，他几乎从未有过喘息的机会。这个高大的伐木人身体虚弱，心力交瘁；阅兵时染上的天花让他在病床上躺了好几天，而且自那以后，他常感到自己双腿发冷。尽管如此，但他一直坚守岗位。即便是忧心忡忡的通宵达旦之后，第二天早上他也从没在维尔斯来上班时躺在沙发上休息一会儿，或是由于疲倦而推掉过拜访。"我不知道什么是安静，我想，它可能对身体有好处。不过我之所以疲惫，其根源藏在我的内心深处，无法触及。"

生活的紧张没有随时间的推移而减轻，反而与日俱增了：前线捷报频传时，他会被来自党派内部的攻击团团围住；内部局势稍有起色，征兵又接连受阻。即便有那么一会儿的风平浪静，他也来不及休整，喘息未定就会被部长们或是司令官们之间的钩心斗角、相互猜忌再次搞得心烦意乱。此外，因为伤兵们总在华盛顿进进出出，白宫附近的一座小山上就到处都是野战医院和伤员帐篷，总统外出办事时，担架会悄无声息地在他面前川流不息，所以他每天都能对战争带来的苦难感同身受。

林肯很愿意骑马，骑术也颇精，只是因为骑得太猛而累坏了不少马匹。在斯坦顿的屡次建议下，他终于同意让一队护兵来保护自己和自己的马匹。可是这年夏天，战场上时常形势危急，林肯常会在夜晚被某封电报从睡梦中唤醒，这时，他总是一骨碌爬起来，一个箭步冲出士兵疗养院，跨上马独自一个人到国防部去。如果有人想要暗杀他，这时候下手是最容易不过的了。

八月里的一个夜晚，将近十一点钟时，士兵疗养院的卫兵突然听到"啪！"的一声枪响，紧接着便是一阵急促的马蹄声。大约三分钟以后，林肯一个人飞马奔了回来。那天他回来得太晚了，头上的帽子也不见了踪影。他飞身下马，冲着那个过来帮忙的士兵说："它差点脱缰！我还没来得及拉缰绳，它就受惊了！"当那个士兵问他帽子去哪里了时，他说："刚才有人在山脚下开了一枪，马受惊了，帽子一定是丢在那儿了。"于是，那个士兵和一个下士冲着枪响的方向一路寻去，找到了那顶帽子。他们吃惊地发现，那顶帽子已经被一颗子弹打穿了。翌日清晨，他们把帽子还给林肯时，林肯喃喃自语了几句，最后叮嘱他们，不要让别人知道这件事。不过从此以后，林肯再也没有独自骑马出去过。

他时常先是在白宫里读读写写，熬到凌晨，而后心情沉重地骑马出去。他这种性格的人不会为胜利而沾沾自喜，自然也不会对敌人恨之入骨，所以这场内战给他造成的压力比一般人所承受的压力都大，毕竟，他们的敌人就是自己的同胞呀！早在去年的一次演讲中，林肯就曾说过："这场内战给每个家庭带来的悲伤和痛苦，会使天地都为之动容。"

不过，恰恰是他独来独往的性格和天生的忧郁使他在内心深处抵制着众人的悲伤情绪。迄今为止，他一直习惯于在这世界上我行我素，自己的伤口自己来抚平，既然他就是自己行为尺度的制定者，那么除此之外，他又能怎么做呢？"我将尽我所能来处理这件事，我将坚持不懈，直至生命终结。如果结果证明我是对的，那么现在人们对我的污蔑将没有任何意义，倘若结局证明我是错的，那么即便有十个天使发誓证明我的清白，也无济于事。"当着一个部下的面，他直言不讳地说了这番话，说话时是那样平静，就仿佛是在自言自语一样。

从密苏里来了一个激进的代表团，威胁说，如果林肯不解散军团，他们就发动起义。当林肯断然拒绝了这一无理要求时，一个代表竟然口出狂言说：如果要发生什么事，首先就从林肯身上开始。对此林肯该怎么做呢？是对他们怒目而视，轰他们出门吗？不行。当时的记录告诉我们，当代表们口若悬河时，林肯站在他们面前，两行热泪滚滚而下。突然间，他开口道："看来，只要我同意你们的意见，你们还是愿意以朋友的身份来见我的，我所说的'朋友'指的是那些支持我的措施和政府政策的人，否则便不是……我清楚，一些人，可能就是你们中的几个——在这里我不想指名道姓——会在公众演说里指责我是'专制的暴君'，理由是，我想在全国范围内实现我个人的愿望。其实，我丝毫也不想成为暴君，而且起码我希望，或者在我自己的眼睛里，我不是！"后来，在代表团里，他发现了几个熟人，于是代表团离开时，他把他们留下来交谈。当其他代表们跨出大门准备离开时，听到了林肯在房间里爽朗的笑声。他的情绪有时就是这样易变，既然要承受住那么大的压力，恐怕这是必然的结果。

曾有一个议员来找他商量一件十分重要的事。可来者还未及开口，林肯便先给他讲了个笑话。那个议员不无抱怨地说，他来找林肯可不是为了听什么笑话的，他的时间宝贵着呢。听罢，林肯一改方才调侃的口气说："噢，现在请您坐过来。我敬重您是位严谨、正直的人。您一定也在为战争担忧，但自开战以来，您却绝不会像我这样，整日被忧虑所包围。现在请您听清楚，如果我不间或以此来消遣一下的话，可能早就愁死了！"据当时在场的人说，他说话的声调压抑、不安，既有对对方严肃态度的认可，也包含着被人理解的渴望。

政府成员上上下下心急如焚。伯恩塞德被围困，长时间杳无音信，林肯唯恐他会弃城投降。不过有电报传来说，在科诺科斯威尔方向听到了炮声，林肯这才松了一口气："这下我放心了，知道为什么吗？我想起了我们的老邻居塞丽·华德夫人。她家孩子很多。当她听到某个小角落里传来孩子的叫喊声时，她总会松口气说，'噢，我的孩子还在那儿，他还活着'！"

尽管用来看书的时间少之又少，可最令他高兴的事情却莫过于和儿子塔德一块儿读书了。引用莎士比亚的话时，林肯的口气中总带着点讽刺意味，比如他经常会嘟囔起《理查三世》中的诗句。他评论说："莎士比亚的一些剧本我闻所未闻，而有些剧本，我则和其他非专业人士一样经常阅读：比如《李尔王》《理查三世》《亨利八世》《哈姆雷特》，特别是《麦克白》。我觉得《麦克白》精彩得无可比拟。和你们专业作家不同，我认为哈姆雷特以'啊！我的罪恶臭气熏天'开始的独白，比'生存还是毁灭'那段更为精彩。请原谅我在您面前班门弄斧，妄加评论吧！"这短短的几行字包含了多少内容啊！他一贯为人谦逊，对自己在某些方面的无知从不避讳。他，身处一群虚荣的政客当中，时常面临痛苦的深渊。由于不满于自己的现状，便自然而然地带着一种对反面人物的偏爱，设身处地为麦克白着想，令人惊讶，但也可以理解！

他日常的谈话也时常会闪现出思想的火花。一个偶然机会，这种火花被捕捉到了。一次林肯一行人乘车兜风，有人为树的名称争论起来。这时，林肯开口说道："请允许我这个内行来给大家讲讲吧！关于树，我几乎无所不知，因为我就是在树林里长大的……树和树彼此很相似，有时就和人与人一样难以辨认清楚，只有懂得相面术的人才能够判断出他们的品性。你们不觉得，如果在学校里开这样一门实践课程，效果会很好吗？因为只有以一种变化的眼光来看待一个人，才能洞察他的性格和才能，现在我指的是人，不是树，观察树木可要比观察人容易得多了。"

"我只是突发奇想。在学校里教授实践课程，在学生们步入社会之前，就让他们经历一些人为的困难，经受一些挫折。这样，他们一定能成长为百折不挠的斗士，成为不仅聪明过人，而且也不容易受骗，又能应对一切环境的政治人才。这种想法只要可行而且有益，我们就应该去试试，哪怕失败会让我们暂时迷失方向或是大失所望也无所谓。因为没有什么比分析一个人最危险也最有价值了。"

由于没有人记录，林肯肯定还有很多类似的奇思妙想无从查寻。从林肯兜风时所说的这番话我们可以设想，倘若这种想法得以实施，将会带来什么样的影响，我们甚至可以这样说，如果上帝能让林肯再多活几年的话，那他一定会在教育方面也取得不小的成就。

现在，林肯只是间或才有时间去认真地推敲他演讲中的措辞。而且就连这也成了他让自己放松下来的一种奢侈享受：这时，他会开动脑筋想出最合适的表达方法，尽量设法抓住听众的心。除了就职演说和《奴隶解放宣言》以外，让林肯最费心思的就要算葛底斯堡国家烈士公墓落成典礼上一篇简短的开幕词了。在露天场地上，面对成千上万的听众，起先是当时最为著名的演说家，英俊又令人敬畏的埃弗雷特滔滔不绝地讲了两个小时。而后在群情激越中，林肯大踏步地登上讲台，从衣兜里掏出一张稿纸，戴上眼镜，开始用高亢激昂的声音演讲。他演讲花的时间是如此之短，以至于等在一边的照相机都没有来得及拍下一张照片，演讲就结束了。他是这样说的：

"八十七年前，我们的先辈们在这个大陆上创立了一个新的国家，它是在自由的愿望中孕育产生的，它奉行'人人生来平等'的原则。现在，我们正在进行一场伟大的战争，这是对我们这个国家的考验，它可以考验出，任何一个孕育于自由和奉行上述原则的国家是否能够长久地存在下去。今天，我们在这场战争中的一个伟大的战场上集会。为了能使这个国家继续存在下去，烈士们滴尽了自己的最后一滴鲜血，而现在，我们来到这儿的目的，是为了把这个战场的一部分奉献给他们，作为他们最后的安息之所。我们理应这样做，而且这也恰如其分。"

上图为这篇演讲的原文。虽总共只有二百六十七个词，且用时不过三分钟，却是英文演说史上光辉的典范。其中"民有、民治、民享"的不朽名言已为千千万万怀念他的人们所深深铭记。

　　"但是，从更广泛的意义上说，这块土地我们既无权奉献，也不能神化，因为，曾在这儿浴血奋战过的勇士们——活着的和倒下的——已经把它神圣化了，这远不是我们的微薄之躯所能增减的。今后，全世界将很少注意到，也难以长时间地记起我们今天在这里所说的话，但是，勇士们在这里的所作所为却永远都不会被忘记！

　　"倒是我们这些尚活在人世的人，应该在这里忘我地投身于勇士们未竟的崇高事业，竭尽所能去完成摆在我们面前的伟大任务。希望在这里，我们能从光荣的烈士们身上汲取更多的献身精神，来完成他们为之献出生命的事业；希望在这里，我们能够下定最大的决心，不让他们白白死掉；希望我们能使国家在上帝的赐福中得到自由的新生，并使这个民有、民治、民享的政府永世长存！"

　　在当时，他的演讲似乎没有给听众们留下什么印象，所有文学造诣深厚的人都会认为埃弗雷特的演讲是个中极品。但恰恰是埃弗雷特本人后来致信总统说，他短短的几句话使自己的长篇大论都黯然失色。

　　林肯内心所抵制的情况成为了现实。葛底斯堡只不过成了美国南北战争中一场战役的名字留在了人们的记忆中，在欧洲几乎无人知晓这场战役以及战胜的将军姓甚名谁。在美国本土，除了学校历史课要求孩子们必须了解它以外，此地也无人问津，但是有一个人在战役结束半年后，在这个地方发表的一篇简短的演说，却使得这个地方为之名垂青史，妇孺皆知。历史再一次证实了，没有阿喀琉斯 [①]，荷马仍是位伟大的诗人，但是如果没有了荷马，却根本就不会有什么阿喀琉斯！

十一、痛苦的玛丽

　　玛丽的失望与日俱增。在炮火连天的战争岁月里，白宫无法像她当初想象的那样一天到晚歌舞升平。即便是什么时候可以在某个节日庆祝一下，

---

　　① 阿喀琉斯：希腊神话中远征特洛伊的希腊人中最勇武的英雄，脚踵是他身上唯一致命的弱点。他是荷马史诗《伊利亚特》中的主人公。

她也听不到多少掌声。她的神经质和林肯的不拘小节使得两个人根本没法和谐地接待上百个客人，就连那些知心朋友们也说，一切都被搞得乱七八糟。对玛丽来说，最令她心驰神往的莫过于掌握权力，然而就算时至今日，她也没有尝到真正拥有权力的滋味，她所拥有的充其量不过是权力的象征罢了。倘若她是个具有奉献精神的人，能帮助自己的丈夫摆脱那令人透不过气来的沉重压力，不让他总感觉，仿佛是他一个人在承担着整场战争的责任；或者倘若她能更聪明些，让自己的丈夫能时时向自己倾吐心声的话，那她一定会比在眼下这种变幻无常的生活中得到更大的满足。她现在的生活缺少了一个平和家庭所拥有的基础，缺少一种无忧无虑的满足感。

再者，因为她是在南方长大的，所以有人怀疑她和南方政府有染，甚至有意协助间谍活动，虽然这毫无根据。除了在首都，其他地方的人也都知道，总统夫人的兄弟和亲戚都在叛军中任职。军队的士兵还瞎编了一些针对她的歌谣，捏造了一些她和情人们的故事；人们还把她的名字和杰弗逊·戴维斯相提并论。由于人们的这种情绪，她自然感觉自己和北方人民形同陌路，难以接近，这和林肯的感觉大不相同。

其实，即便听到自己的兄弟在南军中阵亡的消息，她也不能表示悲切。就在维克斯堡一役中，她的二哥中弹身亡，南方州的城市也陷落了，然而她却必须为此表示喜悦；而后，她丈夫在战场上取得的第三次胜利又把她南军中的另一个兄弟送进了坟墓；紧接着，她的妹夫也阵亡了——就是她的这个妹夫，当初林肯曾劝他留在北方，他却拂袖而去，毅然加入了南方阵营。后来，他的遗孀，就是玛丽同父异母的妹妹要到肯塔基州探望母亲，虽然格兰特将军马上就给她签发了通行证，但她坚持拒绝宣誓。林肯不得不发了一封电报说："把她送到我这儿来！"于是，她被带到了华盛顿。南北作战三年期间，在痛失了三个兄弟之后，玛丽和自己的妹妹见了面。最后，虽然玛丽的妹妹没有宣誓，林肯也放她来了北方。

然而次年夏天，她在肯塔基州的行为却引起了人们的怀疑，不得已，林肯马上电告那里的驻军总司令："我今天听说，你本想逮捕赫尔姆夫人，但由于她出示了我给她的公文而未能成功。对她在肯塔基州不忠于联邦的所作所为，我丝毫没有袒护之意。如果我给她的公文被滥用了，还请你自行酌情撤销这份公文！请像对其他人一样处理她吧！"

玛丽的另一个姐妹也从林肯这儿拿到了通行证，但不久后就有人指控说她在凭借此证私运货物。为此，玛丽和她断绝了往来，林肯也拒绝再次接见她。当这位妹妹变本加厉，又在下榻的旅馆里为南方鸣不平时，林肯派人捎信去说："如果她不在二十四小时内离开华盛顿，就会被关进议会大厦的监狱。"

这些插曲更加深了人们对玛丽一贯所持的怀疑。为了保护她免遭非议，政府决定，凡是玛丽的来信均由林肯的一名秘书开封检查。与其说这种方法可以保护她免受怀疑，不如说，它给林肯夫妻二人原本就不和谐的生活再次蒙上了一层阴影。他们两人之间书信往来的语气越来越冷淡。一次，林肯给当时正在纽约的玛丽发电报说，她是待在那儿还是回来都由她自己决定："回不回来，你自己拿主意。对此，我现在的意见和你走时一样。"次日，他又发电报说："不过你要回来的话，我会很高兴的。"因为玛丽误解了他的第一封电报，而且在回信中也一定表示了自己的不满，所以隔了一天，林肯不得不再次发电报给她说，他这儿的空气十分新鲜，而且"我真的很希望见到你"。

一次，他们夫妇二人一同乘车外出。在他们上车时，维尔斯十几岁的儿子恰好站在车边，听到了他们的一段对话。玛丽急切地再三要求林肯提升某位军官的军衔，当林肯又一次拒绝了她时，她便咆哮着说："如果你不答应我，那我就跳到那片泥地里去！"结果，无奈的林肯只好让步。在留下的记录里，玛丽这种歇斯底里的情形不止一次。在她儿子夭折之后，她几乎发了疯，不愿再进儿子去世时所住的房间。在她悲痛到极点无法自持时，林肯常会指着远处的一所疯人院，像个父亲似的对她说："你看到那所白房子了吧，孩子他妈？如果你不能自己控制自己的话，那我们就得把你送进那座'白宫'里去了！"

她时常看到幻象。她和妹妹说，自己曾看见夭折的儿子和阵亡的兄弟们就站在自己的床前。此外，她也一直替林肯担忧，一方面出于迷信，另外也怕真有人会来刺杀他。一次，他们和几个客人一起去福特戏院看戏（有时林肯也会去那里放松放松）路上，车轮碰到了什么障碍物颠了一下，玛丽马上疑神疑鬼地说是有人要偷袭他们。她的女友好不容易才让她安静下来。这时，有一位客人问总统，他那八名贴身护卫是不是足以保护他。林肯回答说："很难，我想如果我命该绝，那什么也不可能让我逃脱厄运。只是，别人只有给我配上卫兵才会安心些罢了。"其实，玛丽的担心不无道理，他们抵达戏院时，那座戏院人满为患，必须有人在前面开道他们才能挤得进去。后来，玛丽的那个女友说，在那种情形下，实在是什么事情都可能发生。

奇怪的是，在这弥漫着仇恨的四年里，虽然对手有上千次机会刺杀林肯，林肯却一直安然无恙。但对于四伏的杀机，玛丽难以泰然处之。迷信的她怎么也忘不了林肯首次当选之后在镜子里看到的两重影像，当时她不就曾猜测，那第二重影像预示着林肯将活不过他的第二个任期吗？不过在她回忆往事的时候，她应当自问，在丈夫为是否因连任而饱受煎熬时，她为什么没有帮助他，让他更加坚强？不仅如此，她甚至从未说过一句哪怕是肯定丈夫具有领导才能的话！当她发现白宫虽然外表富丽堂皇，内部却笼罩着一种阴暗的神秘气息，而它已经无法吸引自己时，她为什么还要坚持留在这里？在丈夫独自考虑是否应该继续参加总统竞选，并因此备受煎熬时，作为妻子，玛丽的劝说一定可以让他下定决心，抽身隐退的。

但她没有那么做，林肯的身边只有一片冷漠。今天的这所大房子和当年那所小楼房一样，林肯的一生中，妻子带给他的唯一礼物便是他们的孩子们。林肯很爱他的儿子们。一个在战地度过的夜晚，林肯给一位朋友念了《约翰国土》中的片段。当他读到国王说，他将在天堂再次见到自己可爱的儿子时，他突然停了下来，若有所思地闭上眼睛，仿佛是在回忆自己逝去的儿子们。他幸存下来的两个儿子中，罗伯特正在大学读书，塔德则一直待在他身边，是他的小宝贝。塔德简直就是他的"贴身护卫"，有一段日子总和他形影不离。小塔德会给卫兵们讲故事，和大家一起喂山羊吃草，穿着小小的制服骑着小马"鲍尼"走在大人们身边，当着父亲的面逗卫兵们说笑……他离开林肯之后，林肯总会想起他，替他担心。林肯给妻子发电报说："告诉塔德，爸爸和山羊过得都不错，特别是山羊！"

而林肯的老朋友们，死的死，背叛的背叛，剩下的就只有三个人。一次，他给纽约的维德写信说："新近，我很怕自己的行为或是命令伤害到你，我对你一向是友好的，几乎从未反对过你的想法。如果我的哪些作法让你产生误解了的话，请相信，那不是真的，只要我们见一面，就一定可以冰释前嫌。永远是你的……"赫尔顿和斯皮德对他一无所求，一直和他荣辱相系，但都身处遥远的异地。再次当选之后，他任命斯皮德的兄弟当了总检察官。有一次，在繁忙的工作之余，他突然发电报给汉娜·阿姆斯特朗，说："我刚刚听说，你的儿子威廉被释放了，现在正在肯塔基州的路易斯维尔。"是的，无论是他的老友们还是一直在跟他作对的故乡都离他那么遥远。

如果他要帮助某个相识，他有时会去求助于一个中间人。有一个代理商，据说是卖掉了国家的木材和石料，却把钱占为己有，因此丢了饭碗。想要帮他的林肯没有给那儿的州长，反倒给当地一个邮政局局长写了一封信，说："他是我的一个老相识，您若能花上一天或几天的时间，为此事寻找证据，我将不胜感激……请您务必帮我这个忙！"

在另一封信里，他往日的幽默感又表现了出来，这在他现在每天都要写的数封信件中很少见。"亲爱的迪克上校：很久以前我就把绿色汇票的来历公布于众了。我一直都想向全世界宣布，那是迪克·泰勒的主意。您对我总是那么友好。记得在那最艰难的岁月里，虽然我自认为自己的肩膀宽阔有力，但仍感到了自己能力有限，我被人和事压得透不过气来，全然不知该信任谁。在那个时候，我说，我要派人去找泰勒将军，他一定会给我出主意的！我想那是一八六二年的一月份，十六日左右吧。我那么做了，您果然如期而至。我问您，当务之急应该做什么。您反问我，为什么要放弃最好的银行汇票，去发行那些根本拿不到任何利息的国库券呢？应该把汇票宣布为一种合法的支付手段，而后用它来支付军队的开销。蔡斯认为这样做很冒险，但最后，我还是照您的话做了，这给我们合众国的人民带来了前所未有的好处。您理应被称作'绿色汇票之父'，永垂青史。一想起您开我的玩笑——我太懒了，除了做律师外做不了其他事情——我就会开心地大笑。"

诚然，他写这封信是为了去回忆一下旧时的情形，可是，他为什么要重新去找这个没有什么名气的顾问，还似乎想要设法取悦对方呢？在孜孜以求寻找正确方向的过程中，只有内心的平静和坦荡才能让他保留住这份旧时的情怀。

这份使他内心平衡的坦然来自于对宿命论的笃信。有时，林肯会以宗教语言来描述这种宿命论。在生命的最后几年里，他比以往更频繁地提到"上帝"。一次他对一个神父说："倘若我没有一种对命运的坚定信仰，就无法在这繁忙的工作中保持我的理智。我相信，上帝有他自己的安排，而且会把它们都付诸实施；无论我们是否能够意识到，它们都是最明智的计划，而且对我们也是最有利的。"当另一位神父向他说起，希望上帝能够站在"我们这边"时，林肯像个新教徒似的这样回答说："我不会为这种事情费脑子，因为我知道，上帝总是站在正义一边的。但很久以来，我却担心，自己和自己的国家是否能够站在上帝这边，我愿意为此而祈祷。"

这种话题，别人谈起来总是千篇一律，林肯却常能独出心裁。"我可以举出很多例子说明，上帝正在引导我们。我总感觉我并不是按照自己的意志，而是受到了某种力量的驱使做事的，而且毫无疑问，这种力量来自于天堂。我经常感到自己做决定时思路十分清晰，虽然我无法预言，那样做出的决定是否正确，但我也举不出一个例子证明，那是错误的；反倒是那些我按照别人意图做出的决定，日后的结局往往差强人意。所以我相信，如果上帝想让我去完成一项事业，那他在此之前就已经找到了完成的方法，并且一定会让我知道它。"这一席话表明了，自信和宿命是如何恰到好处地在他这样一个坚强的人身上融为一体的。是的，这个自认为是受到上帝操控的人所说的安全感几乎是所有伟人都有过的。对此，林肯曾说过这样一句话："我不是一定要赢，但必须保持真实，我不是一定要建立丰功伟业，但必须遵守自己的原则！"

和过去一样，毫不矛盾，迷信一直作为宿命论的补充对林肯的思想起着作用。一次打了败仗之后，他说他早就预料到了会是这样的结果："我觉得，我总能事先感觉到即将发生的事情"。一次，他在演讲中

389

解释了为什么七月四日的"美国独立日"直至今日都备受重视，他说："当时起草和支持《独立宣言》的两个最著名的人物是杰斐逊和亚当斯。在五十五个支持宣言的人中只有他们二人当选了美国总统。恰好是他们起草这一文件五十年之后，全能的上帝又把他们拉下了人生的舞台。又过了五年，另一位总统也在同一月的同一天被召离了这个舞台。而现在，在这个刚刚过去的七月四日，我们又给了叛军一次沉重的打击，这个日子真是不寻常啊。"

同过去一样，现在他有时还会被噩梦惊醒。一天夜里，他做了个噩梦，次日清晨，他就给妻子发了电报，只写了这么几句话："我觉得你最好把塔德的手枪拿开。我做了个关于它的噩梦。"于是，玛丽把塔德的手枪丢在了旅馆里，而后带着他回了华盛顿。不久后，林肯又给那家旅馆发电报说："塔德一直缠着我不放，想要回他的手枪。不知可否请您把那只手枪寄过来？"就是这样，他在迷信和父爱，预感和温情之间徘徊。而至于最后儿子又拿回了手枪，恐怕也是上帝的旨意吧。

十二、宽容

在南北战争的四年中，林肯所享受到的最为轻松的时刻莫过于在完成这样一项极其艰难的工作之后，这就是在法律面前赦免犯人。他强烈的同情心时常会战胜他的正义感。

有史以来，肯定没有第二个国家领袖曾在那么短的时间里签署过那么多的赦免申请。其中涉及的大多是逃兵。这些逃兵或是出于胆怯疲惫或是为了能一而再再而三地顶替别人服兵役，赚取酬劳而选择逃跑，被抓住后便被判了死刑。不过幸运的是，他们有慈父般的亚伯拉罕，林肯素来就以慈悲得不愿去伤害一只小猫而闻名。于是有人呼吁，让总统亲自审阅案宗！就这样，每一个案子，林肯都同样认真地检查。在战争的最后两年中，国防部总共收到林肯的几百封电报，其内容大同小异，不外乎是命令要将某某的枪决延期。有时林肯还会加上一张便条给电报局的局长："请立即把这封电报发出去。您看，明天那个人就要被处决了！"

　　将军们不知如何是好，屡次提醒林肯得严明军纪，但林肯的回答总是冷冰冰的："胆怯？我不知道，倘若自己处在他们的位置上，会不会也想在战争中放下武器，一走了之。"还有一次他说："既然上帝给了人类两条胆怯的腿，人就会利用它们来逃跑。"在一份国会咨文中，他还写道："最严格的公正不总是最好的事情。"此外，他还为自己赦免逃兵的做法找了这样一个间接的理由："难道我能让这样一个好青年被枪决，却听任那些教唆他人替人服兵役的狡猾的经纪人为所欲为吗？……这种情况下，我觉得最理智的做法应该是先解救这个青年，然后再让那些代服兵役的经纪人闭嘴。"一次，有位老者来求林肯救救他被判了死刑的独生子，林肯把巴特勒将军刚发来的电报拿给他看，只见上面写道："我恳切地请求您，不要再干涉军事法庭的事情了，否则军法将难以施行！"看到这里，那位老者绝望地号啕大哭起来。目睹此情此景，林肯忽地一下子站起来说："让巴特勒的电报见鬼去吧！"而后他立即又起草了一封电报："在我下命令之前，不得对约翰·史密斯执行枪决！"老者半信半疑地问："如果您过一阵子又决定要下达下死刑执行令，那我们该怎么办呢？"

　　林肯笑着说："我想，您还不太了解我……等到我想要下达枪决令时，您的独生子估计已经寿终正寝了，放心吧，他一定会比玛士萨拉①活的时间还长。"

　　此后不久又有一个人被判了死刑，原因仅仅是，他没有告假就私自回乡，迫不及待地和自己那犹豫不决的女友结了婚。林肯听了整个事情的经过后，马上签署了赦免令，不过他边写边对秘书说："我衷心希望，这个年轻人不会在一年婚姻生活之后就后悔自己今天没有　枪打死！"

　　一个叫威廉·斯科特的少年士兵，夜间站岗时睡着了，因此被抓了起来。林肯在视察时了解到他的情况，就找到他对他说："我的孩子，我不会让他们判你死刑的。你告诉我，你实在是困极了才会睡着的，对吧。对此我丝毫也不怀疑。我一定会把你重新送回军营的。为了救你，可能会有许多人刁难我。现在我只想知道，你该为此付出什么呢？"

---

　　①　《圣经》中的老祖宗，活到969岁。

那个少年一时有些发懵，他红着脸说："如果算上抵押的话，我们家可以搞到六百美元。"

"不，这笔债只能由你自己来还。那就是，你必须要履行一名士兵的责任！"

因为他总是在将军们面前为逃兵辩护，所以他总得有个理由，而他唯一的理由便是：他们年纪还小。"我反对任何一个十八岁以下的士兵被处死。"这样一来，所有哭着跑来为判了死刑的儿子求情的女人们都学会了隐瞒儿子的实际年龄，都会说他们尚不满十八岁。不过有时候，林肯还是不得不再另找理由赦免某个士兵："士兵××因为逃避兵役而被判枪决。他的所作所为理应受人鄙弃。但是他坦白了一切，这让我非常钦佩和感动。平时他还是个好兵吧？还有，他多大了？"或者有时，他还会瞎编一套说："他是我至交的儿子，我实在不忍判他死罪。"另有一次，他想下令推迟刑期，就这样对某位司令官解释说："您给一个上了年纪的人判了死罪……我本人认得他，我觉得他并不是个坏人。"三年后，他干脆下了道总命令，对逃兵只允许施以短期关押的惩罚。

这一切，包括以前发生的上百件小案子，都是在遭到其他人，主要是陆军部长的回绝之后，由总统亲自出面解决的。有时候，人们会自己给总统发电报求救，对此林肯总是耐心回复。"我不能仅凭一封陌生人发来的电报就去干涉对一个奸细执行死刑。你可以向瓦雷斯将军递一份申请，如果他同意的话，你可以去向他解释。"一些人慌慌张张地来到他这儿，有时情急之下会忘记告诉他一些重要的细节便匆匆离开。这常常把林肯搞得十分为难，他虽然想帮他们，却又无从下手。在一封电报里他曾这么写道："今天一位有教养的女士一大早就来拜访我，神情十分忧伤。她说，她的丈夫——波托马克军团的一名少尉由于逃避战斗明早将被枪决。她只给我留下了一封信……没留姓名就走了。那封信写得也很不清楚，签名可能是……我没法再找到那位女士了。如果你发现某个案子和我描述吻合，就请按照我今天的电报行事。"

既然为民父母，他就得不知疲倦地为人民着想，即便遇到困难，他也会想方设法帮助他们。林肯并不否认，这其中或多或少包含着他个人的愿望，因为"如果我在一天繁忙的工作之后，能够做出一个决定，解救一个人的生命的话，我会感到无比满足和高兴"。

他还曾用这么一段美妙的语言为自己的行为辩护："您不明白，当您感到，明明自己动动笔就可以挽救一个人的性命，却非得眼睁睁地看着他去死，是多么困难！"

他逼着自己严守军纪，却会转弯抹角地向司令官作最后的试探："××请示我赦免他们，却没有提出适当的理由。我听说，他们所犯的都是不可饶恕的过失，而且您也认为对他们的惩罚是不可以撤销的。如果我没听错的话，请您转告他们，他们的申请已经被拒绝了。"如果最后，他实在是无能为力，他也会说："今天他们在某处枪决了一个青年士兵。希望我在这判决上书签字不是个错误！"他知道，战争中每一天都有很多人丧命，对此他无能为力，而那些幸存下来的人，只要不和整个国家的利益相冲突，他都愿意尽力保全他们的性命。

当然，林肯也不会轻易被人利用。一次有个军官来找他，在他面前宣读了一份长长的请愿书。这位军官新近被革了职，觉得自己受到了不公正的对待。可他一连几次请愿都没有什么结果，最后，他愤愤地冲林肯喊道："我看出来了，您根本不想对我的遭遇做出公正的评判！"听到这里，林肯的嘴抽动了两下，他紧闭着嘴唇，把那份请愿书放下，走到那个军官面前，揪住他的衣领把他推出门去。当时就连大厅里的人都听得到他的声音："我劝你别再出现在这儿。我可以接受批评，却不能忍受侮辱……你的文件我会派人给你送回去的。别让我再看到你！"一个庄稼汉，一个摔跤手，长期承受着沉重的精神压力，他的耐心显然已经熬到了尽头。在他关上大门的一刹那，他可能已经开始痛苦地抱怨了，为什么自己要那么宽容，以至于自己的人民会当面利用他。不过，一会儿功夫之后，他又会把这一切都抛在脑后，继续按照自己的良心办事了。

这几年中，林肯这位总统一直都和军队保持着密切的联系，军中的将士们也都了解这一点，他们传唱着这样的歌谣："我们，五十万之众赶来了，亚伯拉罕父亲！"当人们一筹莫展时，便会想到来找他。这时候，即便他公事再繁忙，也会抽出时间，花费精力，帮助对方去思考那些小事情。

虽然这并不涉及任何生杀大事，但他依旧非常用心，对人民的事情他不习惯用"大小"加以区分。倘若有人去读一读他收到的信件和文书，准会以为他是某个通行证签发处的官员，而根本不是美利坚合众国一言九鼎的总统。

一次，一位女士想要回里士满去，她来华盛顿照顾母亲已经很长时间了。她订过婚，已经两年没见到未婚夫了，这次回去是想和他结婚的。维尔斯怀疑她是奸细，拒绝给她发放通行证。但总统觉得，战争已经使得整个国家的人口减少，结婚的人数也降低了，国家应该尽力改善这种状况。于是他出面帮了这位女士。一次，他还给米德将军发了这样一封电报："×× 想要从我这申请一张通行证，他想跟随您的军队收一些旧衣服什么的。我不知能否把通行证发给他，但前提一定是得到您的允许。"

一位老妇人的五个儿子都在战场上为国捐躯了，林肯听说之后给她写了这样一封信："我觉得无论是用什么样的语言来安慰您，也无法消除您如此巨大的悲恸。但我还得说，您的儿子们是为了合众国的利益而牺牲的，您理应得到合众国对您表达的感激之情。我祈求天父减轻您的丧子之痛，把您对死去的儿子们的怀念留在心中。在自由的祭坛前，您做出了如此巨大的牺牲，为此，您将从伟大的天父那里获得庄严的致敬。您无比忠诚和崇敬的亚·林肯。"

他的这些话，人民永远都不会忘记。同样让人们难以忘怀的是他给上百人写的推荐信。给陆军部长的一封推荐信里这样写道："请听一听这个匹兹堡来的年轻人的想法，他还很年轻，如果您能为他做些什么的话，我将感激不尽。"他宁愿自己欠下人情，也要帮助这个贫穷的年轻人。他还是像平常一样每天都去国防部的电报室。一次他问电报员："站在外面的那个女人为什么在哭？"电报员回答说，那个女人想去阵地找她的丈夫，告诉他一些重要的事，但国防部刚刚才下了一道命令，不允许任何妇女前往前线。林肯听罢坐在那里，忧郁的眼神望着前方，想了一会儿说："我们还是送她去吧，请您写下这道命令！"

"我们难道不能让司令去下这道命令吗？再者，我们还可以把她的丈夫召回华盛顿来呀？"

林肯恍然大悟："对啊！可以让他回来！"他迅速掏出一张纸来，平静地写了一封电报。

来自人民的他或许曾在伊利诺伊见过那个哭泣的女人和她的丈夫、孩子们，曾坐在他们的桌旁和他们聊过天、谈过心；此外，作为一个具有诗人气质的人，他也必定是以民众之乐为乐，以民众之悲为悲，愿意看到别人脸上绽放笑容。作为一个生性忧郁的人，在不得已被卷入一场战争之后，他竭尽全力试图减轻战争带来的苦难；作为一个务实的理想主义者，他日复一日的在他的小圈子里为自己伟大的理想奋斗。与生俱来的荣誉感阻止他去考虑这一切对自己声誉的影响。一次，有人暗示他，别人可能会因此而嘲笑他，他答道："别为这个担心。更多的人对我的嘲笑我都挺过来了；有时候，人们也会以玩笑的方向我表示友好，对此我早已经习惯了。"

他之所以这样做，是因为他能和人民打成一片——这也正是他的目标，不受其他政治家的左右，不自命不凡。即便是在这座石头城里，在这座白宫里，他依旧时时回想起当年自己在伊利诺伊森林里生活时的理想。在他这儿，庄稼汉和山野村夫总是受欢迎的。如果那些人想把当地的某位官员赶下台去，就会把老丹尼斯·汉克斯打扮起来，派他来找总统请愿，而且大多数情况下，他们总能如愿以偿。有一次，汉克斯的来访被斯坦顿碰上了，想必斯坦顿一定没给汉克斯什么好脸色，于是他前脚一走，汉克斯马上向表兄林肯提议，革了这个危险人物的职。

请愿者仍旧络绎不绝，有时林肯会被他们搞得精疲力竭；尽管如此，当有人劝他少接待些来访者时，但他总是说，如果为请愿者们设身处地地想想，作为总统他必须接待他们。一次，有人给林肯讲了一个可怜人的遭遇，说他一个朋友也没有，林肯答道："如果真是这样，那他可以把我当成他的朋友啊！"一个来自纽约的老者找到林肯说："在我们那儿，每个人都相信'上帝'和'国父亚伯拉罕'。"听了这话，林肯一定比在议会里取得了多数支持，或是听说格兰特又打了一个大胜仗还要高兴得多。

十三、尾声

圣诞前夕，谢尔曼将军用大炮和棉花拿下了萨瓦纳城，并把这作为圣诞礼物敬献给林肯。他通过这次在佐治亚州的著名进攻向全世界证明了，一支只有六万人的军队完全可以在整个南方所向披靡，并和海军舰队汇合，夺取新的据点。这次战斗行动在南方引起了巨大的恐惧，同时也使他威望大振。这时的格兰特则在牵制着李将军的兵力，后者的兵力和格兰特的相差悬殊，无法与格兰特匹敌。二月中旬，当查尔斯顿这个南方的文化中心被攻陷之后，北方军队看来已经可以左右夹击，打败李将军了。于是，格兰特截断了南方的主要铁路线，从而切断了李将军和南方的联系线路。里士满大势已去，现在剩下的就只有一个问题，李将军到底会投降，还是会顽抗到底？在过去整整四年里，杰斐逊·戴维斯一直把最高指挥权牢牢掌握在自己手中，如今到了这步境地，他才急忙把指挥权又推给了李将军，自己则冠冕堂皇地在一篇演讲中声称，他将与南部联邦共存亡。

不久，南方议会拟定了一项法律，规定只要黑奴们愿意加入军队，就可以获得自由。对于南方来说，做出这个决定绝非易事。最后，他们只凭借微弱的多数通过了这项法案。

多么可悲的讽刺啊！历史上虽不乏这种事情发生，但南方的这个一百八十度大转弯仍令世人瞠目：以放弃自身制度作为价码来维护这种制度，真是荒唐至极！那些为了维护奴隶制而冲向战场的奴隶们将获得自由，而那些待在家里的奴隶们仍要受人奴役。林肯对一个军团的将士们谈起了行奴隶制这种自相矛盾的转变，这正意味着这种制度即将灭亡。他说：

"对这项措施，我还从未写过文章或发表过演说来表达自己的看法，因为那是他们的事，和我无关。而且对此，我即便有想法也无能为力。对南方来说，最大的问题在于，那些被他们编入军队里的黑人们会不会全心全意地为他们战斗？我这一辈子曾听到过许多理由，解释黑人为什么要做奴隶，如果他们真会去为那些奴役他们的人打仗的话，那将比我所听说的任何一个理由都更有说服力，更能证明黑人和奴隶之间必然的关系。南方最后决定，每四个奴隶中必须有一个去当兵，这四分之一若是情愿为了使其他人继续被奴役而战斗的话，那么即便他没有战死，也应该回去继续亲身体会被奴役的滋味！我经常说，所有人都应当获得自由，但对我刚才说到的这些人，我却认为他们应该继续被奴役下去。此外，还有那些整天嚷嚷奴隶制怎么有理的白人们。我希望也给这些白种人创造一个机会，让他们也去尝尝当奴隶的滋味！……南方已经山穷水尽了。我们现在已经能看得到他们道路的尽头了。战争结束在即，我真心地感到高兴。不过，现在我讲的已经比我原来计划要说的多得多了，就请允许我向大家道一声再见吧！"

在这次讲话中，林肯用南方最后采取的措施本身说明了它的荒谬。没有自以为是的欢呼，也没有忘乎所以的得意。他的第二次就职演说也是这样。事实上，对他来说，这时进入议会大厦和四年前同样危险，但是显然，人们并没有充分意识到它的危险性，因为在这种欢欣鼓舞的胜利气氛中，人们很容易忘记失败者可能发起的报复。新近，林肯就职时就发生了两件新鲜事：第一，总统的护卫队里又编入了一支黑人小分队，这也是黑人解放运动付诸实施的标志之一；第二，现在议会大厦的顶上立起了一座自由神像，它仿佛宣布了一个新时代的开始。只是，接受林肯第二次就职宣誓的人不再是四年前的老坦尼法官了，九十多岁高龄的他在不久前仙逝了。现在的法官是蔡斯——是林肯越俎代庖，超越了自己的职权范围，没跟任何人商量便任命了他为最高法官。台下坐着的第一排人当中也已经没有了道格拉斯的身影。不过还好，这次也没有那顶恼人的礼帽和那根时髦的手杖给他惹麻烦。因为无需像第一次就职时那样介绍自己，所以林肯这次所作的就职演说只有两页纸，不像第一次的那么长。

"关于我们军事行动的进展，大家和我本人了解的一样清楚，它乃是我们伟大事业的主要依靠之所在。我相信，对所有人来说，它都应当是令人满意，也是令人振奋的。带着对未来的希望，我在这就不再冒昧地做什么预测了……战斗双方念着同一本《圣经》，在向同一个上帝祈祷，每一方都祈求上帝帮助自己，打压对方，有人还甚至要求公正的上帝帮助他们从别人的血汗中榨取面包，这可真是岂有此理！不过，我们暂且不要去评判别人，这样别人也就无权来评论我们了。我想，双方的祈祷可能都得不到回应，事实上也没有得到充分的回应。万能的上帝有他自己的想法。罪过是无法避免的，但是，犯下罪过的人必须接受惩罚！如果我们假定奴隶制就是这里所说的罪恶之一，而按照上帝的旨意，这种罪恶又是不可避免的，那么在经过了一定的时限之后，上帝现在终于决心要消灭它。或者我们也可以这样想，是上帝让南北双方发起了这场可怕的战争，目的是要对那些犯罪者实施惩罚。这其中不正显示出了信徒们赋予上帝的神性吗？我们衷心希望，我们虔诚的祈祷能让这场战争浩劫尽快过去。但是，如果上帝的旨意是要战争继续下去，直到奴隶们在二百五十年中用不计报酬的劳动所积累起来的财富全部化为乌有，直到用皮鞭抽出来的每一滴鲜血都被那用枪炮炸出的鲜血偿还为止，那么，三千年前有人说过的一句话，如今我们还须铭记：'主的裁决总是公正无误的'！"

"对任何人不怀恶意，对所有人宽容相待；坚持正义，上帝让我们懂得如何去识别正义，让我们继续努力，完成我们目前正在进行的事业，抚平国家的创伤，缅怀那些以身殉国的战士们，照顾他们的孤儿寡妇，倾尽所能，在我们和所有国家人民之间实现并维护公正持久的和平！"

一位国父的演说。这就是林肯再次就职时对人民的交代。所有政治问题都被哲理所取代，而所有的哲理又都来自于宿命论，当他对胜负毫无把握时，他在演讲和公开信里就是以这样的方式不断告诉北方人，他们一定可以取胜，他们要相信这一点。现在，北方的胜利指日可待，只是时间问题了，这时他却把胜利的荣耀都归功于他称为上帝和命运的力量。让众人费解的是，他还宣称，若是上帝让战争继续下去，让战场上继续腥风血雨，那么他仍将竭尽所能，积极应对；现在他终于摆脱了沉重的心理负担，恢复了他那天生隐忍的本性，等待着并且准备接受命运的安排。这也是一篇具有教化功能的演说，采用的是《圣经》似的语言，充满一位老者洞悉了世理的警言。从整体上看，这根本不像一篇就职演说，而更像是一首叙事诗。

不过，当一位朋友向他表示祝福时，他在回信中用另一种语气评论了自己的这篇就职演说："我期待着自己的这篇就职演说会和我过去的演讲一样好，甚至更好些，但它并没有立即受到广泛的关注。当你让人们看到上帝的目的和他们自己的目的有出入时，他们是不会高兴的。但在这种情况下，否认这一点便相当于否认有一个上帝在主宰着世界。我想，这个事情必须要讲清楚，不管会招致什么误解和屈辱，我都可以承受。"

十四、谈判

当战争终于接近尾声时，议会大厦的脚下又响起了炮声，这是百响礼炮在轰鸣。很久以来，这个地方还是第一次鸣放礼炮呢。不过，现在鸣放礼炮并非是为了庆祝前线的胜利，而是因为议会通过了《第十三条宪法修正案》，将林肯的战时临时法规——《释放奴隶法规》变成了持久有效的法律。就在四年前，同一个议会大厅里，政府还一致决定禁止制定任何企图废除或干涉奴隶制的宪法修正案；就在七年前，人们还曾为道格拉斯在堪萨斯州做出的反黑奴决定而鸣放加农炮呢；而今，解放奴隶已成了美利坚合众国的基本国策。这天早上，这项法案尚在未定之中，到了中午，也还没人能预测它在议会的表决中会何去何从。议会表决的最终结果是，一百一十九票赞同，五十六票反对。由于通过这一法案需要三分之二的多数赞同，所以倘若有三个投赞成票的人改投反对票，那它将被再次搁置。真是险中取胜啊！诚然，这项法案迟早会被通过，对此我们无需担心，但倘若搁置下来的话，这一思想的伟大创立者便无缘亲眼见证这一切。

是的，这也是林肯个人的胜利！当天晚上，他对众人说："我们找到了根治这种罪恶的一剂良方。不过只有当四分之三的州接受这个决议之后，它才能成为一项真正的法律。"伊利诺伊州率先表决通过了这项法案，令林肯十分欣慰。只是这项法案在全国范围内推行，他是无缘看到了。

几天之后，在一艘轮船上，林肯坐在了自己的敌人、叛军副总统斯蒂芬斯的对面。四年以来他们还是第一次会面。当年在下议院共事时，他们二人曾是好朋友；就在南北开战后不久，林肯也还写信劝过这位朋友。这次，林肯决定亲自前来参加有关停火的和谈，自然有些不妥，不过他就是这样。尽管他的此类举动时常令当时的政治家们摸不着头脑，但赢得了后代的理解和崇敬。

斯蒂芬斯秋天时就在南方为取得和平而四方游说，现在他终于得到了一致的答复：南方愿意和北方进行和谈。虽然他一向愿意独自完成自己的任务，但这次还是请格兰特把自己引见给了北方的政治领导人。在事先没有通知内阁，没有询问他人的前提下，林肯凭借直觉的引导，亲自带着格兰特和赛华德上了船，三人一同接见了斯蒂芬斯和他的两个朋友。老友相见，互相寒暄之后，尴尬之意荡然无存。外面虽然还是兵临城下，炮火连天，喊杀之声不绝于耳，但在这个安静的地方，他们已经互相询问起其他老朋友的近况了，就像是自己外出旅行刚刚到家一样。然后他们又一同憧憬未来。没有书记员，也无需备忘录，就这样，他们足足谈了四个小时之久，这真是一次典型的林肯式会晤啊——因为这根本就算不上开会。

当斯蒂芬斯询问，是不是没有可能避免战争继续打下去时，林肯答道，只要南方停止反抗，战争马上就可以结束。不过，斯蒂芬斯眼下不想谈这种情况。他希望各州能建立一种新型的自由联合，但林肯立即平静地拒绝了这一提议，他十分坦诚地讲起了发表《解放奴隶宣言》前后的情形，说他其实自始至终都没指望南方承认这一宣言，而且也不愿强迫南方承认它。而他之所以持这种态度，原因就在于他要保全联邦。他甚至还表示，对于奴隶制的蔓延，北方人也负有责任，所以即便时至今日，他也不排除对南方的奴隶实行有偿解放的可能性。林肯同时也强调，他的话还并不能算作承诺，因为有决定权的不是他而是国会。赛华德也补充说，如果他们现在就让南部无条件加入联邦的话，那新近刚刚通过的宪法修正案又要落空。

当斯蒂芬斯企图通过描写战争带来的荒芜景象对林肯动之以情时，他发现自己所熟悉的那颗善良的心并没有为之所动：那个当年在议会被斯蒂芬斯的演说感动得泪流满面的林肯，在经历了战争中无数个腥风血雨的日子之后，已经不再会被政客们的煽情之词蛊惑了，他毫不含糊地拒绝了和武装着的叛军进行谈判的要求。

斯蒂芬斯的一个随同人员辩解说："卡尔一世都和全副武装的敌军谈判过呀！"

林肯答道："我的历史学得不好，没法用它来为自己辩护，在这方面，我建议您去找赛华德先生切磋，说到卡尔一世，我只知道，他最后丧了命。"

斯蒂芬斯紧接着问："在您眼里，难道我们就是叛军，该以叛国罪处以绞刑吗？"

"是的。"

"这我们已经想到了。但是坦率地说，只要您还是总统，我们就不太害怕自己会被绞死。"

最后，斯蒂芬斯又向林肯建议南北双方共同向墨西哥开战。林肯再次拒绝了他。斯蒂芬斯只得宣布保留自己的意见。在他们临走时，林肯拍了拍他的肩膀说："好，斯蒂芬斯，我再考虑一下。但我认为自己恐怕不会改变现在的主意。"

历史上曾有哪次与敌军代表进行的谈判是在这种气氛中进行的？如果林肯不在场，那它一定只会是一场冷冰冰的对话，是林肯唤起了谈判代表们人性中温柔的一面和他们的幽默感。在会面期间，他肯定仔细地观察过对手，因为后来他曾这样描述自己的那个矮小秀气的朋友："斯蒂芬斯穿着一件对他来说起码大了三个号的高领外套。船舱里很暖和，于是不一会儿他就脱下了那件大外套，活像是颗脱了皮的玉米。当时，我不禁想道：这可是我所看到过的搭配在一起的最大的外皮和最小的玉米。"他描述对手时是这么调侃和友好。但他的对手对他可不这么客气。戴维斯在斯蒂芬斯的报告上只看到了他对林肯的一个称呼，就是："亚伯拉罕一世国王陛下。"

出于对自己人民的考虑，在回家的途中，林肯一直思考着所有能够让南方尽快弃城投降的方法。南方已经无法掩饰自己绝望的境地了，某种许诺或是让步也许可以马上缩短这次战争的进程。这场战争到底还要打多久呢？至少还要一百天。这一百天对北方意味着什么？四亿美元，于是，林肯想到，就算把这些钱白白送给南方来换取停战，还可以让成千上万的生灵免遭涂炭呢，这也是值得的。于是第二天，他就提出一项议案，准备提交议会表决：向南方提供四亿美元，赔偿奴隶主解放奴隶后的损失，四月一日马上交付款项的一半，另一半则在宪法修正案生效时付清；同时，归还他们除奴隶以外所有被没收的财产，并赦免所有政治犯。

当他次日将这个提案交给内阁，并兴奋地解释为什么要这样做时，遭到了全体内阁成员的一致反对。"你们都反对我，"他伤心地说，把提案放在一边，"今天你们都反对我。其实这本身就很说明问题了。"

在林肯的一生中，这次他与人为善的性格和政治家的远见，务实的理想以及过人的智慧比任何其他时候都更好地统一在一起，使他做出了这个决定，完成眼下来看极为理智、日后看也意义重大的任务。他既然已经拒绝了和叛军公平谈判的建议，那胜利在即，他为什么不干脆倒背着手坐等胜利的到来呢？这时在他的内心经过一番思想冲突，他决心要减少战争带来的恐慌和灾难。一百天，战争还要持续一百天，事实上，它也的确又持续了一百天；与其把四亿美元或者更多的金钱白白扔进炮火中，还不如把它送给明天就会成为自己同胞的南方人呢！这是个多么大胆的设想呀——既变通又充满善意，也不违背道义！但是，北方即将获得胜利的民众怎么会答应呢？想到此处，部长们都频频摇头。

十五、出行

折磨了林肯整整四年的可怕压力终于慢慢减轻了，他身边所有人都说，在生命的最后几个星期，他的心境有所改善。

当然，在生命的最后一段时间里，他照样常常会精神紧张和疲倦过度。一次，他这样抱怨到："有时候，每天的工作几乎总是一成不变，从一位参议员要求与法国开战开始，以一个可怜的女人想在财政部谋职告终。我觉得，这些人仿佛是跑到我这来，伸手挖走我的一块生命力，而后便逃之夭夭一样。在完成这样一天的工作之后，只有一个词能够正确描述我的状态，那就是：精疲力竭。"

老朋友们发现他"目光阴郁，面色苍白"，"有时他会伸着手指，木然地倾听别人讲话"，还有人称他像只"被捕杀的野兽"，"他是一个面对任何攻击都不会公开作答，不会惩罚任何人的人。"他有时会穿着长长的睡袍，在一条狭窄的走道上走来走去，从一个窗户走到另一个窗户。他的画师曾发现他背着手，脑袋耷拉在胸前，黑着眼圈，脸上是一副忧虑、苦恼和恐惧的表情，"看到这幅情景，就连那些骂他是暴君的人也会深感怜惜。"当他的朋友斯威特来拜访他，找他为伤员办点事儿时，发现他正站在一扇敞开的窗子前，倾听着屋前一棵大树上小鸟的叫声。斯威特阐明了他的建议之后，林肯说："难道小鸟的叫声不好听吗？"斯威特吓了一跳，抛下一句话："看来现在我们的国家比我想象得要好得多，已经要歌舞升平了。"而后转身要走。林肯马上叫住他，说，"到这儿来，斯威特，坐下。难道你不觉得，即便处于我现在的这个地位，我也不可能无视这大自然的美景吗！早在几个星期之前，你刚刚建议的这件事已经被付诸实施了。"林肯必须得这样忙中偷闲才能挤出时间略微享受一下生活。一次，他小声对部下说："我觉得我从没有这样快活过。"

而后，他第一次给自己放了假，因为这会儿求职者又像四年前一样，几乎踏破了白宫的门槛，他必须得出去躲一阵子才行。那是三月份，每天敌人都有被打败的可能，格兰特邀请总统去见证这场战事，于是，林肯索性带上妻子和几个亲信登上战船，在军队里悠闲地度过了十天。林肯的大儿子罗伯特也在那儿，在战争的最后几个星期，这位年轻的博士被派到格兰特的指挥部服役，以便能去见识一下率兵打仗的情形。谢尔曼和谢里登也相继赶来，和格兰特共商战事。在这儿，林肯照旧会在电报室一坐便是半天，目的是把格兰特的通知发回到斯坦顿那儿去。有时候，他也会让鲍特上将陪他乘船在河里游弋；而最令他激动的莫过于骑着马一连几个小时在军营里转悠了，每当这个时候，士兵们就会冲他高喊，"向国父亚伯拉罕三呼万岁！"除了和士兵们聊天，其他时间，他会坐在椅子上，手搭凉棚，观察整个军营。

他拒绝占用海军上将的卧室，只要了一间八英尺长的小舱房："我在这儿睡得很好，只是我很难把一把比鞘更长的剑插进这把剑鞘里。"因为他的身高比床长出了四英寸。一天，海军上将悄悄让木匠把林肯的那间小舱房拓宽了，又按照他的身材把床加长了。次日清晨，林肯高兴地说："昨天夜里简直是出现了奇迹，我变矮了六英寸，而且还变瘦了起码一英寸！"

尽管这是玛丽第一次较长时间地待在军营里，第一次有机会展示自己的风采，和驻法大使以及其他符合自己口味的人优雅地同行，但这些天来她闷闷不乐。他们要到离码头二十公里处波托马克军团所在的前线去，队伍浩浩荡荡，林肯和格兰特的夫人也坐车跟随。一位负责保护她们的军官和玛丽攀谈起来，无意中说到他们还会见到另一位女士：格利芬将军的夫人，她是格兰特夫人的女友。总统还特别批准她去前线两天探望丈夫呢！"什么？"玛丽愣了一下，"还有这么一个女人，我怎么从没听说过？""您在说些什么，将军先生。您是想告诉我，总统和她曾经单独相处过吗？您难道不知道，我不允许总统单独会见女人吗？"听到这番话，那个军官一下子懵了，想安慰她，她却根本听不进去，"这简直是个笑话！请马上让我下车！我要去问问总统，他到底有没有单独会见过那个女人！"这时，旁边的人也赶紧跑过来询问发生了什么事，玛丽说她马上要见总统。

一个军官当时看到了这一幕，立刻骑马去报告了总统，回来时他给玛丽做了这样的解释，当时那张"可疑"的通行证不是总统，而是斯坦顿签发的。

第二天，他们一行人按照原计划去慰问奥德将军的军队。这位将军的妻子为了能在总统身边待上一小会儿，特意让马放慢了步子。经过了昨天的暴风骤雨，今天所有人都对此佯作不知。但最后，这一幕还是让玛丽看见了。她顿时火冒三丈，愤怒地调转马头，直冲着林肯，把林肯的马都吓了一跳，"嗒嗒嗒"向后倒退了几步。当奥德夫人骑马赶上前来，向这位总统夫人问好时，玛丽对她极尽羞辱之能事，说她死皮赖脸地缠着总统，诸如此类，说得奥德夫人一时间羞愧难当，她泪流满面夺路而走。等到他们一行人回到船上以后，玛丽又开始斥责奥德夫人。这时一位船长走上前来，为那位女士辩护了几句，玛丽气愤地拂袖而去。林肯则马上把那位船长叫到船舱大厅里来，表面上说是让他去看一张地图，其实却是想对他的挺身而出表示感谢。

在和平时期，这种事情可能会发生得更为频繁，它清楚地显示出玛丽内心的不平衡。她原本没必要这样大动干戈的。当初在斯普林菲尔德那个小圈子里，她还没有表现得这样离谱。可如今，满脑子都是权力和地位的她总想把一切，包括那些别人根本无意抢走的东西牢牢抓紧。这几个小插曲会有什么重大的后果，当时还不清楚但或许两周以后，正是它们救了格兰特的命。

十六、胜利

几天之后，匹兹堡和里士满相继陷落，李将军和戴维斯率领残兵大败而逃。北方人争先恐后地跑到里士满，去参观那座"特洛伊"似的城池，它被围困了多日，如今终于陷落了。尚未清除完水雷的河域里已经有船只划过，音乐和彩旗让船只显得喜气洋洋，一切都呈现出一派欣欣向荣的新气象。不过，许多船只都在一条沙坝上搁浅了。当林肯由海军上将陪同，带着儿子塔德急急赶往里士满的时候，也在这里被截住了，他们下船上了一只小划艇，水手们用拖拉机把它拖了过去。没有礼炮，也没有人准备举行胜利后的游行仪式，一切都显得十分随意，自然而然，就像林肯平常的生活一样。他高兴地大笑着，这个星期以来，他一直心情愉快。他给大家讲了一个笑话，说的是某个一心想当大使的人最后只讨得了几条旧裤子。水手们凭着感觉在这条河道里掌舵，因为无论是他们还是那位海军上将都从没有来过这儿。在这种胜利的喜悦里，林肯这个过去的船夫一定完全沉浸在纽萨勒姆的回忆里而无心帮忙了。

船停靠在第一个码头边，他们一行人走上斜坡，经过几所小房子之后上了岸。展现在他们眼前的是这样一幅情景，南方所特有的房子错落有致地坐落在片片绿草地上，安然无恙，仿佛根本没有遭受过战火的袭击，但已是人去楼空，一片死寂；只有十几个黑人在一位老者的指挥下干活。当这位老者直起腰定睛看了看林肯这边之后，他便马上扔下手中的铁锹，说道："主啊！那就是我们伟大的哈利路亚①！"他按照受过洗礼的黑人的习惯，跪了下来，虔诚地吻了这位解放者的脚，其他人也都跟着他这么做起来。

可怜的黑人们还在劳动，他们似乎根本没有觉察外面的世界发生的变化，全然不知自己的命运已经发生了多大的改变。高大的林肯站在他们中间，面色苍白，瘦骨嶙峋，有点不知所措，又有些尴尬。他说："请不要给我下跪！这不应该！你们该在上帝面前跪下！为即将拥有的自由，你们应当向上帝表示感谢！我只是他用来完成这一任务的手段。当然，只要我

---

① 哈利路亚：意为赞美上帝，是犹太教和基督教的欢呼语。

还活着，你们就不会再戴上枷锁，你们将和其他公民一样，享受所有权力！"这不是一篇出色的演讲，只是几句激动的话。不过黑人们理解了，他们理解他的每一个眼神。海军上将让黑人们往一边站，这时，那位老者又用他从传教士那儿学来的歌唱般的声音说道："是，先生。但是我们久处无水的戈壁荒滩，今天终于看到了泉水，心情十分激动。请您原谅我们吧，先生！我们这么做并非出于不敬，而是出于感激。"而后，黑人们便围成一个圈，唱起一首旋律简单的圣歌，林肯只得站在中间沉默地等待。后来据那位海军上将描述，四分钟以后，街道上突然热闹起来，黑人们好像是从地底下冒出来一样：从小山那边，从刚刚还没有一个人影的岸边，从四面八方涌了过来。他们对城市陷落后可能发生危险的恐惧已经荡然无存，他们潮水般地涌向了他们的救世主。为了保证总统的安全，海军上将不得已命令水手们给枪上了刺刀，但没人害怕这些。不一会儿功夫，周围就是一片混乱了。林肯被挤得动弹不得，他得有所表示了，于是，他举起手，开始讲话，顷刻之间周围鸦雀无声：

"我可怜的朋友们，你们自由了！像空气一样自由了！你们可以扔掉'奴隶'这个名字，可以在这罪恶的名字上践踏，它永远消失了！自由是你们生来就有的权力，上帝把它赐给了别人，也同样赐予了你们。长期以来夺走你们自由的是一种罪恶。不过现在，是你们自己通过努力去赢得这种赐福的时候了。去向世界表示吧，你们是通过良好的行为才获得它的。不要做出什么野蛮的举动，要维护并且遵守宪法，听从上帝的命令！向上帝表示感谢，是他给你们带来了自由，一切都应归功于他。好，现在让我过去。我的时间不多，我要去看一看里士满，而后马上就得回华盛顿去。在那里，我还必须为你们保住这珍贵的自由！"

有生以来第一次，他被一群黑人包围着，看着他们欢呼，仿佛从未像现在这么满足过。他像位慈父一般站在那里，虽然对黑人们的态度时远时近，忽而似乎要引导他们，忽而又要提醒他们，但却始终都饱含着爱。他提醒大家，是上帝使自由成为了现实；教导他们应该如何保住自由，维护法律。他站在那儿，高大、消瘦，一脸倦容。为了废除奴隶制，他受人污蔑，一度得不到理解，付出了近十年的心血方才取得了胜利。

那位海军上将后来说："我并不认为黑人们会伤害总统。他们只是像个护卫队似的保护着他。我们只能极其缓慢地向前走，一小时才走了一里路。那天天气热极了，街道上满是踏起的灰尘，空气污浊，令人窒息。总统的个子比其他人都高，所以所有人都能看得见他。他手里拿着帽子，不停地给自己扇着风，可不一会儿还是汗流浃背了。他当时那副样子，就仿佛会为了一杯水而欣然放弃总统职位似的。"高大的白人总统就这样被成千上万的黑人们簇拥着，一路浩浩荡荡踏进了里士满的城门。大街上，门户洞开，所有白人都用仇恨的目光看着这个让他们受了四年煎熬的人。这会儿，那位将军又变得紧张起来，因为只要一颗子弹，就可以要了林肯的命。他们参观完戴维斯的府邸和议会大楼等地之后，林肯一行人便立即坐上敞篷车往河边赶，这时候，那位将军更加不安了。四周一片漆黑，南方人若要报复林肯，这会儿更容易下手了。

这些日子，通过电报商讨之后，政府决定在攻克萨姆特城堡那天，也就是 4 月 14 日，在这座城堡举行一次开战纪念日的庆祝活动。开始时总统说当年攻克萨姆特城堡不是在 4 月 14 日，而是在 4 月 13 日，不过，看到斯坦顿想要找那年的月历查看，他便让步说，就定在 4 月 14 日吧，因为其实在哪一天举行庆祝仪式并没有什么两样。没有什么先知预示他，他的预感似乎也变得迟钝了，因为他丝毫没有觉察到，在确定这个节日日期的同时，他也说中了自己的死期。

十七、阴谋

因为没人料到总统会在那样混乱的日子去里士满视察，所以在里士满没能发生的事情，就要在华盛顿上演了。

这奇怪吗？先知们不总是因为不愿看到他们不希望发生的事情而遭到杀戮吗？各个时代的殉道者不都遭到众人误解，深受其苦吗？南方人痛恨林肯，他们觉得，是因为他当年当选总统，战争才会爆发。可他们哪里知道，为了和解，林肯曾度过了多少个冥思苦想的夜晚，就在一个星期前，他还试图给惨败的敌人经济补偿呢。南方人只知道，他是南方的死敌，他必须要为这场战争付出代价，血债血偿！

早在两年以前，一些富翁就在里士满出资建立了一个秘密组织，密谋杀害林肯。一年以后，据说他们精挑细选出了一百五十个年轻人，阴谋到华盛顿绑架林肯。当时，一位画家曾问过林肯，他对这些传闻怎么看，林肯微微一笑，回答说："如果这是真的，我也不认为这会给叛军带来什么好处。因为，北方的胜利已成定局，一切都会继续下去。我刚刚在芝加哥被提名之后，就曾收到过恐吓信；开始我感觉很不舒服，可后来这种事儿几乎成了家常便饭，我也就见怪不怪了。现在，我还是经常会收到这种信，不过除此之外，他们也没对我怎么样。"

平时，他好像总也不相信有人会来谋杀他。一次他说："谋杀这种罪恶不属于美国。"不过只要他记得，他也总会按照妻子的要求随身带根手杖。此外，无论是他那种务实思想还是宿命思想，都使他认为别人无法保护自己。"我相信，如果有人想杀我，就一定做得到。我即便穿上盔甲，带上卫队也无济于事。想杀一个人，办法多的是。"随着北方的节节胜利，他的处境其实越来越危险了，但是显然，他和他的朋友们都没有意识到这一点；而且，也没有人知道去年八月份发生的那段小插曲。

没有人知道，谁在那家小旅店的窗户上刻上那些奇怪的字迹；也没有人听说，此后不久在纽约一家戏院的戏台上发生的那件怪事，那件事说到底还是几个令人生疑的字眼。

十一月的一个晚上，一家剧院上演了一出名叫《尤利乌斯·恺撒》的戏，由布思三兄弟主演。三兄弟中有一个名气最大，其余两人都是靠着他的声誉参演的。那晚，当时被称作头号悲剧表演大师的布思可能扮演的是恺撒大帝这个角色；而他的一个弟弟扮演了马克·安东：他，二十六岁，虽然天赋平平，却面目英俊；他那古典的橄榄色的脸庞、炯炯有神的目光、罗马式的鼻子，再加上哥哥的名气，这一切都掩盖了他艺术天分的不足。第三幕里，他站在罗马的议会大厦上，煽动人民向恺撒复仇。按照剧本的要求，他慷慨激昂的以这样一段话掀起了高潮：

"如果我是布鲁吐斯，

布鲁吐斯是我，那就会有一个人，

启发你们的智慧，揭露恺撒的罪恶，

那时，就连罗马的石头也会

愤怒地揭竿而起！"

　　在这段观众熟悉的诗句之后，他又加上了一个更为有力的结尾："专制的魔王！"传说，在布鲁吐斯把匕首插进恺撒大帝心脏时所说的就是这句话。但在美国，它是弗吉尼亚的一句俗语，在战争期间，南方人为了提高士气曾千万次使用过这句话。

　　当时，似乎没有人注意到演员的这句即兴台词。后来听说，有一个人曾觉得有点不对劲，就转身疑惑地问身边的观众："莎士比亚原著里有这句话吗？"身后有个人低声说："这是弗吉尼亚州的一句俗语！"他身边的人说："对呀！他说的似乎应该是布鲁吐斯的台词！"

　　就在这时，只听人声大乱："起火了！"整个剧场顿时混乱起来，所有观众都跳起身来，四处奔逃。不久后，人们听说，在同一时间，纽约有十六家剧院和旅馆着火，这显然是早有预谋的，而那家剧院舞台上传出的几个字或许就是定好的信号。

　　大火引起的混乱让人们忘记了那句奇怪的台词。事后人们还可以找到一些其他的蛛丝马迹，它们都指向了刺杀林肯的阴谋计划。比如当时，亚拉巴马州的一家报纸曾发表过一个捐款人名单，这些人捐款的目的就是在就任之前刺杀林肯、赛华德和约翰逊。还有一份文件当时还未被揭露，文件中指出，在林肯再次当选之后，南方一位少校曾致信戴维斯，计划刺杀林肯等北方领袖，这份申请被转到南方的国防部，而后又辗转落到了几个高级军官手中。

　　刺杀林肯，布思有双重动机。他的父母都是演员，哥哥是当代最伟大的悲剧表演大师。他本人虽然没有很高的天赋，但若让他和其他演员站在一起，他英俊的外表一定会让别人对他刮目相看，他是诸多妇女心目中的大众情人，是个冒险家，野心勃勃，有着强烈的生存欲望；战争也促发了他的一个新理想：在杀死约翰·布朗时，他就在场，当时的情景以及在悲剧中成熟起来的性格都让他渴望扮演刺杀者的角色。他生命中最后几天的日记表明，林肯解放奴隶的举动和他头脑中的古典式英雄行为大相径庭。这次，他虽戴上面具，化好妆，扮演的却不是伟大的刺杀者布鲁吐斯，这可能令他颇为失望。于是，他想到要去刺杀总统，因为此举一定会让他比自己备受推崇的哥哥更加名声远扬。

就在林肯"这个祖国的敌人"第二次当选总统时，布思去了加拿大的一个间谍的老巢。在那儿，他制定了绑架林肯，而后把他带回里士满的计划。为此，他得到了很多人的同情，纠集了一帮同伙，又不知从什么地方找到一笔钱，像他经常说的那样，他把一切都计划好了。最后，他又回到华盛顿，想要在林肯宣誓就职那天完成这个刺杀计划：当时他在白宫的东门引起了一阵骚乱，想以此转移守卫警察的注意力，却不料恰恰因此而被守卫警察挡了回来，于是就这样痛失了一个干掉林肯的良机。

在他心目中，白宫不正是舞台上的议会大厦吗？让那位新时代的恺撒在众人面前倒在自己枪下，一定会让他觉得自己比布鲁吐斯还要更加伟大。上一次失败后，暗杀林肯的计划没有改变，只是被推迟了；里士满陷落以后，从三月份起，他就一直待在华盛顿精心准备着下一次谋杀。他的同伙，包括一个退伍军人鲍威尔，一个叫阿诺尔德的小混混，一个马里兰州庄园主的妻子——都是清一色的南方人。阿诺尔德胆小怕事，几次想要逃跑，都被布思抓了回来，布思懂得怎样利用自己的决策力来控制这帮杀手。他们每一个人都获得了一个角色：鲍威尔这个体格健壮的人被派去干掉赛华德，这场"戏"中的另一个悲剧性人物去干掉新任副总统约翰逊；而布思自己则扮演整场悲剧的主角，去刺杀总统；小人物阿诺尔德平时服侍他们，最后协助他们逃跑；房东和她的女儿则做些杂事。布斯俨然是编排了一出莎士比亚式的戏剧！只不过"开演"的具体日期尚未确定，但总之是在林肯返乡之后。

一个突发事件让行动日期比预计的提前了。赛华德出了车祸，伤势严重；而林肯此时也已经离开前线返回了华盛顿，这真是个难得的好机会！再说林肯，就在他离开军营的第二天，也就是复活节前的星期日，李将军投降了，林肯没能亲眼见一见胜败双方将军的会晤。据说，会晤时，李将军穿着一身崭新的制服，衣冠楚楚地和满身尘土的格兰特坐到了一间小农舍里。与前者截然相反，格兰特既没有徽章，也没配战剑，衣冠不整，还穿着一

双脏兮兮的靴子，他就这样
以战胜者的身份会见了战败
的李将军。

1865 年 4 月 9 日，南军统帅罗伯特·李向北军
统帅格兰特将军投降，南北战争正式结束。

当时战争还没有完全结
束，几个星期之后，南方将
领约翰斯顿方才把他的残兵
败将交给了谢尔曼。据统计，
这次战争总共有三百多万人
参战，其中六十万人战死，
总耗资约为五十亿美元。总
体来看，南方的损失比北方
更高。战争结束后，紧接着需要解决的一个问题便是，是否以及如何制裁
叛军领袖。当有人向总统提出这个问题时，他的脸上露出了一丝狡黠的微笑，
他说：

"我只想给大家讲个故事：在我们伊利诺伊州曾经有这么一个男孩，
他用自己的积蓄买了一只小浣熊，但不久就厌烦了，他觉得这只小动物累
赘得很。一天，他牵着小浣熊在大街上溜达，显得心不在焉，不断地赶那
只小浣熊离自己远一点，他自己则疲惫地坐在路边的一块石头上。有个人
问他这是怎么了，他说，'啊呀，它真是麻烦！'

'那你为什么不干脆把它放掉呢？'

'嘘！'男孩说，'您没看到，它正在那咬拴它的绳子吗？等它咬断
了绳了偷偷溜走之后，我就可以心安理得地回家夫了，我可以告诉家里人说，
是它自己偷偷跑掉了'。"

又是他的老风格。梦魇已经过去，他又像往常一样，开始对最为重要
的问题轻描淡写了。人们马上理解了他这一则小故事的含义。在去探望生
病的赛华德时，他的精神十分饱满。一位当时在场的画家描述了那时的情形：
林肯像个孩子似的奔到床前，用手支着脑袋，讲述着决战时的场面。就在
四年之前，在同一个房间里，赛华德还曾以敌对的态度给他写信，要求辞职，
而他也毫不含糊地回绝了对方。而今，林肯却俯身在病床前，激动地讲着

故事，显得那么轻松，那么有活力。眼下他似乎已经驱走了心头所有可怕的回忆。

　　首都乃至全国都是一派欢腾的景象；从星期一也就是四月九日开始，到处都洋溢着一种狂欢的气氛，就连复活节的神圣感也不足以让人们平静下来。在首都，许多人涌向一处，仿佛不是从敌人那儿而是从一种魔力中被解放了出来，幸福地欢呼着，战争终于过去了！人们成群结队来到白宫，应他们的要求，总统不得不作了两次演讲。他该说些什么呢？回顾过去没有多大意义，现状又理不出什么头绪；他唯一想要自己的人民思考的是合众国的前途和未来，以及国家的重建问题。

　　"同胞们，今天晚上我们绝不是怀着悲伤的情绪，而是心怀喜悦地在这里聚会……至于战胜的荣誉，完全与我无关，那都应该归功于格兰特将军以及在他率领下骁勇的军官和勇敢的士兵们……这场内战和发生在两个独立国家之间的战争不同，我们无法找到一个全权机构或是全权代表和他们谈判，只能从一些杂乱的、意见不一的人那里慢慢理出头绪来。另外，还有一个小麻烦，我们忠诚的人民，对该以何种方式、态度和方法进行重建，尚未取得一致意见……"

　　而后，他又用了较长的篇幅宣布了他对路易斯安那州进行改革的想法以及政府重组以及黑人问题的看法，语速十分缓慢，声调拖得很长，就像是在国会里宣读文件似的。赶来的人本来很想找机会欢呼，但看到林肯那么平静，可能会有点失望，但没有人说什么，而且有些人也确实明白了林肯演讲中的深义。

　　当时，没有人注意台下站在头排的两个年轻人无声的激情，他们二人正注视着林肯的一举一动。当林肯讲道："如果我们要赦免所有暴乱者的罪行，那我们就必须赋予有色人种，起码是那些有文化的有色人种以普选的权力。"听到这话，两个年轻人中的一个唏嘘道："你说的是黑人公民！我会给他们想要的东西的！"这二人就是布思和鲍威尔。

　　倘若他们二人不是来自南方，而是来自伊利诺伊州的话，他们会怎样看待林肯呢？倘若他们是在奴隶解放者当中成长起来的，他们也一定会像其他人一样，兴奋地冲着林肯欢呼。即便是作为南方人，只要他们了解林肯，只要他们从近处观察过他那灰色、善良、探究的眼睛；或者哪怕是偶然看到过他如何和塔德并排骑马，给塔德讲解不同树木的特征；看到他为制止处决某些士兵而焦急地发电报向国防部求情，或是听过他的故事，那他们二人就绝对无法对林肯下手。如果布思听说过他的这位所谓"新时代的恺撒"对布鲁吐斯行为的哲学阐释——"那是谁也躲不过的命运"！这位现实生活中的"布鲁吐斯"又会作何感想呢？他整个关于尊严和荣誉的观念恐怕都将随之动摇，因为没有人会去疯狂地谋杀一个早把个人安危置之度外的英雄！

十八、伟大的献身

四月十四日中午，十二点的钟声敲响时，萨姆特城堡炮再次火齐鸣，就像四年前一样，不同的只是，这次是北方在鸣炮，而且鸣放的是礼炮。当年在这里指挥守城的安德森将军亲手升起了四年前被撕碎的星条旗，军乐队奏起了乐曲，众人齐声欢呼。庆祝活动的演讲者致辞："我们恭敬地向总统表达我们的祝愿，同时也要感谢上帝让他终于度过了这风风雨雨的四年。虽然他内外交困，日理万机，但他依旧健康平安；上帝让他重新统一了合众国，这正是他所期望的。怀着无比的勇气，他忘我的工作，终于为我们完成了这一任务！"

那天上午，林肯正和他的部长们坐在办公室里。早上，他拒绝了所有来访，花了一小时听他的大儿子讲述自己在军营里的见闻，这样他就能更清楚地了解敌人投降时的情况了；同时也可以看看离家几年的儿子长进如何。当儿子给他看李将军的照片时，他拿着照片，久久地端详着自己这个叱咤风云的对手："一副善良的面孔，一个高贵、勇敢的人。我真高兴战争和敌对终于结束了。"

几周以来，或者说自战争胜利以来的第一次内阁会议是在一种从未有过的气氛中进行的。赛华德未能到场，但格兰特来参加了，林肯的儿子就是应他的命令今早抵达华盛顿的。所有人都围着这个得胜者，向他表示祝贺。和林肯在这座房子里共事了四年的维尔斯后来说："总统比以往任何时候

413

都高兴，都满意，浑身上下洋溢着幸福的激情。他渴望的和平终于到来了。"但格兰特毫不掩饰自己的忧虑，因为谢尔曼那边还没有传来胜利的消息。这时，林肯说，谢尔曼一定会打败约翰斯顿，现在他可能就已经把他打败了。因为头一天晚上他做了个梦——在取得胜利之前他经常做这个梦。"我的这个梦涉及了您的职权范围，"林肯对海军部长说，"它和水有关。梦里，我坐着一艘结构奇怪到无法形容的船，总是同样一艘船。它迅速地开往黑暗而不确定的海岸。而且总是还没有靠岸，我就醒了。在发生特别事件之前，我总是做这个梦。比如在安提塔姆、石头河、葛底斯堡和维克斯战役胜利之前，都是这样。"

"不过，石头河一役算不得胜仗。"格兰特有些沮丧地咕哝着。

以前，林肯还从未和部下们这样谈过心。自从差不多三年前九月份的那一天，他宣读了《奴隶解放宣言》并谈到他在上帝面前下跪以来，他从未再说过这种知心话。只有一种心理活动会使他这样一位五十六岁并且性格孤独的人开口讲这些，那就是对梦境先知性的信仰。这使他生平第一次像个乐观主义者似的摆脱了自己最后的烦恼。正当林肯讲述那个一向预示着大事发生的梦境时，离他数步之遥的阴谋者们再次凑到了一处，商量刺杀他的时间和方式。

而后，内阁成员们讲到了重建问题。斯坦顿提出了一项计划，把它递给同事们传阅，这时总统开口说，还未召集新一届议会，他很高兴："在议会组成之前，如果我们小心行事，认真计划的话，可以劝说各个州恢复秩序，重组政府，重建合众国！"而后，他又提到了现在到处都在盛传关于叛军正伺机进行报复、破坏的事情，他说"谁也别指望我会去参与处死那些叛乱分子，即便让我去处死其中的头目我也不会干！就把他们赶出国家吧！打开小门，等他们跑出去，再放下栅栏，把他们赶出去"！他一边说着，一边挥动着胳膊，仿佛是在驱赶羊群似的，"如果我们还想要共同工作，重建联邦的话，我们必须得顶住一切压力，把这件事做到底！"

"我们有些朋友的愿望有些过激了，他们急切地想要当主人，想要操纵南方人，不把他们当作自己的同胞看待。这是对他们所享有权力的亵渎。我不赞成这样做！"

414

这时候，那群谋杀者跑到哪里去了？他们为什么不躲在钥匙眼背后偷听呢？如果他们听到了这一切，紧握匕首的手不会发抖吗？只有一个尊重南方权力的人才会说出这番话！这时布思在哪儿？他为什么不仔细地听着！

布思刚刚听说，总统和格兰特今晚要去戏院看戏，目的是去见见盼望见到他们的群众。因为格兰特原计划明天就要启程回家，所以戏只能安排在今天晚上。格兰特仍旧不喜欢华盛顿这个地方，而且今天他一直感到烦躁不安；林肯的梦对他有什么用呢？他必须得亲自去前线看看才会放心。战场上的事谁也无法预测。而这时，戏院的经理早已把林肯和格兰特莅临戏院的消息公布于众了。人们正热火朝天地布置着戏院，在包厢里挂上彩旗，兴奋地期待着一个辉煌夜晚的到来。

这边的布思也已经分配了角色：鲍威尔今晚得闯进赛华德家，他只说是带了医生的口信和一些药给赛华德就可以进去了。不过在最后时刻，他们还是放弃了刺杀副总统的计划；因为可笑的是，布思昨天鬼使神差地给了对方一张自己的名片。布思为了今晚的行动租来一匹好马，得意地骑给熟人们看，而后把它交给阿诺尔德好生喂养。他自己则在中午时分溜进了戏院，那里有个工人是从南方来的，想必是被布思收买了，他按照布思的希望摆好了包厢里的椅子。布思自己则在包厢的门上钻了一个孔，以便到时观察里面的动静。他又暗地里检查了手枪和匕首，因为他可能会需要这两样东西。除去手枪，舞台表演的经历促使他选择了匕首这种富有戏剧性的武器。一想到能一下子干掉两个"罪人"，他就兴奋地心旌荡漾。他交给亲信一封信，信中动情地解释了他的行为，并要求这个亲信，第二天在报纸上把它公开：他展示自己的渴望是如此的强烈。

这时候，林肯正在他的房间里给一位将军回信，这位将军曾提醒他要时刻注意保护自己的安全。这是林肯生命中所写的最后一封信："我决定接受朋友们的建议，加强必要的保护措施……您向我保证说，上帝以及你们大家都将支持我，重建联邦，用您的话说就是，让各个联邦州全心全意地联合起来组成合众国，对此我感激不尽。您忠诚的亚·林肯。"

听说有人要去自己西部的故乡，林肯让这人给那里的采矿工人带几句话。那人说他无需把这段话笔录下来，因为他很容易就能把它记在心里了：

"我一直都在关注着我们西部的矿产资源，我认为它简直是取之不尽的。我们的西部很辽阔，从落基山脉一直到太平洋，只可惜对它的开发现在才刚刚开始。战争期间，我们每天都举债上百万美元，因为我们得先救国，所以当时根本无心去提高贵重金属的产量。可现在，我们既然已清楚地了解了国家的债务状况，那也就应该清楚，开采出来的金银越多，还债的能力也就越强。我将尽力支持这项事业。战争结束后，我们会有成千上万的退伍士兵，有些士兵现在就害怕，他们回乡之后会给那里的工业和经济带来沉重的负担。现在我想尝试着把他们派去开采矿山，那里有足够的位置给他们。此外，即便在战争期间也从未停止过的移民潮还会从人满为患的欧洲给我们带来成千上万的外国劳动力。我要告诉他们，金矿和银矿正在我们的西部等待着他们呢。请转达那里的矿工们，我将竭尽全力保护他们的利益。因为他们的富有就意味着国家的富有。不出几年我们就可以自豪地说：我们这里是世界的宝库！"

当天下午，他还和玛丽一起驾车出去兜风，城里到处都是庆祝的人群，大家纷纷向他们乘坐的车子欢呼，玛丽十分兴奋：和平终于实现了，她终于能够在那整年都阴郁冷清的白宫里过几年快活的日子了。他们跑出了很远，谈到了过去在斯普林菲尔德的日子，又谈到了林肯第二任总统任期期满后的打算。玛丽希望能去欧洲住一年，林肯也愉快地答应了，不过他说，自己还是宁愿去加利福尼亚和西部看看。他们返回白宫时，在门前一下车，就看到几个人正失望地想离开，他们是来探访林肯的，却吃了闭门羹。

"嗨，孩子们，回来！"林肯隔得老远就冲那些人喊道。他在其中看到了伊利诺伊州的一个熟人。在这么美好的一天里，有谁能比老朋友更使他感到高兴呢？他把这群人带进了白宫，向他们询问了一些老朋友的近况。他知道，这些人都了解自己，于是就毫无顾忌地给大家念了一大堆的笑话。他们仿佛又回到了那个古老的小商店，整个房间里又充满了当年那种活跃的气氛。熟人们要求他再站到桌前讲，他摆了摆手，继续读下去，表情十分的惬意，直到最后玛丽"一声令下"，让他赶紧出来，"戏院里的观众都在等着你呢！"林肯这才不情愿地站起身，和朋友们一一道别。干吗要去什么戏院，在众人面前亮相？格兰特自己去就够了。

可就在刚才，格兰特夫妇突然改变了去戏院的计划，他们解释说，今天他们就得回家去，不能再耽搁了。在战争纪念日这天就离开首都？是什么让他们二人做出这么奇怪的决定？要知道，这既是对总统的不恭，也是对公众的不敬啊！后来，格兰特夫人说，是两个星期前玛丽在车上演的都一幕让他们作了这个决定。因为当众人对着她们二人以及她们的丈夫欢呼鼓掌时，那个神经质的女人不知会不会又要大动肝火，做出什么离谱的事来。为了避免这种事情发生，他们干脆决定一走了之。

就在去戏院之前，总统还在一名南方在押犯的释放文件上写下了"同意"二字。只要这个在押犯同意宣誓，那么他就同意释放他。他一生中所办的最后一件公务是对南方人的赦免。上车时他又看到斯皮德，向他打了个招呼后，林肯再次嘱咐他："别忘了把我的话带给家乡的矿工们！"这是他对美国的最后一个愿望。

他们到场时，戏已经开演了。戏名叫《我们的美国兄弟》，是场喜剧。当总统夫妇在戏院露面时，整个大厅里掌声雷动，戏也不得不暂时停了下来，他们二人鞠躬致谢。这时乐队奏起了国歌，全场起立，制服和美丽的衣裙顿时使大厅为之增色；而后，戏继续上演。由于格兰特夫妇的临时缺席，林肯夫妇叫来了他们的一个好朋友，一位上校和他的未婚妻作陪。他们四人坐在包厢里，不知不觉两个小时就过去了。

或许林肯正在侧耳倾听，那位美国兄弟要对他说些什么；也或许，他的思绪已经不知飘到什么地方去了。一种宛若在空中游弋的情绪使这一天成为了一个节日。一个梦向他预示了将有什么大事要发生，来自家乡的朋友向他讲述了那个温馨的故乡小城发生的事情，格兰特的军权重新掌握在自己手中；他已经为战争带来的创伤计划好了整治的方法；已经和部长们商量过，并且切实粉碎了敌人的一个又一个复仇计划；西部的发展已经有了眉目，他发现了那里丰富的地下矿藏；此外大儿子已经长大成人，小儿子也正在健康成长：一个静谧圆满的梦，一段丰富美好的生活。那位将军曾建议他要多加小心——是的，为什么不加些小心呢？

但是他却被命运，或者某种其他的未知力量稀里糊涂地推到了生命的终点。这是任何小心都无法避免的。因为正是这种力量曾引领他走出森林，离开身边的那些参天大树，坐上用树干绑成的木筏来到大河；让他从河道游荡到一个不知名的小店里，生活在成堆的货物中间；再后来，这种力量又让他走进一间办公室，去面对落满灰尘的文件；不久后，他又游历了整个美丽、繁荣的伊利诺伊州，从事法律事务，对了，还认识了赫尔顿，他的好同事，还有斯皮德（前不久，他还来找过林肯，依然是没有向他提任何要求）。在那以后的岁月里，他们共同奋斗，使万达利亚大厅摇身一变成了斯普林菲尔德的议会大楼，崭新又气派；而后，他又登上火车，到处走，走过每个州，走向每一个演讲台，走向听众，但一度始终是在步那个矮巨人的后尘——那个精力充沛、八面玲珑的道格拉斯，他现在去哪里了呢？此刻，他的老朋友贝克在哪儿呢？他那如花骨朵般含苞欲放的可爱的小儿子又在哪里呢？

此时，死神正在角落里窥视着他。如果历史是公正的，它怎么会允许这样的悲剧发生？在胜利纪念日这一天，上帝审视过林肯的行为吗？还是林肯曾提出过什么过分的要求吗？在那战事频发的日子里，他的要求不是少之又少吗？他狂热追求的两大理想不都成为现实了吗？在包厢里，他手中紧握着的星条旗，四年前曾一度被扯碎，而今不是终于又高高地飘扬了起来吗？他们驱车前来时，街道上走在白人中间的黑人不都用炙热的目光，满怀感激地追随着他们的马车吗？只不过黑人们沉默得有些让人心痛罢了。梦里那艘船究竟要载着他去往何处？那梦中从未抵达过的彼岸到底是印第安纳的森林，还是天堂呢？

刺客慢慢接近了包厢。那时已经将近十点钟了。刚才，他先是在一个酒吧里灌了一瓶威士忌，给自己壮了壮胆，而后便一直平静地坐在戏院里冷眼观察，直到确定没有人认得他。过了一阵子，他就溜到了包厢附近。包厢门口站着几名军官，为的是阻止闲杂人等随便入内。布思递上一张卡片，说总统正在等他的一个消息，于是就这样被稀里糊涂地放了进去。走进里面狭窄的走道后，他飞快地用一块木棍插在自己中午在墙上挖好的一个小坑里，把门顶住；又通过内门上的小孔再次目测了距离。他看到，总统正紧挨着门坐着，旁边是他的妻子，再旁边是一位年轻的小姐，总统右边坐着的则是一位他不认得的军官。因为包厢就在舞台上方不远处，所以事成之后，他只需要跳到那里去，便可以顺着那条他不能再熟悉的舞台通道逃之夭夭了。门口早有仆人牵着马等候着他，他骑上马就可以逃走了！一切安排得可谓天衣无缝！除此之外，他所需要的就只有布鲁吐斯式的勇气了！

就在他打开包厢内门的一刹那，他不顾下面可能有人回头看到他的危险，把手枪抵住总统的后脑，"啪"的一声扣动了扳机。听到枪响，旁边的那位军官一下子从座位上跳了起来，扑向这个凶手，凶手马上向他猛扎一刀，刺中了军官的胳膊，在军官一个踉跄的时候，他飞身上了包厢的围杆，想跳上舞台，可不料，脚上的马刺被星条旗缠住了，他被这么一绊，一时失去了控制，跌落在舞台上，摔断了胫骨。可他挣扎着爬起来，舞动着手中的匕首，像他平时在这个舞台上经常表演的那样，冲着观众们大喊："专制的魔王！"而后，便从两个吓蒙了的演员身边夺路而逃。

"他杀死了总统！"不知是谁喊了一声。可一时间仿佛没人听懂他喊的是什么。玛丽绝望地尖叫了一声后，人们方才从恐惧中回过神来。演员们不知戏演到了哪里，剧务忘记了落幕……只有包厢里的少校捂着受伤的胳膊转身奔向门口，却发现门被闩住了，而后用力撞击才打开了门。这时，医生、军官，吓晕的女人乱作一团。最后，士兵闯了进来，想用刺刀逼着观众们安静下来，却使得厅内更加混乱了。总统从椅子上跌落到地上，头上满是鲜血，早已失去了知觉。卫兵们把他抬了出去，谁也不知道，该抬到哪里才好。对面一所房子的男主人出来问道，是不是有病人，人们点了点头，于是，他打开门，总统便被抬到了这家人的床上。

布思，一个野心勃勃却又默默无闻的悲剧演员，梦想能成为刺杀恺撒的布鲁吐斯一样的人物。他以卑劣的手段刺杀了林肯，并宣称："我为南方人报了仇。"然而不久后，南方人就意识到林肯的死对他们来说是多么大的损失。最后，在全国范围的大搜捕中，布思死于乱枪之中。

1865年4月14日复活节。当林肯前往华盛顿的福特剧院观赏戏剧时，不幸被同情南方的布思刺杀。

与此同时，布思的同伙闯进了赛华德的家。手持匕首，连伤四人，又在重伤的部长脸上连扎了几刀，仓皇而逃。

对林肯来说，那张床实在太小了，他那么高大，人们只能把他斜放在床上。整整九个小时，这个巨人和那颗致命的子弹作着殊死的搏斗，他呼吸困难地挨到了第二天清晨。玛丽就待在隔壁的房间里，各位部长都匆忙赶来探望。早上七点钟，昏迷不醒的总统终于停止了呼吸，像朝圣者一样，又像一位先知，在复活节这天，在一张陌生人的床上永远地停止了呼吸。

美国给这个人民的儿子举行了国葬，就如同安葬一位旧时君主一样。在长途跋涉之后，他的棺木被运回了故乡，所走的正是他四年前来华盛顿时的路线。成千上万的人们来到斯普林菲尔德的那个小小的公墓，在他的棺木入土之前，人们默默地从他身边走过，看着他消失在泥土之中，身边躺着他的两个儿子，也都那么安静，和他一样。

当林肯的灵柩被带回故乡的时候，朋友们和对手们都来为他送行。全国上下布下了天罗地网，通缉谋杀者。人们按照一位医生提供的线索，把布思围堵在一个粮仓里，布思放火烧了那个粮仓，自己则被乱枪打死了。他的同伴有三个被判处了绞刑，一个逃到了欧洲。此时此刻，南方也意识到他们失去的是一个什么样的领袖，有人甚至称这次谋杀为"弑父"。

林肯与世长辞的一刻

后来，李将军作了教授，又教了几年书；戴维斯则写起了回忆录，又活了二十五年；格兰特最后成了总统；玛丽神经错乱，卖掉了所有漂亮衣服，住进了疯人院，最后疯疯癫癫地死在了她和林肯结婚的那所房子里。

而对这位解放者之死，最感到悲痛的应该是黑人们了。他们是唯一在林肯活着的时候就一直祝福他的人。他们为林肯唱起歌谣，并说，他们的救世主现在进了天堂。对此塔德也深信不疑，当他站在停放在白宫里的父亲的灵柩前时，他问道："爸爸现在真的在天堂吗？如果真是这样的话，我就高兴了，因为他在这儿生活得并不快活。"几年之后，他也死了。

在亚伯拉罕·林肯之后，再没有一个无罪的人被戴上脚锁。在他生活、工作和死去之后，按照法律规定，"人人生来自由，这是上帝的赐福！"

译后记

　　艾密尔·路德维希（Emil Ludwig，1881—1948）是一位著名的德国作家，其历史人物传记最是风格不群，匠心独具。其中如《拿破仑》《林肯》《俾斯麦》，均脍炙人口，享誉国际。

　　初读《林肯》，便发现了该作者传记写作的与众不同。他从心理分析的角度剖析了林肯复杂的性格以及其处世立命的原则态度，分析描述颇具哲理性，耐人寻味，发人深思。艾密尔·路德维希打破了普通传记中的"伟人神话"，浓墨重彩地描述林肯作为平凡人的生活。由平凡见伟大，在伟大中展示平凡。

　　本书从林肯四岁写起，以其遇刺收笔，描写了林肯数十载人生中的生活感受、心路历程和性格的发展变化，历史事件取舍自如、恰如其分，绝无赘述。在作者笔下，林肯既有聪明的头脑、执着的进取心、不屈的斗志、达观的处世态度，也有性格的弱点，有强者的无奈和婚姻的磨难……读罢释书，恍觉世事无常，造化弄人！这一切都决定了林肯所选择的道路，这既是美国的幸运，却也透析出他个人的悲剧色彩。文中二号人物玛丽也是形象饱满，她急功近利，唯我独尊，一方面成为了林肯专于政务的催化剂，甚至可以说，玛丽的存在某种意义上成就了林肯的伟大；另一方面她专横跋扈的性格也令林肯和她自己都备受煎熬。

　　文中其他人物虽着墨不多，却无不有血有肉，个性突出，说明并陪衬了林肯的性格形成，再现了历史：林肯的生母命运多舛，沉默坚忍；林肯的父亲敢于冒险，追求不断；林肯的继母正直善良、睿智达观。在作者不动声色的笔下，道格拉斯的利欲熏心、八面玲珑；格兰特的执着大度，心清志远，同时又带着那么一点点的离经叛道；李将军的骁勇善战，足智多谋；麦克莱伦的飞扬跋扈，无功自傲……直至刺客布思偏激盲目，的愚昧凶残均栩栩如生，跃然纸上。

　　艾密尔·路德维希冷眼观史，静心看人，笔触自然平静，如"月轮穿沼无痕"。整部作品语言质朴，史料有序、不疾不徐，娓娓道来。读时宛如品一盏香茗，素雅之气袅袅而来；书至中路，兴味不减；至林肯遇刺，作品戛然而止，水木之香却依旧萦绕于心，引人沉思。

　　迄今为止，艾密尔·路德维希的名字在国内尚算不得知名，其《林肯传》

更是鲜为人知。由于缺乏完整译作借鉴，又兼原作者思想深刻，加之译者自身能力不尽人意，所以虽竭尽所能，力求再现原著中叙事的平静与构思的缜密，贴近作者初衷，但却难免有疏漏之处。在此，译者衷心欢迎广大读者以及专家学者批评雅正。

最后，要感谢我的母亲、姐姐，她们在本书翻译过程中给予我很大的支持，并感谢好友史青、文铮、余曦林、张程的帮助，还有北京外国语大学德语系的 Krummer 先生、窦学富老师，Wuest 先生为译者提供了重要的资料。

译者

于北京外国语大学